PLATÓ, R. DESCARTES, J. LOCKE, J. S. MILL, NIETZSCHE

ATENA

Lectures de filosofia
Batxillerat 2015-2016

A cura de
ANTONI BOSCH-VECIANA,
PERE DE LA FUENTE,
EDUARD GADEA,
SALVADOR LÓPEZ ARNAL,
ANTONI MARTÍNEZ-RIU
I MIGUEL MARTÍNEZ LLANAS

RBA

Av. Diagonal, 189 - Barcelona 08018.
rballibres.com

Primera edició: juny de 2015.

RBA LA MAGRANA
REF.: OMAC432
ISBN: 978-84-8264-730-2
DIPÒSIT LEGAL: B.11.745-2015

VÍCTOR IGUAL, S. L. • FOTOCOMPOSICIÓ

Ningú no pot dir-se filòsof si no sap filosofar. Però no s'aprèn a filosofar si no és per l'exercici i l'ús que fa un mateix de la seva pròpia raó.

I. KANT

Dit d'una altra manera —infidel paràfrasi d'un *motto* de Kant—: no hi ha filosofia, però hi ha el filosofar. Aquesta activitat efectiva i valuosa justifica la conservació del terme «filosofia» i dels seus derivats. [...] Perquè no s'ensenya filosofia; s'ensenya —en tot cas— a filosofar.

M. SACRISTÁN

SUMARI

PRESENTACIÓ

ATENA és un llibre de textos. Són els textos seleccionats com a material d'on s'extrauen els comentaris de text de les proves d'accés a la universitat (les anomenades PAU) pel que fa a l'assignatura d'Història de la Filosofia.

El curs d'Història de la Filosofia del batxillerat s'ha concebut com una història del pensament que inclou un recull ampli i complex de teories, concepcions del món, reflexions sobre el coneixement i la ciència, l'ésser humà i la cultura, l'ètica i la política...

Tanmateix, la prova específica de filosofia s'ha concebut assenyadament com un comentari escrit sobre un text d'un d'aquests cinc filòsofs del pensament occidental: Plató, Descartes, Locke, J. S. Mill i Nietzsche —els quals s'han considerat més representatius de la problemàtica de tres fases històriques: l'antiga, la moderna i la del segle XIX—, i que s'estructura com una redacció guiada per preguntes relacionades amb el text.

La didàctica de la filosofia molt sovint ha considerat que la millor manera d'assimilar les opinions dels pensadors consisteix a posar-se en contacte directe amb els seus escrits, perquè, al cap i a la fi, per més llunyans i esotèrics que puguin semblar, i, per tant, aparentment aliens a la nostra època, segons una primera mirada superficial, són la font d'on brosten moltes de les grans idees que d'una manera o altra mouen el món i, com a clàssics, ens són també contemporanis.

L'objectiu dels preparadors d'aquest volum, com també el de l'editorial La Magrana, no és simplement facilitar a l'alumne interessat l'accés als textos seleccionats per a les PAU; voldríem també que, mitjançant aquest accés, s'introduís a una lectura més àmplia de les obres dels pensadors a través de la qual comprovaria que els problemes que s'hi plantegen tenen igualment interès des d'un punt de vista contemporani i obren inquietants interrogants sobre qüestions que encara avui dia esperen resposta; a aquesta última tasca s'hi pot afegir qualsevol lector amb inquietuds intel·lectuals.

Els textos de cada autor van precedits d'una breu introducció al pensament general del filòsof en qüestió i a les idees fonamentals dels textos que han estat seleccionats, escrita pels diferents curadors d'aquesta edició.

En els annexos del final donem indicacions sobre l'estructura de l'examen d'Història de la Filosofia del batxillerat en les proves d'accés a les universitats de Catalunya i oferim unes mostres d'exercicis, inspirats en les pautes oficials, que poden ajudar —així ho esperem— a una millor comprensió de l'estructura de l'examen.

Dediquem aquest llibre a Pere de la Fuente,
inoblidable company, amic i col·laborador.
In memoriam

Nota dels editors: S'han posat entre claudàtors subtítols afegits per aclarir i distribuir el text.

Grup A: filosofia antiga

Plató (428/427 - 348/347 aC)

INTRODUCCIÓ

No hi ha dubte que Plató ha estat un dels filòsofs més importants de tots els temps; a parer de molts, el més important. Alguns subratllen aquesta importància amb la frase d'A. N. Whitehead, que diu: «La filosofia occidental no és res més que una sèrie de notes a peu de pàgina als diàlegs de Plató» (i que trobem en el seu llibre: *Process and Reality*, Nova York, MacMillan, 1929, p. 63). Cert és que les notes a peu de plana, si són de qualitat, poden enriquir notablement el sentit del text. Malgrat tot, el text és el referent del sentit. El pensament platònic que ens ha arribat a nosaltres a través dels seus textos, i del que els seus seguidors, els comentaristes i els seus oponents ens n'expliquen, té una força extraordinària.

La potència del pensament de Plató la podem contemplar en el contingut i en la forma dialogal que ens ha transmès a través dels seus escrits; contingut i forma que traslluеixen la centralitat de les seves preguntes i la profunditat de les seves respostes. Moltes de la qüestions que Plató es plantejava continuen essent les grans qüestions que encara avui ens plantegen en el nostre present, ja sigui en relació amb la nostra manera de pensar (pel que fa a la filosofia i pel que fa a la ciència, per exemple), ja sigui en relació a la nostra manera de viure i conviure (pel que fa a la problemàtica ètica i pel que fa al pensament polític, sobretot). La manera de pensar i la manera de viure estan estretament lligades. Per això trobem ambdues temàtiques igualment tractades en Plató, i sovint entrelligades en el seu pensament. Pensar i viure es fecunden mútuament: el pensament engendra maneres de viure i de conviure, i les maneres de viure i de conviure activen el pensament a assajar noves respostes a la quotidianitat humana.

Aquestes pàgines pretenen ser tan sols una introducció a la lectura dels fragments escollits dels llibres II, IV i VII de *La república* de Plató, els quals conformen la part d'aquesta antologia dedicada a Plató. I així com quan volem comprendre una mica el sentit d'un text ens cal necessàriament disposar també, almenys suficientment, del seu context; així també, per tal de poder llegir els textos platònics continguts en aquesta antologia, ens caldrà conèixer, ni que sigui sumàriament, el rerefons en el qual es reflexionà tot allò que s'hi diu. Per això procedirem de la manera següent: en primer lloc, ens referirem de manera succinta al context en què apareix la filosofia de Plató; a continuació, esbossarem el més imprescindible del pensament de Plató de cara a entendre els textos que ací ens ocupen; i, finalment, introduirem la lectura dels diversos fragments de *La república* de Plató aplegats al final d'aquesta breu introducció.

El context polític, cultural i biogràfic de la filosofia platònica

Plató visqué entre els segles V i IV aC. La seva família pertanyia a l'aristocràcia atenesa: Plató era un sobrenom que significa ample. De fet, ell es deia Arístocles. El seu pare era es deia Aristó i la seva mare Perictioné; dos dels seus germans, Adimant i Glaucó, són els dos personatges que conversen amb Sòcrates en *La república* de Plató; i la seva germana Potoné, el fill de la qual, Espeusip, quan Plató morí, fou el cap de l'Acadèmia platònica d'Atenes. Plató nasqué a Egina, que era un petita illa no gens lluny d'Atenes; tanmateix, fou inscrit a Atenes. Quan Plató nasqué (428/427 aC), tot just feia un o dos anys de la mort de Pèricles (que s'esdevingué en l'any 429 aC). Amb la mort de Pèricles, que regnà prop de trenta-tres anys, en el segon any de la guerra del Peloponès (431-404 aC), aquella grandiosa Atenes del segle v aC anà perdent el seu poder econòmic i polític. De fet, tota la infantesa de Plató fou marcada per la violència en la qual visqué Atenes a causa de la guerra del Peloponès. Aquesta guerra perdurà fins que Plató tingué vint-i-quatre anys: Plató visqué intensament una desfeta progressiva i violenta d'Atenes. El seu pensament, que es forjà enmig de la violència de la guerra, volgué combatre i trobar sortida a aquesta situació i la situació que l'originà, parant molta atenció en el fet de forjar veritables ciutats i ciutadans, és a dir, a fer de la multitud de la polis membres d'una comunitat cívica educada (*politeia*).

El segle v aC —anomenat el Segle d'Or de la cultura atenesa i també, sovint, el segle de la il·lustració atenesa— fou el moment més esplendorós d'Atenes. A la Ciutat —la Ciutat per excel·lència era, en aquell temps, Atenes— hi havia els millors escultors, arquitectes i pintors de tota la Grècia; així mateix hi havia els més excel·lents poetes, dramaturgs, oradors i sofistes (Protàgoras, Gòrgias, Cal·licles, etc.).

En aquell segle la política d'Atenes es desenvolupava a través d'un règim polític característic d'ella. Ens referim a la democràcia atenesa, una democràcia que permetia als seus ciutadans la participació directa en el debat polític (democràcia directa). Atenes fou la primera Ciutat grega que féu experiència de democràcia en tots els àmbits d'actuació política (assemblea, tribunals de justícia, etc.); encara que cal dir que la democràcia atenesa no tenia gran cosa a veure amb la democràcia moderna (democràcia representativa, capacitat de vot actiu i passiu de les dones, etc.), si bé n'és el seu origen. La democràcia atenesa atorgava una força immensa a la paraula. Les decisions polítiques i judicials es prenien després de concedir la paraula al ciutadans d'Atenes per tal de debatre directament les qüestions que els afectaven individualment i com a polis. En aquest esforç per al convenciment que donava la paraula expressada en públic tingueren un paper rellevant els sofistes, forasters (*metecs*) residents a Atenes, on desenvolupaven el seu ofici i ensenyaven l'art de la paraula i del discurs als ciutadans que demanaven els seus serveis (que es cobraven amb quantitats a voltes ben elevades, depenent del cas). El que calia era convèncer (davant l'assemblea o davant dels tribunals), encara que això es produís amb un ús ben discutible de la paraula. Aquest serà un dels punts que mourà el pensament de Plató, com direm més endavant: la seva lluita aferrissada contra el relativisme (i l'escepticisme) que significava el pensament dels sofistes.

Plató fou segurament educat per algun sofista, tal com acostumava a passar amb els joves atenesos que provenien de famílies aristocràtiques. Però, quan tenia més o menys una vintena d'anys (el 408 aC) es topà amb Sòcrates, que anava per la seixantena. La descoberta de Sòcrates per part de Plató el féu decidir en la seva manera de viure. Sòcrates era un ciutadà que dialogava amb la gent atenesa pels carrers d'aquella esplendorosa Ciutat sobre qüestions referides a la manera excel·lent de ser humana (*areté*). El seu dialogar amb la gent l'anomenava maièutica perquè com la seva mare, que era llevadora (*maieutês*), ajudava a fer néixer la veritat en els seus interlocutors o comprovava que aquest pretès infantament no era sinó només aire en l'interior. El procés contra Sòcrates i la seva condemna a mort (en el 399 aC) feren comprendre definitivament a Plató que calia repensar el fet polític de ple.

Després de la mort de Sòcrates, Plató, com també d'altres socràtics, fugí d'Atenes. A Atenes, els seguidors de Sòcrates, d'aquell processat i condemnat a mort, tenien mala peça al teler. La situació política forçà, doncs, Plató a marxar d'Atenes. Tanmateix, Plató no devia anar a la deriva sinó que segurament planejà molt bé el que volia fer i on volia anar. Els indrets on sabem que va fer estada així ho proven. Sabem que, primerament, Plató es refugià, durant dos o tres anys, a Mègara, prop d'Euclides, un seguidor de Sòcrates, que a Mègara hi tenia una escola on s'aprenia, entre altres ensenyaments, l'erística, això és, l'art de la controvèrsia. Aquest Euclides de Mègara (s. V-IV aC) no el podem confondre amb aquell altre Euclides, Euclides d'Alexandria (s. IV-III aC), matemàtic, que es considera el pare de la geometria. A l'escola de Mègara, Plató hi perfeccionà la seva capacitat argumentativa. Sobretot hi aprengué a desemmascarar les argúcies de l'erística. Després, Plató sojornà a Egipte: primer, a Heliòpolis, una ciutat sacerdotal i mística on s'hi inicià en l'antiga saviesa dels misteris de l'Antic Egipte; i, després, un cop va haver participat, per poc temps, a la guerra de Corint, se n'anà a Cirene, ciutat d'Egipte, on va estudiar matemàtiques a l'escola de Teodor. Sabem que, molt probablement, abans d'anar a Siracusa, al sud d'Itàlia (la Magna Grècia), on féu les seves experiències i tingué els seus fracassos polítics, va estar a Crotona (on no és segur que conegués personalment Filolau, però sí, almenys, els seus deixebles) i a Tarent. A Tarent hi féu una amistat molt singular i perdurable: Arquitas, un filòsof pitagòric, home d'estat i d'una enorme saviesa, que conformà en part el pensament polític de Plató. Tant Heliòpolis com Cirene eren centres importants del pitagorisme. El coneixement dels pitagòrics (sobretot d'Arquitas) li possibilità d'aprofundir en el seu pensament matemàtic, musical, astronòmic i, com hem dit, polític. També dels pitagòrics, de ben segur influenciats pel corrent òrfic, en respirà una religiositat profunda, un sentit profundament religiós de l'existència, que ell mateix desenvolupà d'una manera ingent, tal com mostren els textos que han arribat fins a nosaltres i, sobretot, el text del diàleg intitulat *Fedó*. Plató, després d'aquesta etapa mediterrània, retornà a Atenes, cap als quaranta anys, i hi romangué la resta de la seva vida, tot i que féu encara algun viatge a Siracusa. A Atenes fundà una prestigiosa institució: l'Acadèmia (387 aC), la qual, amb el temps, esdevindria un centre d'estudi i de formació intel·lectual i política de primer ordre.

Cal tenir ben present que en el segle IV aC, després de la guerra del Peloponès, Atenes ja no era aquell imperi que havia estat anteriorment sinó una ciutat que es repensava a si mateixa, tenint al seu davant l'experiència de violència bèl·lica viscuda a causa, sobretot, de les seves polítiques imperialistes. Ara, en aquest tombant del s. IV aC, Atenes havia adquirit una certa estabilitat i una certa prosperitat; no pas com abans. Això permetia que es repensés tota la seva manera de comprendre la política i, fins i tot, es debatés sobre com fer una Atenes millor (més excel·lent), reelaborant la seva constitució en el debat polític. Això ho podem veure en moments diferents en els textos de Xenofont, d'Isòcrates, de diversos sofistes i oradors, de Plató i d'Aristòtil. La posició de Plató en relació amb aquesta renovació necessària de la política atenesa abraça dos aspectes: un de filosòfic i un de polític. Filosòficament, tal com ho exposa en *La república* (*Resp* V, 473c-d),* Plató sosté que al govern d'Atenes (i de tota polis) hi haurien d'accedir només els ciutadans més ben preparats per a governar, els més savis (i en això estava en contra dels governs oligàrquics que hi havia hagut abans, en els quals governaven els més rics i els de bona família); políticament, Plató estava radicalment en contra de les opinions i no de les raons fonamentades (i, en això, estava en contra de la democràcia, perquè en aquell moment la democràcia atenesa estava dominada pels demagogs,

* En aquesta introducció citem els fragments de *La república* seguint l'edició actual internacionalment més utilitzada i reconeguda, la d'Oxford Classical Texts, la qual, al seu torn, segueix l'edició prínceps d'Stephanus (de l'any 1578). Les referències de *La república* les fem posant en primer lloc l'abreujament *Resp* (per *República*, en llatí), a continuació una xifra romana (I, II, III, etc.) que indica el llibre de *La república* al qual ens estem referint; després un nombre de tres xifres (p. ex. 473) que indica la pàgina de l'edició d'Stephanus; i, finalment, una lletra en minúscula (a, b, c, d, e) que indica la columna de la pàgina. Cada pàgina de l'edició d'Stephanus conté cinc columnes a les quals ens referim amb aquestes lletres (la columna de més a l'esquerra és coneguda amb la lletra «a», i la de més a la dreta amb la lletra «e»).

que portaven la gent on volien); el desordre en les opinions portava a un relativisme del pensament i dels costums que ell creia perniciós per a Atenes (i per a qualsevol polis). Critica durament les institucions democràtiques i els costums que es derivaven d'una visió relativista de la política. En aquell present hi ha altres autors igualment contraris a la democràcia atenesa: Xenofont, Isòcrates i Aristòtil; en canvi, hi estaven a favor els sofistes i alguns oradors. Els qui hi estaven en contra eren partidaris de règims jerarquitzats i que fomentessin l'excel·lència dels ciutadans. L'important era l'educació (*paideia*) dels ciutadans, fonament irrenunciable per a construir una Ciutat d'excel·lència. Precisament és Plató l'autor que més elabora tota aquesta visió filosòfica i política de la polis; i ho fa reformulant tota la manera de comprendre el pensament (el saber en oposició a l'opinió) i la vida (l'excel·lència moral en la qual cal que visqui el ciutadà i la Ciutat com a un tot). Per això accentua enormement la necessitat de l'educació (*paideia*) dels ciutadans i, especialment, dels polítics. Això ho veureu en els textos platònics de *La república* (que hi ha en aquesta antologia, com ara l'*Analogia de la caverna* i la seva explicació, que es troba en *Resp* VII 514a1-520a4) i de *Les Lleis* (que no es troben en aquesta antologia). L'educació de l'home i, en general, l'home han estat unes de les preocupacions constants de Plató. Ja ho hem dit: per això fundà l'Acadèmia. Allí s'hi formaven els joves en matemàtiques i filosofia per tal d'esdevenir, com desitjaven, uns bons governants d'Atenes. La formació de l'ésser humà era decisiva.

Plató repensà profundament l'ésser humà. L'experiència de la seva convivència (*synousia*) amb Sòcrates fins a la mort d'aquest el marcà, de jove, profundament. També la seva convivència amb els pitagòrics durant el seu periple per la Mediterrània, sobretot per la Magna Grècia (sobretot Crotona i Tarent), li deixà una influència ben notable. Sòcrates i el pitagorisme foren unes maneres de pensar i, sobretot, unes maneres de viure que impactaren Plató i el portaren a emprendre una reflexió que li permeté ordenar el seu pensament i la seva actuació amb vista a la Justícia i al Bé, tant de l'individu com de la polis. Aquesta resposta personal, ben travada i coherent, ben sistematitzada, és allò que nosaltres anomenem pensament platònic o filosofia platònica o, fins i tot, platonisme, encara que aquest terme (i millor en plural: platonismes) s'acostumi a dir, també, dels corrents de pensament que segueixen les petjades de Plató. Amb tot plegat no hem de perdre de vista un fet fonamental: Plató, assumint críticament les influències rebudes de Sòcrates i del pitagorisme que ell conegué, arribà a consolidar un pensament propi, d'una potència explicativa descomunal. Plató ha esdevingut el veritable deixeble de Sòcrates precisament perquè no ha seguit el pensament del qui tenia per mestre sinó perquè va arribar a pensar per ell mateix: Sòcrates volia que els seus dialogadors pensessin per ells mateixos i, per això mateix, amb Plató, Sòcrates va esdevenir un veritable mestre.

El model socràtic de practicar la filosofia en les places i espais públics d'Atenes i en els entorns de les palestres, així com en alguna casa d'algun important ciutadà atenès, el dugué a la mort perquè li discutien la seva actitud arrogant i sobretot els seus continguts (no creia en els déus de la Ciutat i se n'inventava de nous; i pervertia el jovent). El model pitagòric, que també conegué Plató, feia de la filosofia una manera de viure en comunitat, tancada al món (i als governants), que considerava el coneixement com a quelcom incomunicable, reservat als seguidors de la comunitat pitagòrica. Aquest fet també portà els pitagòrics a la mort, ja que es guanyaren el recel dels ciutadans de Crotona, els quals decidiren incendiar la casa de la comunitat pitagòrica. Tanmateix, Plató opta per un model de vida filosòfica que evités els desavantatges dels altres dos i en recollís els avantatges. Per això fundà l'Acadèmia, és a dir, féu de la filosofia un ensenyament obert als entesos en matemàtiques (condició indispensable per a l'ingrés a l'Acadèmia platònica) i reclòs en l'espai que l'edifici protegia de les crítiques exteriors més banals. Essent a l'Acadèmia no deixà de viatjar. Sabem de tres viatges a Sicília per tal de realitzar —amb decepció i risc de la pròpia vida— el seu model filosòfic polític. Un fracàs. Però Plató no es doblegà en el seu afany de fer possible una ciutadania i una Ciutat regits per la Justícia i el Bé cercats amb l'esforç de la raó i de la duresa que comporta tota educació.

Als vuitanta anys, després d'un ingent treball filosòfic i polític, morí i fou enterrat al jardí de la seva Acadèmia.

Plató és un dels primers filòsofs grecs dels quals es pot afirmar amb certesa que posseïm tota la seva obra escrita. Això no obstant, hi ha un debat entre els estudiosos per establir quines són les fonts que més ens apropen al coneixement de la filosofia de Plató. I és que el pensament de Plató, segons el mateix Plató (*Fedre 274b-278e*, i *Carta VII 341a-342a*), no està contingut únicament en la seva obra escrita. Més encara, alguns autors afirmen que el pensament filosòfic de Plató no està obertament expressat en la seva obra escrita. Aquesta és certament expressió en un espai i temps determinats del pensament de Plató, però el seu pensament es desplega en espais i temps més amplis que la seva obra escrita.

Cal, doncs, posar en relleu la qüestió del valor dels escrits de Plató de cara al coneixement del seu pensament filosòfic, ja que en ella es decideix, a través de les solucions que es proposin, quin és el pal de paller vertebrador de les doctrines filosòfiques platòniques. Així, alguns sostenen com a teoria filosòfica platònica principal la «teoria de les idees», d'altres la «teoria dels principis». Els primers es recolzen en una hermenèutica autàrquica dels textos platònics (la *sola scriptura* del subjacent luteranisme schleiermacherià); els segons, en la insuficiència dels escrits de Plató, segons ens ha exposat el mateix Plató i, per tant, posen en relleu la importància cabdal que té, en l'hermenèutica platònica, la consideració dels anomenats «ensenyaments orals» de Plató, recollits per la tradició posterior, tant en l'Acadèmia com fora.

Per als primers, les idees són el punt culminant de la filosofia platònica. Tot en Plató gira al voltant del fet de postular unes entitats autònomes i reals que tenen existència pròpia, fora de la ment, i que donen explicació de la totalitat del món canviant que percebem amb els sentits, un món que tan sols ens aproxima a l'autèntica realitat o món de les idees. D'entre elles, la idea més important és la idea de Bé, que és al capdamunt de la jeràrquica cúspide de les idees. El coneixement de les idees, que ens mena lentament a l'autèntic coneixement del que és real, es fa escalonadament a través de la dialèctica que ens ensenya com acostarnos a les idees i ens porta a relacionar-les entre si fins arribar a la idea de Bé.

Per als qui posen en relleu la teoria dels principis, no són les idees el més profund del pensament filosòfic platònic, sinó la consideració de l'existència d'uns principis, que configuren i ordenen la realitat i el coneixement d'aquesta realitat. El principi suprem és el Bé-Bellesa, que és l'U (la unitat originària). D'aquest U se'n desplega una dualitat (la díada indefinida), i d'aquí s'arribarà, a través de les idees, a la realitat irreal que ens mostren els sentits.

Uns i altres estan d'acord, malgrat tot, en el gènere literari de l'obra escrita de Plató: el diàleg. La tradició platònica ens ha transmès quaranta-dos diàlegs, tretze cartes i un recull de definicions. Avui, però, sabem que no tots aquests escrits que se li atribueixen són de Plató. Els entesos han distingit entre escrits apòcrifs (que no són de Plató), els anomenats escrits suspectes (que no és del tot clar que siguin de Plató) i els escrits autèntics. D'aquests darrers una qüestió encara no definitivament resolta és la de la cronologia. De fet, la major part de l'obra escrita de Plató ho és en forma de diàleg, on el debat crític és la forma filosòfica per excel·lència d'apropar-se dialècticament al coneixement i la contemplació de la realitat que tot ho fonamenta. Encara que Plató no fos l'inventor del diàleg com a forma literària, sí que podem afirmar que fou ell qui va fer possible que el diàleg fos el millor vehicle literari per expressar filosòficament l'estructura dialèctica de la realitat, estructura dialèctica que el mateix diàleg platònic té literàriament. Això ens adverteix de la cura amb què cal llegir l'obra platònica, el diàleg platònic, tot amarat de dialèctica i, en conseqüència, de no gens fàcil lectura. Ens cal una disposició perspicaç i una atenció especial a l'estètica del diàleg.

Aquesta peculiar disposició que cal tenir a l'hora de llegir un diàleg platònic ha portat els lectors o intèrprets a llegir diversament l'obra platònica, és a dir, l'anomenat *Corpus platonicum*. És comprensible que cada moment històric hagi subratllat alguns aspectes del pensament platònic: fa prop de 2.400 anys que l'obra de Plató fou escrita. Aquesta obra la conservem a través d'una colla de manuscrits. Val la pena saber, de passada, que els dos manuscrits més antics de Plató que conservem són del final del segle IX o de començament del segle X dC. Són, per tant, de l'època del renaixement bizantí. Probablement aquests manuscrits siguin una bona còpia d'uns manuscrits del segle VI dC. Aquests dos manuscrits, els més antics que conservem, són el *Parisianus 1807* (de la Bibliothèque Nationale de París) i el *Bodleianus 39* (de la Bodleian Library d'Oxford).

Amb tants segles de tradició platònica no resulta gens estrany que hi hagi hagut tan diverses interpretacions de la seva doctrina. Les lectures que de les obres de Plató s'han realitzat al llarg dels segles les podem englobar —com ho fa Giovanni Reale— en tres grans marcs interpretatius o hermenèutics: a) la interpretació metafísica; b) la interpretació misticoteològica o religiosoprofètica; i c) la interpretació eticopolítica o educativopolítica. Aquesta triple interpretació correspon a les lectures que successivament, i amb ordre cronològic, s'han fet de Plató. En l'actualitat, els estudis de Plató se situen fonamentalment en el marc interpretatiu eticopolític o educativopolític. Els textos de *La república* que componen l'antologia de textos platònics d'aquest llibre ho posen prou de manifest.

El pensament platònic en el marc de la seva preocupació política

És ben cert que la gènesi del pensament platònic cal situar-la en el rerefons de les vivències polítiques de l'Atenes del seu temps, tal com ja hem indicat. L'actuació dels polítics del seu temps (els Trenta Tirans i la democràcia reinstaurada) no només decep Plató, sinó que també el porta a plantejar-se la recerca d'una solució al greu problema que pateix Atenes: una Ciutat i uns ciutadans a la deriva a conseqüència de la manera injusta de governar dels seus governants i funcionaris. Aquesta preocupació política, que li fa veure que calen uns bons governants (savis i justos), el motiva en la seva reflexió i el fa anar més a fons i més enllà de la mirada política, aprofundint en la realitat total de l'home i les seves relacions. La mort del seu millor amic i mestre, Sòcrates (399 aC), quan Plató tenia prop de trenta anys, li obre els ulls del tot. D'ençà d'aleshores, la seva preocupació per la justícia creixerà i es desplegarà.

També cal indicar la influència que segurament rebé de la seva estada entre els pitagòrics, tant a Crotona com a Tarent (i segurament també de la seva estada anterior a Egipte, on hi havia sojornat també el mateix Pitàgores i s'hi havia iniciat en els misteris de l'Antic Egipte). El model de vida proposat pels pitagòrics de concentració en el que és essencial per tal de governar la pròpia vida i la vida de la polis el devien captivar. La importància donada a la manera de viure, compresa com a vida ordenada, tant en l'àmbit personal com en l'àmbit polític, desplegada dins un ordre que és fonamentalment comunitari, el clarificà encara més en el seu pensar i actuar.

Plató dedicarà la resta de la seva vida a la política: tant a la reflexió política de cara a vetllar per la formació de bons ciutadans i de millors futurs governants (fundació de l'Acadèmia l'any 387 aC) com a dur a la pràctica el seu ideal de règim polític (viatges a Sicília).

L'educació integral *(paideia)* del jovent té un paper destacat en Plató. Només una educació autèntica pot fer tornar els homes savis i justos i, així, exercir després el govern de la Ciutat d'una manera justa i prudent, fent possible el revifament de l'esperit de la Ciutat que, a partir de la condemna a mort i la mort de Sòcrates, ha encetat de ple la seva decadència, tot i que els seus habitants no se n'han adonat. Salvar la Ciutat és salvar l'home i a la inversa, salvar l'home és salvar la Ciutat. I això només passa per una educació rigorosa i profunda, ben diferent de la dels poetes (sobretot Homer) i dels sofistes.

Plató, com Sòcrates, partia del rebuig a tot tipus de relativisme o escepticisme. El plantejament platònic arrenca de la pretensió socràtica de trobar un significat objectiu i universal a les paraules, però va molt més enllà, perquè per a ell la universalitat i l'objectivitat dels termes només es dóna autènticament si defensem que tenen una entitat pròpia i independent de les coses: són les idees, les quals se sostenen en uns principis fonamentals i bàsics (el Bé-Bellesa, la díada indefinida...). La justícia que cal que imperi en tota Ciutat i en el seu govern és no només real com a paraula o concepte, sinó com a realitat independent, absoluta, eterna i intel·ligible. Cal, doncs, fer un esforç per entendre-la i fer-la real en la vida quotidiana de la Ciutat, tant per als seus governants com per als seus habitants. Cal educar els fills i els (futurs) governants. I l'educació passarà per saber l'ús correcte de les paraules i la realitat que refereixen. Les paraules tenen a veure amb la veritat i no haurien de ser instruments de persuasió sense res a veure amb la veritat.

I neix inevitablement la pregunta: és possible educar els futurs governants, sobretot si es té en compte el fracàs platònic a Siracusa? Més encara: permet l'estructura humana d'obtenir el coneixement dels principis i de les idees, si no fem res més que deturarnos en allò que ens mostren els sentits (el món dels sentits)? Malgrat tots els dubtes possibles, Plató respon afirmativament. Aquí rau un dels punts forts del platonisme: el seu convenciment, argumentat (amb el llenguatge de la raó, *logos*) i dibuixat (amb el llenguatge del símbol, *mythos*) de la capacitat humana per a dur una vida plenament humana i humanitzadora, guiada amb els criteris que li aporta el pensament racional (*logos*) i li suggereix el llenguatge poètic (*mythos*). Plató està convençut de les possibilitats reals de la naturalesa humana per a ser educada en el bé. L'antropologia platònica, que és esbossada amb força detall precisament en el diàleg platònic *Fedó*, del qual hem fet ja esment, serà allò que li possibilitarà dissenyar una educació i una política reals, plenament d'acord amb la seva comprensió de la naturalesa humana. L'estructura «psíquica» humana així ho mostra. En efecte, no tot en l'home són desigs, passions, pors, o coratge, ànims i valor. Hi ha, també, en l'home, la raó que resol els desigs i les passions amb el coratge i la valentia. Però la raó és immortal (immortalitat de l'ànima). Abans de ser presonera del cos corruptible es trobava contemplant les idees des de la unitat del Bé i de la Bellesa. I són aquest mateix Bé i aquesta mateixa Bellesa que atreuen l'home amorosament devers el món intel·ligible, on el coneixement és autèntic i ple, i ens fan desitjar de retornar a aquella contemplació primigènia que ara, a través del cos i dels sentits, ens resulta impossible d'aconseguir. Ara, per a nosaltres, conèixer és reconèixer, tornar a conèixer allò que ja havíem conegut. Si a poc a poc podem tornar a conèixer a través de la dialèctica que ens proposa Plató, serà veritat que, si s'eduquen en aquest esforç dialèctic els futurs governants, aquests podran arribar a intel·ligir la justícia, ser justos i fer practicar la mateixa justícia.

El model platònic de Ciutat i de política és un model que com a tal necessàriament resulta utòpic i ideal: es tracta de la república platònica, que segons molts erudits estava inspirada en el model espartà. Aquest model es troba desenvolupat precisament tot al llarg de *La república* de Plató, una de les obres més estudiades del nostre filòsof, a la qual pertanyen els fragments que considerem en aquesta antologia. Amb aquest model Plató projecta l'assentament de la Justícia i el Bé en la Ciutat de tal manera que fessin possible l'anhel de felicitat dels seus ciutadans i, en general, de tota la humanitat. De cara a tot això, Plató va dibuixar un ordre jeràrquic degudament estructurat en tres estaments, com ho havia fet en l'ànima: 1) els governants, coneixedors de l'autèntica Justícia i, en definitiva, de la veritat; 2) els guardians, educats amb severitat, que han de procurar per l'ordre intern de la Ciutat i la seva defensa de l'exterior; i 3) els agricultors i els comerciants, que han de ser moderats i educats, doncs, en la moderació, ocupats com estan en les necessitats vitals de la Ciutat. La bona marxa política de la Ciutat només serà possible si, respectant aquest ordre jeràrquic, cadascú fa el que hagi de fer d'acord amb allò que per naturalesa ha estat destinat a fer. Cadascú ha d'acomplir la seva funció de manera excel·lent (virtuosament). Al cim del govern de la Ciutat hi ha el «filòsof-rei» (o els filòsofs-reis), aquell que posseeix el saber perquè contempla la unitat del Bé i la Bellesa, els quals es realitzen en la Ciutat a través de la Justícia, de l'harmonia humana.

Així com en l'univers humà de la Ciutat és possible l'assoliment de l'harmoniosa Justícia o de la justa Harmonia, no hi ha cap dubte que en l'univers còsmic també hi impera aquesta harmonia, aquest equilibri de la justícia, plasmat matemàticament i originat pel demiürg, l'artesà dels cosmos. El cosmos és, doncs, el resultat d'un pla intel·ligent, com ho hauria de ser l'Estat.

Com podem veure, el pensament polític de Plató abraça tota la realitat, amb ganes de donar resposta a la problemàtica educativa i política del seu temps; unes problemàtiques que ben sovint estan estretament vinculades.

Els llibres de *La república* de Plató

La república és una de les obres més importants de Plató i una de les més discutides pels especialistes. En grec —ja ho hem notat— es titulava *Politeia*. *República* ve de la traducció llatina del títol

Politeia que va fer-se com a *Res Publica*. En grec *Politeia* vol dir alguna cosa com ara Cultura política. Actualment, a tots els països, s'acostuma a titular, en la llengua pertinent, com *La república* (encara que sempre s'abreuja, seguint el llatí, així: *Resp*). Aquesta obra de Plató és un extensíssim diàleg que està compost de deu llibres (que s'acostumen a posar en nombres romans: *Resp I, Resp II, Resp III,* etc.). Cada llibre correspon a un volum o rotlle grec.

No sabem ben bé quan la va escriure Plató, però sí que sabem que el que Plató hi explica ho podem situar en el darrer terç del segle v aC, molt abans de la data en què la va escriure. Segurament que Plató va escriure aquesta obra per l'impacte que féu en ell tant la guerra com, també, la mort de Sòcrates. En *La república* els estudiosos hi llegeixen precisament l'exposició d'una tensió: la tensió entre la mentalitat que defensava els valors tradicionals (representats en el llibre I de *Resp* per Cèfal i els seus fills) i la mentalitat que més aviat acceptava el nou intel·lectualisme racionalista dels sofistes (representat en el llibre I de *Resp* pel personatge Trasímac). Plató, en la resta de la *Resp*, també hi situa els seus germans Adimant i Glaucó, els quals manifesten la voluntat d'escoltar els pensaments de Plató i desitgen saber. El personatge que porta les converses és Sòcrates, del qual *La república* en dibuixa una imatge ben particular: amb un domini de la ironia i la dialèctica meritoris.

Resumidament podem dir que de *La república* se n'han fet dues grans interpretacions: a) la dels qui consideren que és un text fonamentalment polític, on Plató ens hi refereix la seva manera de comprendre una ciutat justa, i, per tant, tracta el tema de la justícia de la ciutat i de la injustícia; així ho trobem en els intèrprets que van des d'Aristòtil (s. iv aC) fins a Hegel (segles xviii-xix); i b) la dels qui neguen que *La república* s'hagi d'interpretar políticament, i més aviat afirmen que cal llegir-la prenent com a centre tot allò relacionat amb l'ètica individual (l'excel·lència, la felicitat, l'ànima i la seva educació) i que prepara l'ésser humà a assolir un grau de ciutadania excel·lent; això ho veiem en uns altres intèrprets, els quals també abracen un arc notable de temps: van des de Procle (segle VI dC) fins a Karl Popper (s. XX). Ambdues línies d'interpretació enriqueixen força la nostra lectura de *La república* i cal tenir-les en compte críticament a l'hora de llegir *La república* platònica. El debat entre la Ciutat (*polis*) i l'individu cal considerar-lo dins un tot de sentit, com de fet ho assaja Plató tal com veurem en els fragments de lectura que prendrem en consideració.

Avui els estudiosos s'hi miren molt a l'hora de llegir el text de *La república*. Hi ha molts matisos en la seva interpretació. Cada vegada hi ha més estudis que enriqueixen la comprensió de la seva estructura general, cosa que facilita la comprensió de la unitat dels seus deu llibres. Nosaltres no podem entrar aquí en aquest laberint, sinó que tan sols ens convé fer un lleu esbós de la seva estructura i del contingut dels deu llibres.

Una de les estructures generals de *La república* que podem tenir presents precisament per la seva senzillesa és la que va proposar, l'any 1959, el francès Auguste Diès, un prestigiós especialista en Plató. Ell divideix tota *La república* en cinc grans blocs:

I. Obertura. Concepcions tradicionals i sofístiques de la justícia	Llibre I
II. Definició de la justícia	Llibres II-IV
III. Condicions de realització de la ciutat justa	Llibres V-VII
IV. La injustícia en la ciutat i en l'individu	Llibres VIII-IX
V. Recompenses de la justícia. Mite Final	Llibre X

Fem ara, ni que sigui sumàriament, un repàs al contingut temàtic de cada llibre per tal de poder situar i comprendre millor els fragments que componen aquesta antologia platònica. Fem-ho esquemàticament:

CONTINGUT TEMÀTIC DE *LA REPÚBLICA*	
LLIBRE I	Obertura. Baixada de Sòcrates al Pireu. Discussió inicial sobre què és la justícia. Posicions tradicionals de Cèfal i Polemarc (la justícia és restituir el que es deu: perquè cal donar a cadascú el que li correspon). Intervenció del sofista Trasímac, que situa el problema de la justícia en l'àmbit del poder (la justícia com la llei del més fort). Posició inicial de Sòcrates: la justícia del governant busca el millor per als seus súbdits. Altres discussions sobre la justícia.
LLIBRE II	Intervencions de Glaucó i Adimant, germans de Plató. Proposta de Glaucó de classificació tripartita dels béns: a) béns desitjables per si mateixos, amb independència de les seves conseqüències; b) béns desitjables per si mateixos i per les seves conseqüències; i c) béns desitjables pels seus beneficis indirectes, encara que ens causin penes. Sòcrates se situa en b); en canvi, la gent corrent en c). Petició de Glaucó i Adimant a Sòcrates de demostració de la preferència per la vida justa en relació amb la vida injusta (és a dir, petició de rebuig de la posició de Trasímac). Pas de la discussió de la justícia en la ciutat a la discussió de la justícia en l'individu. La formació d'una ciutat i de la seva estructura (els tres estaments que intervenen en tota ciutat).
LLIBRE III	Continuació de la temàtica i la problemàtica tractades en el llibre II. Gènesi de la ciutat injusta. Plantejament del nou procés educatiu que possibiliti les condicions per tal que una ciutat esdevingui justa. Crítica dels models educatius tradicionals basats en la poesia èpica i en la poesia tràgica. Importància de l'educació en la melodia i el ritme. Potència educativa de la gimnàstica i la medicina. Paper dels governants i de les classes de ciutadans dins la ciutat; i, en particular, dels guardians.

LLIBRE IV	Rebuig a una felicitat particular per a la classe dels guardians (i governants). La pobresa i la riquesa dels ciutadans. Les diferents excel·lències existents en una ciutat. La justícia en la ciutat (de la ciutat). Les parts de l'ànima, de les seves funcions i de la justícia individual.
LLIBRE V	Conversa sobre algunes altres qüestions: les tasques de la dona a la ciutat; la comunitat de dones i nens; l'esclavatge i les lluites. Debat sobre la possibilitat de l'existència d'una ciutat justa. Els filòsofs i el govern de la ciutat. La filosofia ocupa el centre de la conversa i, ben significativament, de *La república*.
LLIBRE VI	Continuació de l'estudi de la concepció de la filosofia i del filòsof, dels seus àmbits de coneixement i del seu paper a la ciutat. L'ànima del filòsof. Les dificultats d'exercir la filosofia veritable. Possibilitats de la formació filosòfica dels joves i possibilitats de la filosofia de convèncer la multitud. L'analogia del Sol. L'analogia del segment d'una línia.
LLIBRE VII	L'analogia de la caverna (sovint anomenada el mite de la caverna) i la seva explicació. Els estudis del filòsof-governant: 1) aritmètica; 2) geometria; 3) estereometria; 4) astronomia; i 5) harmonia. La dialèctica com a síntesi i visió de conjunt de tots els estudis i l'estudi suprem. La formació dels filòsofs (els homes de la dialèctica).
LLIBRE VIII	Les constitucions. Classes de constitucions polítiques (5). La millor: l'aristocràcia (1). Gènesi de les formes polítiques degenerades (4) des de la ciutat injusta (discurs de les Muses): La timocràcia, l'oligarquia, la democràcia i la tirania.

LLIBRE IX	Exposició del règim polític més allunyat de la justícia: anàlisi política i psicològica de la tirania i l'home tirànic. Tres proves sobre la superioritat de l'home just per damunt de l'home injust. Conclusió: la justícia és millor que la injustícia, que esclavitza l'home i el perverteix, si no paga per les injustícies comeses.
LLIBRE X	Continuació de la critica a la funció educativa de les arts (tècniques) imitatives (iniciada en els llibres II i III). El problema del mal i la immortalitat de l'ànima. Les recompenses de la vida justa: a l'home just li esdevindrà el millor, ja sigui en aquesta vida, ja sigui després de la mort. El mite d'ER: un mite escatològic sobre els premis i els càstigs que rebran en el més enllà les ànimes dels justos i dels injustos. Importància de la *manera de viure* en la justícia.

Aquesta visió de conjunt de *La república* de Plató ens permetrà poder endinsar-nos en la lectura d'alguns dels seus fragments perquè precisament aquests fragments troben el seu sentit ple dins el conjunt de *La república* (i de tota l'obra platònica), si bé és cert que els fragments que presentarem ara mateix poden ser llegits com a petites (encara que, és clar, fragmentades) unitats de sentit.

Alguns fragments dels llibres II, IV i VII de *La república* de Plató

Acabem aquesta introducció a Plató amb unes notes de lectura breus a tan sols alguns fragments de *La república* platònica. Com hem fet notar amb anterioritat, *La república* és un conjunt de deu llibres que comparteixen una preocupació general: la justícia (sigui la que cal que es doni en la ciutat, sigui la que cal que es doni en l'individu; una i altra entreteixint-se). Amb aquest motiu temàtic general de fons, cada llibre de *La república* aborda algun tema específic, argumentant-ne tots els passos i, fins i tot, cercant el convenciment dels lectors a través d'analogies i de mites. Els especialistes en Plató estudien tot això en detall i en debaten el seu sentit i la seva consistència. Nosaltres aquí ens limitarem tan sols a orientar la lectura d'alguns fragments significatius de *La república.* Es tracta dels fragments que constitueixen els textos que es proposen a l'alumnat per tal de preparar selectivament la prova d'Història de la Filosofia per accedir a la universitat. Són textos que no desdiuen gens d'un cànon de lectura ideal de textos filosòfics de tradició occidental.

Els fragments de *La república* dels quals, d'una manera succinta, enmarcarem la lectura són els següents: 1) del llibre II, el fragment 367e-376c; 2) del llibre IV, el fragment 427c-445e; 3) del llibre VII, el fragment 514a-520a; i 4) del llibre VII, el fragment 532b-535a.

1. *Resp II 367e-376c*

Aquest fragment està enmarcat dins d'un espai de conversa on el que es pretén és fer una rigorosa recerca dialogada sobre allò que és la justícia (i la injustícia). Tinguem present que la conversa ens l'explica el mateix Sòcrates, que, d'ençà del llibre I de *La república*, és el narrador de tots deu llibres que componen l'obra de *La república.* Al començament del llibre I, Sòcrates ens explica que va anar amb Glaucó (germà de Plató) al port del Pireu, un dels centres comercials i artesanals més importants d'Atenes, a celebrar-hi una festa. Alguns estudiosos creuen que es tractava de la festa de Bendis (que és com els tracis anomenaven la deessa Àrtemis). Al Pireu hi era Polemarc, fill de Cèfal, que es trobà amb Sòcrates i Glaucó. En aquella festa tothom hi era. Al cap d'un moment ja hi eren, a més de tots els esmentats, Adimant, germà de Glaucó (i de Plató), i altres, tots intentant retenir Sòcrates, que ja volia tornar-se'n a casa. Finalment, entre tots convencen Sòcrates perquè es quedi al Pireu. Al vespre hi havia una altra celebració festiva. Decidiren fer temps anant a casa de Polemarc a conversar-hi. Allà hi havia el pare de Polemarc, Cèfal, i els seus germans, a banda de molta altra gent, principalment Trasímac, el calcedoni.

La conversa que mantenen amb Sòcrates a casa de Cèfal, i que s'ha iniciat en el llibre I de *La república*, tal com hem assenyalat en el «Contingut temàtic de *La república*», tracta sobre la justícia, exposant les concepcions tradicionals representades per Cèfal i Polemarc (la justícia és donar a cadascú el que és seu) i la concepció sofística de Trasímac (la justícia és allò que disposa el poder del més fort). Sòcrates apuntava de manera inicial que la justícia era que el governant cerqués allò que era millor per als seus governats.

En el llibre II de *La república* es continua amb aquesta mateixa conversa. I, després de les intervencions de Glaucó (sobre quina mena de béns existeixen) i d'Adimant (que revisa tot el que s'ha dit sobre la justícia), el mateix Glaucó demana a Sòcrates que li mostri què és la justícia; millor dit: Glaucó demana a Sòcrates per quina raó cal triar la justícia en comptes de la injustícia. Glaucó li demana sobre la justícia i la injustícia en si mateixes (sobre la idea de justícia): aquella justícia que si s'adquireix farà que les ciutats i els homes esdevinguin i siguin de debò ciutats i homes justos. És precisament en aquest punt on s'insereix el nostre fragment.

El fragment 367e-376c del llibre II de *La república* parteix del fet que Glaucó i Adimant, «sense creure que la injustícia és preferible a la justícia», són capaços de defensar que «la justícia és preferible a la injustícia», quan, de fet, davant la tesi de Trasímac han rebutjat la resposta de Sòcrates que justament defensava que «la justícia és superior a la injustícia». Davant d'aquest impàs, Glaucó i Adimant demanen i insisteixen que defensi com sigui aquesta tesi.

Sòcrates necessita argumentar davant els seus interlocutors la idea de justícia i d'injustícia i la seva relació (no la *seva* idea de justícia i injustícia sinó allò que realment *siguin* la justícia i la injustícia intemporalment). Com que la recerca resultarà difícil Sòcrates proposa un mètode: fer la recerca analògicament (per semblança). És a dir, com que les lletres grosses són més fàcils de reconèixer que les petites, Sòcrates proposa començar a investigar allò que sigui la justícia a la ciutat (lletres grosses) i després investigar-ho en l'individu (lletres petites). El mètode, doncs, és passar de l'estudi de la justícia a la ciutat cap a l'estudi de la justícia en l'individu.

Per això, començarà per veure la justícia en la ciutat, però no en una ciutat concreta sinó en una ciutat encara no desvirtuada per res: una ciutat ideal, una ciutat que l'anirà formant a través del seu discurs. D'aquesta ciutat —que en podríem dir ciutat natural o original— ens n'exposarà la seva gènesi ideal, és a dir, l'anirà formant de tal manera que tot allò que hi posi sempre sigui amb vista a la justícia i evitant tota injustícia en l'origen.

La gènesi d'aquesta ciutat ideal s'encaminarà a fer realitzable i real la justícia. Això suposarà articular-ho tot i totes les professions (comerciants, mercaders, marxants i obrers) que els seus ciutadans hi desenvoluparan tenint present el principi que cadascú ha d'exercir aquelles professions que de natural pot realitzar bé de cara a la perfecció de la ciutat, això és, aquelles professions per a les quals ha nascut. Tota l'economia ha de regir-se tenint present aquest principi de naturalesa esmentat. Només així una ciutat podrà esdevenir realment un lloc on hi sigui possible la realització de la justícia.

El discurs argumentatiu de Sòcrates sobre la ciutat no oblida com la injustícia s'hi fa present. Per això dedicarà part de la seva exposició a explicar el naixement de la injustícia (la guerra); i, en estreta relació, la necessitat d'un exèrcit i, en conseqüència, de soldats, que han de tenir coratge, força i, al mateix temps, delicadesa amb els aliats. Té una importància cabdal que per a Sòcrates el qui ha de ser guardià de la ciutat —de fet, parla de guardians, en plural, per referir-se als governants— ha de tenir una índole filosòfica i, per tant, també vol dir que ha de ser educat en aquest natural filosòfic del guardià per tal de poder prendre les decisions adequades perquè la ciutat realitzi en ella la justícia i sigui de debò justa.

El fragment que ha parlat de la gènesi o formació d'una ciutat en vista de la justícia no ha entrat a mostrar detingudament on es troba la justícia (i la injustícia). Això ho podrem llegir en el fragment següent.

2. *Resp IV 427c-445e*

Aquest fragment cal ubicar-lo dins el mateix marc escènic que el fragment anterior, tal com ja ho hem assenyalat. Aquí, després d'haver exposat la resta del llibre II i tot el llibre III, Sòcrates continua parlant de la justícia. Primer de la justícia en la ciutat; després de la justícia en l'individu, en l'ànima individual.

Un cop fundada la ciutat ideal a través de l'exposició de Sòcrates, i després d'haver parlat dels guardians (governants) de la ciutat, de la pobresa i de la riquesa dins la ciutat, i de les normes que han d'observar els magistrats, així com de les innovacions que hi ha d'haver en l'educació musical (fins i tot dels guardians), es passa a considerar el lloc que la saviesa ha d'ocupar en la ciutat de la justícia, és a dir, en la ciutat perfecta. El fragment que ara considerem en aquest apartat comença afirmant que la ciutat perfecta ja es dóna en l'explicació per construïda. I és en aquesta ciutat ideal i perfecta (intel·lectiva) que Sòcrates demana d'examinar-la amb detenció per tal de provar de veure-hi on és la justícia i on la injustícia, quina diferència hi ha entre elles i quina fa més feliç.

Sòcrates sosté que «si una ciutat està ben fundada, aleshores serà irreprotxablement perfecta». I d'aquí n'evidencia la seva saviesa (o seny), el seu coratge (o valentia), la seva temprança (o moderació) i la seva justícia. A continuació analitzarà i assenyalarà en la ciutat què és i on es troba cada una d'aquestes excel·lències (*aretai*, en grec), és a dir, quin estament les ha de cultivar en un grau més excels.

De l'anàlisi que en fa Sòcrates podríem considerar, en general, que:

a) la saviesa és el saber deliberar bé el que li convé a la ciutat com un tot; no una deliberació parcial sobre una cosa o una altra sinó sobre la totalitat; és l'excel·lència que han de posseir els governants (és a dir, els magistrats i els guardians perfectes);

b) el coratge és «la potència per conservar l'opinió pel que fa a les coses importants, que siguin sempre tals i les mateixes, com el legislador les proclamà en el pla de l'educació»; el coratge és una certa conservació, un saber mantenir allò que és essencial com a essencial; és l'excel·lència que més especialment han de posseir els soldats, els auxiliars dels governants.

c) la temprança és «un cert ordre, i un domini d'alguns plaers i passions, dels quals prediquem que es mostren, no sé pas de quina manera, superiors a un mateix»; la temprança possibilita l'autodomini, ser amo d'un mateix; una ciutat ha de ser mestressa de plaers i de passions, mestressa de si mateixa, si vol ser justa; han de cultivar aquesta excel·lència tant els governants com els súbdits perquè entre ells hi ha d'haver concòrdia i harmonia, és a dir, acord entre el superior i l'inferior.

d) La justícia és el resultat d'aquesta concòrdia i harmonia entre les parts de la ciutat. I, en el fons, per tant, la justícia és una excel·lència que es dóna quan les altres tres excel·lències es donen plegades; i més justícia hi haurà com més harmonia i concòrdia en la ciutat hi hagi. I això s'assoleix si «tothom fa allò per a què està naturalment dotat», és a dir, la justícia és «fer cadascú el que li correspon»; «cadascú ha de tenir cura d'una sola cosa de les que afecten la ciutat, aquella per a la qual la naturalesa li hagi donat més aptituds». La injustícia és el desequilibri que es produeix en una ciutat en la qual no hi ha l'ordre natural que procura l'harmonia, és a dir, quan no es cultiven les excel·lències exposades i es perd el sentit del fer de cadascú d'acord amb allò que de natural ha estat dotat per fer. Si entre les tres classes d'una ciutat (governants o guardians i magistrats; soldats i guardians auxiliars; i comerciants i obrers) cadascú no fa el que de natural li correspon sinó que s'intercanvien les feines i les professions, aleshores aquests desordres no són altra cosa que crims.

L'exposició de Sòcrates segueix aplicant en cada individu les excel·lències que ha descobert com a necessàries en la ciutat per a la consecució de la justícia. També en l'ànima humana de cada individu s'ha de produir aquesta harmonia i aquesta concòrdia. Això és la lletra petita i el que interessa en grau suprem a Plató. Només una ciutat feta de ciutadans justos, en harmonia i concòrdia amb si mateixos, artífexs de la seva excel·lència individual, podrà ser una ciutat justa de debò i podrà viure en l'esplendor d'haver adquirit i gaudit de la formació cívica (*politeia*) necessària. Segons Plató, les formes de caràcters i les maneres d'actuar de la ciutat li vénen de l'individu.

Després Sòcrates segueix endinsant-se matisadament en l'ànima individual per tal de mostrar-ne aquestes mateixes excel·lències (saviesa, coratge i temprança) i la seva unitat en l'individu (la justícia individual). L'ànima individual té, doncs, com dues parts: una de racional i una altra d'irracional; i aquesta darrera, al seu torn, té una part concupiscible a més d'una d'irascible. S'esdevé com a la ciutat. La part racional és la part a la qual li pertoca governar en l'individu, i a la part més fogosa li pertoca ser súbdita. Però també hi ha, en l'individu, el coratge que li permet salvaguardar el que la raó li mostra com allò que cal fer. La injustícia en l'ànima de l'individu és el desordre que s'hi opera quan cada part no acompleix la seva funció ètica.

Vist tot plegat, Sòcrates conclou que la justícia és el millor camí que es pot emprendre a la vida i el més preferible.

3. *Resp VII 514a-520a*

Amb aquest fragment s'inicia el llibre VII de *La república* de Plató. L'escena i els personatges són els mateixos que en els altres fragments. Els qui conversen són Sòcrates i Glaucó, el germà de Plató. El llibre VII de *La república* de Plató comença amb la narració d'una imatge celebèrrima: l'al·legoria de la caverna o de la cova (altres parlen de l'analogia de la caverna o, fins i tot, del mite de la caverna). La importància d'aquest fragment és del tot reconeguda; i, a més, també indiscutiblement és un text que forma part del pòsit cultural d'occident. Llegir i pensar el sentit d'aquest text platònic suposa incorporar-se una mica més a tota una cultura mil·lenària com és la pròpia cultura occidental, que, entre les seves riqueses, posseeix aquesta imatge referida a la formació plena de l'ésser humà (*paideia*) en relació amb el coneixement i l'experiència suprems: el coneixement i l'experiència del Bé; i igualment es refereix a tot allò que es deriva d'aquest accés al Bé, com ara la responsabilitat de fer que aquest Bé es realitzi entre els homes i les dones, i a la ciutat, la qual, només així, guiada per homes i dones que han fet experiència del Bé i en coneixen el sentit, podrà esdevenir una ciutat justa perquè aquesta i tots els seus ciutadans coparticiparan en la recerca i realització del Bé i la Justícia. Recordem que Plató té un projecte clar: aquest projecte no és altre que el d'arribar a fer realitzable una ciutat ideal, regida per homes i dones que han fet l'esforç dolorós de la *paideia* per tal d'accedir al Bé. I hi han accedit. Aquests són els filòsofs i les filòsofes, precisament aquells i aquelles que han de governar la ciutat per la seva saviesa en el Bé i, per tant, en la Justícia.

Abans d'entrar en el llibre VII ens caldria fer una breu pinzellada del final del llibre VI. I això perquè en el final del llibre VI se'ns parla del Bé i del seu coneixement, un tema certament recurrent en Plató, però ací s'aborda d'una manera ben particular, amb una altra imatge, l'analogia del segment, que no podem deixar de banda. El final del llibre VI de *La república* podríem considerar-lo gairebé com una introducció necessària al llibre VII. Per això ens hi hem de referir abans de parlar del llibre VII.

El coneixement del Bé, que és la tasca pròpia del filòsof, és una feina que comporta moltes dificultats i exigeix una vida dedicada enterament a ell. Per tal de fer-nos-la accessible, Plató, en el final del llibre VI de *La república*, ens en prepara el coneixement. I per això, perquè ens adonem que la idea de Bé és la idea rectora de la vida humana i de la vida de la ciutat (com anàlogament el Sol ho és en la vida de la naturalesa), ens disposa a veure que no només hi ha coneixement de realitats sensibles (de dades tretes de la informació que ens donen els nostres sentits), sinó que també tenim coneixement de realitats no sensibles sinó intel·ligibles (de realitats que no veiem amb els ulls de la cara sinó amb els ulls de la intel·ligència). Quines són aquestes realitats i quin coneixement en tenim, així com determinar que el coneixement té graus i quin grau és el més elevat del nostre coneixement, ho exposa Plató al final del llibre VI de *La república* en el conegut text en el qual fa una altra analogia, la que explica el coneixement i els seus graus amb un segment subdividit en subsegments desiguals, tal com llegireu en el text:

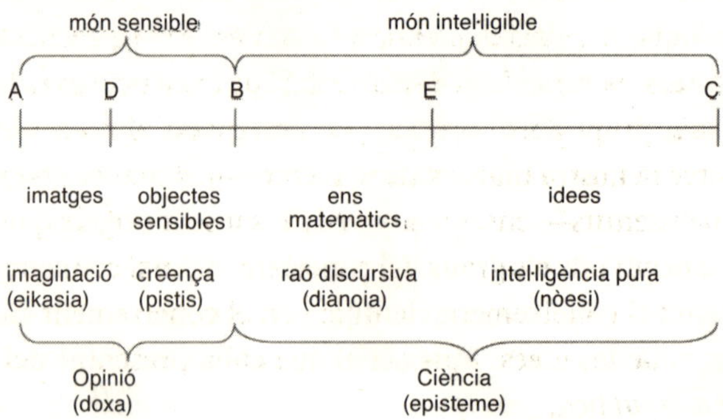

Plató distingeix, doncs, entre l'opinió i la ciència. I dins de cadascun d'aquests coneixements encara estableix una sotsdivisió. En l'opinió distingeix allò que es refereix al coneixement que es dóna a través de les imatges i el que fa referència als objectes sensibles. En el coneixement científic distingeix anàlogament allò que és coneixement dels objectes matemàtics i allò que és el coneixement de les idees, el coneixement suprem, la ciència més elevada que treballa amb l'autèntica realitat que només pot ser compresa amb la intel·ligència, que és allò que han cultivat els filòsofs, és a dir, aquells qui anant més enllà de la matemàtica (que treballa amb hipòtesis sobre realitats intel·ligibles) s'han endinsat en el coneixement veritable de les idees, això és, de l'autèntica realitat. No cal dir que Plató no considera ciència aquell tipus de coneixement que està fonamentat en els sentits, és a dir, en l'experiència. L'experiència no té capacitat de desprendre's dels sentits i per això només pot expressar la diversitat i la pluralitat, que per definició resulta ser sempre canviant i, en conseqüència, és incapaç de ser coneixement invariable del que és permanent i inalterable.

En aquesta analogia de la línia subdividida en segments hi ha una proporcionalitat explícitament feta notar per Plató. Aquesta proporcionalitat es pot expressar així:

AD/DB = BE/EC = AB/BC

El coneixement té graus i, endemés, a més certesa i veritat més coneixement, perquè l'espai segmentari de la ciència és més llarg que l'espai propi dels objectes que pertanyen al món sensible, encara que la nostra manera de percebre —justament perquè ens guiem pels sentits— ens enganyi. Al filòsof se li exigeix que reflexioni i conegui tots els graus del coneixement, així com que aprofundeixi en el coneixement científic i en el coneixement científic suprem, el de les idees. Fins ací el que calia presentar del llibre VI de *La república*.

Abans de referir-nos al fragment del llibre VII de La república, direm només, en general, que el llibre VII tracta tres grans temes: a) el lloc que el filòsof ocupa en la ciutat; b) els sabers o arts (*technai*) necessaris per a la formació del filòsof; i c) el paper del filòsof a la ciutat. Serà precisament en la consideració del lloc que el filòsof ocupa (i hauria d'ocupar) en la ciutat on s'encabeix la imatge i el sentit de la imatge de la caverna que Plató ens proposa en l'inici del llibre VII.

Ara ja podem passar a tractar directament el fragment del llibre VII de *La república*, el qual, com hem dit, s'obre amb una al·legoria que ha fet fortuna al llarg de la història cultural d'occident: l'al·legoria de la caverna (o el mite de la caverna).

De manera general, de cara a una millor comprensió del fragment que ens ocupa (*Resp* VII 514a-520a), podem assenyalar que en aquest fragment narratiu se succeeixen tres moments concatenats. El primer moment: la narració de l'al·legoria de la caverna (VII 514a-517a7); el segon moment: l'explicació del sentit d'aquesta al·legoria feta pel mateix Sòcrates (VII 517a8-518b5); i el tercer moment: les conseqüències del sentit d'aquesta imatge, segons ens comenta el mateix Sòcrates (518b6-520a5).

Al començament mateix de l'al·legoria de la caverna, és a dir, en el primer moment de la narració, Sòcrates ens situa en el camí del seu sentit. Efectivament, literalment diu al seu interlocutor Glaucó: «compara la nostra naturalesa (*physis*) pel que fa a l'educació (*paideia*) o a la manca d'educació (*apaideusia*) al cas següent» (VII 514a). I comença el relat de l'al·legoria, que trobareu en aquesta antologia.

L'educació o formació completa dels ciutadans i de les ciutadanes, més que res dels qui han d'exercir el govern de la ciutat, és quelcom decisiu per dur a terme el model de ciutat projectat per Plató. El que és decisiu, doncs, en aquest text, és comprendre allò que s'esdevé en una ciutat si no hi ha ningú que emprengui el camí d'ascens de la foscor de la cova fins a la llum del dia i la contemplació del Sol directament, ningú que esdevingui esforçadament filòsof i així, apte per a governar, és a dir, capaç de conduir el poble cap al Bé. I al mateix temps, si no es considera la necessitat que qui hagi emprès el camí d'ascens emprengui igualment el difícil camí de descens a la cova per tal de convèncer els companys encadenats de quina és l'autèntica realitat: el Sol, el Bé que dóna sentit a tot. Aquest doble moviment (d'ascensió i de descens, un descens obligat!) emmarca tota la narració de l'al·legoria. Aquesta al·legoria es comprèn bé si hom té la referència del final de llibre VI de La república, del qual abans hem fet esment precisament en el fragment de l'analogia de la línia o del segment subdividit en relació amb el coneixement i els seus diversos graus de profunditat.

No repetirem aquí el text de l'al·legoria de la caverna que podeu llegir al final d'aquesta introducció. Tan sols esmentem algunes consideracions que poden ajudar la seva lectura. El sentit de l'al·legoria —el segon moment narratiu— ens el dóna el mateix Plató (517b-519c), a continuació mateix, després de la narració de la caverna. Per això, seguint la mateixa explicació que ens en fa Plató, podem remarcar el que segueix, que cal llegir en paral·lel amb l'analogia del segment subdividit:

El món de la caverna representa el món sensible, el món que s'orienta pels sentits. La font de llum de la caverna és un foc que hi ha en l'interior de la cova, foc que representa el Sol que il·lumina el nostre món sensible, el Sol que veiem cada dia. En la caverna hi ha dos nivells de realitat: un nivell més inferior d'ombres i reflexos; i un nivell superior d'objectes que són transportats per un homes que caminen darrere un mur.

El món del dia representa el món intel·ligible, el món que es guia només per la intel·ligència i ens permet intel·ligir allò que els sentits els mostren. Té també la seva font de llum, que és el Sol de l'al·legoria, el qual representa el Bé que ens il·lumina la intel·ligència. També en el món del dia hi ha dos nivells de realitat: un de més inferior que són les ombres del Sol reflectides en l'aigua que veiem fora de la cova, les quals representen els ens matemàtics; i un nivell més superior de realitat, els objectes del món del dia, que són les idees veritables.

Un esquema, d'acord amb el sentit que ens ha fet arribar Plató de l'al·legoria de la caverna, ens pot ajudar. Vegem-lo:

La caverna	El dia
Font de llum:	
El foc	El Sol
Nivells de realitat:	
Objectes transportats	Realitats (éssers vius de la natura)
Ombres dels objectes transportats	Ombres en el terra i reflexos a l'aigua

La caverna és en relació amb el dia el mateix que el món sensible és en relació amb el món intel·ligible. Així:

Món sensible = Món exterior (el dia)	Món intel·ligible
Font de llum:	
El Sol	El Bé
Nivells de realitat:	
Realitats (éssers vius de la natura)	Idees (realitats veritables)
Ombres en el terra i reflexos a l'aigua	Ombres de les idees (ens matemàtics)

El paral·lelisme amb l'analogia del segment subdividit és clara, i aquí es veu quin és el camí que ha de fer el filòsof per tal d'accedir al Bé, un camí ple de dificultats. I no oblidem la proposta de Plató, que és que aquell qui ha fet l'esforç de sortir de la caverna ha de fer igualment l'esforç (obligat, forçat) de retornar-hi per tal de fer sabedors de la realitat (el Bé) als presoners que hi són encadenats.

És igualment rellevant el tercer moment narratiu, el de les conseqüències que cal treure d'aquesta imatge de la cova i del procés d'ascensió i descens del presoner alliberat, el filòsof-governant. Com que el procés és doble, hi ha un parell de conseqüències:

a) l'una, en relació amb el procés d'ascensió cap a fora (per tal de contemplar la realitat autèntica, la llum que ens la fa veure i el Sol, que és la causa de tot, és a dir el Bé). Aquest procés és l'educació (la *paideia*), ja ho sabem. Però aquesta educació, més que res del governant (però també, en la mesura que sigui possible i de manera similar, de tot ciutadà), significa exercitar les potencialitats de cadascú fins arribar a la contemplació del ser autèntic i del Bé. I aquesta exercitació és difícil, costa i cal «forçar les naturaleses més bones a arribar a aquesta noció» (519c). Perquè l'educació no és sinó un viratge total de l'ànima vers la contemplació de l'autèntica realitat, el ser autèntic: el Bé. Aquesta girada total de l'ànima demana una exercitació quotidiana sense la qual no és possible que es produeixi.

b) l'altra, en relació amb el procés de davallament cap a dins de la cova (per tal d'alliberar els presoners que hi romanen, és a dir, la gent de la ciutat que, amb l'ajut del filòsof-governant, esdevindran ciutadans veritables, això és ciutadans d'una ciutat perfecta). També aquest procés demana un gran esforç. Millor dit: Sòcrates ens diu que caldrà forçar els filòsofs, que són qui han arribat a la contemplació del Sol-Bé —i de la qual gaudirien tota la vida sense moure-se'n—, a davallar dins la foscor de la cova per tal de convèncer i guiar els seus estadants presoners a sortir vers la llum, és a dir, vers la realitat autèntica: la veritat. Cal obligar els filòsofs i les filòsofes a governar en contra de la seva voluntat. La naturalesa filosòfica comporta governar, malgrat que la vida contemplativa és per a ells una vida de plenitud. Però la ciutat perfecta necessita governants que han fet experiència del Bé i l'han contemplat intel·lectualment. Els governants no hi són —ni la llei els ha de protegir— per passar-s'ho bé sinó que la llei i els governants hi són perquè tothom s'ho passi bé, és a dir, sigui feliç perquè viu en harmonia i pau en una ciutat justa.

4. *Resp VII 532b-535a*

El darrer fragment de *La república* del qual parlem en aquesta antologia és molt breu, però carregat de sentit. Continua l'escenari dramàtic i hi són presents els mateixos personatges. Sòcrates segueix conversant amb el germà de Plató: Glaucó. Entre el fragment anterior (*Resp* VII 514a-520a), sobre l'educació o formació dels filòsofs, i aquest d'ara (*Resp* VII 532b-535a), sobre la dialèctica com a ciència suprema dels filòsofs, hi ha tot un fragment més extens (*Resp* VII 520a-532b) en el qual es parla dels sabers (o arts) que cal que els filòsofs estudiïn abans d'entrar en l'estudi molt més dificultós de la ciència dialèctica que porta al veritable coneixement del Bé.

Per tal de comprendre millor el que es diu de la dialèctica com a estudi que culmina definitivament tot el procés de formació dels filòsofs cal dir alguna cosa respecte dels sabers en els quals s'ha de formar prèviament a la dialèctica i dels quals parla en part l'extens fragment ara mateix esmentat (*Resp* VII 520a-532b). Plató, per boca de Sòcrates, esmenta els següents sabers que, per aquest ordre, ha de conèixer el filòsof:

1r. L'aritmètica. Permet reconèixer els éssers en la seva unitat i no deixar-se portar per la multiplicitat que ens donen els sentits. La realitat compresa per la intel·ligència ens és presentada en la seva unitat (una i idèntica). L'aritmètica permet, doncs, conèixer el nombre i el càlcul. Aquesta és una ciència que permet dominar l'art de la guerra, ja que sense saber comptar i calcular difícilment es podrà fer front a l'enemic.

2n. La geometria. Possibilita concebre els éssers eterns i immutables (com ara la línia, el cercle, etc.). La geometria treballa en el pla i permet igualment fer la guerra perquè fa possible disposar bé els campaments en l'espai i permet dissenyar les diferents estratègies militars i els desplaçaments de l'exèrcit.

3r. L'estereometria. Una ciència no gaire desenvolupada a l'època de Plató que es referia a l'estudi dels cossos en si mateixos i a la consideració, en conseqüència, dels volums dels cossos.

4t. L'astronomia. La ciència que ens permet l'estudi del moviment dels cossos celestes i permet conèixer les lleis dels cels amb l'ajut de la matemàtica.

5è. L'harmonia. Una ciència provinent del pitagorisme que estudia les relacions d'harmonia entre els nombres i les tonalitats musicals. Ja Heràclit havia sostingut que «l'harmonia invisible és més gran que l'harmonia visible» (Fg. 54). El descobriment de l'harmonia invisible és una fita del filòsof.

Tots aquests sabers són una preparació (una propedèutica) per a la dialèctica, que és el que es tracta en el fragment al qual ens referim ara (*Resp* VII 532b-535a). La dialèctica és el coneixement pròpiament filosòfic: el coneixement de les idees, de les coses en si mateixes, de la veritat mateixa. Ací hi ha, en el cim, el coneixement del Bé (que Plató identifica amb la Bellesa). Tots els sabers anteriors (fonamentalment matemàtics) treballen amb principis o hipòtesis; la dialèctica, en canvi, coneix el Bé sense hipòtesis, sense conjectures, copsa el que cada cosa és en si, cosa que cap dels sabers anteriors no fa. De cada saber cal conèixer-ne el principi, i també com la conclusió i les etapes intermèdies estan entrelligades amb el principi. Un domini de la lògica i les seves regles és del tot imprescindible. Per això és igualment indispensable un coneixement de tots els sabers previs a la dialèctica. La matemàtica és un ajut de primer ordre de cara a la filosofia o dialèctica. La dialèctica suposa el coneixement de la relació interna que hi ha entre totes les matèries anteriors. El filòsof no només sap cadascun dels sabers matemàtics esmentats, i exigibles per tal de poder accedir a la dialèctica, sinó que en domina la relació: té un coneixement interrelacionat de tota la matemàtica. Aquest coneixement sinòptic disposa al coneixement del Bé per al qual cal procedir amb un mètode rigorós de mostrar les diferències i les identitats.

El domini del mètode dialèctic és imprescindible per poder conèixer la veritable realitat de tot. Per això és propi del governant disposar d'aquest coneixement que Sòcrates anomena ciència, i és l'únic coneixement que pot rebre amb sentit el nom de ciència. Els altres sabers —els sabers matemàtics propedèutics de la dialèctica— encara no arriben al grau de ciència perquè treballen amb hipòtesis; també és veritat que tampoc són mera opinió. Plató anomena a aquests sabers pensament discursiu o reflexió.*

En aquest punt de tanta importància, com és la metodologia filosòfica (el mètode dialèctic) de cara a assolir el coneixement veritable, trobem un lligam amb el que Sòcrates ha explicat en l'al·legoria de la caverna i en la del segment. Efectivament, segons Sòcrates, hi ha diversos graus en el coneixement i, pròpiament, també hi ha diversos coneixements (coneixements als quals podem donar diversos noms). Ja ho hem vist en l'esquema referit a l'analogia del segment. Hi ha dos grans àmbits del coneixement humà: l'opinió (*doxa*) i la ciència (*epistêmê*). Dins l'opinió (*doxa*) hi ha dos graus de coneixement: el més ínfim, que Plató anomena imaginació o semblança (*eikasia*), i el més elevat,

* En aquest punt hi ha moltes diferències de noms en les traduccions. No ha de sorprendre que en cada traducció sigui diferent. El millor és posar entre parèntesis els termes grecs que fa servir el mateix Plató i saber el que Plató ha volgut dir. En el mateix text de *La república* llegim: «En tenim prou amb un nom que faci veure clarament el nostre pensament» (Resp VII 533e). O sigui que fins i tot el mateix Plató sap la dificultat de dir aquestes parts del coneixement i aquests 'sabers'.

que anomena creença (*pistis*). Dins de la ciència (*epistêmê*) també hi ha dos graus de coneixement: el menor, que anomena raó discursiva o enteniment (*diànoia*), i el més elevat de tots els graus, que Plató anomena intel·ligència pura o saber (*nòesi*). Aquest darrer és el veritable coneixement, el coneixement filosòfic, al qual hi condueix la dialèctica, que, al seu torn, ha estat prèviament preparada per la ciència matemàtica. La dialèctica, doncs, ajuda a copsar veritablement el sentit del ser de cada cosa: l'essència. I, per tant, podrà arribar al veritable sentit del que és el Bé, el Bé en si mateix. La dialèctica, doncs, «és la culminació de totes les altres matèries» (*Resp* VII 534e). El qui ha arribat a aquest grau tan alt del coneixement de l'autèntica realitat és el filòsof veritable o la filòsofa veritable.

El coneixement de la veritable realitat demana l'esforç de bona part de la vida. Només una selecció adequada dels governants, amb un mètode de discerniment també adequat, podrà mostrar-nos els qui poden arribar a ser de debò filòsofs i, per tant, governants. Plató, a continuació d'aquest fragment, exposa les diverses etapes de formació dels filòsofs que, encara que no pertanyin al nostre fragment, no volem deixar de banda. Resumidament, l'exposició platònica d'aquestes etapes de formació serien les següents:

En primer lloc, proposa que iniciïn els estudis d'aquestes ciències aquells qui tinguin qualitats físiques (els més ben formats) i morals (els més ferms i els més coratjosos, nobles i greus) i bones disposicions intel·lectuals (agudesa, memòria indestructible, amant de l'esforç). Plató vol dotar de prestigi els filòsofs, que en aquell moment eren tinguts per gent poc esforçada i poc dotada per al coneixement rigorós. Plató insisteix molt en les qualitats dels filòsofs. I afegeix, a les precedents: amor a la feina (però ni tothora dedicat a la feina ni mai no dedicat a la feina, sinó un punt mitjà); amor a la veritat; seny, coratge i magnanimitat.

Plató també fa referència a les edats en què cal anar formant el filòsof:

—De ben joves. Iniciació no obligatòria al càlcul, la geometria i tota l'educació prèvia. L'home lliure no ha d'aprendre cap matèria d'aquestes per mitjà de l'esclavatge, sinó com un joc per tal de poder saber les qualitats naturals de cadascú. Als infants se'ls farà presenciar la guerra, com als cadells se'ls feia tastar la sang. Després d'un examen se'n seleccionaran un nombre determinat. Després de dos o tres anys de gimnàstica obligatòria se'ls farà una prova de gimnàstica.

—Als vint anys. Selecció dels millors i se'ls ensenyaran totes les ciències matemàtiques i, sobretot, a tenir-ne una visió de conjunt (sinopsi) per tal de preparar-se bé per a la dialèctica, una matèria que exigeix saber sintetitzar. La millor prova per tal de saber la capacitat dialèctica és examinar el domini de la capacitat d'interrelació (de síntesi).

—D'ençà dels trenta anys. Als més constants en els aprenentatges, en la guerra i en els costums, després de triar-los, se'ls provarà en l'art de la dialèctica, sobretot per tal de veure si ja poden desentendre's dels sentits i són aptes per a la dialèctica. És a dir, si són ben al revés que els sofistes, que usen malament la dialèctica perquè encara donen a les paraules sentits no apropiats.

—Després de quinze anys (a partir dels quaranta-cinc). A partir d'haver estat immersos en la dialèctica veritable se'ls tornarà a ocupar, en aquest període de formació, amb qüestions militars i se'ls tornarà a exercitar en la gimnàstica per no deixar d'estar en bona forma, com correspon al bon governant.

—Als cinquanta anys. Als qui superin tot el procés de formació i hagin excel·lit en tot, assolint el coneixement i la pràctica del Bé, caldrà obligar-los a governar la Ciutat, ja que tindran sempre el Bé com a model i educaran en la mateixa direcció els seus successors. Finalment aniran a l'Illa dels Benaurats, això és, seran premiats, després de morir, a viure amb els Benaurats. Rebran tota mena d'honors i sacrificis de la Ciutat, com si fossin divinitats inferiors (si la Pítia, la profetessa de l'oracle, ho determina).

Només els qui i les qui arribin al coneixement del Bé podran governar la Ciutat, si bé Plató és conscient que el qui coneix el Bé restaria per voluntat pròpia i per sempre en el Bé; per això se l'haurà de forçar a dedicar-se al govern de la ciutat. Plató té el convenciment que aquesta ciutat governada pels filòsofs és possible, encara que de moment no tingui lloc (és, en aquest sentit, que en diem una Ciutat utòpica).

Al final del llibre VII de *La república* Sòcrates acaba la seva exposició sobre com han de ser i s'han de formar els governants. Glaucó, el seu interlocutor li fa: «Són bellíssims els governants que has modelat com si fossis un escultor!». Sense dubtar gens, Sòcrates respon: «I també les governadores, oh Glaucó! No creguis pas que el que he dit es referia més als homes que a les dones, perquè també entre elles n'hi ha moltes de dotades de naturalesa suficient per a això» (*Resp* VII 540c).

Plató ens ha exposat la seva manera d'entendre la política i ha posat tot el seu esforç a repensar la formació dels governadors i de les governadores que, en aquest moment del seu pensar, era allò indispensable per tal de canviar la vida política d'Atenes i de tota ciutat (polis). Calia formar ciutadans i preparar-los rigorosament per tal que poguessin esdevenir governants que vetllessin pel Bé de la ciutat.

El «viratge de l'ànima» exigit als filòsofs demana una manera nova de veure la realitat, amb més profunditat. I això només es pot fer si els ulls de la intel·ligència prenen un paper rellevant en la consideració i estudi de tot, i especialment en l'Atenes d'aquell present, en l'enfocament i resolució dels problemes d'aquella Ciutat i de tota ciutat. Tot això no és possible sense un mètode rigorós exercitat durant tota la vida.

ANTONI BOSCH-VECIANA

La república

Llibre II

[Proposta de Sòcrates: considerar la justícia de primer en l'estat i en els assumptes més importants]

Jo, que sempre havia admirat el natural de Glaucó i d'Adimant, aleshores, després d'escoltar-los en vaig tenir un gran goig, i vaig exclamar: «Oh fills d'aquell home tan famós! Tenia tota la raó l'enamorat de Glaucó quan compongué l'elegia per felicitar-vos després de la batalla de Mègara, que comença:

«Fills d'Aristó, llinatge diví d'un home il·lustre...».

Això, amics, em sembla que està molt bé. Perquè realment us passa quelcom diví si, sense creure que la injustícia és preferible a la justícia, sou tan capaços de defensar aquesta tesi. Perquè a mi em sembla de debò que no penseu així, ara, que m'haig de guiar per la vostra manera de ser en general, perquè si em guiés per les vostres paraules recelaria de vosaltres. I com més crec en vosaltres, tant més confós em veig per contestar. És que no sé com defensar tal tesi. Jo em veig molt incapaç de fer-ho, i un senyal me n'és el fet que em creia que el que jo havia respost a Trasímac demostrava que la justícia és superior a la injustícia, i m'ho heu rebutjat. Però tampoc no veig manera de no defensar-la. Mes m'esvera com una impietat que en presència meva s'ataqui la justícia i jo desdigui quan encara respiro i puc parlar. L'haig d'ajudar, doncs, tan fortament com pugui».

I Glaucó i tots el altres em demanaven que la defensés fos com fos, que no afluixés el meu raonament, sinó que escrutés què són ambdues coses, la justícia i la injustícia, i que pel que fa als avantatges de cadascuna, mirés de debò què hi ha. Jo, doncs, vaig dir el que em semblava: «La recerca que emprenem no és poca cosa, sinó pròpia d'un que hi veu agudament, pel que crec. I ja que nosaltres no hi som hàbils, sóc del parer» —vaig afegir— «que hem de fer aquesta investigació com si algú ens manés llegir de lluny unes lletres petites, i nosaltres fóssim curts de vista. I aleshores hi hagués algú que s'adonés que en un altre lloc hi ha les mateixes lletres, però més grosses i ocupant més espai. Opino que això li apareixeria com tota una troballa; primer llegiria aquestes, i després es fixaria en les petites, a veure si casualment són les mateixes».

«Ens sembla molt bé» —féu Adimant—. «Però és que veus alguna cosa tal en la recerca referent a la justícia?».

«Ja t'ho diré» —li vaig fer—. «La justícia, diem, és cosa d'un home en particular, però també és de tota la ciutat».

«Naturalment» —respongué ell.

«I la ciutat, no és més que un home sol?».

«És més» —acordà.

«Doncs potser en un objecte més gros hi hagi una justícia més grossa i més fàcil d'assimilar. Per tant, si ho voleu, primer mirarem què és la justícia a les ciutats, i després ho examinarem igualment en cada persona: observarem la paritat del que és més gros en la figura del que és més petit».

«Doncs em sembla que parles molt bé» —afirmà ell.

«A veure» —vaig fer jo— «si nosaltres de paraula veiéssim sorgir una ciutat, no veuríem també com hi neixen la justícia i la injustícia?».

«Segurament» —va admetre ell.

«I no podrem esperar que, fet això, veurem més fàcilment el que cerquem?».

«Sí, i molt».

«Us sembla, doncs, que cal emprendre l'avanç? Em penso que la cosa no és pas cap bestiesa. Penseu-ho».

«Ja ens ho hem pensat» —exclamà Adimant— «I tu, no ho facis altrament».

[La fundació de la ciutat. Les professions més necessàries]

«Aleshores, una ciutat neix, pel que crec» —vaig establir jo— «perquè ningú de nosaltres no és autàrquic, sinó mancat de moltes coses. O creus en algun altre principi que faci habitar una ciutat?».

«No, en cap altre».

«Es així, naturalment: cada home n'agafa un altre de cara a una necessitat, i un segon de cara a una altra; mancats de moltes coses, els homes agruparan la gent en un lloc habitable per fer societat i ajudar-se; a una convivència així l'anomenarem "ciutat", no fa?».

«No hi ha dubte».

«I quan algú lliura el que sigui a un altre, si és que li ho lliura, o bé li pren, creu que li és millor?».

«Certament».

«Au, doncs» —vaig fer jo— «fundem de paraula una ciutat des del seu principi. La fundaran, em sembla, les nostres necessitats».

«Com no?».

«Però la primera i màxima necessitat és la provisió de queviures perquè puguem existir i viure».

«Exactament així».

«La segona és l'habitatge i la tercera el vestit i altres coses per l'estil».

«Això mateix».

«A veure» —vaig inquirir jo— «com es bastarà la ciutat per a tals provisions? Hi haurà altra cosa que no sigui un pagès, i un paleta, i també un teixidor? O a això mateix hi afegirem un sabater o algun altre dels qui tenen cura del cos?».

«Totalment d'acord».

«Aleshores la ciutat dotada amb l'imprescindible tindrà quatre o cinc homes».

«Ho sembla».

«I què, doncs? Caldrà que cadascun d'aquests del seu treball en faci un bé per a tots, per a la comunitat? Per exemple, el pagès, que és ell tot sol, prepararà queviures per a quatre, i hi esmerçarà el seu temps i el seu esforç multiplicats per quatre en la provisió de menjar, i en farà participar els altres? O en prescindirà, emprarà només la quarta part de temps a disposar-se menjar, i de les tres parts restants en gastarà una en la cura de la seva vivenda i dues més en els seus vestits i el seu calçat, i tindrà les seves coses sense partir-se-les amb els altres, sinó que cadascú es farà per ell mateix les seves coses?».

I Adimant observà: «Sòcrates, segurament és més fàcil allò primer que això darrer».

«I no és estrany, per Zeus!» —vaig comentar jo— «Quan parles m'adono personalment que, en primer lloc, no n'hi ha cap de nosaltres que sigui exactament igual a un altre, diferim en la naturalesa, i a cadascú li escau una feina diferent. O no t'ho sembla?».

«M'ho sembla».

«I què? Qui sap si algú ho faria més bé dedicat a molts oficis, o a un de sol?».

«Sempre a un de sol» —féu ell.

«I em penso que també el que segueix serà una cosa clara: si es deixa passar l'oportunitat de l'obra, aquesta se n'anirà per portes».

«La cosa és claríssima».

«Perquè l'obra no em crec que s'avingui a esperar el lleure del seu autor, cal que aquest l'atengui i no la consideri com un treball marginal».

«Cal».

«Sí: de tot això en resulta que les coses són més, més belles i més fàcils si es fan segons el que els és propi i en temps oportú, prescindint de totes les altres».

«Doncs sí, és de debò així».

«I per les provisions que dèiem, Adimant, ens caldran més de quatre ciutadans. Perquè el pagès, em sembla, no es farà ell mateix l'arada, si aquesta ha de ser ben feta, ni tampoc l'aixada, ni les altres eines que són per a la pagesia. Ni tampoc el paleta, que també ell en necessitarà moltes. I direm el mateix del teixidor i del sabater, no fa?».

«És veritat».

«Per tant, fusters i ferrers i molts altres professionals d'aquests ens seran veïns a la nostra petita ciutat i l'aniran fent créixer».

«Exactament així».

«Però la ciutat encara no seria de cap manera massa grossa si hi afegíem bovers i ovellers i pastors d'altra mena: així els pagesos tindrien bous per llaurar, i els mateixos pagesos i els paletes bestiar per als transports, i els teixidors i el sabaters cuir i llana».

«Doncs no seria pas tan petita ciutat que tingués tot això» — va fer-me ell.

I jo li vaig dir: «Considera, doncs, que bastir una ciutat en un indret tal que no li calguin importacions és pràcticament impossible».

«Impossible del tot».

«Ens caldrà, doncs, més gent que importi d'altres ciutats tot el que manqui».

«Sí, ens caldrà».

«Però si el qui fa tal servei se'n va d'aquí amb les mans buides, sense endur-se'n res del que potser manca a aquells que el proveiran, també marxarà d'allà de buit. O no?».

«M'ho sembla».

«Dels nostres productes, doncs, n'haurem de fer no solament

el que ens basti a nosaltres, sinó també als altres, el que els calgui i tal com els calgui».

«Sí, caldrà fer-ho».

«Aleshores la ciutat haurà de tenir més pagesos i més professionals dels altres».

«Sí, n'haurà de tenir més».

«Sí, i principalment d'aquells altres professionals que importen i exporten totes les coses. Oi que aquests són els comerciants? O no?».

«Ho són».

«Doncs ens caldran comerciants».

«Exactament».

«I en el cas que el comerç es faci per mar, ens caldran molts altres professionals de les tasques del mar».

«Sí, molts».

[Necessitat de mercaders i d'obrers]

«I què? A la mateixa ciutat com bescanviaran mútuament allò que cadascú fa? Perquè per a això hem fundat una ciutat i establert una comunitat».

«És evident que ho faran» —va respondre ell— «tot comprant i venent».

«De manera que d'això ens en resultarà un mercat, i la moneda com a signe de l'intercanvi».

«Exactament així».

«I si el pagès porta al mercat algun dels seus productes, o qualsevol altre professional, però no hi arriba simultàniament amb els qui necessiten comprar-los, aleshores, assegut a l'àgora, no es dedicarà al seu ofici».

«No, això de cap manera» —comentà ell— «perquè n'hi ha uns que s'han adonat d'això i s'han dedicat a aquest servei. A les ciutats ben organitzades són quasi sempre els de complexió corporal més dèbil, i inútils per fer qualsevol altre treball. Els cal, doncs, quedar-se en el mercat per canviar en moneda als qui necessiten vendre el que sigui, i, a la inversa, vendre a canvi de diners als qui hagin de comprar alguna cosa».

«Per tant» —vaig concloure jo—, «vet aquí la necessitat que introdueix a la ciutat la casta dels comerciants. I no anomenarem "mercaders" els qui s'estableixen a l'àgora amb la professió de comprar i vendre, i "marxants" els qui recorren les ciutats?».

«Exactament així».

«També hi ha uns altres servidors, pel que jo crec, que en la seva intel·ligència no estan a l'altura de la nostra societat, però que tenen un vigor corporal suficient per sofrir penalitats: aquests, naturalment, venen la seva força com un servei, i del preu en diuen sou; són els anomenats, si no m'equivoco, obrers. Oi que sí?».

«Sí, és ben bé així».

«Naturalment, els obrers, pel que sembla, són la part que completa la ciutat».

«Bé m'ho sembla».

«A veure, Adimant, la ciutat ja ens ha crescut tant que la puguem anomenar perfecta?».

«Potser sí».

«Doncs bé: on poden ser en ella la justícia i la injustícia? I amb quin element s'han originat dels que hem examinat?».

«Sòcrates» —va fer ell— «jo no ho veig gens, tret que siguin en el tracte mutu dels uns amb els altres».

«Qui sap si tens raó» —jo que li vaig fer—. «Però cal examinar-ho, i no abandonar».

«Primer examinem quina vida menaran els qui s'han preparat així. Quina que no sigui fer-se el menjar i el vi, i els vestits i el calçat? Després d'haver-se edificat cases, a l'estiu quasi sempre treballaran descalços i desvestits; a l'hivern vestits i calçats suficientment. Per menjar es prepararan farina de blat o de civada: la couran o bé la pastaran fent pa o boniques coques que posaran sobre joncs o fulles netes. Es reclinaran recolzant en llits fets de murtra o de corretjoles, i banquetejaran ells i els seus fills. Es coronaran per beure el vi per himnejar els déus. Conviuran amablement i no faran fills més enllà de la seva fortuna, i es protegiran contra la pobresa i contra la guerra».

[Creixença de la ciutat]

I Glaucó em va interrompre per dir-me: «Pel que sembla, fas banquetejar els homes sense companatge».

«Tens tota la raó» —que li vaig fer—. «M'havia passat per alt que tindran companatge, naturalment: sal, olives i formatge, couran cebes i verdures, que són aliments del camp. De postres, els servirem figues, pèsols, i faves, i torraran a la fogaina glans i murtrons. Hi haurà beguda moderada. Viuran així en pau i salut, i, naturalment, envelliran, i faran hereus els seus fills d'una vida com la que hem descrit».

I Glaucó va i em pregunta: «I si fundessis una ciutat de porcs, Sòcrates, podries engreixar-los amb altres pinsos que no fossin aquests?».

«Doncs, com caldria, Glaucó?» —vaig preguntar-li.

«Com és costum» —va respondre'm—. «Crec que haurien de reclinar-se en els divans no pas per turmentar-s'hi, sinó per menjar de les taules cuinats com els que avui tenen, i postres».

«D'acord, ja t'entenc» —li faig jo—. «No ens limitem a veure com neix una ciutat, sinó una ciutat opulenta. I això, segurament, no està gens malament, perquè en examinar-la potser podrem veure per on, a les ciutats, broten la justícia i la injustícia. La que ara acabem de recórrer em sembla una ciutat veritable, una ciutat sana, però si ho volem contemplar també en una ciutat malalta de febres, res no ens en priva. Perquè crec certament que aquestes coses no bastaran a alguns, ni la mateixa dieta en si, i també caldrà afegir-hi llits i taules, i mobles de tota mena, i altres menges, i perfums i substàncies aromàtiques, i cortesanes, i llepoleries; de tot això, de moltes menes. Per tant, entre les coses que recomptàvem primer com a necessàries no hi posarem només la casa, el vestit i el calçat, ens caldrà acudir a la pintura i als brodats, i a l'or i a l'ivori; totes aquestes coses, les haurem de comprar, no fa?».

«Sí» —va dir ell.

«Aleshores ens cal engrandir altre cop la ciutat, perquè la que fruïa de salut ja no ens basta; haurà de créixer en extensió i en uns habitants que fins ara a les ciutats no eren imprescindibles, com és ara caçadors i tota mena d'imitadors, molts de colors i de formes, molts altres de música; hi haurà poetes i els seus servidors, és a dir, els rapsodes, actors, dansarins i empresaris. I professionals d'estris dels que fan servir les dones per als seus pentinats, i també dels altres. Però principalment ens mancaran molts més servidors: no et sembla que ens caldran preceptors, dides, mainaderes, cambreres, perruquers, i també cuiners i majordoms? I encara hi haurà d'haver porcairols, perquè a la ciutat anterior no n'hi havia: no els necessitàvem. Però a la d'ara ens en mancaran. I també bestiar de tota mena, per si algú n'ha de menjar. Oi que sí?».

«Sí, com no?».

«I si endrapem d'aquesta manera, caldran molts més metges que abans».

«És veritat».

[Origen de la guerra; necessitats dels exèrcits]

«I el territori, que abans bastava per a nodrir els qui hi havia, ara passarà a ser massa petit. O com ho direm?».

«Així» —va respondre.

«Per tant, haurem de retallar per a nosaltres territori dels veïns, si és que n'hem de tenir prou per a pasturatges i terres conradisses, o els altres a nosaltres si es lliuren també a una adquisició il·limitada de riqueses, traspassant les fronteres de les seves necessitats».

«Tot això se'ns imposa molt, Sòcrates» —va dir.

«Doncs amb tot això farem la guerra, Glaucó. O hi ha altres solucions?».

«Farem la guerra» —digué ell.

«De moment no aclarim res de l'aspecte» —vaig fer jo— «de si la guerra fa bé o fa mal; pensem només fins aquí que hem trobat ja l'origen de la guerra en aquesta passió que és per a les ciutats i per als particulars la pesta més funesta cada vegada que els percudeix».

«Totalment d'acord».

«En tal cas, bon amic, encara ens caldrà una ciutat més gran, i no pas poc: per a tot un exèrcit que sortirà a lluitar contra els invasors, per a les nostres hisendes i tot allò que dèiem».

I Glaucó preguntà: «Doncs què? És que els habitants no hi bastaran?».

«No, almenys si tu» —vaig dir jo— «i tots nosaltres vam calcular rectament quan motlluràrem la ciutat: hem acordat, com sigui, si fas memòria, que és impossible que un home sol faci diversos oficis».

«Tens raó» —va dir.

«I què?» —vaig inquirir— «És que la lluita guerrera no sembla ésser una cosa professional?».

«Sí, i molt» —va dir.

«Tot i això, caldria preocupar-nos més de l'ofici del sabater que del de la guerra?».

«No, de cap manera».

«Naturalment, prohibíem al sabater que s'emprengués de fer de pagès o de teixidor, o de paleta, perquè el treball del sabater ens fos satisfactori, i dels altres oficis també n'assignàvem només un a cadascú, aquell per al qual cadascú hagués nascut i en què pogués treballar bé tota la vida prescindint dels altres i aprofitant bé les oportunitats. Potser no és de la màxima importància que les coses de la guerra es realitzin com cal? O són tan fàcils que qualsevol pagès pot ser soldat, o qualsevol sabater, o qualsevol professional d'un altre ofici, això quan el joc dels daus o el del jaquet ningú no el juga prou bé si no l'ha après de petit, o bé hi juga com de més a més? És que qui embraça un escut o pren qualsevol altra de les armes o artefactes bèl·lics serà de cop i volta un lluitador competent entre els hoplites o els soldats d'altres menes, això quan de les altres eines no n'hi ha cap que només de ser agafada converteixi l'home en professional o en atleta, i no servirà per a res a qui no aprengui el saber respectiu ni en tingui l'experiència suficient?».

«Quin valor, llavors, el de les eines!» —comentà ell.

[El bon soldat: coratge i braó, però també delicadesa envers els aliats]

«Per tant» —vaig continuar—, «com més important sigui la tasca dels guardians, tant més els caldrà estar-se de tots els altres oficis, i, al seu torn, la màxima cura i competència en la seva professió».

«Ja ho crec» —va dir ell.

«I no caldrà una naturalesa escaient per a aquesta professió?».

«Sí, com no?».

«Doncs la nostra tasca pot consistir, pel que sembla, si és que en som capaços, a triar quines i com han de ser les conductes escaients a la custòdia de la ciutat».

«Sí, pot ser la nostra tasca».

«Per Zeus!» —vaig exclamar jo— «no ens hem guanyat pas una cosa de no-res! I no ens hem d'acovardir mentre tinguem vigor».

«Doncs no, certament» —va dir.

«Penses» —vaig fer-li— «que pel que pertoca a la comesa del guardià són de naturalesa diferent un gos de raça i un minyó d'origen noble?».

«Què és el que vols dir amb això?».

«Cal que tots dos siguin sagaços per descobrir l'enemic, àgils per perseguir-lo quan l'hagin descobert, i robustos per lluitar quan l'hagin atès».

«És veritat que al guardià li cal tot això» —em va admetre. «Si lluita bé, és que serà valent».

«Com no?».

«I voldrà ser valent qui no sigui fogós, tant si és un cavall, com un gos, com un altre ser viu? És que no t'has adonat que és incombatible i invencible la fogositat, la presència de la qual fa intrèpida i indomable contra tot qualsevol ànima?».

«Me n'he adonat».

«D'aquí, doncs, és clara la complexió corporal que ha de tenir el guardià».

«Sí».

«I la de l'ànima que tingui, si més no, fogositat».

«Altra vegada sí».

«Però, Glaucó» —vaig preguntar— «els qui són tals per naturalesa no seran salvatges entre ells i també amb els altres ciutadans?».

«Per Zeus!» —digué ell—. «No serà tan fàcil».

«Però cal tanmateix que els guardians siguin amables amb els conciutadans, però ferotges amb els enemics, altrament no esperaran que vinguin uns altres a eliminar-los: ells mateixos s'avançaran a fer-ho».

«És veritat» —concedí.

«Què farem, doncs?» —vaig fer jo—. «On trobarem un tarannà amable i fogós a la vegada? Perquè la naturalesa suau sembla oposada a la fogosa...».

«Ho sembla».

«I si manca una d'aquestes qualitats no hi haurà un guardià

com cal. I ajuntar-les pareix impossible. I amb això el que ocorre és la impossibilitat d'haver-hi uns guardians com cal».

«Probablement» —assentí ell.

I jo em vaig veure en destret, i examinant tot el dit anteriorment, vaig exclamar: «Ben merescut el tenim, aquest destret! Ens hem desviat de la imatge que ens havíem proposat».

«Què vols dir?».

«No ens hem adonat que hi ha naturaleses d'aquelles en què no crèiem, i que tenen aquestes propietats oposades».

«On són?».

«Es poden veure en altres animals, i no menys en aquell amb què comparàvem el guardià. Perquè, com sigui, no saps dels gossos de raça que naturalment tenen un tarannà molt manyac per als amics i coneguts, i tot el contrari per als desconeguts?».

«Ho sé, evidentmen».

«La cosa, doncs, és possible» —vaig observar— «i no demanem res antinatural quan cerquem un guardià així».

«Sembla que no».

[L'índole del guardià ha de ser filosòfica]

«No et sembla, doncs, que l'home que ha d'arribar a guardià ha d'afegir a la fogositat una naturalesa filosòfica?».

«Com?» —va dir Glaucó—. «No ho entenc».

«Doncs això» —vaig fer jo— «també ho veuràs en els gossos, i és d'admirar en una bèstia».

«I què és?».

«El gos, quan veu un desconegut s'irrita, tot i que abans no ha rebut d'ell cap mal, i si veu un conegut li fa festes, encara que aquest no li hagi fet mai cap bé. No t'ha admirat mai gens, això?».

«Mira, fins ara» —va respondre— «d'això, no me n'havia adonat, però sí, és evident que ho fan així».

«Doncs bé: aquí se'ns mostra un tret ben fi de la seva índole veritablement filosòfica».

«Com és, això?».

«És així: el gos» —vaig respondre— «discerneix la figura de l'amic de la de l'enemic no pas per altra cosa, sinó perquè coneix l'una i desconeix l'altra. Per tant, no serà amic del saber el qui limita el que li és familiar i el que no per tal com ho sàpiga o no?».

«No hi ha manera que no sigui així» —acceptà ell.

«A veure» —vaig continuar— «ser amic d'aprendre, i ser filòsof no és el mateix?».

«Sí, és el mateix».

«Per tant, posem sense recel això en l'home, si és que ha d'ésser amable amb els conciutadans i coneguts, que li cal per naturalesa ser amic del saber, filòsof».

«Posem-li».

«Per tant, el qui hagi d'arribar a guardià de la ciutat bo i competent ens serà filòsof, i fogós i ràpid i vigorós per naturalesa».

«Exactament així» —va fer ell.

«Doncs bé, que el guardià ens sigui així. Però, com els pujarem i formarem? Perquè això potser ens servirà quan examinarem allò per què considerem totes les altres coses, és a dir, com s'originen a la ciutat la justícia i la injustícia. No hem d'ometre la paraula que calgui, però tampoc no hem d'allargar-nos excessivament».

Llavors intervingué el germà de Glaucó, que va dir: «Jo espero que aquesta revisió resultarà útil per als nostres fins».

«Per Zeus!» —vaig dir jo—. «Estimat Adimant, no afluixarem pas, encara que la revisió se'ns allargués».

«No, de cap manera».

«Au doncs, formem de paraula aquests homes com si tinguéssim lleure per contar-nos rondalles».

«Sí, cal fer-ho així».

Llibre IV

[Essència i lloc de la saviesa a la ciutat perfecta]

I vaig fer jo: «Tingues ja la ciutat per fundada, oh fill d'Aristó! I després d'això, examina en ella, fent-te un llum suficient d'allà on sigui, tu mateix, i crida el teu germà Polemarc, i els altres, per si hi veiem on pot ser la justícia i on la injustícia, la diferència que hi ha entre l'una i l'altra, i quina de les dues ha d'atènyer el qui va per feliç, això tant si passa desapercebut com no a tots els déus i els homes».

«Parles sense solta» —va dir Glaucó— «perquè vas prometre que ho cercaries tu, ja que et fóra impiadós no ajudar la justícia de tota manera, tant com poguessis».

«És veritat el que em fas recordar» —vaig fer jo— «cal fer-ho així, però vosaltres m'hi heu d'ajudar».

«Ja ho farem» —manifestà ell.

«Espero» —jo que vaig fer— «que ho trobarem com segueix. Penso que la ciutat, si està ben fundada, ens serà irreprotxablement perfecta».

«És inexcusable» —va dir.

«És evident, doncs, que serà sàvia, coratjosa, temperada i justa».

«És evident».

«Per tant, si de les qualitats dites en trobem alguna, la resta també hi serà, no descoberta».

«No és possible res més».

«I si ara d'altres quatre coses en cerquéssim *una* en qualsevol objecte, nosaltres si, precisament aquesta, l'haguéssim coneguda prèviament, podríem restar satisfets immediatament, i si coneguéssim prèviament les tres altres, precisament per això hauríem conegut allò cercat, perquè, evidentment, podria ser quelcom que no fos el restant?».

«Parles rectament» —va dir ell.

«Doncs també en aquesta matèria, ja que resulta tenir les quatre qualitats enumerades, cal investigar de la mateixa manera?».

«Resulta evident».

«Doncs la primera cosa que crec en ella evident és la saviesa. I pel que fa a ella hi ha una cosa admirable». «Quina?» —va dir ell.

«La ciutat que acabem de descriure em sembla de debò sàvia: per tant, serà assenyada».

«Sí».

«Doncs mira, precisament això, el seny, és un saber, evidentment, perquè el deliberar bé ve d'un saber i no d'una ignorància».

«Evidentment».

«Però, de sabers, a la ciutat n'hi ha molts i de moltes menes».

«Sí, com no?».

«Caldrà, doncs, anomenar la ciutat sàvia i assenyada pel saber dels constructors?».

«Per aquest saber no, de cap manera, ans constructora».

«Però potser pel saber fer mobles de fusta, amb el desig que tingui els més ben fets, anomenarem sàvia la ciutat?».

«No, tampoc per això».

«Doncs per què? Per l'art dels bronzistes o per algun altre com ara aquest?».

«No, per cap d'aquests» —va fer.

«I tampoc per l'art de fer brotar els fruits de la terra; per això l'anomenaríem pagesa».

«Ho sembla».

«Doncs què?» —vaig preguntar jo— «A la ciutat que acabem d'habitar, alguns dels seus ciutadans tindran un saber tal que no delibera sobre algun dels aspectes particulars d'ella, ans delibera sobre la seva totalitat, a veure la girada amb què ella tractarà al més bé possible amb ella mateixa i amb les altres ciutats».

«Un tal saber existeix».

«Quin saber és? I qui el deté?» —vaig preguntar jo.

«És la ciència que guarda l'estat, i la tenen els magistrats que no fa gaire anomenàvem guardians perfectes».

«I per aquest saber, doncs, prediques quelcom de la ciutat?».

«L'anomeno assenyada i veritablement sàvia» —va dir.

«Potser» —vaig preguntar— «creus que a la ciutat hi ha més bronzistes, o més guardians perfectes d'aquests?».

«Hi ha molts més bronzistes» —va dir.

«Per tant» —vaig prosseguir—, «entre tots aquells als quals el saber els confereix un nom, de tots aquests els guardians perfectes són en el nombre més reduït».

«Sí, i de molt».

«Per tant, són una classe i una part mínima de la ciutat; per un saber radicat a aquesta classe, tota la ciutat habitada serà naturalment sàvia. I és lògic que aquest llinatge resulti escassíssim en nombre, aquesta mena a la qual pertoca de posseir tal saber que és l'únic que entre els altres es mereix el nom de saviesa».

«Parles perfectament» —va dir-me ell.

«Doncs aquest és un dels quatre que hem trobat no sé com ni de quina manera: sabem què és i el lloc on es dreça de la ciutat».

«Sí que em sembla que l'hem trobat suficientment» —va ferme ell.

[Definició del coratge]

«I pel que fa al coratge en si, i el lloc on és de la ciutat, allò que fa que l'anomenem coratjosa no és gens difícil de veure».

«Ja diràs com».

«Doncs qui podria mirar cap a una altra cosa per anomenar la ciutat coratjosa o covarda, que no fos aquella part que guerreja per ella o que surt a campanya per ella?».

«Ningú no miraria altra cosa» —va dir.

«Perquè em penso que els altres que viuen a la ciutat» —vaig dir— «tant si són valents com si són covards, no són senyors per si mateixos de fer la ciutat tal o qual».

«No ho són».

«Mira, la ciutat és coratjosa per una certa part d'ella mateixa. En aquesta part té la potència per conservar l'opinió pel que fa a les coses importants, que siguin sempre tals i les mateixes, com el legislador les proclamà en el pla d'educació. No és això el que anomenes coratge?».

«No acabo d'entendre el que dius. Repeteix-m'ho».

«Dic que el coratge és una mena de conservació».

«Quina mena de conservació?».

«La de l'opinió nascuda de la formació que ens imposa la llei referent a aspectes fonamentals, quins són i com són. I he dit que era conservació en qualsevol circumstància perquè conserva tal opinió i no la rebutja el qui viu entre dolors i el qui viu entre plaers, el qui viu apassionat i el qui viu espaordit. Si hi estàs d'acord, voldria il·lustrar el meu pensament amb una comparació».

«Sí que ho vull».

«No saps» —vaig dir-li— «que els tintorers quan volen tenyir de color porpra alguna llana, primer, amb tants colors com hi ha, en seleccionen només una, la blanca, que després treballen amb tota mena de preparacions i la tracten no pas amb pocs arranjaments fins que pot rebre el color en condicions òptimes, i aleshores la tenyeixen? I tot el que és tenyit d'aquesta manera resulta sòlid, i cap rentada, ni amb lleixiu ni sense lleixiu, no pot destenyir-li el color. A la llana que no és tenyida així ja saps què li passa, tant si es tenyeix llana d'altres colors o llana que no ha rebut tals preparatius».

«Ho sé» —va dir— «queda destenyida i fa riure».

«Això mateix» —vaig dir-li jo— «suposa tant com puguis que ho fèiem nosaltres quan seleccionàvem els soldats i els formàvem en música i en gimnàstica: no et creguis que ens enginyéssim per altra cosa que no fos que ells rebessin i obeïssin les lleis en condicions òptimes, com si fos una tintura, perquè la creença en ells esdevingués sòlida no solament en els temes importants sinó també en els altres, això gràcies a posseir una naturalesa i una instrucció escaients, perquè no destenyissin la tintura aquests lleixius de tant poder de destenyir, vull dir els plaers, més aptes que qualsevol sosa a fer-ho, o que qualsevol cendra, o també el dolor, la por, la passió. Una força tal, conservativa per una opinió recta en tot i justa, tant en els temes importants com en els lleus, estableixo que és el coratge, i l'anomeno així suposant que tu no diguis el contrari».

«No dic res en contrari» —assegurà ell— «i em sembla que judiques rectament aquelles coses que ens surten sense formació, vull dir d'un animal o d'un esclau: penses que no és totalment lícit, i que cal anomenar-los d'altra manera, però no coratge?».

«Parles amb total exactitud» —li vaig dir jo.

«Admeto, doncs, que allò és el coratge».

«Sí, admet que és una virtut política» —vaig dir-li— «i ho admetràs correctament. Si ho vols, una altra vegada ho tractarem més bellament, perquè ara no és això el que investiguem, sinó la justícia. De la investigació del coratge, crec que ja n'hi ha prou».

«Molt ben dit» —asseverà.

[La temprança. Sentit de la dita «ser amo de si mateix»]

«Encara ens resten dues coses a considerar en la ciutat» —jo que vaig fer-li— «la temprança, i allò perquè investiguem tota la resta, la justícia».

«Certament».

«I com podríem trobar la justícia, per estalviar-nos de tractar la temprança?».

«Jo» —va dir ell— «no ho sé ni voldria que la cosa se'ns mostrés prèviament, si és que després no hem de tractar la temprança. Si em vols fer aquest favor, mirem primer la temprança i després la justícia».

«Sí, ho vull» —vaig fer jo— «si en això no et sóc injust».

«Au, examina-ho» —em digué ell.

«Cal mirar-ho» —vaig fer— «i certament ara, que ho contemplo des d'aquí, em sembla més que abans que retira molt a una concòrdia i harmonia».

«Com?».

Li vaig dir: «La temprança és un cert ordre, i un domini d'alguns plaers i passions, dels quals prediquem que es mostren, no sé pas de quina manera, superiors a un mateix; hi ha altres dites que semblen tenir petges d'aquesta. Oi que sí?».

«Sí, i molt».

«I no és ridícul això de "ser amo de si mateix"? Perquè el qui és amo de si mateix, per descomptat, també és esclau de si mateix, i és un amo esclau, perquè en un cas i en l'altre un s'adreça a si mateix».

«I per què no?».

«A mi em sembla que el que significa aquesta dita és que en un mateix individu, en la seva ànima, hi ha quelcom més bo i quelcom més dolent; sempre que per naturalesa allò bo domina allò dolent, "ser amo de si mateix" indica això, i és un elogi. Però quan per una mala formació o una mala companyia allò bo és dominat per una quantitat superior de mal, i queda rebaixat, tal cosa és menyspreada com un ultratge; el qui és així és titllat d'inferior a si mateix, i d'incontinent».

«Perquè és molt natural» —va dir.

«Mira, doncs» —vaig indicar-li— «aquesta nostra ciutat nova, i hi trobaràs dins una cosa i l'altra, perquè diràs que hi ha qui l'anomena més enlaire del que es mereix; quan el bo d'ella sotmet el dolent l'hem d'anomenar temperada i mestressa de si mateixa».

«Me la miro» —va fer-me— «i dius la veritat».

«Molts desigs de tota mena, i plaers i desficis, els podem trobar principalment en els infants, en les dones, en els servents i en aquells dels qui diem que són lliures, en llur majoria la gent més baixa».

«Exactament així».

«Però sentiments senzills i moderats, menats pel seny i el càlcul d'una opinió correcta, els trobaràs en pocs, els qui han estat formats òptimament, gaudits d'una excel·lentíssima naturalesa».

«Parles amb veritat» —digué.

«No veus, per tant, que això és a la ciutat, i que en ella les passions de la gent i les de les capes baixes són reprimides per les passions i pel seny dels més honrats, que són pocs?».

«Ho veig» —digué.

[La temprança a la ciutat. — Transició cap a la justícia]

Per tant, si cal anomenar una ciutat mestressa de plaers i de passions, mestressa de si mateixa, és la nostra la que hem d'anomenar».

«Totalment» —va dir ell.

«I, segons tot el que hem dit, no serà temperada?».

«Sí, i molt».

«I si fins i tot en una altra ciutat hi ha la mateixa opinió entre els governants i els súbdits referents a qui ha de governar, això també ho tindrem a la nostra. O et sembla que no?».

«Sí que m'ho sembla, i molt» —va dir.

«I quan sigui aquesta la situació, en quins dels ciutadans diràs que hi ha la temprança, entre els governants o entre els súbdits?».

«Com sigui, en els uns i els altres» —va dir.

«Veus amb quina justesa» —vaig dir jo— «hem vaticinat que la temprança s'assembla a una harmonia?».

«I per què?».

«Perquè no és com el coratge o com la saviesa, que són, cadascun, en una part de la ciutat, i la fan, el primer, coratjosa, i l'altrasàvia. La temprança no actua així, sinó que s'estén, simplement, per tota ella, i fa cantar el mateix als més dèbils, als més forts i als mitjans, classificats com vulguis, per la seva intel·ligència, per la seva força, o pel seu nombre, o per la seva riquesa o qualsevol altre criteri similar, de manera que amb tota correcció podem dir que és temprança aquesta concòrdia, aquest acord natural entre el superior i l'inferior, sobre quin element dels dos ha de governar tant a la ciutat com en cada individu».

«Sóc exactament de la mateixa opinió».

«Bé» —vaig dir— «ja hem vist tres coses en la nostra ciutat, si jo no m'equivoco: quina pot ser la cosa restant, per la qual la ciutat participa de la virtut? És evident que es tracta de la justícia».

«Evident».

«Per tant, Glaucó, cal que a tall de caçadors ens plantem en cercle al voltant del matollar, posant-hi els cinc sentits, no fos que la justícia se'ns esmunyís i, desapareguda ja, se'ns tornés invisible. Perquè és evident que és en algun lloc de per aquí. Vigila i remira-ho tot bé. Si d'alguna manera la veus primer que jo, m'ho dius».

«Doncs, tant de bo!» —digué ell—. «Però anirem més bé si et segueixo i puc mirar les coses que m'ensenyis; et serviré més mesuradament».

«Au, fem la pregària, i segueix-me» —vaig dir jo.

«Ho faré» —va dir ell—. «Tu guia'm i ja hauràs fet prou».

«Certament» —vaig dir jo— «el lloc sembla escabrós i fosc, perquè és tenebrós i difícil d'explorar. I tanmateix, cal anar-hi».

«Sí, cal anar-hi» —coincidí.

I me'l vaig quedar mirant: «Ai, ai, Glaucó!» —vaig exclamar— probablement tenim un rastre, i em sembla que no se'ns escaparà de cap manera la justícia».

«Bona notícia!» —va fer ell.

«Però el que ens ha passat és una estupidesa».

«De què es tracta?».

«Ja fa estona, des del principi, que se la veu ballar davant dels nostres peus, però no ens hi fixàvem. Sí que n'érem, de ridículs! Érem com els qui de vegades tenen una cosa a les mans i busquen el que ja tenen. No, nosaltres no ens ho miràvem, i observàvem molt enllà, i segurament per això ens passava per alt».

«Com ho dius, això?» —preguntà.

«Vull dir» —vaig replicar— «que sóc del parer que estones ha anem parlant i sentint parlar del nostre tema sense adonar-nos que, d'una manera o d'altra, l'estàvem tocant».

«Fas un pròleg massa llarg» —comentà— «a qui es migra per escoltar-te».

[Determinació de la justícia: tothom ha de fer allò per a què està naturalment dotat]

«Doncs escolta si té algun sentit el que ara et dic» —jo que vaig fer-li— «perquè el que des del principi, quan fundàvem la ciutat, hem proposat que cal fer en tota circumstància, és precisament el que em sembla ser la justícia, o bé una certa forma d'ella. Proposàvem, per descomptat, i ho vam repetir moltes vegades, si ho recordes, que cadascú havia de tenir cura d'una sola cosa de les que afecten la ciutat, aquella per a la qual la naturalesa li hagi donat més aptituds».

«Cert que ho vam dir».

«I que certament la justícia és fer cadascú el d'ell i no dedicar-se a moltes coses, ho hem sentit de molta gent, i nosaltres mateixos ho hem repetit sovint».

«Sí, ho hem repetit».

«Doncs això» —vaig dir-li— «probablement, bon amic, és una certa manera de justícia, que cadascú faci el d'ell. Saps d'on trec els indicis?».

«No» —va respondre— «però digues-m'ho».

«Em sembla» —vaig explicar-li— «que a la ciutat el que resta a allò que hem vist, la temprança, el coratge i la saviesa, és el que dóna eficàcia a tots tres, i quan ja han arribat a ser, els dóna conservació, mentre els inhabita. Per tant, dèiem que la justícia seria el que resta a aquells tres, cas que els trobéssim».

«Totalment indiscutible» —assegurà.

«Tanmateix» —vaig afegir— «si calgués decidir quina d'aquestes tres preferentment, amb la seva presència, feia bona la ciutat, resultaria difícil de determinar si era la coincidència de magistrats i súbdits, o el manteniment de la concepció legal, entre els homes de guerra, del que és temible o no, o la vigilància i el seny entranyats en els governants, o si principalment fa bona la ciutat el fet que li trobem dintre, en els infants, en les dones, els esclaus, els homes lliures, els professionals, els manats i els qui manen, el convenciment que cadascú, sigui el qui sigui, ha de fer només allò seu, sense barrejar-se en moltes coses».

«Fóra difícil de decidir, com no?» —va exclamar.

«Per tant, aquesta capacitat de fer tothom el seu ofici emularà, pel que fa a la virtut de la ciutat, la saviesa d'aquesta, i la temprança, i el coratge».

«Sí, i molt» —va dir.

«Posaries, per tant, la justícia com a èmula d'elles pel que fa a la virtut de la ciutat?».

«Sí, totalment».

«Mira si et sembla bé això que segueix: ordenaràs que a la ciutat siguin els magistrats els qui hi facin justícia?».

«Naturalment».

«I jutjaran més atrets per alguna altra cosa que no sigui això, que cadascú no arribi a posseir res que no sigui d'ell, però tampoc que no el privin del que sigui seu».

«No, sinó per això».

«Perquè és cosa justa?».

«Sí».

«Podem estar d'acord, doncs, que la justícia consisteix en la possessió i l'ús del que ens és propi i ens pertany?».

«Això mateix».

«A veure si tu i jo som del mateix parer encara. Si un fuster prova de fer la feina d'un sabater, o si aquest la d'un fuster, o si es baraten mútuament les eines o els honors, o si un home sol intenta de fer els dos oficis, totes aquestes coses i d'altres similars trasbalsades et sembla que danyaran molt la ciutat?».

«No gaire» —va dir ell.

«Ara, que em penso que si un home d'ofici o un altre que és naturalment negociant, envanit pels diners, o per la gent, o per la força, o per qualsevol altra cosa així, prova d'ingressar en la classe del guerrers, o si un d'aquests últims prova de fer-se guardià o conseller tot i ser-ne indigne, i aquests bescanvien llurs atributs i honors, o quan un de sol intenta d'exercir tots aquests càrrecs, en tal cas em sembla que també tu, aquests canvis i multiplicitat de funcions, veuràs que són la ruïna de la ciutat».

«I tant que sí!» —va dir ell.

«De manera que de la vària dedicació i dels intercanvis entre els de les tres classes podem dir-ne amb molta justesa i principalment: són un crim».

«Naturalment».

«I el màxim crim contra la pròpia ciutat, diràs que és la injustícia?».

«Com no?».

[Transició a l'aplicació d'aquest coneixement a cada home particular]

«Això, doncs, és la injustícia. Ara tornem-ho a dir així: la fidelitat a la pròpia comesa de la classe dels negociants, dels auxiliars, dels guardians, cadascuna d'elles fent la seva pròpia a la ciutat, a la inversa d'aquell altre, no serà la justícia i convertirà la ciutat en justa?».

«No cap altra» —em va dir— «em semblarà així que no sigui aquesta».

«No ho diguem amb veu massa forta» —vaig recomanar— «sinó que si aquesta forma ens va un per un als homes i queda reconegut que també en ells hi ha justícia, ja ho concedirem, perquè, què hi podríem dir? Però si no, examinarem alguna altra cosa. Ara acabem la investigació que hem començat en la creença que si provàvem de veure la justícia en qualsevol cosa més grossa que la tingui en si, aleshores veurem més fàcilment què és en un individu concret. I aquesta cosa ens semblà que era la ciutat, i vet aquí perquè l'hem edificada amb la màxima excel·lència possible, perquè sabem bé que es troba en una ciutat bona. Doncs, el que allà hem vist, traslladem-ho a l'individu. Si hi ha paritat la cosa anirà bé, però si en l'individu es veu alguna altra cosa, aleshores retrocedirem a la ciutat per fer més proves: mirant l'una i l'altre, posant-los en contacte i frec a frec potser farem que brilli la justícia com per pedres fogueres, i, en fer-se visible, la podrem fixar en nosaltres mateixos».

«Parles ben encaminat, i cal fer-ho així» —va dir.

«Ara bé» —vaig fer— «quan d'una cosa en prediquem que és el mateix que una altra, tant se val que sigui més gran o més petita, entenem que li és semblant, o que li és dissemblant en allò en què tal cosa es predica?».

«Semblant» —va dir ell.

«Doncs l'home just no diferirà en res de la ciutat justa en allò que és la forma essencial de la justícia, ans li serà igual».

«Igual» —va dir ell.

«I tanmateix la ciutat ens sembla certament justa perquè dins d'ella hi havia tres llinatges de naturaleses que feien cadascuna la seva comesa: i ens semblà temperada, coratjosa i sapient per altres determinades condicions i qualitats d'aquests mateixos llinatges».

«És veritat» —va dir.

«Doncs, bon amic, reputarem que l'individu que tingui aquestes mateixes formes essencials a la seva ànima es mereixerà amb raó els mateixos qualificatius que la ciutat quan les dites formes tinguin les mateixes condicions que les d'aquella».

«És totalment indiscutible» —va dir.

«Vet aquí» —vaig afirmar— «que altra vegada, oh admirable amic, hem recaigut en una petita reflexió pel que fa a l'ànima, veure si té en ella, o no, aquestes tres formes».

«El problema no em sembla petit» —va dir—. «Segurament, Sòcrates, és veritat el que diem, que el que és bell és difícil».

«Ho sembla» —vaig dir jo— «I cal que sàpigues, Glaucó, que crec que amb mètodes tals com els que fins ara emprem en la nostra discussió mai no arribarem a atènyer estrictament això que ens proposem, perquè el camí que hi duu és un altre, més llarg i complicat; aquest tanmateix deu desdir de la nostra conversa i investigació anterior».

«Caldrà conformar-nos?» —va dir— «Perquè a mi, si més no ara per ara, m'és totalment suficient».

«Bé, doncs» —vaig dir— «per mi també serà suficient, en el conjunt».

«Au, no te'n cansis» —va fer-me ell— «i investiga».

«No ens caldrà, per tant, reconèixer, i molt, que a cadascun de nosaltres hi ha les mateixes formes de caràcters i maneres d'actuar que a la ciutat? A aquesta no li vénen si no és de nosaltres. Perquè fóra ridícul que algú sostingués que la fogositat, a les ciutats, no prové dels seus habitants, que, certament, en detenen la causa, com els de la Tràcia i l'Escítia i quasi tots els llocs del món, o cregués que l'amor a la saviesa, entre nosaltres, té per principal causa el paratge, o, encara, que l'amor als diners no es deu a l'avarícia dels fenicis o dels naturals d'Egipte».

«Tens tota la raó» —va dir.

«Doncs la cosa és així» —vaig fer jo— «i no és difícil adonar-se'n».

«De debò que no».

[Principi sobre la investigació de les parts de l'ànima: una mateixa part no pot sofrir simultàniament afeccions contràries]

«Però això que ve ja serà difícil, veure si tot ho fem amb la mateixa forma, o amb les tres que són diverses entre elles, cada cosa amb la seva funció respectiva. Perquè entenem amb una forma essencial, ens enfadem amb una altra de les que hi ha en nosaltres, i desitgem amb la tercera els plaers del menjar i de la procreació i de coses semblants, o fem cadascuna d'aquestes coses amb la totalitat de l'ànima; quan les emprenem? Això serà difícil de determinar de manera suficient».

«També a mi m'ho sembla» —observà ell.

«Doncs vet aquí com provarem de delimitar si aquestes formes són el mateix o bé són diverses».

«Com?».

«És evident que una mateixa cosa no serà susceptible de fer i sofrir simultàniament coses contràries en la mateixa part de si mateixa i en relació amb un mateix objecte, de manera que si trobem, com sigui, que en ells passa això, sabrem que no es tracta d'una sola cosa, sinó de diverses».

«D'acord».

«Doncs mira el que et diré ara».

«Digues» —em féu.

«Que una cosa estigui quieta i es mogui al mateix temps i en relació amb un mateix aspecte, serà possible?».

«No, de cap manera».

«Doncs posem-nos d'acord de manera encara més precisa, perquè en avançar no hàgim de discutir-ho. Si algú et digués: "hi ha un home parat que mou el cap i les mans, és a dir, es mou i està parat simultàniament" crec que li reclamaríem que cal no parlar així, sinó dir que una part d'ell està parada i l'altra en moviment. Oi que sí?».

«Sí».

«Però posem que el qui diu això encara volgués fer més broma i ens digués pomposament que totes les baldufes s'estan quietes i es mouen al mateix temps, sempre que tenen el clau en un lloc del qual no es desplacen mentre giren, o que ocorre el mateix a qualsevol objecte que giravolti entorn d'ell. No li ho admetríem perquè no és en relació amb un mateix aspecte que aquests objectes estan parats i es mouen. Diríem que tenen en ells un eix i una circumferència, que, amb referència a l'eix estan parats, perquè no s'inclinen a cap banda, però que segons la circumferència es mouen en cercle, i que sempre que inclinen el seu eix a la dreta o a l'esquerra, endavant o endarrere, això mentre giren sobre el seu centre, des d'aquest aspecte no estan parats, de cap manera».

«Ben dit, certament» —comentà.

«Doncs cap d'aquestes coses dites no ens admirarà i no ens convencerà gens que hi hagi res que pugui sofrir, ser i obrar dues coses contràries al mateix temps, en la mateixa part de la seva entitat i en relació amb el mateix objecte».

«Si més no a mi no, de cap manera» —féu.

«No obstant això» —vaig dir—, «per no veure'ns forçats a repassar totes aquestes discussions i allargar-nos assegurant-les, dient que són falses, establim ben de cert que les coses són així, i ara progressem, amb el benentès, tanmateix, que si se'ns apareixien diverses de com les veiem ara, tot el que se'ns hagi fonamentat aquí resultarà destravat».

«Convé fer-ho així» —digué.

[Aclariment de la diferència que hi ha entre el desig en si i un desig determinat]

«Aleshores l'assentir» —vaig preguntar— «i el dissentir, el sentir-se atret per tenir una cosa i el rebutjar-la, l'atreure cap a si i el repel·lir, tot això ho col·locaries, tant si són accions com passions, entre les coses simultàniament oposades? Perquè des d'aquest punt de vista no es diferencien».

«Entre les coses oposades» —va dir ell.

«Doncs què?» —vaig continuar— «Tenir set o gana, i en general els apetits, també, al seu torn, el voler i el desitjar, no referiràs tot això a aquelles formes dites no fa pas gaire? Per exemple, no diràs que l'ànima del desitjós tendeix a allò que desitja, o que és atreta per allò que vol posseir, o que, en el grau en què vol que una cosa li sigui proporcionada, li fa que sí amb el cap com si li fos feta una pregunta, perquè desitja atènyer aquella cosa?».

«Sí».

«Doncs què? El no voler, ni desitjar, ni cobejar, no ho posarem junt amb el rebutjar i l'allunyar de per part de l'ànima, i els col·locarem tots amb els contraris del que hem dit?».

«Com no?».

«Si les coses són així, direm que hi ha una forma essencial d'apetits, i que els més sobresortints són els que anomenem gana i set».

«Ho direm» —féu ell.

«La primera es refereix al menjar, i la segona a la beguda».

«Sí».

«Ara bé, per tal com és tal, la set podrà ser a l'ànima apetit d'alguna altra cosa a més a més de la que diem, per exemple, la set és certament d'una beguda calenta o freda, o abundosa o parca, o, en una paraula, de quina mena de beguda? O si a la set li advé una escalfor, això disposaria un apetit de beguda freda, o si li advé una fredor, un de beguda calenta? I si hi ha assedegament, la set serà de beure molt, i si no n'hi ha, serà de beure poc. Però en si el tenir set no serà apetit d'altra cosa que d'aquella que en si és naturalment beguda. I la gana, apetit de menjar».

«Així» —digué ell— «cada apetit en si ho és només d'allò que ho és naturalment; que sigui de tal o qual qualitat, això li sobrevé accidentalment».

«Però mira que ningú no ens escridassi» —li vaig fer— «que

no ens hem fixat que no es desitja beguda, sinó bona beguda, ni menjar, sinó bon menjar. Perquè tothom desitja el bé. Per tant, si la set és un apetit, és de bona beguda, o d'alguna altra cosa de la qual sigui apetit. El mateix diem dels apetits restants».

«No dubtis que el qui diu això» —assegurà ell— «es pensa que diu quelcom molt important».

«Tanmateix» —vaig observar— «totes aquelles coses que per llur índole tenen un objecte, per tal com són de tal o de qual mena, es refereixen, penso, a tal o qual mena d'objecte, però elles en si només al seu objecte propi».

«No t'entenc» —va dir.

«No has entès» —vaig preguntar-li— «que el que és més gros ho és perquè és més gros que una altra cosa?».

«Ben segur que sí».

«Que és més petita».

«Sí».

«Per tant, el que és molt més gros, serà molt més gros que una cosa molt més petita. Oi que sí?».

«Sí».

«I que el que abans fou més gros, ho fou per referència a una cosa que fou més petita, i que el que en el futur ha de ser més gros, ho serà per referència a una cosa que serà més petita».

«No ho dubto de cap manera» —digué ell.

«I que el més té relació amb el menys, i que el doble amb la meitat, i així en les coses d'aquest gènere; que d'altra part el que és més pesant es relaciona amb el més lleuger, el més ràpid amb el més lent, i igualment el calent amb el fred, i que passa el mateix amb les coses del mateix gènere?».

«Sí, totalment».

«Doncs què el saber en si? No és la mateixa cosa? El saber en si és la possessió del coneixement en si o de l'objecte, sigui el que sigui, que cal assignar al saber; però un saber particular i determinat a un objecte particular i determinat. Vet aquí el que vull dir: quan el referit a la construcció d'una casa es convertí en saber, es diferencià tant dels altres sabers que rebé el nom d'arquitectura».

«Per què ho dius, això?».

«No fou per la seva qualitat que cap de les altres no li fou parella?».

«Sí».

«Doncs quan fou d'un objecte qualitativament, no restà determinada la qualitat del saber? No caldrà dir el mateix de les altres arts i sabers?».

«Això mateix».

[Revelació de dues parts diverses de l'ànima, la racional i la irracional. El concupiscible]

«O sigui» —vaig dir jo— «que aclareix que és això el que jo volia dir, si és que ara m'has entès, que les coses que es prediquen com pròpies d'un objecte, ho són, per si soles, només d'aquest objecte, i de tals o quals objectes, tals determinades coses. I amb això no vull dir que tals coses seran tal com són els objectes, de manera que el saber de la salut i de la malaltia estigui igualment sa o malalt, sinó que, posat aquest saber, no té per objecte el del saber en si, ans un altre de determinat, i que aquest és la malaltia o la salut, passa que ell mateix resta determinat com saber, i això fa que no l'anomenem ja saber a les seques, ans saber especial de quelcom que li hem agregat, i l'anomenem medicina».

«Ho entenc» —va dir— «i em sembla que és així».

«I la set?» —vaig fer jo— «No la col·locaràs en el nombre de coses que per un objecte determinat són el que són? Perquè, per descomptat, la set és...».

«Jo ho dic» —féu ell— «de beguda, naturalment».

«Per tant» —vaig dir jo—, «segons que la set sigui d'una o d'altra beguda serà tal o serà qual, però no serà de poc o de molt, ni de bona ni de mala beguda, ni, en una paraula, serà de quelcom especial: naturalment, la set en si és només set de beguda».

«Exactament així».

«O sigui que l'ànima de l'assedegat, per tal com sedeja no vol altra cosa que beure, i cap a això s'exalça, i cap a això es llença».

«Evidentment».

«Però si a ella, assedegada, alguna cosa la retreu, és que hi ha quelcom més que la mateixa set que se l'enduu com una fera a beure? Perquè, ho hem establert, no hi ha res en si mateix que pugui fer el que li sigui contrari en la mateixa part de si, en relació amb un objecte idèntic i al mateix temps».

«Ben cert que no».

«Igualment penso que no està bé dir que l'arquer amb les mans estira i afluixa simultàniament l'arc, sinó que amb una mà el tiba i amb l'altra el deixa anar».

«És exactament així» —digué.

«Vegem, potser direm d'alguns que tenen set, però que es neguen a beure».

«Sí, i molts» —digué— «Se'n troben ben sovint».

«I què en diríem, d'això?» —vaig preguntar— «Que a l'ànima d'aquests hi ha el que els indueix a beure i el que els en retreu, que és diferent i més fort que el que els hi indueix?».

«Si més no, a mi m'ho sembla» —va dir.

«I el que retreu de tot això, sempre que ho fa, no ho fa per càlcul, però el que mena i estiregassa, no ho fa per malaltia i patiment?».

«Sembla».

«No serà, doncs, irracionalment» —vaig dir jo— «que judicarem que això són dues coses, l'una diversa de l'altra. La primera, amb la qual es calcula, l'anomenarem part racional de l'ànima, i la segona, amb la qual desitgem, i tenim gana i set, i resta com encisada per les altres passions, l'anomenarem part irracional i concupiscible, companya de plaers i d'algunes satisfaccions».

«No és res absurd, i ho podem creure naturalment» —va dir.

«De manera que» —vaig proposar— «amb això delimitarem dues formes dins la nostra ànima. Però la còlera, allò amb què ens enfadàvem, és un tercer element, o bé serà de la mateixa naturalesa d'un dels dos?».

«Segurament de la d'un dels dos, del concupiscible».

«I vet aquí» —vaig fer jo— «que crec en això per una cosa que antany vaig sentir, que Leontí, el fill d'Aglaió, pujava del Pireu ran del Mur Nou, per la part de fora. S'adonà d'uns cadàvers que penjaven al costat del botxí. Volia a l'encop veure'ls i no veure'ls, perquè també el repel·lien i el rebutjaven de si. Durant una estona lluità internament i tancava els ulls, però a la fi, vençut per la curiositat, els obrí, va córrer fins on eren els ajusticiats, i cridà: «Au, ulls remaleïts, atipeu-vos del bonic espectacle!».

«Això, jo també ho havia sentit dir».

«Però aquest exemple ens il·lustra» —vaig comentar— «el fet que la còlera alguna vegada combat amb les altres passions com a quelcom divers d'elles».

«Sí, ho il·lustra» —assentí.

[Fixació del concupiscible com a tercera part de l'ànima, perquè es diferencia també del racional]

«No ens adonem que sovint i en molts altres llocs, sempre que» —vaig dir— «les passions forcen algú contra el seu propi càlcul i ell s'insulta a si mateix i s'enfada contra el que, dins d'ell mateix, el violenta com si fossin dos que es barallen, que la còlera es fa aliada de la raó d'un home així? Però crec que no pots dir que ella hagi fet causa comuna amb les passions quan la raó pronuncia que alguna cosa no pot ser feta; no pots dir que ho hagis notat en tu que t'ha passat, ni tampoc a algú altre».

«No, per Zeus!» —va dir ell.

«I què quan algú creu obrar ell mateix injustament? Com més

noble sigui, tant menys podrà indignar-se per passar fam o fred o per sofrir alguna altra d'aquestes coses per això que ell creu que li fa justament, i, el que dic, la còlera d'ell no vol indignar-se contra res d'això».

«Dius veritat» —va fer.

«I quan un creu ser víctima d'injustícia? En aquest tal la còlera no bull i s'indigna, i s'alia amb el que sembla ser just, i endura sofrir fam i fred i totes les coses així, i triomfa i no cessa en els seus nobles propòsits fins que els executa o hi deixa la pell, o bé, cridat per la raó que té en ell, s'amanseix com un gos cridat pel pastor?».

«És un bon exemple el que poses» —va postil·lar— «perquè a la nostra ciutat, si més no, vam establir els auxiliars com a gossos submisos als guardians i com a pastors de la ciutat».

«Entens molt bé el que vull dir. A veure què et sembla el que hi afegiré».

«Què vols dir?».

«Si en el que es refereix a la fogositat ens sembla el contrari del que ara dèiem. Perquè pensàvem que era quelcom concupiscible, però ara sostenim que n'està molt lluny, de tal manera que ella en la commoció de l'ànima fa armes a favor de la raó».

«Exactament així».

«I la fogositat serà diversa de la raó, o només una modalitat d'ella, de manera que a l'ànima hi ha no tres, sinó dues formes, el racional i el concupiscible? O bé tal com la ciutat, la mantenien tres classes, els negociants, els auxiliars i els deliberants, així a l'ànima hi ha una tercera forma essencial, la fogositat, auxiliar del component racional, mentre aquest no sigui destruït per una educació dolenta?».

«Aquesta tercera forma és innegable» —digué.

«Sí» —vaig dir jo— «se'ns mostra quelcom divers de l'element racional, tal com també la fogositat se'ns mostrà ésser quelcom divers».

«La cosa no és difícil de percebre» —va dir— «perquè es pot

comprovar ben bé en els nadons; així que neixen ja estan plens de còlera; pel que fa a la raó, alguns em sembla, si més no a mi, que no hi arriben mai; molts triguen molt a arribar-hi».

«Per Zeus!» —vaig fer jo— «Parles molt bé. També a les bèsties es pot observar que el que dius és exactament així. A més, el que hem dit més amunt t'ho certificarà un lloc d'Homer, allò de:

> doncs es picà el pit i el cor va increpar-se amb paraules,

perquè aquí Homer ha fet ben clarament diverses una cosa i l'altra, el que reflexiona sobre el més bo i el més dolent parlant a allò que s'afanya irreflexivament».

«Parles amb tota la raó» —digué.

[Aplicació de la correspondència entre les parts de l'ànima i els estaments de la ciutat per explicar la virtut dels individus]

«Vet aquí doncs» —vaig dir jo— «que encara que amb dificultats hem arribat a terme, hem arribat raonablement a la conclusió que les diverses parts que hi ha a la ciutat també són a l'ànima de cada individu, i en el mateix nombre».

«Sí, hi són».

«Per tant, no serà ja forçós, certament, que si quelcom determinat fa la ciutat sàvia, l'individu també ho sigui, i pel mateix?».

«Naturalment, ho serà».

«I això que fa l'individu coratjós fins a tal punt, això mateix fa la ciutat coratjosa fins al mateix punt, i que individu i ciutat tinguin així totes les altres coses pel que fa a la virtut?».

«Forçosament».

«I em penso, Glaucó, que direm que un home és just de la mateixa manera que la ciutat era justa».

«També això és totalment indiscutible».

«I no hem oblidat de cap manera allò, que la ciutat era justa perquè, de les tres menes de gent que té, cadascuna d'elles fa el que li pertoca».

«No crec pas que no hàgim oblidat» —digué.

«De tota manera cal no oblidar que cadascú de nosaltres serà just i farà el que li pertoqui només si cadascuna de les seves parts individuals fa el que li correspon».

«Certament, cal no oblidar-ho».

«Per tant, governar correspon a la part racional, perquè és sàvia i té previsió sobre tota l'ànima, i a la fogositat li correspondrà ser súbdita i aliada de la part racional».

«Totalment».

«I que d'allò que dèiem, que la mescla de música i de gimnàstica les farà acordar, una tesant i nodrint amb paraules i ensenyaments bells, i l'altra afluixant amb els seus consells i amansint amb harmonia i ritme?».

«És totalment segur».

«I aquests dos, pujats així, formats de debò en els seus deures, que han après, s'imposaran a la part concupiscible, la qual ocupa l'espai més gran de l'ànima i és naturalment insaciable de diners; vigilaran, doncs, el concupiscible, que no s'ompli dels anomenats plaers corporals, que no es torni gran i fort, i que ja no faci el que li pertoca, sinó que provi d'esclavitzar i governar el que per naturalesa no li correspon, i capgiri la vida de tots».

«Ha de ser exactament així».

I jo vaig dir: «I no seran aquestes dues parts les que vetllaran més bé per tota l'ànima i per tot el cos, la primera deliberant, la segona lluitant a favor d'ella, obeint la que regeix i complint el que decideixi mitjaçant el coratge?».

«Això mateix».

«I anomenarem coratjós, segons aquesta última part, l'individu sempre que la seva fogositat salvaguardi, per mitjà de plaers i dolors, el que la raó dóna per terrible, o no».

«Totalment correcte» —va dir ell.

«I l'anomenarem savi per aquella petita part per la qual es governava a si mateix i ho proclamava tot, part que posseïa el saber del que convé a cada part, i al conjunt de les parts, que són tres».

«Molt bé».

«I què més? No direm de tal home que és temperat per l'amor i harmonia d'aquestes parts, quan la que mana i les dues que obeeixen estan d'acord que la part racional ha de governar, i no se li subleven en contra?».

«La temprança» —digué ell— «de debò que no és pas altra cosa ni en la ciutat ni en l'individu».

«Però l'home just ho serà per allò que hem dit tantes vegades».

«És totalment indiscutible».

«Doncs què?» —vaig dir jo— «No fa por que la justícia se'ns esmussi perquè sembli ser quelcom distint de com se'ns mostrava a la ciutat».

«A mi em sembla que no» —va dir.

«Però podem assegurar del tot la cosa així:» —vaig recolzar jo— «si en la nostra ànima algú encara ho discuteix, podem adduir-li normes habituals».

«De quina mena?».

«Per exemple, si haguéssim de posar-nos d'acord, pel que fa a tal ciutat i pel que fa a l'home que ha pujat i s'ha educat semblantment a ella: et sembla que si aquest home hagués rebut en dipòsit or o argent, s'ho quedaria? Creus que algú sospitaria que el nostre home ho faria més que els qui no són com ell?».

«No ho sospitaria ningú».

«I tindríem aquest home fora de sospita en cas de profanacions de temples, de robatoris, de traïcions a companys personals, o públicament a ciutats?».

«L'hi tindríem».

«I no serà infidel de cap manera ni als seus juraments ni als seus altres pactes?».

«Com ho podria ser?».

«O sigui que els adulteris, la descurança dels propis pares, la indiferència envers els déus correspondran a qualsevol altre home més que no pas al nostre».

«És ben bé així».

«Per tant, la causa de tot això radica en el fet que tothom fa el que li correspon quant a manar i a ser manat».

«És així, i no res més».

«I encara mires si la justícia és altra cosa que aquesta virtut que ens fa tals tant els homes com les ciutats?».

«No, per Zeus!» —va fer— «Ja no més».

[Precisió conclusiva sobre la justícia, ara que s'ha descobert]

«Per tant, tenim totalment acomplert el somni que dèiem sospitar, que tan bon punt iniciàvem la fundació de la ciutat, probablement ja ens venia a l'encontre, per obra d'un déu, com un principi i model de la justícia».

«Doncs sí, és totalment així».

«Sí, Glaucó, teníem efectivament com una semblança de la justícia, la qual ens va aprofitar, allò que el qui per naturalesa és sabater ha de fer sabates i no pas res més, i el qui és constructor, construccions, i així mateix en totes les altres coses».

«Ho sembla».

«En veritat tanmateix la justícia tal com es mostrà, era una cosa d'aquesta mena, però no en les accions exteriors en relació amb allò que pertany als homes, sinó en relació amb l'activitat autènticament íntima, de cara a l'individu mateix i al seu ofici, per tal com no permet que res en ell executi el que no li pertoca, ni que les diverses forces de la seva ànima s'interfereixin mútuament en llurs afers, sinó que assigna a cada part el que veritablement li correspon, i l'individu es domina i s'ordena, i és amic de si mateix, i es posa les tres parts en concòrdia, ordenadament com les tres notes principals de l'escala musical, el to baix, i l'alt, i el mitjà, i els que hi hagi encara entre aquests, i ho enllaça tot, i sigui com sigui en surt *un* de tots, temperat i ple d'harmonia, i des d'aleshores en tot el que s'emprèn, tant si treballa per enriquir-se, com si té cura del seu cos, com si actua en política, o si negocia amb particulars té per justa i l'anomena tal i bella l'acció que manté i contribueix a realitzar aquest estat de l'ànima, i té per saviesa el saber que inspira aquesta acció; contràriament anomena injusta l'acció que destrueix aquest estat, i ignorància l'opinió que inspira aquesta acció».

«Tens tota la raó, Sòcrates» —va dir ell.

«D'acord» —jo que vaig fer—. «Si afirmem que hem trobat l'home i la ciutat justos i la justícia que hi ha en ells, em sembla que de cap manera no donaríem la impressió de mentir».

«No, per Zeus!» —va dir ell.

«Ho establim, doncs?».

«Ho establim».

[Aclariment de la injustícia de l'ànima]

«Està bé» —vaig dir jo—. «A continuació crec que cal examinar la injustícia».

«Evidentment».

«I no serà necessàriament com una revolució de les tres parts, i un posar-se on no et demanen i un comaratge, i una revolta d'una part contra el tot de l'ànima, perquè governi en ella la part a la qual no correspon, és a dir, aquella tal a la qual per naturalesa correspon de servir, i a l'altra no, perquè pertany a la classe governant? És això el que em penso que direm, i afegirem que en la pertorbació i l'extraviament d'aquestes coses radiquen la injustícia, la intemperància, la covardia, la ignorància, ras i curt, tota la maldat».

«Sí, ho són de debò».

«Per tant» —vaig dir jo—, «el fer injustícies i el ser injust, i, per altra banda, el fer obres justes, tot això per a nosaltres ja és clar i evident, si és que ho són la justícia i la injustícia».

«I com?».

«Resulta que no hi ha cap diferència» —vaig dir— «entre els qui estan bons i els qui estan malalts, els primers en l'ànima i els segons en el cos».

«Com no hi ha diferència?» —preguntà.

«Les coses sanes produeixen salut, les malaltes malaltia».

«És indiscutible».

«El produir salut és fer que les parts del cos es disposin a regir i a regir-se mútuament segons naturalesa, el causar malaltia és regir i regir-se mútuament per quelcom contra naturalesa».

«Sí, és així».

«Per tant» —vaig deduir—, «fer obra justa és disposar que les coses de l'ànima regeixin i es regeixin entre elles segons naturalesa, i cometre injustícia és disposar que regeixin i es regeixin contra la naturalesa per qualsevol altra cosa».

«Perfecte» —va dir ell.

«Doncs la virtut, pel que sembla, serà una certa salut, i bellesa, i bona disposició de l'ànima, i el vici una debilitat, una malaltia, una impotència».

«Exactament així».

«De manera que els capteniments honrats duen a l'adquisició de la virtut, i els vergonyosos a la del vici».

«Forçosament».

[La justícia és un camí preferible a l'obrar malvadament. La virtut ofereix una sola figura, i el vici quatre modalitats principals]

«Doncs em penso que ens resta examinar si es treu profit de fer obres justes, de promoure la bellesa, de ser just, i això tant si del qui ho és es veu o no es veu, o se'n treu de l'ésser injust, això ni si el qui ho és no en sigui castigat, o bé que es torni més bo si el castiguen».

«Però, Sòcrates» —va dir ell— «em sembla que és ridícula la investigació: si amb la naturalesa del cos ja destrossada ens sembla que no s'ho val de viure ni que tinguem tots el menjars i les begudes i tots els diners i tot el poder, si se'ns pertorba i destrueix la naturalesa d'això mateix que ens fa viure, s'ho valdrà de viure quan l'individu faci el que li passi pel magí tret d'allò que el faria lliure de la injustícia i del malviure, i que li faria adquirir la justícia i la virtut, després que totes dues han aparegut certament tal com nosaltres les havíem descrites?».

«Sí que fóra ridícul» —vaig dir jo— «tanmateix, ja que hem arribat aquí, cal no cansar-nos i examinar l'assumpte com més clarament millor, comprovant que la cosa és així».

«Per Zeus!» —va dir ell— «no hem de renunciar-hi gens ni mica».

«Ara vine» —vaig fer jo— «per veure com és la maldat i les figures que presenta, que, pel que sembla, també això és digne de la nostra contemplació».

«Et segueixo» —va dir ell— «tu parla».

«Doncs bé» —vaig dir jo— «mirant-m'ho com des d'una talaia, ja que ens hem enfilat fins aquí en aquest tema, crec que de presència de virtut només n'hi ha una, mentre que les del vici són infinites, però quatre les que cal que ressenyem».

«Com ho expliques?» —va dir.

«Tantes com són les menes de constitucions que tenen gènere distint, tantes probablement seran les menes de l'ànima».

«Doncs quantes n'hi ha?».

«Cinc menes de constitucions» —vaig respondre— «i cinc menes d'ànimes».

«Digues quines són» —em demanà.

«T'explico» —li vaig dir— «que aquesta mena de constitució que hem recorregut és una sola, però que rep dos noms. Si un home sol hi entra i es diferencia dels altres magistrats, això ser anomenat regne, quan són més d'un, aristocràcia».

«És veritat» —digué.

«D'això, en dic un sol gènere» —vaig aclarir— «perquè tant si els seus components són diversos com si és un de sol, no tocaran res digne d'esment de les lleis de la ciutat, ja que havien gaudit de l'educació i de la formació que havíem descrit».

«No fóra natural» —assentí ell.

Llibre VII

[El mite de la caverna. Descripció de la situació dels empresonats]

«Mira, després d'això» —vaig dir-li— «compara la nostra naturalesa, pel que fa a l'educació o a la manca d'ella, amb el cas següent. Contempla uns homes en un habitacle sota terra, com en una caverna, que té un accés obert a contrallum al llarg de tota la cova. I al seu dedins aquells homes hi viuen, des d'infants, encadenats de cames i de braços, de manera que romanen en el mateix lloc i només veuen el que tenen davant, perquè la cadena no els permet de girar el cap. Tanmateix tenen la llum d'un foc que crema darrere d'ells, a certa distància i des de dalt. Entre el foc i els empresonats s'enfila un camí, i paral·lel a ell, imagina-t'hi bastida arran una paret com els barandats que els prestidigitadors posen davant del públic quan exhibeixen els seus jocs de mans».

«Tot m'ho imagino així» —va dir.

«Doncs ara afigura't uns homes que per darrere la paret porten atuells de tota mena, i que depassen el mur, i imatges i representacions d'animals, unes de ferro i altres de fusta, i tota llei d'objectes: com és natural, dels qui porten tot això, uns callaran i els altres aniran parlant».

«Esmentes una imatge ben estranya» —va dir— «i uns empresonats no gens corrents».

«Si són com nosaltres!» —jo vaig fer-li—. «Perquè, ans que res, creus que, de si mateixos i d'ells entre ells aquests homes han vist res que no siguin les ombres que el foc projecta a la paret de la cova que ells tenen al davant?».

«Com haurien vist res més, forçats com estan a tenir el cap immòbil de per vida?».

«I què dels objectes transportats? No hi hauran vist el mateix?».

«Sí. Què sinó?».

«Doncs si tinguessin la capacitat de dialogar entre ells no penses que es creurien anomenar els objectes reals en si mateixos quan anomenen les ombres que veuen?».

«Indubtablement».

«I què, si la presó tingués un ressò que vingués de dalt, et creus que si algun dels qui passen parlava, ells no es pensarien que el qui parla és l'ombra que els transcorre pel davant?».

«Sí, s'ho pensarien, per Zeus!» —va dir.

«Vet aquí, doncs» —vaig fer jo— «que uns homes així es creurien que la veritat no és altra cosa que les ombres d'aquelles obres l'artifici».

«No se'n pot dubtar gens» —va dir.

«Considera, en conseqüència» —vaig proposar-li—, «que els guareixen de la seva demència i que me'ls deslliguen de les cadenes. Si tals coses passaven naturalment, tal com poden ser, sempre que un fos deslligat i de cop i volta me'l fessin redreçar i girar-se d'esquena, i caminar, i mirar la llum, quan fes tot això, es trobaria malament, els ulls li farien pampallugues i no podria contemplar les coses de les quals abans veia les ombres... Què et creus que diria quan algú li expliqués que fins aleshores havia mirat coses inexistents, però que ara veia quelcom més proper al ser, i que hi veia més correctament perquè s'havia girat cap a ell, principalment si li anava mostrant el que passava i el forcés fentli preguntes a respondre què és? No veus que ell es trobaria en destret i que es pensaria que el que veia abans és més veritable que el que li ensenyen ara?».

«Sí, i molt» —va dir.

[Procés de pujada a la llum i tornada a davallar a la caverna]

«I si se l'obligués a mirar la llum mateixa, segurament els ulls li farien mal i ell ho defugiria, i es tombaria cap a allò que pot mirar, convençut que en realitat és més clar que les coses que li mostren».

«Això mateix» —va dir.

«I si algú» —vaig preguntar— «l'arrossegués per aquell accés escarpat i costerut, i no el deixés anar abans d'haver-lo estirat fins on bat la llum del sol, no li doldria que l'estrebessin i se n'empiparia, i quan arribés a plena llum el seu esclat li ompliria els ulls i no reeixiria a veure ni una de les veritats que ara esmentem?».

«No, no podria» —va dir—, «si més no de moment».

«Perquè li mancaria el costum, si hagués de veure les coses de dalt. I primer el que veuria més fàcilment serien les ombres, i a continuació, reflectides en les aigües, les imatges dels homes i de les altres coses, i, finalment, les coses en si, d'aquestes el que afiguraria més fàcilment foren, de nit, les que hi ha al cel, i el cel mateix, esguardant la llum dels astres i la de la lluna, i, posteriorment, de dia, el sol i la seva llum».

«Sí, com no?».

«I penso que al final, naturalment, podria mirar el sol, però no la seva aparició en les aigües o en alguna altra seu, sinó el sol en si i per si en la seva pròpia regió: podria contemplar-lo tal com és».

«Això és forçós» —exclamà.

«I aleshores ja estaria en condicions d'esbrinar d'ell que és el que produeix les estacions i els anys, i que és l'ordenador de tot en l'espai visible, i que, d'alguna manera, també és la causa de tot el que veien abans».

«És evident» —va concedir ell— «que després de tot allò arribaria a aquesta conclusió».

«Doncs què? Quan es recordi de la seva primera estança, i del que allà sabia, i també dels seus companys de presó, no et creus que ell es felicitarà del canvi i que els companys de presó li faran llàstima?».

«Sí, i molta».

«Posem que entre ells hi haguessin alguns honors i elogis mutus, i premis per al qui veiés més agudament el que passava, i recordés més tenaçment el que acostumava a succeir abans, o després, o simultàniament, i d'aquí n'extragués la màxima capacitat per a vaticinar el futur, et sembla que, tot això, ho retindria amb afany i envejaria els qui entre ells regnen i gaudeixen d'honors, o bé que experimentaria allò d'Homer, i que preferiria molt "treballar la terra i servir un home, sense propietats" i patir el que fos abans de viure d'opinions i d'aquella altra manera?».

«Crec això últim» —va dir—, «que passaria per sofrir-ho tot abans de tornar a viure de l'altra manera».

«Doncs ara fixa't bé en el que segueix» —vaig dir jo—. «Si aquest home davallés i tornés a seure en el mateix seient, és que ara no tindria els ulls plens de tenebra, venint tot de sobte del sol?».

«Sí, ben plens» —va dir.

«I si hagués de tornar a discernir aquelles ombres i a discutir amb aquells encadenats de per vida, quan encara tingués els ulls ofuscats i no pogués fixar la mirada, per a la qual cosa necessitaria un cert temps, no faria riure i es diria d'ell que ara torna amb els ulls malalts per haver pujat a dalt, i que no s'ho val ni tan sols provar de pujar-hi? I que aquell que provés de deslligar-los i de portar-los amunt, si poguessin enxarpar-lo amb les mans i matar-lo, el matarien?».

«Sí, és clar» —va dir.

[Explicació i aplicació de la imatge]

«Tota aquesta imatge, estimat Glaucó» —vaig dir-li—, «cal que l'enllacis amb el que hem dit abans, la regió que ens és revelada per la vista, l'has de comparar amb l'estança de la presó, la llum del foc que hi ha en ella amb la força del sol, i si ara poses la pujada i la contemplació de les coses de dalt com l'impuls de l'ànima cap a la regió de l'intel·ligible, no erraràs certament la meva expectació, ja que és aquesta la que vols sentir. El déu sap, com sigui, si eventualment respondrà a la veritat. El que, si més no jo, veig, ho veig així: al cim de tot el cognoscible, i encara amb un gran esforç, s'hi veu la idea del bé. Ara, quan ha estat vista, se la reconeix a l'acte com a causa de tot el que és bell i recte, per tal com genera en el visible la llum i el sol, del qual ella depèn, i en l'intel·ligible per tal com crea ella sola com a senyora, la veritat i l'enteniment. I comprenc que el qui ha d'actuar assenyadament en privat o en públic, cal absolutament que contempli aquesta idea».

«També jo sóc d'aquesta opinió» —explicà—, «i tant com puc, no ho dubtis».

«En tal cas, au» —vaig dir-li—, «i creu també el que segueix amb mi, i no t'estranyis que els qui arriben a aquest cim es neguin a fer el que fan els homes, sinó que les seves ànimes sempre es veuen constretes a romandre en les altures. La qual cosa d'alguna manera és natural, això sempre que, segons la imatge esmentada, la situació sigui aquesta».

«És natural, tanmateix» —va dir.

«Doncs què? Et sembla estrany» —vaig continuar— «si un que davalla de la contemplació de les coses divines cap a les maleses humanes és objecte de mofa i fa molt el ridícul, i va a les palpentes, i abans d'haver-se acostumat prou a les tenebres regnants ja es veu obligat a pugnar davant d'un tribunal o en qualsevol altre lloc sobre ombres de justícia o sobre imatges que hi pertanyen, i combatre-les tal com eventualment se les imaginin els qui no han contemplat mai la justícia en si?».

«No, no em sembla gens estrany» —va declarar.

«Perquè, si més no el qui té seny» —vaig apuntar— «tindrà present que són dues les pertorbacions dels ulls i que provenen de dues causes: del pas de la llum a les tenebres i del de les tenebres a la llum. Si ha pensat que el mateix ocorre a l'ànima, quan en vegi una d'atabalada i impossibilitada de contemplar el que sigui, no se'n riurà nèciament, sinó que esbrinarà a veure si arriba d'una vida més clara, i pateix foscor per manca de costum, o bé si, ascendint d'una ignorància major a un lloc més clar ha romàs plena d'un fulgor més viu, i així felicitarà la segona per aquesta experiència de vida, i es compadirà de la primera, i si se'n volgués riure, la seva riota no seria tan mofeta com la procedent de dalt, de la regió de la llum».

«Parles de manera molt raonable» —va dir.

[Conseqüència: l'educació només és possible per un viratge total de l'ànima]

«Vet aquí que nosaltres» —vaig concretar— «en aquest tema pensem així, en el cas que el que hem exposat sigui vertader: l'educació no és el que proclamen alguns que és, tot sostenint que quan en l'ànima no hi ha saber ells l'hi posen com si posessin vista en uns ulls cecs».

«És això el que diuen» —concedí.

«Però el raonament d'ara» —vaig apuntar— «indica que aquesta potència inherent a l'ànima de cadascú, i l'òrgan amb què tothom aprèn, tal com un ull, no és possible girar-lo de les tenebres a la llum si no és amb tot el cos, igualment ha de ser retreta del que esdevé junt amb tota l'ànima, fins que sigui capaç de convertir-se permanentment a la contemplació del ser, i el que és més clar del ser, que diem que és el bé: no fa?».

«Sí».

«Per tant» —vaig dir—, «hi pot haver una art de descobrir la manera com serà més fàcil i eficaç perquè aquest òrgan es giri, una art, dic, no pas d'infondre-li visió, sinó de procurar que s'esmeni la que ja té, però que no s'adreça cap on cal ni mira on hauria de mirar».

«Sembla així» —va dir.

«Les altres virtuts de l'ànima, que és com acostumem a anomenar-les, probablement es troben en alguna proximitat del cos (perquè en realitat no se li incorporen si abans no li han estat introduïdes per costum i exercicis), però la virtut del coneixement sembla naturalment que sigui afí a quelcom més que res diví, perquè mai no perd la seva potència, i, sotmesa a un viratge, esdevé profitosa i útil o bé inútil i perjudicial. És que no t'has adonat d'aquells que diem que són malvats, però savis, com la seva animeta s'hi guipa coentment, i com contempla agudament allò vers el qual és adreçada, perquè no està pas malament de la vista, la qual tanmateix ha de servir a la dolenteria, i com més agudament hi veu tant més vilanament fa mal?».

«Molt que me n'he adonat» —va dir-me.

«I, per tant» —vaig reprendre—, «si ja a la infantesa es fes l'operació i es tallessin aquestes diguem-ne boles de plom congènites a la naturalesa que li surten pels banquets i pels plaers així i per les golafreries i tiren cap avall la visió de l'ànima, si allunyada d'aquestes coses es girés cap a la veritat, aquesta mateixa ànima en els mateixos homes la veuria amb la màxima agudesa tal com ara veu allò a què s'adreça».

«I és natural» —va dir.

«Doncs què? De tot el que hem dit no se'n desprèn naturalment i necessària que ni els no educats i inexperts en la veritat no es posaran davant de la ciutat com cal, ni tampoc aquells als qui permetem que s'ocupin indefinidament en l'estudi? Uns, perquè no tenen un únic objectiu a la vida, de cara al qual ho facin tot, tant el que realitzen particularment per a ells, o en públic, i els altres perquè es neguen a actuar voluntàriament, creguts que ja en vida sojornen a les illes dels benaurats?».

«Dius la veritat» —acceptà.

«Per tant, el nostre deure de fundadors consistirà» —vaig dir— «a forçar les naturaleses més bones a arribar a aquesta noció que ara mateix dèiem que és la màxima, la contemplació del bé, i efectuar aquella ascensió, i quan hagin pujat i s'hi vegin suficientment, que ells no cedeixin a allò a què ara cedeixen».

«A què et refereixes, a veure?».

«Han de quedar-se a aquesta regió» —vaig aclarir-li— «i no avenir-se a tornar a davallar cap a aquells empresonats, ni a participar de les seves penalitats, i tampoc del seus premis, això tant si aquests són més bons o més dolents».

«Però aleshores» —ell que em va objectar— «els farem injustícia i els forçarem a una vida inferior quan poden menar-ne una de superior».

[Precisament els filòsofs més formats com a tals, cal que els obliguem a governar fins i tot contra la seva voluntat]

«Has tornat a oblidar, bon amic» —vaig reprendre—, «que l'objectiu de la llei no és que a la ciutat hi hagi un llinatge que s'ho passi molt bé, sinó que s'enginya perquè aquest sigui l'estat general de la ciutat, fent concordar els ciutadans per la persuasió i també per la força, fent que es transfereixin entre ells els profits en què cadascú pugui beneficiar la comunitat, i que la llei mateixa introdueix aquests homes a la ciutat no perquè tothom campi per on vulgui; la llei utilitza aquests homes per reforçar els vincles de la ciutadania».

«Tens raó» —va reconèixer—, «me n'havia oblidat».

[Tots els altres sabers són propedèutics per a la dialèctica, per tal com ella és saber referit al ser]

«I què? Aquest camí, no l'anomenes dialèctica?».

«Sí, com altrament?».

«I no dubtis» —vaig indicar-li— «que el treure's del damunt

les cadenes, i el fet de girar-se de les ombres cap a les imatges i cap a la llum, i el de pujar des de la caverna al lloc batut pel sol, encara tanmateix amb la incapacitat subsistent de veure les bèsties en si, i les plantes en si i la llum solar en si, però podent veure'n els reflectiments divins que es contemplen en les aigües i en les ombres dels sers veritables, no ja les ombres d'imatges projectades per una altra llum que, comparada amb del sol, s'hi assembli, tota aquesta dedicació a les arts que hem recorregut ho proporciona, la qual enlaira la part òptima de l'ànima a la contemplació de l'òptim dels sers, de la mateixa manera que abans la part més lluminosa del cos pujava a la més esplèndida del domini corporal i visible». → Fora de la caverna

«Jo ho admeto així» —va dir ell—, «tot i que em sembla d'acceptació molt difícil, però d'altra banda també se'm fa molt difícil no acceptar-ho. Tanmateix, ja que això no caldrà pas limitar-nos a sentir-ho una vegada, sinó que hi tornarem, i fins i tot sovint, deixem-ho en aquesta situació que diem, i emprenguem la melodia mateixa, per recórrer-la tal com hem recorregut el preludi. Digues, doncs, la raó del poder de la dialèctica, les espècies en què es divideix, i, encara, els seus camins, perquè en últim terme són els qui menen al lloc on hi ha repòs de la ruta pels qui hi arriben, i el final del trajecte».

«Però, estimat Glaucó» —vaig dir-li—, «ja no seràs capaç de seguir-me, encara que la cosa no fallarà perquè jo no hi posi interès. Ja no veuries una imatge del que diem, sinó la veritat en si, si més no, la que a mi em sembla. Si m'ho sembla amb encert o amb desencert, això no s'ho val de discutir-ho, però que una cosa com la veritat pot ser contemplada, en això ens hi hem de fer forts. O no?».

«No és possible res més».

«Oi que la força de la dialèctica és l'única que ho pot palesar a l'expert en les assignatures que dèiem, i que no s'hi pot arribar per cap altre camí?».

«També s'ho val, que ens fem forts en aquest punt» —va dir.

«I això, si més no, no ens ho discutirà ningú» —vaig afegir—, «si afirmem que, el que cada cosa és en si, això no hi ha cap altra mena d'investigació que provi planificadament de trobar-ho, sinó que totes les altres arts es refereixen o bé a les opinions dels homes i als seus desigs o bé a les gènesis o composicions, o bé a la cura del que neix i del compost; les restants tanmateix, de les quals reconeixíem que s'ocupen una mica del ser, la geometria i el que depèn d'ella, ens adonem bé prou que sí, somien el ser, però que, desperts, els és impossible d'arribar-lo a veure per tal com se serveixen d'hipòtesis que el deixen intacte, i no assoleixen de cap manera retre compte d'ell. Perquè quan el que ignorem és el principi, i la conclusió i la part intermèdia estan entreteixides amb el desconegut, quin recurs hi hauria perquè aital reconeixement es converteixi en saber?».

«Cap» —declarà ell.

[Compendi sobre la situació i la tasca de la dialèctica]

«De manera» —vaig dir jo— «que només el mètode dialèctic va per aquest camí, perquè suprimeix així totes les hipòtesis i ateny el principi mateix, en el qual es confirma, i l'ull de l'ànima, realment tapat per una mena de llot bàrbar, l'estreba suaument i el fa pujar amunt: se serveix, a tall d'auxiliars i d'assistents, en la conversió, de les arts que hem resseguit. Sovint les hem anomenades "saber" a causa del costum, però els cal un altre nom, més clar que el d'opinió, però més fosc que el de saber; en algun lloc d'abans l'hem definit com "reflexió". Però em sembla que aquí no es tracta pas d'una discussió de noms, quan tenim davant una investigació de temes tan importants».

«No, no es tracta d'això» —va dir—. [«En tenim prou amb un nom que faci veure clarament el nostre pensament».]

«Doncs ens bastarà» —vaig fer jo—, «tal com abans, la primera part, anomenar-la saber, la segona, enteniment, la tercera, creença, i la quarta, semblança, i aquestes dues últimes opinió, i les dues primeres intel·lecció; l'opinió és sobre la gènesi i la intel·lecció sobre l'essència, i la relació que l'essència té amb la gènesi la té la intel·lecció amb l'opinió, i el saber amb la creença i l'enteniment amb la semblança. Tanmateix l'analogia i la diferència d'allò a què cadascuna d'aquestes coses es refereixen i la divisió en dues parts de cadascun d'aquests dominis, vull dir l'opinable i l'intel·ligible, això, deixem-ho córrer, Glaucó, perquè no ens multipliqui les qüestions més que ja el que hem tractat».

«El que és jo» —va declarar—, «en la resta, fins al punt en què et puc seguir, hi estic d'acord».

«I anomenes també "dialèctic" el qui capeix el sentit de l'essència de totes les coses? I el qui no l'assoleix, com menys pugui donar-se'n raó, a ell mateix i als altres, tant menys diràs que té enteniment d'aquestes coses?».

«Com podria no dir-ho?» —comentà.

«Doncs pel que fa al bé, passa el mateix: el qui no està en situació de determinar, distingint-la de tota la resta per mitjà d'un raciocini, la idea del bé i el qui, tal com en un combat, no s'obre pas a través de tots els atacs, maldant en la lluita no per l'opinió sinó per l'essència, i no s'imposa per un raonament indiscutible, del qui es troba en aquestes condicions ni diràs que sap el bé en si ni cap altra mena de bé, sinó que, com sigui, ha arribat a fregar un ídol, una opinió, no un saber, i que, aquesta vida d'ara, la passa ensopit i somiant, i aquí no arribarà a desvetllar-se, perquè abans arribarà a l'Hades, on dormirà un son definitiu».

«Sí, per Zeus!» —va dir—. «Això, ho sostindré amb totes les meves forces».

«I els teus mateixos fills, que ara en la nostra ficció formes i eduques, si els pugessis de veritat, oi que, si fossin com les línies irracionals, no els deixaries el govern de la ciutat i que controlessin els afers més importants?».

«No, de cap manera» —va dir.

«Vet aquí, doncs, que legislaràs per a ells principalment

aquesta formació, que els capacitarà per preguntar i respondre al més sabudament possible».

«Ho legislaré, d'acord, naturalment, amb tu» —va dir.

«Llavors, no ets del parer» —vaig preguntar-li— «que la dialèctica és la culminació de totes les assignatures, i que la tenim dalt de tot, i que sobre d'ella fóra un error posar-n'hi alguna altra, sinó que ella és la rematada de qualsevol docència?».

«Sí que m'ho sembla» —em va dir.

PLATÓ, *La república*, II 368c-376c; IV 427c-445e; VII 514a-520a; VII 532b-535a (*Diàlegs* X, llibres I-IV i *Diàlegs* XI, llibres V-VII, text revisat i traduït per Manuel Balasch, Barcelona, Fundació Bernat Metge, 1989-1990).

Grup B: filosofia moderna
René Descartes (1596-1650)

Introducció

El més important dels filòsofs francesos de tots els temps, pare de la filosofia moderna i iniciador del racionalisme, va néixer a La Haye en Touraine, que el 1802 es va anomenar La Haye-Descartes, i des del 1966, Descartes. El seu pare, conseller del rei al Parlament de Bretanya, pertanyia a la petita burgesia. La seva mare va morir d'un part quan el futur filòsof tenia un any, i aquest és educat fins a l'edat de deu anys a casa de la seva àvia. El 1607 ingressa al col·legi dels jesuïtes de La Flèche, una de les escoles més cèlebres d'Europa. De salut fràgil, els jesuïtes li permeten un règim de vida que Descartes mantindrà al llarg dels anys: romandre llargues estones al llit als matins, on llegeix, treballa i medita. De la formació rebuda en aquests primers vint anys de vida, el *Discurs del Mètode,* obra que l'autor publica l'any 1637, en destaca l'ensenyament de les matemàtiques, «per la certesa i evidència dels seus raonaments», de les quals en lamenta l'exclusiva aplicació a les arts mecàniques, com també en destaca l'ensenyament de la llengua llatina. De la filosofia que hi va aprendre, només en comenta el caràcter d'incertesa. Poc després decideix no dedicar-se sinó a «la ciència que podia trobar en ell mateix o en el gran llibre del món», i inicia un període de viatges entre 1618 i 1625, durant el qual recorre Holanda, Baviera, França, Alemanya, Suïssa i Itàlia. Aquests anys suposen no solament la seva participació en la guerra dels Trenta Anys, sinó també la recerca d'un sistema general per resoldre tots els problemes. S'estableix per uns anys a París, on combina dies d'oci i reunions mundanes amb hores d'estudi i reflexió, i on és conegut com a matemàtic excel·lent i perfecte home de món; finalment, el 1629, s'instal·la a Holanda, on viu durant vint anys, dedicat a la pràctica de la filosofia, cercant la tranquil·litat i la llibertat de pensament. Una famosa data, la nit de l'onze de novembre de 1619, a les casernes d'hivern, a Ulm, marca, segons diu ell mateix, el descobriment «dels fonaments d'una ciència meravellosa», i el punt de partença del que anomena el seu «mètode».

A Holanda, canvia sovint de lloc de residència per atendre els diversos encàrrecs acadèmics que rep i per preservar la seva intimitat. *Larvatus prodeo* [«avanço amagant-me»] és un lema que apareix en un dels seus manuscrits i que expressa els temors de Descartes davant de possibles represàlies per les seves idees. La història mostra que, en la lluita per instal·lar el domini de la raó sobre els prejudicis conservadors de l'època, els autors que pertanyen a la revolució científica del pensament modern del segle XVII tenien prou raons per ser discrets. Descartes pren interès per la «nova ciència», la de Galileu Galilei, i es planteja donar a la filosofia i al coneixement, en general, un fonament més sòlid que el que fins aleshores se li havia atorgat. Interromp el seus estudis sobre física (*Tractat del món*), atemorit per la condemna de Galilei, el 1633, feta per la Inquisició, i publica *El discurs del mètode* (1637), resum del seu itinerari mental i exposició del nou mètode per «orientar la raó i trobar la veritat en la ciència». El 1640 moren el seu pare, la seva germana i una filla seva, Francine, de 5 anys («el dolor més gran de la meva vida»). Les *Meditacions metafísiques*, aparegudes el 1641, són una obra seva fonamental i una ampliació del dubte metòdic explicat en el *Discurs del mètode*, i una exposició del nou *mètode* en termes vivencials. Tres anys després, publica *Els principis de la filosofia*, dedicats a la princesa Isabel de Bohèmia, obra que és alhora un resum de tot el seu pensament i l'aplicació dels principis del racionalisme a la ciència física. A instàncies de la mateixa princesa, filla de l'elector Frederic V, publica el tractat de *Les passions de l'ànima*, un estudi de la natura humana que apareix el 1649, i poc després Descartes es dirigeix a Estocolm a ensenyar filosofia a la cort de la reina Cristina de Suècia. Allí mor l'onze de febrer de l'any següent. L'any 1684 es publiquen, pòstumes, les *Regles per a la direcció de l'esperit*.

Amb la mort de Descartes comença el cartesianisme (de *Cartesius*, Descartes en llatí); és a dir, la difusió de les seves idees i la discussió entre els seus seguidors dels problemes que deixaven sense resoldre les teories filosòfiques de Descartes, sobretot la teoria de la unió entre la ment i el cos. Però no hi haurà només seguidors, hi haurà també adversaris: el pastor Voet, de la Universitat d'Utrecht, l'havia acusat d'ateu, l'any 1642; aquesta mateixa Universitat censura, a partir de 1645, totes les obres que parlen de Descartes, a favor o en contra. Malgrat tot, les idees cartesianes no solament entraran en les universitats europees i es difondran àmpliament, sinó que constituiran un dels sistemes metafísics més influents de la història de la filosofia europea. Tenir «una ment cartesiana», en el futur, serà la descripció que escau a qui té una personalitat dominada pel rigor de la lògica i la claredat d'idees.

El pensament de Descartes va lligat consubstancialment a la problemàtica dels segles XVII i XVIII, punt culminant de la filosofia moderna i època en la qual es despleguen dos corrents principals que trenquen amb la tradició escolàstica medieval: el racionalisme continental i l'empirisme britànic. Característica comuna dels dos corrents és la preocupació pel problema del coneixement, tant natural com científic; la diferència consistia en la manera d'enfocar i de resoldre el problema del seu fonament. El model de coneixement en què s'inspiren racionalistes i empiristes és el que els ofereix la ciència moderna, en el seu doble aspecte de recurs a la matemàtica i a l'experiència. Els racionalistes intenten trobar l'últim fonament de la ciència i de la filosofia en l'especulació metafísica, mentre que els empiristes s'orienten vers una anàlisi del coneixement, la gènesi del qual atribueixen preferentment a l'experiència sensible. La peculiaritat de la seva filosofia l'atribueix Descartes a una inspiració que li suggereixen les matemàtiques («a causa de la certesa i de l'evidència de les seves raons»); elles mostren, en efecte, l'eficàcia de la raó humana, motiu pel qual poden servir com a model per a les altres ciències i per a la mateixa filosofia. Allò que pot la raó humana en les matemàtiques (certesa i evidència), ho pot la raó en qualsevol altre àmbit del coneixement humà; només cal trobar el mètode de fer-ho. Descartes dibuixa les característiques d'aquest mètode, que ell creurà universal, primer a *Regles per a la direcció de l'esperit* (l'obra pòstuma de 1684), on enuncia dotze regles, de probablement trenta-sis de planificades, que després, en el *Discurs del mètode* (1637), passen a ser quatre, que cal completar amb el «dubte metòdic», només insinuat en aquesta última obra i desenvolupat més extensament a les *Meditacions metafísiques* (1641). La idea d'un mètode universal va unida a la d'uns principis metafísics, on podrien fonamentar-se totes les ciències.

El resultat a què arriba el mètode cartesià, després de recórrer les seves etapes, és mostrar-nos que la raó humana, seguint l'exemple de les matemàtiques, pot arribar a l'evidència de determinades idees, que són fonamentals per construir l'edifici del coneixement i de la ciència; aquesta evidència, però, en el camp de la filosofia, no neix sinó del dubte. Només dubtant de tot, almenys «un cop a la vida» (*Principis de filosofia,* I,1), podem arribar a aconseguir alguna veritat.

Publicat anònimament per primer cop a Leiden (Holanda) l'any 1637, el *Discurs del mètode per dirigir bé la raó i buscar la veritat en les ciències* [*Discours de la méthode pour bien conduire sa raison et chercher la vérité dans les sciences*] era originalment el prefaci de tres tractats científics: la *Diòptrica*, els *Meteors* i la *Geometria.* Fins al segle XIX el *Discurs del mètode* no es va publicar de forma independent dels tres tractats que són «assaigs d'aquest mètode».

El *Discurs del mètode* consta d'un breu prefaci i de sis parts. Comença afirmant, potser de manera irònica, que el seny, el sentit comú, «el bon sentit *(bon sens)* és la cosa més ben repartida del món, ja que tothom pensa estar-ne tan ben proveït que fins aquells que són més difícils d'acontentar en qualsevol altra cosa no acostumen a desitjar-ne més del que tenen». Adverteix, però: «No n'hi ha prou de tenir l'esperit bo, sinó que el principal és aplicar-lo bé». L'obra està escrita en forma autobiogràfica, i Descartes aprofita fets de la seva vida per fer-nos saber de quina manera ell ha arribat, segons creu, a fer un bon ús de la seva raó. En aquesta primera part Descartes constata la decepció que li van causar, en general, els seus estudis al col·legi dels jesuïtes de La Flèche —que havia obert recentment les seves portes—, a excepció dels ensenyaments de les matemàtiques, que admira pel seu rigor i metodologia. De fet, aquesta consideració serà la que determinarà el seu projecte filosòfic, que consisteix, bàsicament, a evitar les especulacions sense sentit, els raonaments sense fonament i a encarrilar la raó pels desitjats camins del rigor i d'una bona metodologia. Aquesta primera part del *Discurs del mètode* és, alhora, una autobiografia intel·lectual i una revisió, amb conclusions depriments, de la ciència del seu temps. I amb tot això una resolució ferma: la necessitat d'autoreflexió.

En la segona part del *Discurs del mètode* poden trobar-se les primeres conseqüències d'aquesta exigència d'autoreflexió. Es tracta de donar a les ciències un fonament ferm, unes bases indiscutibles per a qualsevol ment racional. El seu mètode serà el dubte, però el seu objectiu, la recerca de la veritat, serà molt diferent del dubte escèptic clàssic o pirrònic. L'escepticisme clàssic és una filosofia moral: l'escèptic dubta per no tenir desigs ni frustracions, per romandre sempre en el dubte. Descartes, en canvi, dubta (o, millor dit, fingeix dubtar) per arribar a una situació contrària a la de l'actitud escèptica: la certesa, la seguretat en l'absència de qualsevol possible error; el fonament segur. El dubte com a mètode en Descartes és un procediment epistemològic per arribar a la certesa. El dubte escèptic clàssic és un procediment ètic per arribar a la felicitat. El dubte metòdic radical porta Descartes al descobriment d'un fonament sòlid del coneixement. Quatre són «les regles principals del mètode que l'autor ha buscat»: 1) Regla de l'evidència: «no acceptar mai cap cosa com a vertadera sense conèixer evidentment que ho fos; és a dir, evitar acuradament la precipitació i la prevenció». Per a això, Descartes admetrà com a criteri la claredat i distinció de les idees (idees ben definides i diferenciades de les altres); 2) Regla de l'anàlisi: «dividir cadascuna de les dificultats que examinés en tantes parts com fos possible i com calgués per resoldre-la millor»; 3) Regla de la síntesi: «conduir per ordre els meus pensaments, començant pels objectes més simples i més fàcils de conèixer per ascendir a poc a poc, gradualment, fins al coneixement dels més complexos», i 4) Regla de l'enumeració: «fer arreu recomptes tan complets i revisions tan generals que arribés a estar segur de no ometre res». Descartes no fa més que resumir aquí el que se sol fer en les cadenes de raonaments matemàtics.

El dubte metòdic s'exercirà preferentment sobre els coneixements teòrics; però, com és obvi, no pot suspendre les urgències de la vida pràctica. Per això resulten necessàries unes regles provisionals de moralitat, que Descartes exposa en la tercera part del *Discurs del mètode*: obeir sempre les lleis i costums del país; ésser el més ferm i resolt que es pugui en les accions de cadascú; procurar sempre vèncer-se un mateix abans que la fortuna i canviar abans els nostres desigs que l'ordre del món, al mateix temps que ens acostumem que només els nostres pensaments estiguin enterament en el nostre poder; i, finalment, aplicar les nostres vides al cultiu de la nostra raó i avançar segons el mètode exposat anteriorment.

Per a alguns estudiosos del pensament cartesià, aquesta tercera part, sobre la moral del respecte de les situacions existents, hauria estat redactada per Descartes amb l'objectiu d'obtenir el privilegi per a la impressió i tranquil·litzar els censors. En tot cas, és en aquesta tercera part del *Discurs del mètode* on es troben les idees bàsiques de l'aportació cartesiana en el domini de l'ètica. Una moral que es pot considerar conservadora; la influència estoica en aquesta moral provisional, com també en la moral religiosa cristiana, és evident.

La quarta part és la més important i coneguda del *Discurs del mètode*: la trobada amb la certesa absoluta, amb la primera afirmació indubtablement vertadera. La projecció del dubte sobre la forma en la qual percebem el món, sobre la pròpia existència del món exterior (la impossibilitat de distingir la vigília del somni, plantejada poc abans per Pedro Calderón de la Barca en la seva obra de teatre *La vida es sueño*: «... porque en el mundo, Clotaldo / todos los que viven sueñan») i, fins i tot, sobre les veritats racionals (mitjançant la hipòtesi del «geni maligne» que ens enganyaria sistemàticament) és la que portarà a la primera veritat totalment certa, a la roca ferma sobre la qual es pot aixecar tot l'edifici del coneixement humà: «penso, *ergo* existeixo» [*je pense, doncs je suis*, en francès; *cogito ergo sum*, en llatí], i existeixo en tant que cosa o substància pensant, com a *res cogitans*. La primera veritat segura és també la prova de l'existència de la substància pensant finita.

La veritat del *cogito* té una evidència intrínseca que pot servir de criteri universal de veritat. Amb aquest criteri i amb l'afirmació de la seva existència com a substància pensant, Descartes intentarà provar l'existència de Déu (substància pensant infinita) per així poder refutar la hipòtesi del «geni maligne» i demostrar l'existència del món extern material (substància extensa). Per provar l'existència de Déu, Descartes presenta els dos arguments següents: 1) la idea de perfecció (sense la qual no podria tenir la idea de la meva imperfecció en tant que subjecte que dubta, que s'equivoca) no pot provenir de mi mateix, ésser imperfecte, sinó que ha de provenir necessàriament d'un ésser perfecte (l'efecte no pot ser superior a la causa); per tant, Déu existeix com a ésser perfecte que ha posat en mi la idea de perfecció;

2) la idea de Déu que tinc inclou ja en si mateixa la seva existència, atès que no podria haver-hi perfecció summa si li faltés alguna perfecció, i l'existència és una perfecció. Es tracta de la versió cartesiana de l'argument ontològic de sant Anselm de Canterbury (la ment humana creu que Déu existeix perquè el concep necessàriament com «aquella cosa major que la qual res no podem pensar», [*Proslogion*, 2]; pensar una cosa com a «existent» és pensar una qualitat o perfecció major d'aquesta cosa).

La prova de l'existència de Déu i de la seva perfecció permeten afirmar a Descartes que Déu no ens enganya i que Déu, perfecte, omnipotent i bondadós, no permetria l'existència d'un geni maligne enganyador. La refutació de la hipòtesi del geni maligne permet fiar-nos críticament del testimoni dels sentits i acceptar l'existència del món exterior (*res extensa* o substància extensa o material). Si no fos així, si el món fos una mera invenció del subjecte, un mer somni, Déu, de qui deriva la nostra existència, seria un ésser enganyador. Però l'engany i la falsedat són imperfeccions, i, per tant, inconsistents amb els atributs de l'ésser suprem i totalment perfecte que és Déu. Déu és, doncs, per a Descartes, la garantia que assegura que les idees evidents —clares i distintes—, subjectivament certes, poden arribar a ser idees objectivament vertaderes.

Les dues últimes parts del *Discurs del mètode* tracten —després d'enunciar l'existència d'un tractat «que algunes consideracions m'impedeixen publicar» (*El món o tractat de la llum*, que no va publicar arran de la condemna de Galilei, el 1633)— d'alguns resultats de les investigacions físiques de Descartes i del treball científic en general. L'Univers està governat per lleis mecàniques que permeten explicar tots els fenòmens materials; exemples paradigmàtics en són, en fisiologia, el mecanicisme amb què explica la circulació de la sang (descoberta el 1628 per W. Harvey [1578-1657]) i, en biologia, la concepció mecanicista dels animals com autòmats o animals màquines, que per perfectes que pugin arribar a ser sempre es distingiran de l'home «perquè mai no podrien usar paraules ni altres signes, component-los com fem nosaltres per declarar als altres els nostres pensaments». Destaca la funció pràctica, de domini de la naturalesa, que el coneixement científic pot tenir.

El *Discurs del mètode* és una de les obres que inauguren la filosofia i la ciència modernes. També és el primer llibre de filosofia escrit en francès. La pretensió de Descartes era escriure no només per a un públic de «doctes», sinó ampliar el cercle filosòfic a tots «aquells que se serveixen únicament de la seva pròpia raó natural». I aquesta és la característica definitòria de l'activitat de filosofar: ser un pensament crític, resultat de servir-se només de raó (i de l'experiència) i no de la fe i el dogma.

Les mateixes idees, els mateixos fins, contenen les *Meditacions metafísiques,* l'obra segurament més important, profunda i fins i tot actual de Descartes. L'obra, apareguda per primera vegada el 1641, es titulava, escrita en llatí, *Meditationes de prima philosohia.* L'any 1647, en vida de Descartes, fou traduïda al francès pel Duc de Luynes i, revisada la traducció pel mateix Descartes, apareix amb el títol de *Méditations métaphysiques.* La temàtica és en substància similar a la del *Discurs del mètode*, però en aquesta obra Descartes no volia ser popular —la va escriure en llatí—, sinó que la dirigia als entesos, als qui diu que es proposa tractar «dels principis de la filosofia primera, sense esperar l'aplaudiment o l'abundància de molts lectors; al contrari, no exhortaré a ningú a llegir aquest escrit, sinó només a qui vulgui meditar amb mi, un cop allunyat l'esperit de tots els sentits i de tot prejudici; i sé molt bé que aquests tals són molt pocs». El que de fet fa Descartes en les *Meditacions* és meditar posant en pràctica el seu mètode. «Meditar» és aquí allunyar-se d'allò que percebem immediatament pels sentits i alliberar-nos de prejudicis. Descartes ho fa: s'encomana, en aquests meditacions, només al seu pensament i ho posa tot en dubte.

La *Meditació primera* inicia justament la temàtica del dubte. El seu dubte, igual com en el *Mètode*, és radical i metodològic.

Vol «destruir totes les seves antigues opinions», i ho intenta sotmetent a examen les arrels o fonaments de les seves creences: els *sentits* que alguna vegada enganyen, les *dades immediates* de la consciència («que em trobo aquí, assegut prop del foc, amb la bata posada»), que podem posar en dubte perquè els folls també en tenen consciència o bé perquè tots les tenim també en somnis; de tota la realitat exterior, en fi, que ens pinten com «quadres i figures» la física, l'astronomia i la medicina. Però també de les matemàtiques, que parlen de la quantitat abstracta, perquè, no hi pot haver potser un «Déu que ho pot tot» o un «geni maligne» —el mateix estirament del dubte que en el *Mètode* fins a dimensions hiperbòliques— que el podrien enganyar fins i tot en els pensaments més clars i distints, és a dir, evidents?

En la *Meditació segona,* admet la possibilitat de dubtar «fins que sàpiga de cert que no hi ha res de cert al món». Davant la possibilitat de caure en l'abisme d'un escepticisme sense fi i sense sortida, Descartes, com Arquimedes, a qui cita, cerca un suport sòlid i el troba: el que li ofereix el fet cert de dubtar. «Em vaig adonar que, mentre volia així pensar que tot era fals, calia necessàriament que jo, que ho pensava, fos alguna cosa», diu en el *Mètode.* En la *Meditació,* Descartes només diu: «jo sóc, jo existeixo», perquè ho penso. Si dubto, penso; si penso, existeixo. El dubte entranya una certesa; només aprofundint en el dubte es pot arribar a una certesa. El primer principi de la filosofia que cercava.

La primera veritat del sistema filosòfic de Descartes, del racionalisme, podríem dir, és l'enunciat absolutament cert, que vincula l'existència al pensament (res millor que una idea per entendre la realitat, dirà tot el racionalisme i també tot l'idealisme posterior); proposició que només és certa mentre s'enuncia. D'aquesta *primera certesa o primer coneixement* Descartes n'extreu d'altres (totes les altres): sóc, existeixo, però què sóc? Una cosa que pensa. I aquesta és la primera columna del sistema: la presència en el món del pensament: «Sóc, doncs, una cosa vertadera, que veritablement existeix. Però, quina cosa? Ja ho he dit: una cosa que pensa». Heus aquí el fonament; existeix el pensament: sóc una *res cogitans*. I la resta, què és? Allò que jo penso: les coses pensades, extenses o no, finites o no. Establert el fonament, què s'hi pot edificar a sobre? No pot ser altra cosa que més pensaments, altres coneixements obtinguts a través del pensament.

El que sol anomenar-se «criteri de certesa» o de veritat, o també «regla general» és el tema central de la *Meditació tercera* —sorprenentment, en aparença, subtitulada *De Déu; que existeix*—, regla que anuncia tot just començada la meditació: «Ara consideraré amb més circumspecció si hi ha en mi altres coneixements que encara no he percebut. Sé certament que sóc una cosa que pensa. No sabré també, per aquest fet, el que es requereix per tenir la certesa d'alguna cosa?». I la resposta és que aquest criteri o regla general per conèixer no és altra que l'evidència que s'ofereix a l'esperit (la ment, l'enteniment): «una percepció clara i distinta d'allò que conec». Aquesta regla general aquí enunciada («puc establir com a regla general que totes les coses que concebem amb molta claredat i distinció són totes vertaderes») passarà a ser en la *Meditació quinta*, «la regla que m'assegura la veritat»; és a dir, el criteri de certesa, ja enunciat en el *Discurs del mètode*: «Vaig jutjar que podia prendre com a regla general que les coses que concebem molt clarament i molt distintament són totes vertaderes».

I què hi té a veure Déu amb aquest criteri de veritat? Déu n'és la garantia. Tot allò que és evident també és vertader per a mi, diu Descartes. Però i si m'erro en la percepció de l'evidència? No pot existir un Déu decebedor (o un geni maligne) que, perquè m'ha creat o perquè em castiga amb insídies —segons el cas— és causa que jo m'enganyi quan penso que una cosa és certa? Un Déu enganyador i malvat alhora: un mal constructor de la naturalesa humana. Per assegurar-se de la veritat de la seva regla sobre l'evidència, per certificar que l'evidència no pot decebre, Descartes creu que ha de demostrar (*a*) que Déu existeix i (*b*) que aquest Déu no és enganyador ni maligne. Cosa que farà en la *Meditació quinta*, reiterant aquells arguments ja esmentats (afegint-hi «l'argument ontològic»). Que Déu existeix i que és infinitament bo, de moment, en aquesta *Meditació*, només ho sap per l'anàlisi de les seves idees, entre les quals hi troba la idea innata d'un ésser infinitament perfecte; també creu saber que Déu és veraç i que no el pot enganyar quan creu percebre l'evidència d'una idea clara i distinta. Déu és la garantia de la veritat de les meves idees clares i distintes. Una conseqüència de l'existència necessària de Déu i de la seva bondat és la possibilitat de tenir una ciència matemàtica indubtablement certa.

Tanmateix, amb el criteri d'evidència garantit, no pot pensar Descartes que no està sotmès a equivocar-se: «l'experiència em fa saber que malgrat tot estic subjecte a una infinitat d'errors». L'error és possible, perquè Déu ens ha fet, però no ens ha fet perfectes. L'enteniment no es pot equivocar davant d'una idea clara i distinta, però la voluntat, que és l'altre component necessari de l'acte de jutjar, pot triar entre la veritat i la falsedat, com pot triar entre el mal i el bé. La possibilitat de l'error prové, segons Descartes, de la voluntat: la nostra voluntat que no té límits, que no està subjecta a una sola possibilitat, que pot decidir, que és lliure: «D'on neixen, doncs, els meus errors? Només d'aquesta causa: com que la voluntat és bastant més ampla i extensa que l'enteniment i jo no la retinc dins els mateixos límits que l'enteniment, sinó que l'aplico també a coses que no comprenc; essent com és indiferent a elles, es confon molt fàcilment i escull el mal en lloc del bé, o la falsedat en lloc de la veritat. Heus aquí per què m'equivoco».

Però la dignitat humana rau justament en això. No simplement en la possibilitat de conèixer o de saber, que devem a l'enteniment; o de saber amb certesa, que devem al criteri d'evidència (o a qualsevol altre criteri que les escoles filosòfiques s'esforçaran per esbrinar al llarg de la història del pensament). La dignitat humana rau pròpiament en la voluntat humana lliure: «La voluntat, o la llibertat d'arbitri, la sento en mi tan gran que no concebo de cap manera la idea d'una altra més extensa i més gran, de forma que ella, més que cap altra, em fa saber que porto en mi la imatge i la semblança de Déu». La voluntat que, indiferent com és a triar entre la veritat i la falsedat, o entre el bé i el mal, pot decidir-se —diu Descartes— a «no emetre cap judici sobre coses la veritat de les quals no coneix clarament» i pot maldar, malgrat tot, per aconseguir, mitjançant l'esforç, «el costum de no equivocar-se».

Un cop ha demostrat que la veritat i bondat divines són la garantia de les demostracions matemàtiques, la *Meditació sexta* tracta de la demostració de l'existència de la substància extensa («*res extensa*») o matèria, el món material o realitat extramental no divina.

L'existència d'un món sensible es basa en la negació de la hipòtesi del Déu enganyador. Seria contrari a la naturalesa divina fer que les idees rebudes com a provinents d'un món exterior sensible no es corresponguessin amb una substància sensible exterior a mi. Però, «malgrat la sobirana bondat de Déu, la naturalesa de l'home, en tant que composta de l'esperit i del cos, no pot no ser de vegades errònia i fal·laç».

La conclusió final de les *Meditacions* serà que el coneixement de la causa dels errors ens permet (malgrat «la fragilitat i la feblesa de la nostra naturalesa» i gràcies als principis demostrats) rebutjar els dubtes metafísics com a «hiperbòlics i ridículs». Per tant, la finitud i la fal·libilitat humanes no són cap obstacle per rebutjar el dubte metafísic exagerat, ja que Déu no pot ser enganyador.

PERE DE LA FUENTE

Meditacions metafísiques

En les quals es demostra l'existència de Déu i la distinció real entre l'ànima i el cos

Meditació primera

D'aquelles coses que podem posar en dubte

Ja fa un temps que m'he adonat que, des que era jove, havia tingut per vertaderes moltes opinions falses, i que allò que després vaig fonamentar sobre principis tan poc segurs no podia sinó ser dubtós i incert; de manera que em calia provar seriosament, un cop a la vida, de desfer-me de totes les opinions a què fins aleshores havia dona crèdit, i començar de bell nou des dels fonaments, si volia establir algun principi ferm i constant en les ciències. Però com que això em semblava una empresa molt desmesurada, vaig haver d'esperar a arribar a una edat prou madura per no haver d'esperar-ne una altra en què em trobés més disposat a dur a terme el meu propòsit. I això ha fet ajornar tant la meva decisió que ara ja creuria cometre un error si el temps que em resta per actuar el dedico encara a deliberar.

[Plantejament general del dubte]

Ara que el meu esperit és lliure de tota preocupació i que m'he procurat un repòs segur en una solitud tranquil·la, em dedicaré seriosament i amb llibertat a destruir totes les meves antigues opinions. Amb tot, per dur a la pràctica aquesta intenció, no serà necessari demostrar que totes elles són falses, cosa que potser no arribaria mai a aconseguir; sinó que, tenint en compte que la raó ja em persuadeix que no he de donar més crèdit a les coses que no són del tot certes i indubtables que el que no donaria a les que semblen obertament falses, em bastarà per rebutjar-les totes el més petit motiu de dubte que hi trobi. I per això no caldrà que examini cada una en particular, perquè el treball seria inacabable. Sinó que, atès que la ruïna dels fonaments arrossega necessàriament la de l'edifici, criticaré primerament els principis en què es fonamentaven totes les meves antigues opinions.

[Dubtes d'allò que coneixem pels sentits]

Tot allò que he acceptat fins ara com allò més vertader i segur ho he après dels sentits o a través dels sentits: ara bé, alguna vegada m'he adonat que aquests sentits m'enganyaven, i la prudència ens ensenya a no fiar-nos mai del tot d'aquells que ens han enganyat una vegada.

[I si estic dormint?...]

Però, tot i que els sentits de vegades ens enganyen quan es tracta de coses que gairebé no percebem o es troben molt llunyanes, potser n'hi ha d'altres de les quals no podem dubtar raonablement, per bé que les coneixem per mitjà dels sentits: per exemple, que em trobo aquí, assegut a prop del foc, amb la bata posada, amb aquest paper a les mans, i altres coses semblants. I, com podria negar que aquestes mans i aquest cos són meus, si no és fent com fan els insensats, el cervell dels quals es troba tan pertorbat i ofuscat pels negres vapors de la bilis que asseguren constantment que són reis, quan en realitat són molt pobres, que vesteixen d'or i porpra, quan de fet van tots nus, o s'imaginen ser un càntir o estar fets de vidre? En fi; són folls, i jo seria tan extravagant com ells si em deixés dur pel seu exemple.

Tanmateix, em cal considerar que sóc home i, per tant, que tinc costum de dormir i representar-me en somnis les mateixes coses, i de vegades altres menys versemblants que les que aquests insensats imaginen mentre estan desperts. Quants cops m'ha passat que somiava, al vespre, que era aquí, vestit com ara i que em trobava a prop del foc, quan de fet era dintre el llit tot nu? Tinc molt clar ara que no miro aquest paper amb ulls de son, que aquest cap que bellugo no està gens endormiscat, que intencionadament i deliberadament estenc la mà i la sento: allò que s'esdevé en el somni no sembla tan clar ni tan distint com tot això. Però, si ho penso bé, recordo haver estat sovint enganyat, mentre dormia, per il·lusions semblants. I mentre em deturo pensant això, veig amb tanta claredat que no hi ha indicis concloents ni senyals tan certs que em facin distingir netament entre vetlla i somni, que resto estupefacte; l'esbalaïment és tal que gairebé és capaç de persuadir-me que estic dormint.

[Si dormim, també hi ha coses certes...]

Suposem, doncs, que estem adormits i que totes aquestes particularitats d'ara, és a dir, que obrim els ulls, que belluguem el cap, que estenem les mans i altres coses semblants, no són més que falses il·lusions; i pensem que potser ni les nostres mans ni tot el nostre cos són tal com nosaltres els veiem. Així i tot caldrà confessar almenys que les coses que ens representem somiant són com quadres i pintures, que no poden haver estat formades sinó per la semblança d'alguna cosa real i vertadera; i que per tant almenys aquestes coses generals, és a dir, els ulls, el cap, les mans i la resta del cos, no són coses imaginàries, sinó veritables i existents. Perquè els pintors, fins i tot quan s'esforcen amb molt d'artifici a representar sirenes i sàtirs mitjançat formes estranyes i extraordinàries, tampoc poden atribuir-los formes i naturalesa totalment noves, sinó que simplement fan una certa barreja i combinen elements procedents de diferents animals; o bé, si és el cas que la seva imaginació és tan extravagant que són capaços d'inventar alguna cosa tan nova que no hem vist mai res de semblant, i que així la seva obra ens representa una cosa purament fingida i absolutament falsa, també hem de dir aleshores, certament, que els colors, almenys, amb què les pinten han de ser veritables.

Per la mateixa raó, tot i que aquestes coses generals, és a dir, ulls, cap, mans i coses semblants, poden ser imaginàries, cal afirmar que hi ha coses encara més simples i més universals que són vertaderes i existents; amb la mescla de les quals es formen —ni més ni menys com passa amb la barreja d'alguns colors veritables— totes les imatges de les coses que, vertaderes o reals, fingides o fantàstiques, ocupen els nostres pensaments. D'aquest gènere de coses n'és la naturalesa corporal en general i la seva extensió; així com la figura de les coses extenses, la seva quantitat o magnitud i el seu nombre, i també el lloc on es troben, el temps amb què es mesura la seva duració, i altres coses semblants.

Potser per això no seria una mala conclusió dir que la física, l'astronomia, la medicina i totes les altres ciències que depenen de la consideració de les coses compostes són molt dubtoses i insegures; però que l'aritmètica, la geometria i les altres ciències d'aquest gènere, que no tracten sinó de coses molt simples i molt generals, sense preocupar-se gaire si són a la natura o si no hi són, contenen coses certes i indubtables. Perquè tant si vetllo com si dormo, dos més tres faran sempre cinc, i el quadrat mai no tindrà més de quatre costats; i no sembla pas possible que en veritats tan manifestes hi pugui haver mai cap sospita de falsedat o d'incertesa.

[I si ha un Déu decebedor?]

Tanmateix, fa molt de temps que tinc en el meu esperit una certa opinió segons la qual hi ha un Déu que ho pot tot, pel qual he estat creat i produït tal como sóc. Ara, qui em pot assegurar que aquest Déu no ha fet precisament que no hi hagi ni terra ni cel, ni cap cos extens ni cap figura, ni magnitud ni lloc, i que, així i tot, jo tingui les sensacions d'aquestes coses, i que tot em sembli existir tal com jo ho veig? I a més, com que em penso de vegades que els altres s'enganyen, fins i tot en les coses que creuen saber amb tota certesa, qui sap si aquest Déu no ha volgut que jo m'enganyi sempre que sumo dos més tres o que compto els costats d'un quadrat, o quan faig un judici sobre una cosa més fàcil, suposant que puc imaginar-me'n encara alguna de més fàcil. Podria ser que Déu no ha volgut que jo m'enganyi d'aquesta manera, puix diem que és sobiranament bo. Però si repugnava a la seva bondat haver-me fet de tal manera que jo m'enganyi sempre, sembla també que li havia de ser absolutament contrari permetre que jo m'enganyi alguna vegada, i això, no ho dubto, ho ha permès.

Algú preferiria ara negar l'existència d'un Déu tan poderós abans que creure que totes les altres coses són incertes. Ara per ara no m'hi oposo, i suposaré, a favor seu, que tot el que es diu sobre Déu és una faula. Això no obstant, pensin com pensin com jo he arribat a l'estat i a l'ésser que posseeixo, sia que l'atribueixin a una mena de destí o de fatalitat, o a l'atzar, sia que vulguin que és com és per una successió contínua i una cadena de coses, el cert és que —vist que fallar i equivocar-se és una espècie d'imperfecció—, com menys poderós sigui l'autor a qui ells atribueixen el meu origen, més probable serà que sóc tan imperfecte que puc equivocar-me sempre. Contra això no tinc res a dir, sols que em veig obligat a confessar que, de totes les opinions que en altre temps havia acceptat com a veritables, no n'hi ha ni una que ara no pugui posar en dubte, i no per desconsideració i lleugeresa, sinó per raons molt fortes i detingudament pensades: de manera que és necessari que em deturi i suspengui d'ara endavant el meu judici sobre aquests pensaments, i que no els doni més crèdit del que donaria a coses que em semblen evidentment falses, comptant que desitjo trobar alguna cosa certa i segura en les ciències.

No és suficient fer aquestes observacions; cal que m'esforci a recordar-les; perquè aquelles opinions antigues i ordinàries em vénen sovint a la ment: l'ús constant i familiar que n'he fet els hi dóna el dret a instal·lar-se en el meu esperit a desgrat meu, i fer-se com qui diu mestresses de les meves creences. I no em desacostumaré mai de recolzar-m'hi i de confiar en elles, mentre no les tingui per allò que són realment, és a dir, d'alguna manera dubtoses, com acabo de mostrar, i tanmateix molt probables, fins al punt que tinc més raons per creure-les que per negar-les. És per això que penso que en faria un ús més prudent si, passant-me a la part contrària, esmercés tots els meus esforços a enganyar-me a mi mateix, fingint que tots aquests pensaments són falsos i imaginaris; fins que, un cop ben equilibrats els meus prejudicis per tal que no puguin inclinar la meva opinió més cap a un costat que cap a un altre, el meu judici no estigui d'ara endavant dominat pels mals costums ni desviat del dret camí que el pugui conduir al coneixement de la veritat. Perquè estic segur que, ara, no hi pot haver ni perill ni error en aquest camí, i que avui no haig de donar gaire importància a la meva desconfiança, puix no és moment d'actuar, sinó de meditar i de conèixer.

[El «geni maligne»]

Suposaré doncs que hi ha, no precisament un Déu vertader, font sobirana de la veritat, sinó un cert «geni maligne», tan astut i fallaç com poderós, que ha emprat tot el seu enginy a enganyar-me. Pensaré que el cel, l'aire, la terra, els colors, les figures, els sons i totes les coses exteriors que veiem no són més que il·lusions i arteries, que ell aprofita per sorprendre la meva credulitat. M'imaginaré a mi mateix sense mans ni ulls ni carn ni sang, ni cap dels meus sentits, com si estigués erròniament convençut que tinc totes aquestes coses. M'aferraré obstinadament a aquest pensament; i si, per aquest mitjà, no m'és possible d'arribar a conèixer cap veritat, almenys tindré la possibilitat de suspendre el meu judici. D'aquesta manera estaré amatent a no rebre entre les meves creences cap falsedat i prepararé tan bé el meu esperit contra totes les astúcies d'aquell gran decebedor, que, poderós i mentider com pugui ser, no podrà mai imposar-me res.

Ara bé, aquest propòsit és costós i laboriós, i certa indolència m'arrossega sense adonar-me'n al transcórrer de la meva vida ordinària. I així com un esclau que gaudeix en somnis d'una llibertat imaginària, quan comença a sospitar que la seva llibertat només és un somni, tem despertar-se i es conjura amb les seves il·lusions agradoses per allargar el seu engany, així tendeixo jo espontàniament i insensiblement a reprendre les meves antigues opinions, i temo despertar d'aquest ensopiment de por que les vetlles laborioses que vindran després de la tranquil·litat del meu repòs, en lloc de dur-me claror de dia i alguna llum amb el coneixement de la veritat, no siguin capaces d'aclarir les tenebres de les dificultats que acabo de debatre aquí.

Meditació segona

De la naturalesa de l'esperit humà;
i que és més fàcil de conèixer que el cos

La meditació d'ahir em va omplir l'esperit de tants dubtes, que a partir d'ara ja no em serà possible d'oblidar-los. Tanmateix, tampoc veig de quina manera els podré resoldre; i, com si tot d'un cop hagués caigut en aigües molt profundes, em sento tan atordit que no puc ni posar el peu a terra ni nedar per sostenir-me a dalt. Tot i així m'esforçaré i persistiré de nou pel mateix camí per on avançava ahir i m'allunyaré de tot allò que admeti el més petit dubte tal com si sabés que allò mateix és absolutament fals. I continuaré sempre per aquest camí, fins que trobi alguna cosa certa, o almenys, si no puc fer altra cosa, mentre no sàpiga de cert que no hi ha res de cert al món.

Arquimedes, per moure el globus de la Terra del seu lloc i transportar-lo a un altre lloc, no demanava res més que un punt fix i segur. Jo també tindria dret a concebre grans esperances només que tingui la sort de trobar una sola cosa certa i indubtable.

[Punt de partida]

Suposo, doncs, que totes les coses que veig són falses; em persuadeixo que no ha existit mai res de tot allò que em representa la meva memòria, plena de mentides; penso que no tinc sentits; crec que el cos, la figura, l'extensió, el moviment i el lloc no són més que ficcions del meu esperit. Què podré aleshores considerar vertader? Potser només això: que no hi ha res de cert al món.

[Si m'enganya, existeixo]

Però què sé jo si no hi ha alguna altra cosa, diferent de les que acabo de jutjar incertes, de la qual no puc tenir el més mínim dubte? No hi ha potser un Déu, o un altre ser poderós, que posa aquests pensaments en el meu esperit? És una suposició innecessària, ja que podria ser que jo mateix fos capaç de produir-los espontàniament. Aleshores, jo, almenys, no sóc alguna cosa? Però ja he negat que tingués sentits o que tingués cos. Dubto, tanmateix, perquè, què se'n segueix, d'això? Sóc talment depenent del meu cos i dels sentits fins al punt que no podria existir sense ells? Ja m'he convençut que no hi havia res d'això en el món, que no hi havia cel ni terra ni esperits ni cossos. No m'he convençut, per tant, que jo tampoc existia? No, de cap manera; havia d'existir, indubtablement, suposant que m'havia convençut d'alguna cosa, o sols que hagi pensat alguna cosa. Amb tot hi ha un enganyador, de no sé quina mena, molt poderós i mentider, que empra tota classe d'insídies per tal que jo m'enganyi sempre. Doncs no tinc cap dubte que existeixo, si ell m'enganya; i que m'enganyi tant com vulgui, que no podrà mai fer que jo no sigui res, mentre jo pensi ser alguna cosa. De manera que, després d'haver-hi pensat bé i d'haver examinat a consciència totes les coses, cal concloure finalment i estar fermament segur que aquesta proposició «*Jo sóc, jo existeixo*» és necessàriament vertadera, sempre que la pronuncio o la concebo en el meu esperit.

Però jo no sé encara amb prou claredat allò que sóc, jo que tinc la certesa de ser; de manera que, d'ara endavant, cal que pari compte per no prendre'm imprudentment per una cosa que no sóc i no confondre'm en aquest coneixement que, sostinc, és més cert i més evident que tots els que hagi tingut abans.

Per això consideraré altra vegada què em creia ser abans de topar amb aquests darrers pensaments; i de les més antigues opinions eliminaré tot allò que pot ser combatut per les raons que acabo d'esmentar, de manera que no quedarà res que no sigui del tot indubtable. Què és el que em creia, abans, que era? Indubtablement, pensava que era un home. Ara bé, què vol dir ser un home? Diria que és ser un animal racional? No, és clar, ja que tot seguit caldria esbrinar què vol dir ser animal i què vol dir ser racional, i així, a partir d'un sola pregunta aniríem a parar, sense adonar-nos-en, a una infinitat d'altres més difícils i confuses, i no voldria malversar el poc temps i el lleure que em queda emprant-los a desembrollar subtilitats d'aquesta mena. Prefereixo deturar-me a considerar aquí els pensaments que sorgien abans espontàniament en el meu esperit i que m'havien estat inspirats només per la meva naturalesa, quan m'aplicava a considerar el meu ésser. Considerava, en primer lloc, que tenia rostre, mans, braços i tota aquesta màquina composta d'ossos i carn, tal com apareix en un cadàver, i a la qual anomenava «cos». Considerava a més, que em nodria, caminava, sentia i pensava, i atribuïa totes aquestes accions a l'ànima; però no m'aturava gens a pensar què era aquesta ànima, o bé, si m'hi aturava, imaginava que era una cosa extremament rara i subtil, com un vent, una flama o un aire suau, que penetrava i insuflava parts meves bastant més bastes. Pel que feia al cos, no dubtava gens de la seva naturalesa, perquè creia conèixer-lo molt distintament i, si hagués volgut explicar-lo segons les nocions que en tenia, l'hauria descrit de la següent manera: per «cos» entenc tot allò que pot estar delimitat per una figura, que pot estar contingut en un lloc determinat i ocupa un espai fent que qualsevol altre cos en quedi exclòs; que pot ser sentit pel tacte, per la vista, per l'oïda, pel gust o per l'olfacte, que pot moure's de moltes maneres, no per si mateix, sinó sempre per quelcom aliè amb el qual contacta i del qual rep l'impuls. Perquè tenir la facultat de moure's, de percebre i de pensar són avantatges que no creia de cap manera que es poguessin atribuir a la naturalesa corporal; al contrari, em sorprenia que facultats com aquestes es trobessin en alguns cossos.

[Primera veritat: primer principi de la filosofia]

Doncs bé, què sóc jo, ara que suposo que hi ha algú extremament poderós i, si goso dir-ho, maliciós i astut, que esmerça totes les seves forces i tota la seva arteria a enganyar-me? Puc estar segur de tenir cap de les coses que acabo d'atribuir a la naturalesa corporal? Em deturo a pensar-hi amb atenció, les passo i repasso totes en el meu esperit i no en trobo cap que pugui dir que em pertanyi. No és necessari que m'aturi a enumerar-les. Passem, doncs, als atributs de l'ànima i vegem si n'hi ha cap que em pertanyi. Els primers fan referència a nodrir-me i caminar; i si és veritat que no tinc cos, també serà veritat que no puc caminar ni alimentar-me. Un altre és sentir, però tampoc és possible sentir sense cos. A més que ja he cregut sentir altres vegades moltes coses mentre dormia, les quals he hagut de reconèixer, en despertar-me, que veritablement no les havia sentides. Un altre és pensar. I aquí sí que trobo que el pensament és un atribut que em pertany: és l'únic que no es pot separar de mi. *Jo sóc, jo existeixo*: cert, però durant quant de temps? Tant de temps com penso, perquè podria ser que, si deixava de pensar, deixaria alhora de ser o existir. Ara no admeto res que no sigui necessàriament vertader: no sóc, doncs, parlant amb propietat, sinó una cosa que pensa, és a dir, un esperit, un enteniment o una raó, que són termes amb un significat que abans desconeixia. Sóc, doncs, una cosa vertadera, que existeix veritablement. Però, quina cosa? Ja ho he dit: una cosa que pensa. I què més? Forçaré la meva imaginació per cercar si no sóc alguna cosa més. No sóc de cap manera aquest amassament de membres que anomenem cos humà; no sóc en absolut un aire suau i penetrant, que s'expandeix arreu del cos; no sóc tampoc un vent, un alè o un vapor ni res que pugui fingir o imaginar, perquè ja he suposat que tot això no era res; i sense abandonar aquesta suposició, mantinc que no deixa de ser cert que sóc alguna cosa.

Pot passar també que aquestes mateixes coses, que suposo que no existeixen de cap manera, perquè em són desconegudes, no siguin en realitat diferents de mi, del jo que sí que conec? No ho sé i d'això ara no en discuteixo; només puc jutjar sobre coses que em són conegudes: he reconegut que era, i busco saber què sóc, jo, que he reconegut que existia. Ara bé, és ben cert que aquesta noció de conèixer-me a mi mateix, presa amb aquesta precisió, no depèn gens de coses l'existència de les quals no m'és encara coneguda, ni, en conseqüència, i amb més raó encara, de cap d'aquelles que la imaginació fingeix i inventa. I fins i tot aquests termes de «fingir» i «imaginar» m'adverteixen del meu error, perquè fingiria, en efecte, si *imaginava* ser alguna cosa, com sigui que imaginar no és res més que contemplar la figura o la imatge d'una cosa corporal. Ara bé, jo ja *sé amb certesa* que sóc, i que tot plegat és possible que totes aquelles imatges i en general totes les coses que relaciono amb la naturalesa del cos, no siguin més que somnis o quimeres. A conseqüència d'això, veig clarament que dir: «exercitaré la meva imaginació per conèixer més distintament què sóc jo» és tenir tan poc senderi com dir: «ara estic despert, i percebo alguna cosa de real i veritable, però, com que no la percebo prou clarament, me'n vaig a dormir expressament per tal que els meus somnis em representin això mateix amb més veritat i evidència». I per això sé amb certesa que tot el que pugui comprendre mitjançant la imaginació no pertany a aquest coneixement que tinc de mi mateix, i que cal apartar i allunyar el meu esperit d'aquesta manera de pensar, a fi que ell mateix pugui reconèixer ben distintament la seva pròpia naturalesa.

Què sóc, doncs? Una cosa que pensa. Què és una cosa que pensa? Una cosa que dubta, concep, afirma, nega, vol, no vol, que també imagina i sent. I, certament, no és poc que totes aquestes coses pertanyin a la meva naturalesa. Però, per què no li haurien de pertànyer? No sóc jo aquell que encara dubta gairebé de tot, que tanmateix entén i concep certes coses, que assegura i afirma que només aquestes són vertaderes i que nega tota la resta, que vol i desitja saber-ne més, que no vol que l'enganyin, que imagina moltes coses, de vegades fins i tot sense voler, i que en sent també moltes d'altres com trameses pels òrgans del cos? Quina cosa hi ha de totes aquestes que no sigui tan vertadera com cert és que jo sóc i existeixo, encara que dormís sempre i que aquell que m'ha donat l'ésser emprés totes les seves forces per enganyar-me? N'hi ha cap d'aquests atributs que pugui distingir-se del meu pensament o pugui dir-se que està separat de mi? Perquè és de per si tan evident que sóc jo el qui dubta, el qui entén i el qui desitja, que no cal afegir res més per explicar-ho. També és cert que tinc la capacitat d'imaginar: perquè encara que pot passar (com he suposat abans) que les coses que imagino no siguin vertaderes, no obstant això aquesta mateixa possibilitat d'imaginar no deixa d'existir realment en mi i fa part del meu esperit. Finalment, jo sóc el mateix que sent, és a dir, que rep i coneix les coses com si fossin trameses pels òrgans dels sentits, ja que en efecte veig la llum, escolto el soroll, sento la calor. Algú em dirà que aquestes aparences són falses i que jo dormo. Potser sí; tanmateix, com a mínim, és del tot cert que *em sembla* que veig, que sento i que m'escalfo; i això és pròpiament el que en mi s'anomena sentir, i això, parlant amb propietat, no és altra cosa que *pensar.* A partit d'aquí començo a conèixer allò que sóc jo, amb una mica més de claredat i distinció que fins ara.

Tanmateix no puc evitar creure que les coses corporals, les imatges de les quals es formen en el meu pensament i que jo percebo pels sentits, no siguin conegudes més distintament que aquesta part de mi mateix, ignoro quina, que no cau sota la imaginació: tot i que, en efecte, no deixa de ser ben estrany que conegui amb més claredat i més fàcilment coses que trobo dubtoses i allunyades que les coses veritables i certes i que pertanyen a la meva pròpia naturalesa. Però ja veig com va la cosa: al meu esperit li complau d'extraviar-se i encara no és capaç de contenir-se dins els justos límits de la veritat. Afluixem-li, doncs, encara un cop més la brida, perquè, quan més tard la tornem a fixar suaument i amb tota la intenció, podrem governar-lo i conduir-lo més fàcilment.

[L'exemple del tros de cera]

Comencem per la consideració de les coses més comunes i que creiem comprendre més distintament, a saber, els cossos que toquem i veiem. No vull parlar dels cossos en general, perquè aquestes nocions generals són d'ordinari les més confuses, sinó d'un cos en particular. Prenem, per exemple, aquets tros de cera que acaben de treure del rusc: encara no ha perdut la dolçor de la mel que contenia, i reté encara part de l'olor de les flors de les quals havia estat recollit; el seu color, la seva figura, la seva grandària són clarament visibles; és dur, fred, el podem toquejar i, si li donem cops, emetrà algun so. En fi, trobem en ell totes les coses que ens fan conèixer distintament que es tracta d'un cos.

I heus aquí que, mentre parlo, algú l'atansa al foc. El que hi quedava de sabor es desprèn, l'olor s'esvaeix, canvia de color, perd la forma, augmenta la grandària, es fon, s'escalfa, a penes se'l pot tocar i, si el palpem, no emet cap so. Subsisteix la mateixa cera, després d'aquests canvis? Hem de confessar que subsisteix la mateixa, i ningú no ho pot negar. Què és, doncs, el que coneixíem tan distintament d'aquell tros de cera? Evidentment, potser no era res del que jo havia percebut per mitjà dels sentits, atès que totes les coses que incidien en el gust, o en l'olfacte, la vista, el tacte o l'oïda, ara han canviat i, això no obstant, la cera és la mateixa. Potser era el que penso ara, és a dir, que la cera no era ni aquella dolçor de mel, ni aquella olor agradable de les flors, ni aquella blancor, ni aquella figura, ni el so, sinó només un cos que no fa gaire se'm presentava sota aquelles formes i ara se'm presenta sota unes altres. Però, què és, parlant amb precisió, el que imagino quan la conec d'aquesta manera? Considerem-ho atentament i, allunyant totes les coses que no pertanyen en absolut a la cera, vegem què en resta. Certament, no en resta res més que una cosa extensa, flexible i mutable. I, què és això de «flexible i mutable»? No deu ser potser que imagino que aquesta cera, tot i ser rodona, és capaç d'esdevenir quadrada i de passar de la forma quadrada a una de triangular? No, certament, no és això, perquè jo la concebo capaç de rebre una infinitat de canvis semblants, i ni amb la meva imaginació seria capaç de recórrer tota aquesta infinitat de possibilitats i, per tant, aquest concepte que tinc de la cera no l'he obtingut mitjançant la facultat d'imaginar.

I què és ara «l'extensió»? Potser tampoc sabem què és, perquè augmenta quan la cera es fon i encara s'expandeix més quan és totalment fosa, i creix encara més com més intensa és la calor? No concebria clarament i veritablement què és la cera si no penso que és capaç de rebre més variacions en l'extensió que les que mai hagi pogut imaginar. Haig d'admetre que ni tan sols amb la imaginació puc concebre què és aquesta cera, i que només la concep el meu enteniment. I parlo d'aquest tros de cera en particular, perquè pel que fa a la cera en general encara és més evident. Doncs bé, de quina cera parlo que només pot ser concebuda per l'enteniment o l'esperit? Indubtablement, de la mateixa que veig, que toco i que imagino; la mateixa que conec des del començament. I el que cal remarcar és que la seva percepció, o bé l'acció per la qual la percebem, no és de cap manera una visió, un tacte o una imaginació, i no ho ha estat mai, per més que abans ens ho podia semblar, sinó que és només una inspecció de la ment, que pot ser imperfecta i confusa, como ho era abans, o bé clara i distinta, como ho és ara, segons que la meva atenció recaigui més o menys en les coses que observo en ella i que la componen.

[Conèixer és una inspecció de la ment]

No m'hauria de sorprendre gaire quan penso en la feblesa que hi ha en el meu esperit i la inclinació que té a caure, sense adonar-se'n, en l'error. Perquè, per més que, sense parlar, penso en tot això dintre meu, ensopego sempre amb les paraules del llenguatge ordinari i els termes gairebé em confonen. Perquè nosaltres diem que *veiem* la mateixa cera, quan algú ens la presenta, i no que *jutgem* que és la mateixa pel fet que té el mateix color i la mateixa figura. Per la qual cosa voldria gairebé concloure que coneixem la cera per la visió dels ulls, i no per la sola inspecció de la ment, si no fos que de vegades veig des de la finestra homes que passen pel carrer, i, en veure'ls, no puc evitar dir que veig homes —igual com dic que veig la cera—, quan de fet, el que veig des de la finestra només són barrets i capes, que podrien cobrir espectres o bé homes fingits que es mourien mitjançant mecanismes... En canvi jo jutjo que són autèntics homes, i d'aquesta manera comprenc, solament per la facultat de jutjar que posseeix el meu esperit, allò que creia veure amb els ulls.

Qui intenti d'elevar el seu coneixement més enllà del que sol fer la gent ha d'avergonyir-se d'extreure ocasions de dubte de les formes comunes de parlar; jo prefereixo apuntar més amunt i consideraré si coneixia amb més evidència i perfecció allò que era la cera quan la percebia abans —quan creia saber què era mitjançant els sentits externs, o si més no pel sentit comú, tal com se sol anomenar, és a dir, per la facultat imaginativa— que no pas ara, que la percebo amb més claredat, després d'haver examinat amb detall què és la cera i de quina manera la podem arribar a conèixer. És clar; és ridícul posar-ho en dubte. Perquè, què hi havia en aquella primera percepció que fos distint i evident i que no pogués ser objecte de la sensibilitat de qualsevol animal? Però quan distingeixo entre la cera i les seves formes exteriors, i quan, com si l'hagués desvestida dels seus guarniments, la considero tota nua, és indubtable —encara que, certament, hi pot haver algun error en el meu judici— que no és possible concebre-la d'aquesta manera sense un esperit humà.

En fi, què diré d'aquest esperit, és a dir, de mi mateix? El fet és que, fins ara, no admeto en mi res més que un esperit. Què diré de mi, repeteixo, que semblo concebre amb tanta claredat i distinció aquest tros de cera? No em conec a mi mateix, no solament amb més veritat i certesa, sinó també amb més claredat i distinció? Car si jutjo que la cera és, o existeix, perquè la veig, se'n segueix amb molta més evidència que jo sóc o que existeixo, pel fet que la veig. Pot passar que allò que jo veig no sigui, efectivament, cera; pot passar també que ni tan sols tingui ulls per veure res, amb tot és impossible que, com que veig o (cosa que ja no sé distingir) *penso* veure, jo que penso no sigui res. Igualment, si jutjo que la cera existeix, vist que la toco, se'n seguirà igualment la mateixa cosa, és a dir, que sóc; o si jo jutjo, cosa de la qual me'n persuadeix la meva imaginació o qualsevol altra causa, sempre conclouré la mateixa afirmació. I el que he dit aquí de la cera es pot aplicar a totes les altres coses externes, que trobo fora de mi.

Ara bé, tenint en compte que la noció o el coneixement de la cera sembla més clar i més distint després que l'he descobert no solament per la vista o pel tacte, sinó també per moltes altres causes, amb quanta més evidència, claredat i distinció, no haig de conèixer-me a mi mateix, comptant que totes les raons que serveixen per conèixer i concebre la naturalesa de la cera, o de qualsevol altre cos, proven amb molta més facilitat i evidència la naturalesa del meu esperit? I encara hi ha tantes altres coses en el mateix esperit, que poden contribuir a l'aclariment de la seva naturalesa, que aquelles que depenen del cos —com les que acabo d'esmentar— gairebé no val la pena anomenar-les.

En fi, heus aquí que sense adonar-nos-en hem arribat on volia: que —tenint en compte que es tracta d'una cosa que ara sé, és a dir, que parlant amb propietat només concebem els cossos per la facultat de pensar, que posseïm, i no per la imaginació o els sentits, i que no els coneixem pel fet que nosaltres els veiem, o els toquem, sinó solament perquè els concebem amb el pensament— conec amb evidència que no hi ha res que em sigui més fàcil de conèixer que el meu esperit. Però com que és gairebé impossible desfer-nos fàcilment d'una vella opinió, el més convenient és que em deturi en aquest punt i que, meditant llargament sobre aquestes coses, procuri imprimir profundament en la meva memòria aquest nou coneixement.

Meditació cinquena

De l'essència de les coses materials i, un altre cop, de Déu: que existeix

Encara hi ha altres coses per examinar pel que fa als atributs de Déu i a la meva naturalesa, és a dir, al meu esperit, però en reprendré potser la recerca en una altra avinentesa. Ara (després d'haver-me adonat què haig de fer o evitar per arribar al coneixement de la veritat), el que em cal fer sobretot és tractar de sortir i desembarassar-me de tots els dubtes en què he caigut aquests últims dies i veure si podem tenir algun coneixement cert tocant a les coses materials.

[Què podem conèixer amb certesa de les idees distintes de l'esperit]

Però abans d'examinar si existeixen coses fora de mi, haig de considerar les seves idees en tant que existeixen en el meu pensament, i veure quines són distintes i quines confuses.

En primer lloc, m'imagino distintament aquella quantitat que els filòsofs anomenem normalment la quantitat contínua, és a dir, l'extensió —en longitud, llargada i profunditat— que hi ha en aquesta quantitat, o millor que hi ha en la cosa a la qual l'atribuïm. A més, puc enumerar diverses parts d'aquesta quantitat i atribuir a cadascuna magnitud, figura, situació i moviment; i, per últim, puc assignar a cada moviment qualsevol tipus de duració.

No només conec aquestes coses amb distinció, quan les considero en general; sinó que, per poc que hi apliqui una mica d'atenció, també concebo una infinitat de particularitats referents als nombres, a les figures, als moviments i coses semblants, la veritat de les quals es manifesta amb tanta evidència i s'ajusta tant a la meva naturalesa que, quan començo a descobrir-les, no tinc gens la sensació que aprenc alguna cosa de nou, sinó més aviat que recordo el que ja sabia abans, és a dir, que percebo coses que ja eren en el meu esperit, tot i que encara no me n'havia adonat.

I el que percebo aquí com a més remarcable és que trobo en mi una infinitat d'idees de certes coses, de coses que no poden ser estimades com un pur no-res —si bé potser no tenen cap existència fora del meu pensament— i, tot i que sóc lliure de pensar-les o no pensar-les, no són certament fingides per mi, sinó que posseeixen una veritable i immutable naturalesa. Com, per exemple, si m'imagino un triangle, per més que una figura així pot no existir en cap lloc del món fora del meu pensament, o pot no haver existit mai, no per això deixa mai d'existir una certa naturalesa, o forma, o essència determinada d'aquesta figura, immutable i eterna, que jo no he pogut inventar i que de cap manera no depèn del meu esperit; com sembla que ho demostren diverses propietats del triangle, com per exemple que els seus tres angles són iguals a dues rectes, que l'angle més gran s'oposa al costat també més gran, i altres propietats semblants, les quals ara, tant si ho vull com si no, reconec molt clarament i evidentment que li pertanyen, malgrat no haver-hi pensat gens abans, quan m'imaginava per primer cop un triangle. Per tant, no puc dir que les hagi fingides i inventades.

I aquí no val que vulgui objectar-me a mi mateix que potser aquesta idea del triangle m'ha arribat a l'esperit a través dels sentits, si alguna vegada he pogut veure cossos de forma triangular; perquè m'és possible formar en el meu esperit infinitat de figures de les quals no puc ni sospitar haver-les rebut mai a través dels meus sentits, i en canvi m'és impossible no veure en elles demostrades diverses propietats tocant a la seva naturalesa, igual com passa amb el triangle: aquestes propietats han de ser totes vertaderes, perquè les concebo clarament. Per tant, són alguna cosa i no pas un pur no-res, ja que és molt evident que tot el que és vertader és alguna cosa, i ja he demostrat amb escreix que totes les coses que conec clarament i distintament són vertaderes. I encara que no ho hagués demostrat, és tal la naturalesa del meu esperit que no podria evitar considerar-les vertaderes, almenys mentre les concebo clarament i distintament. I recordo que, fins i tot quan estava summament lligat als objectes dels sentits, ja tenia per veritats constants totes aquelles que concebia clarament i distintament pel que fa a les figures, els nombres i a tot allò que pertany a l'aritmètica i a la geometria.

[Possibilitat d'un argument sobre l'existència de Déu]

Doncs bé, si només del fet que puc treure del meu pensament la idea d'una cosa se'n segueix que tot el que conec que li pertany d'una manera clara i distinta li pertany també d'una manera efectiva, no podria extraure'n d'aquí un argument i una prova que demostri l'existència de Déu? Trobo certament en mi la seva idea, és a dir, la idea d'un ésser sobiranament perfecte, igual com hi trobo la d'una figura o d'un nombre qualsevol; i conec amb tanta claredat i distinció que a la seva naturalesa li pertany una existència actual i eterna igual com sé que tot el que puc demostrar d'una figura geomètrica o d'un nombre pertany veritablement a la figura o al nombre en qüestió. Per tant, encara que res del que he conclòs en les meditacions precedents no fos de fet vertader, haig de considerar almenys tant certa en el meu esperit l'existència de Déu com certes he estimat fins ara totes les veritats de les matemàtiques que pertanyen només als nombres i a les figures: bé que, de fet, això no sembla del tot manifest, i sembla tenir més aviat una aparença de sofisma. Perquè, havent-me acostumat en tota la resta a fer distinció entre l'existència i l'essència, tendeixo fàcilment a pensar que l'existència pot separar-se de l'existència de Déu, i que en conseqüència podem pensar un Déu que no existeix en acte. Tanmateix, quan ho penso millor, veig manifestament que l'existència no pot separar-se de cap manera de l'essència de Déu, igual com no pot separar-se de l'essència del triangle que els seus tres angles siguin iguals a dues rectes, com tampoc pot separar-se de la idea d'una muntanya la idea de la vall; fins al punt que no repugna menys concebre un Déu (és a dir, un ser sobiranament perfecte) al qual li manca l'existència (és a dir, al qual li manca una perfecció) que concebre una muntanya a la qual li manca la vall.

Ara bé, tot i que, efectivament, no puc concebre un Déu sense existència com no puc pensar una muntanya sense vall, no obstant això, com que del sol fet que no pugui pensar una muntanya sense la vall no se'n segueix que la muntanya hagi d'existir, no sembla tampoc que, pel fet de concebre Déu amb l'existència, se'n segueixi per això sol que Déu existeix: perquè el meu pensament no imposa cap necessitat a les coses; i així com només depèn de mi imaginar-me un cavall alat, encara que no n'hi hagi cap que tingui ales, d'igual manera podria potser atribuir l'existència a Déu, encara que no hi hagi cap Déu existent.

De tota manera, aquí hi ha un sofisma ocult sota l'aparença d'aquesta objecció: perquè del fet que no puc concebre una muntanya sense la vall no se'n segueix que existeixi cap muntanya o cap vall, sinó només que la muntanya i la vall, tant si existeixen com si no, no es poden separar en absolut l'una de l'altra; mentre que del fet que no puc concebre Déu sense existència se'n segueix que l'existència és inseparable de Déu, i per tant que ell existeix veritablement: i no és que el meu pensament en pugui ser la causa o que imposi necessitat a les coses; al contrari, és la necessitat de la cosa en si mateixa, és a dir, la necessitat de l'existència de Déu allò que determina el meu pensament a concebre'l d'aquesta manera. No sóc lliure de concebre un Déu sense existència (és a dir, un ser sobiranament perfecte), però sóc lliure en canvi d'imaginar-me un cavall amb ales o sense.

I tampoc podem al·legar aquí com a objecció que és veritablement necessari confessar l'existència de Déu si suposo que Déu posseeix totes les perfeccions i que l'existència n'és una; però que no és necessari fer aquesta suposició, com tampoc no ho és pensar que totes les figures de quatre costats es poden inscriure en el cercle, perquè, si ho suposo, em veuré obligat a confessar que el rombe, que és una figura de quatre costats, també s'hi pot inscriure, i això és clarament fals. No hi ha aquí una veritable objecció, perquè tot i no ser necessari estar pensant constantment en Déu, sempre que em passi pel cap pensar en un ésser primer i sobirà —i traure, per dir-ho així, la seva idea del tresor del meu esperit—, és necessari atribuir-li totes les perfeccions, mal que no sàpiga enumerar-les totes ni centrar la meva atenció en cadascuna en particular. I aquesta necessitat és suficient per concloure (després de reconèixer que l'existència és una perfecció) que aquest ésser primer i sobirà existeix veritablement: tampoc és necessari imaginar un triangle, però si penso en una figura rectilínia composta només per tres angles és absolutament necessari atribuir-li tot el que li convé, per concloure que els seus tres angles valen el mateix que dues rectes, encara que potser en aquell moment no tingui en compte això d'una manera particular. Però quan examino quines figures són capaces de ser inscrites en el cercle, no és necessari pensar que ho són totes les de quatre costats; al contrari, ni tan sols puc fingir que sigui així, sempre en el benentès que no vull acceptar en el meu pensament sinó allò que puc concebre clarament i distintament. I, per tant, hi ha una gran diferència entre les suposicions falses, com aquesta última, i les vertaderes idees nascudes en mi, la primera i principal de les quals és la idea de Déu.

En efecte, reconec de moltes maneres que aquesta idea no és quelcom fingit o inventat, que depengui només de la meva ment, sinó la imatge d'una naturalesa vertadera i immutable. En primer lloc, perquè no sé concebre cap cosa —tret de Déu— a l'essència de la qual li pertanyi necessàriament l'existència. I, en segon lloc, perquè no m'és possible concebre dos o més déus d'igual naturalesa. I, si ara entenc que n'hi ha un que existeix, veig clarament que és necessari que hagi existit des de tota l'eternitat i que ha d'existir eternament en el futur. I, en fi, perquè percebo en Déu una infinitat d'atributs, cap dels quals no puc minorar ni alterar.

[De nou, el criteri de certesa]

D'altra banda, sigui aquest o un altre l'argument que pugui emprar, cal sempre tornar al mateix punt: que només poden persuadir-me del tot les coses que conec clarament i distintament. De les coses que conec d'aquesta manera, n'hi ha vertaderament algunes que tothom coneix manifestament, però n'hi ha d'altres que només saben reconèixer aquells que les consideren i examinen atentament; tanmateix, un cop descobertes, no són menys certes aquestes últimes que aquelles primeres. Per exemple, si bé a primera vista no és del tot manifest que, en tot triangle rectangle, el quadrat de la base és igual a la suma dels quadrats dels altres dos costats, això no obstant, com que és evident que aquesta base s'oposa a l'angle més gran, un cop hem reconegut això, ens persuadim que tan veritable és una cosa com l'altra. I pel que fa a Déu, és cert que, si no m'ho impedeixen els prejudicis i no em distreu la presència contínua d'imatges de les coses sensibles en la meva ment, no hi ha res que pugui conèixer millor i més fàcilment que Déu. Perquè, hi ha alguna cosa més clara i manifesta que pensar que hi ha un Déu, és a dir, que existeix un ésser sobirà i perfecte, l'únic ésser en la idea del qual s'inclou la seva existència necessària o eterna, i que per tant existeix?

Tanmateix, tot i que per concebre bé aquesta veritat ha estat necessari aplicar-li amb diligència el meu esperit, ara no només tinc la convicció que és la cosa que em sembla més certa de totes, sinó que, a més, m'adono que la certesa de tota la resta de coses depèn d'aquesta veritat d'una manera tan absoluta que sense aquesta coneixença no em seria possible conèixer perfectament res.

I és que, tot i posseir una naturalesa tal que, tan bon punt comprenc alguna cosa clarament i distintament, en sento naturalment inclinat a creure-la vertadera, tanmateix, com que també aquesta naturalesa em du a no tenir sempre l'esperit centrat en el mateix assumpte, i sovint recordo haver jutjat una cosa com a vertadera sense haver tingut en compte les raons que m'havien obligat a considerar-la com a tal, pot passar que se'm facin avinents altres raons que em poden fer canviar d'opinió, sempre que deixi de banda que hi ha un Déu. Mai no obtindria així un coneixement cert i vertader, sinó només opinions vagues i inconstants.

Per exemple, quan considero la naturalesa del triangle, sé evidentment, jo que tinc certa perícia en geometria, que els seus tres angles són igual a dues rectes, i m'és impossible no creure-ho, sempre que tingui present la seva demostració; però tan bon punt la meva ment deixa de prestar-hi atenció, tant se val que recordi haver-la comprès clarament, perquè pot passar fàcilment que dubti de la seva veritat, si deixo de banda que hi ha un Déu. Puc, efectivament, persuadir-me d'haver estat fet per la naturalesa de manera tal que m'enganyo fàcilment fins i tot en les coses que crec comprendre amb la major evidència i certesa; vist, sobretot, que recordo haver admès sovint moltes coses com a vertaderes i certes, que tot seguit altres raons m'han induït a jutjar totalment falses.

[Déu, garant del criteri de certesa]

Però, després de reconèixer que hi ha un Déu, com sigui que al mateix temps reconec també que totes les coses depenen d'ell i que no és un Déu enganyador i que, en conseqüència, jutjo que tot allò que conec clarament i distintament no pot ser de cap manera fals, aleshores, tot i no pensar ja en les raons per les quals he jutjat que allò era vertader, si ho he comprés clarament i distintament, ningú no em podrà adduir cap raó en contra que m'ho faci posar en dubte; de manera que en tinc un coneixement vertader i segur. I aquest tipus de coneixement s'estén també a la resta de coses que recordo haver demostrat anteriorment, com per exemple les veritats de la geometria i altres de semblants. Què se'm podria objectar per obligar-me a posar-les en dubte? Algú em dirà que, per la meva naturalesa, estic sotmès a equivocar-me fàcilment? No, ara ja sé que no puc enganyar-me en els judicis les raons dels quals conec clarament. Se'm dirà que abans he tingut per vertaderes i certes moltes coses que després he reconegut que eren falses? Però és que jo no havia conegut clarament i distintament res de tot allò i, en no saber encara aquesta regla que m'assegura la veritat, m'havia vist induït a creure-les per raons que després he reconegut menys sòlides que no les havia imaginades. Què se'm pot objectar, doncs? Que potser dormo (com jo mateix m'he objectat anteriorment), o bé que tots els pensaments que tinc ara no són més vertaders que els somnis que somio quan dormo? Fins i tot si dormo, tot el que és present al meu esperit amb evidència és absolutament vertader. D'aquesta manera m'adono amb molta claredat que la certesa i la veritat de tot coneixement depèn només del coneixement del Déu vertader: fins al punt d'haver de dir que, abans de conèixer-lo, no podia saber perfectament res de res. I ara que el conec, tinc el mitjà d'adquirir un saber perfecte d'infinitat de coses, no només de les que trobo en ell, sinó també d'aquelles que pertanyen a la naturalesa corporal, en tant que constitueixen l'objecte de les demostracions dels geòmetres, que abstrauen totalment de la seva existència.

Meditació sisena

De l'existència de les coses materials i de la distinció real entre l'ànima i el cos de l'home

[Si hi ha coses materials]

Ara ja no em resta sinó examinar si hi ha coses materials: i almenys ja sé de cert que n'hi pot haver, en tant que es contemplin com a objecte de les demostracions de geometria, perquè d'aquesta manera les concebo molt clarament i molt distintament. No hi dubte, en efecte, que Déu disposa del poder de produir totes les coses que sóc capaç de concebre distintament; i mai no he cregut que li fos impossible fer alguna cosa, llevat que trobés jo una contradicció a poder concebre-la adequadament. A més, la facultat d'imaginar que hi ha en mi, la mateixa que sé per experiència que faig servir quan m'aplico a la consideració de les coses materials, és capaç de persuadir-me de la seva existència: perquè, quan considero atentament què és la imaginació, trobo que no és més que una certa aplicació de la facultat de conèixer al cos que li és íntimament present i que, per tant, existeix.

[Diferència entre la imaginació i la intel·lecció]

I per aclarir-ho més, assenyalo en primer lloc la diferència que hi ha entre la imaginació i la pura intel·lecció o concepció. Per exemple, quan m'imagino un triangle, no el concebo només com una figura composta de tres línies, sinó que ultra això considero aquestes tres línies com a presents per la força i l'aplicació interior del meu esperit; i és pròpiament això el que jo anomeno imaginar. Si vull pensar en un quilògon, concebo certament que és una figura composta de mil costats, amb la mateixa facilitat que concebo que un triangle és una figura composta només de tres; però no em puc imaginar els mil costats d'un quilògon igual com m'imagino els tres d'un triangle ni, per dir-ho així, mirar-los com presents amb els ulls del meu esperit. I encara que estic acostumat a servir-me sempre de la imaginació quan penso en les coses corporals, quan concebo un quilògon em represento confusament una figura, però és ben evident que aquesta figura no és un quilògon, ja que no difereix en res de la que em represento si penso en un miriàgon o en qualsevol altra figura de molts costats; i també és evident que aquesta figura no serveix de cap manera per descobrir les propietats que estableixen les diferències entre el quilògon i els altres polígons.

Quan considero un pentàgon, la situació és una altra: puc concebre la seva figura, igual com la d'un quilògon, sense recórrer a la imaginació, però també la puc imaginar aplicant l'atenció del meu esperit a cadascun dels seus cinc costats, i ensems a l'àrea o a l'espai que tanquen. En fer-ho, m'adono clarament que necessito per imaginar una intensitat d'esperit que no necessito per pensar; i aquesta intensitat especial d'esperit mostra evidentment la diferència que hi ha entre la imaginació i la intel·lecció o concepció pura.

M'adono, a més, que aquesta virtut d'imaginar que hi ha en mi, en la mesura en què difereix de la potència de concebre, no és de cap de les maneres necessària a la meva naturalesa o a la meva essència, és a dir, a l'essència del meu esperit; ja que, si no la tingués, seguiria sent el mateix que sóc ara: i sembla que d'aquí puc concloure que depèn d'alguna cosa que no és el meu esperit. I concebo fàcilment que, si existís un cos amb el qual el meu esperit s'hi trobés conjuntat i unit de tal manera que pogués tenir-lo en compte quan li vingués de gust, és possible pensar que el cos és el mitjà amb el qual l'esperit imagini les coses corporals: de manera que aquesta forma de pensar difereix de la pura intel·lecció només perquè l'esperit, quan concep, es gira en certa manera cap a si mateix, i considera alguna de les idees que conté; però, quan imagina, es gira cap al cos, i hi considera alguna cosa conforme a la idea que ha format per si mateix o que ha rebut pels sentits. Concebo fàcilment, torno a dir, que la imaginació pot formar-se d'aquesta manera, si veritablement existeix el cos; i com que no puc trobar cap altra via per explicar com es configura la imaginació, conjecturo probablement que el cos existeix: però només probablement, i tot i que examino amb cura totes les coses, no trobo que d'aquesta idea distinta de la naturalesa corporal que tinc en la meva imaginació en pugui treure un argument decisiu per concloure necessàriament l'existència d'algun cos.

Ara bé, m'he acostumat a imaginar moltes altres coses, a més d'aquesta naturalesa corporal que és l'objecte de la geometria, és a dir, imagino colors, sons, sabors, dolor i d'altres coses semblants, encara que menys distintament. I com que percebo molt millor aquestes coses pels sentits, per mitjà del quals —com també mitjançant la memòria— semblen haver arribat a la meva imaginació, crec que, per examinar-les més còmodament, és convenient que examini alhora què és sentir, per veure si, de les idees que arriben al meu esperit per aquesta manera de pensar, que anomeno sentir, puc treure alguna prova certa de l'existència de les coses corporals.

[Què podem saber amb certesa de les coses materials]

En primer lloc recordaré quines són les coses que fins ara he tingut per certes, havent-les rebut pels sentits, i els fonaments en què recolzava la meva creença. Després examinaré les raons que m'han obligat més tard a posar-les en dubte. I, per últim, consideraré què és el que n'haig de creure ara d'aquelles coses.

En primer lloc, doncs, sentia que tenia un cap, amb mans, peus i la resta de membres que componen aquest cos que considerava una part de mi mateix, o tal vegada tot jo. A més sentia que aquest cos es trobava situat en mig de molts d'altres, dels quals podia rebre danys i beneficis, i m'adonava d'aquests beneficis per un cert sentiment de plaer o de voluptuositat, i dels danys per un sentiment de dolor. A més de plaer i de dolor, sentia també fam, set i altres apetits semblants, així com certes inclinacions corporals a la joia, la tristesa, la còlera i altres afeccions similars. I a fora, a més de l'extensió, de les figures i dels moviments dels cossos, notava en ells la duresa, la calor i altres qualitats que podem percebre pel tacte. I a més, hi advertia la llum, els colors, les olors, els sabors i els sons, la varietat del quals em feia possible diferenciar el cel, la terra, el mar i en general tots els altres cossos, uns dels altres.

I per cert, considerant les idees de totes aquestes qualitats que anaven fent-se presents al meu pensament, i que eren les úniques que sentia de manera pròpia i immediata, amb raó creia sentir coses completament diferents del meu pensament, és a dir, cossos d'on procedien aquelles idees. Perquè jo experimentava que es feien presents a ell sense que fos necessari el meu consentiment, de manera que no podia sentir cap objecte, per molt que ho volgués, si no es feia present a l'òrgan d'un dels meus sentits; i si s'hi feia, no era capaç de no sentir-lo.

I com que les idees que rebia pels sentits eren molt més vives, més expresses, i fins i tot més distintes, a la seva manera, que cap de les que jo mateix podia fingir meditant o que trobava impreses en la meva memòria, semblava que no podien procedir del meu interior; així, doncs, era necessari que fossin causades en mi per coses externes. No tenint més coneixement d'aquestes coses que el que em donaven aquelles idees, no se'm podia ocórrer res més que pensar que aquelles coses eren semblants a les idees que causaven.

I com que recordava també que m'havia servit més dels sentits que de la raó, i que reconeixia que les idees que formava per mi mateix no eren tan expresses com les que rebia pels sentits, i que fins i tot sovint es componien d'elements sensorials, fàcilment em persuadia que no hi havia cap idea en el meu esperit que no hagués passat abans pels meus sentits.

I tampoc em mancava raó per creure que aquest cos (que per un cert dret particular anomenava meu) em pertanyia més pròpiament i més estretament que cap altre. Perquè, en efecte, mai no podia separar-me d'ell com podia dels altres cossos; sentia en ell i per ell tots els meus apetits i totes les meves afeccions; i, finalment, els sentiments de plaer i de dolor m'afectaven en parts d'aquest cos i no en les d'altres cossos separats.

Però quan examinava per què a un cert sentiment de dolor segueix la tristesa en l'esperit, i per què del sentiment de plaer en neix la joia, o bé per què aquesta mena d'excitació de l'estómac, que anomeno fam, ens fa venir ganes de menjar, i la sequedat de la gola ens fa venir ganes de beure, i coses d'aquest estil, no en podia donar cap raó; només que la naturalesa m'ho ensenyava així, ja que no hi ha cap afinitat ni cap relació (que jo pugui comprendre, almenys) entre aquesta excitació de l'estómac i el desig de menjar, ni tampoc entre el sentiment de la cosa que causa el dolor i el pensament de tristesa que fa nàixer aquest sentiment. I igualment em semblava que havia après de la naturalesa totes les altres coses que jutjava tocant als objectes dels meus sentits; perquè advertia que els judicis que acostumava a fer d'aquests objectes es formaven en mi abans que tingués ocasió de sospesar i considerar les raons que podien obligar-me a fer-los.

[Dubtes]

Després, però, diverses experiències han arruïnat a poc a poc tot el crèdit que havia atorgat als sentits, ja que he observat sovint que torres, que de lluny semblaven rodones, de prop em semblaven quadrades, i que estàtues enormes, alçades al capdamunt d'aquestes torres, em semblaven petites vistes des de baix; i així, infinitat de vegades he trobat errors en els judicis basats en els sentits externs. I no només en els externs sinó també en els interns, perquè què hi ha més íntim o més intern que el dolor? I, no obstant això, he sentit dir que algunes persones que tenien els braços o les cames tallades creien de vegades sentir dolor en la part que els havia estat tallada; això em donava motiu per pensar que no podia tampoc estar segur de tenir mal en algun dels meus membres, tot i sentir-hi dolor.

A aquestes raons per dubtar n'hi he afegit després altres dues molt generals. La primera és que mai no he cregut sentir res despert que no hagi cregut sentir també de vegades quan dormo; i com que les coses que em sembla sentir quan dormo no crec que procedeixin d'objectes fora de mi, tampoc no veia per què hauria de mantenir aquesta creença pel que fa a les coses que em sembla sentir quan estic despert. I la segona és que, no coneixent encara, o més ben dit, fingint no conèixer l'autor del meu ésser, no veia res que em pogués impedir creure haver estat fet per la naturalesa de manera tal que m'equivoco fins i tot en les coses que em semblen més vertaderes.

I pel que fa a les raons que abans m'havien persuadit de la veritat de les coses sensibles no em costava gaire refutar-les. La naturalesa semblava apropar-me a moltes coses de les quals la raó m'apartava, i per això creia que no em calia confiar massa en els ensenyaments d'aquesta naturalesa. I encara que les idees que m'arriben pels sentits no depenen de la meva voluntat, no pensava que per això havia de concloure que procedien de coses diferents de mi, perquè tal vegada hi ha en mi una certa facultat (fins ara, tanmateix, desconeguda) que en pugui ser la causa i les produeixi.

[Rebuig dels dubtes]

Però ara que començo a conèixer-me millor i a descobrir amb més claredat l'autor del meu origen, no penso realment que hagi d'admetre temeràriament totes les coses que els sentits semblen ensenyar-nos, però tampoc penso que hagi de dubtar de totes en general.

En primer lloc, com que sé que totes les coses que concebo clarament i distintament poden ser produïdes per Déu tal com jo les concebo, n'hi ha prou que arribi a concebre clarament i distintament una cosa sense l'altra per estar segur que una és distinta o diferent de l'altra, atès que poden existir separades, si més no per l'omnipotència de Déu: i no importa per quina potència es fa aquesta separació per obligar-me a jutjar-les diferents. I per tant, perquè sé amb certesa que existeixo i que m'adono en això que no li pertany necessàriament a la meva naturalesa o a la meva essència no ser res més que una cosa que pensa, puc concloure rectament que la meva essència consisteix només en això: en ser una cosa que pensa, o una substància l'essència o la naturalesa de la qual no és sinó pensar. I encara que potser (o millor certament, com ho diré ben aviat) tinc un cos al qual estic estretament unit, tanmateix, com que d'una banda tinc una idea clara i distinta de mi mateix, en tant que sóc només una cosa que pensa i no extensa, i que d'una altra tinc una idea distinta del cos, en tant que és una cosa extensa i que no pensa, és segur que aquest jo, és a dir, la meva ànima, per la qual jo sóc el que sóc, és enterament i veritablement distinta del meu cos, i que pot ser o existir sense el cos.

A més, trobo en mi facultats de pensar molt especials i distintes de mi, com les facultats d'imaginar i de sentir, sense les quals puc molt bé concebre'm clarament i distintament tot sencer, però no elles sense mi, és a dir, sense una substància intel·ligent a la qual puguin unir-se. Perquè en la noció que en tenim, o (per servir-me de termes de l'escolàstica) en el seu concepte formal, aquestes facultats inclouen d'alguna manera la intel·lecció: per això concebo que són distintes de mi, com les figures, els moviments i els altres modes o accidents dels cossos ho són dels cossos mateixos que els sostenen.

També reconec en mi altres facultats, com les de canviar de lloc, d'adoptar diferents postures i altres de similars, que com les precedents tampoc poden ser concebudes sense una substància a la qual s'uneixen, ni en conseqüència existir sense alguna d'aquestes substàncies; però és molt evident que aquestes facultats, si és cert que existeixen, han d'estar unides a una substància corporal o extensa, i no a una substància intel·ligent, perquè, en el seu concepte clar i distint, s'hi troba continguda una certa extensió, però no la intel·ligència. A més, percebo en mi una certa facultat passiva de sentir, és a dir, de rebre i conèixer les idees de les coses sensibles; però aquesta facultat em seria inútil i no podria servir-me'n de cap manera, si no hi hagués en mi, o en algú altre, una facultat activa capaç de formar i produir aquelles idees. Ara bé, aquesta facultat activa no pot estar en mi en tant que no sóc sinó una cosa que pensa, perquè no pressuposa el meu pensament, i també perquè aquelles idees sovint se'm representen sense que jo hi hagi contribuït de cap manera, i sovint fins i tot en contra de la meva voluntat; cal doncs, necessàriament, que la facultat es trobi en una substància diferent de mi, en la qual hi hagi continguda formalment o eminentment (com ja he observat abans) tota la realitat que hi ha objectivament en les idees que produeix. I aquesta substància o bé és un cos, és a dir, una naturalesa corporal, en la qual s'hi conté de manera formal i efectiva tot el que hi ha objectivament i per representació en les idees, o bé és Déu mateix, o alguna altra criatura més noble que el cos, que contingui tot allò de forma eminent.

Ara bé, com que Déu no és un déu decebedor, és ben manifest que no m'envia aquestes idees immediatament des d'ell mateix ni tampoc a través d'alguna criatura que no conté la realitat de les idees formalment, sinó només eminentment. Perquè, no haventme donat cap facultat per saber que això és així, sinó al contrari una gran inclinació a creure que les idees em són enviades per les coses corporals o que provenen d'elles, no veig com podríem excusar Déu de l'engany, si aquestes idees provenien o eren produïdes per altres causes que les coses corporals. Per tant, cal confessar que existeixen coses corporals.

Tal vegada no són com les percebem pels sentits, ja que aquesta percepció dels sentits és molt obscura i confusa en molts aspectes; però almenys cal reconèixer que tot el que hi veig amb claredat i distinció, és a dir, tot allò que, parlant en general, és de la geometria especulativa, veritablement hi és. I pel que fa a altres coses, que o bé només són particulars, per exemple, que el sol té tal dimensió o figura, etc., o bé són concebudes amb menys claredat i distinció, com la llum, el so, el dolor i altres de semblants, és segur que, tot i ser força dubtoses i incertes, com que Déu no és un déu decebedor i, per tant, no permetrà que les meves opinions puguin ser falses sense donar-me també una facultat capaç de corregir-les, crec que puc concloure amb seguretat que tinc en mi els mitjans per conèixer-les amb certesa.

[Què ens ensenya una naturalesa creada per un Déu que no enganya]

En primer lloc, i sense cap mena de dubte, tot el que la naturalesa m'ensenya conté alguna veritat. Per naturalesa, considerada en general, no entenc ara cap altra cosa que Déu mateix, o bé l'ordre i la disposició que Déu ha establert en les coses creades. I per la meva naturalesa en particular, no entenc cap altra cosa que el conjunt o reunió de totes les coses que Déu m'ha donat.

Ara bé, res m'ensenya aquesta naturalesa més manifestament i més sensiblement sinó que tinc un cos que pren disgust quan sento dolor, que necessita menjar i beure, quan sento fam o set, etc. Per consegüent, no puc dubtar de cap manera que no hi hagi en això alguna veritat.

La naturalesa m'ensenya també per aquests sentiments de dolor, fam, set, etc., que no només em trobo allotjat en el meu cos com un pilot en el seu vaixell, sinó que a més hi estic tan estretament unit i tan confós i barrejat que componem un sol tot. Si no fos així, quan el meu cos està ferit no sentiria dolor, jo, que no sóc sinó una cosa que pensa, i percebria aquesta ferida només per l'enteniment, com un pilot percep per la vista si alguna cosa es trenca en el seu vaixell; i quan el meu cos té necessitat de beure o de menjar, ho entendria de cop, sense ser-ne advertit pels sentiments confusos de fam i de set. En efecte, tots aquests sentiments de fam, de set, de dolor, etc. no són més que certes maneres confuses de pensar, que provenen i depenen de la unió i d'una certa barreja de l'esperit amb el cos.

Ultra això, la naturalesa m'ensenya també que existeixen molts altres cossos al voltant del meu, alguns del quals haig de cercar mentre que d'altres n'haig de fugir. I certament, del fet que percebo diferents classes de colors, d'olors, de sons, de calor, de duresa, etc., concloc amb raó que hi ha en els cossos, d'on procedeixen totes aquestes diverses percepcions dels sentits, les diferències corresponents, tot i que potser aquestes diferències no s'assemblen a aquelles percepcions. I del fet, també, que d'aquestes diverses percepcions dels sentits unes em resulten agradables i altres desagradables, puc concloure una conseqüència del tot certa: que el meu cos (o més ben dit, jo tot sencer, en tant que compost de cos i ànima) pot rebre beneficis i perjudicis dels altres cossos que l'envolten.

Hi ha, tanmateix, moltes altres coses que sembla haver-me ensenyat la naturalesa, les quals veritablement no he rebut d'ella, sinó que s'han introduït en el meu esperit per un cert costum que tinc de jutjar desconsideradament les coses; i així pot ocórrer fàcilment que continguin alguna falsedat. Com per exemple, l'opinió que l'espai on no hi ha res que es mogui i faci impressió sobre els meus sentits és buit; que dins d'un cos calent hi ha alguna cosa que s'assembla a la idea de calor que jo tinc; que la blancor o negror que percebo també es troba igualment en un cos blanc o negre; que en un cos amarg o dolç hi ha el mateix gust o el mateix sabor que jo experimento, etc.; que els astres, les torres i tots els altres cossos distants són de la mateixa figura i grandària que en aparença tenen quan els veiem de lluny, etc.

Però per tal de poder evitar tot el que no es concep distintament, haig de definir amb precisió el que entenc pròpiament quan dic que la naturalesa m'ensenya alguna cosa. Perquè ara prenc la naturalesa en un sentit més estricte que quan l'he anomenada el conjunt o la reunió de totes les coses que Déu m'ha donat; ja que aquest conjunt o reunió inclou moltes coses que només pertanyen a l'esperit, de les quals no pretenc parlar-ne aquí ara que parlo de la naturalesa; com, per exemple, la noció que tinc d'aquesta veritat: «allò que ha estat fet una vegada no pot no haver estat fet mai», i infinitat de coses semblants, que conec per la llum natural, sense l'ajuda del cos. Inclou també moltes d'altres que només pertanyen al cos, i que tampoc cauen sota el nom de naturalesa, com la qualitat que té un cos de ser pesant, i altres de semblants, de les quals tampoc en parlo; només parlo de les coses que Déu m'ha donat, en tant que sóc un compost de l'esperit i del cos. Doncs bé, aquesta naturalesa m'ensenya, sí, a fugir de les coses que causen en mi el sentiment de dolor i a dirigir-me cap a les que em causen un sentiment de plaer; però no veig que, tret d'això, m'ensenyi que, d'aquestes diverses percepcions dels sentits, n'hàgim de concloure res tocant a les coses que estan fora de nosaltres, sense que l'esperit les hagi examinades abans amb cura. Perquè, al meu entendre, només a l'esperit, i no al compost de l'esperit i del cos, correspon conèixer la veritat d'aquestes coses.

Així, tot i que una estrella no fa més impressió en el meu ull que el foc d'una petita espelma, no hi ha en mi cap facultat real o natural que em porti a creure que no és més gran que aquest foc, però jo l'he jutjada així des dels meus primers anys sense cap fonament raonable. I encara que en acostar-me al foc sento calor, i si m'hi acosto massa sentiré dolor, no hi ha cap raó que pugui persuadir-me que en el foc hi ha alguna cosa semblant a aquesta calor que sento o a aquest dolor; només tinc raons per creure que en el foc hi ha alguna cosa, la que sigui, que excita en mi aquests sentiments de calor o de dolor.

Igualment, encara que hi ha espais on no trobo res que exciti i mogui els meus sentits, d'això no haig de concloure que aquests espais no contenen cap cos. Ara m'adono que, tant en aquests casos com en altres de semblants, m'he acostumat a pervertir i confondre l'ordre de la naturalesa, perquè aquestes sensacions o percepcions dels sentits que m'han estat donades només per significar al meu esperit quines coses són convenients o perjudicials al compost del qual n'és part —cosa per la qual són prou clares i distintes—, també les faig servir com si fossin regles certes, mitjançant les quals pogués conèixer immediatament l'essència i la naturalesa dels cossos que estan fora de mi, mentre que, en aquest aspecte, no poden ensenyar-me res que no sigui força obscur i confús.

Però ja he examinat prou abans com, malgrat la sobirana bondat de Déu, s'escau que hi ha falsedat en els judicis d'aquesta mena que faig. Sorgeix encara aquí una dificultat quant a les coses que la naturalesa m'ensenya que han de ser seguides o evitades, i també als sentiments interiors que ha posat en mi, perquè em sembla haver-hi observat de vegades l'error i s'esdevé així que em sento enganyat directament per la meva naturalesa. Per exemple, el gust agradable d'alguna vianda, en el qual s'hi ha barrejat verí, pot convidar-me a prendre aquest verí, i així enganyar-me. És cert, tanmateix, que en aquests casos puc excusar la naturalesa, ja que em porta només a desitjar la vianda en la qual trobo un sabor agradable, i no a desitjar el verí, que ella ignora; de manera que no puc concloure res més que la meva naturalesa no coneix universalment totes les coses: això certament no sorprèn perquè l'home, que té una naturalesa finita, no pot disposar sinó d'un coneixement d'una perfecció limitada.

Però ens equivoquem també molt sovint, fins i tot en les coses a què som induïts directament per la naturalesa, com passa als malalts quan desitgen beure o menjar coses que els poden perjudicar. Direm potser que la causa del seu error és que la seva naturalesa està malmesa; però això no evita la dificultat, perquè un home malalt no és veritablement menys criatura de Déu que un home sa. Per tant, repugna tant a la bondat divina que el malalt tingui una naturalesa fal·laç i errònia igual com repugna que la tingui l'home sa. Un rellotge, compost de rodes i de contrapesos, compleix amb la mateixa exactitud totes les lleis de la naturalesa tant quan està mal fet, i no marca bé les hores, com quan satisfà enterament els designis de l'artesà. De la mateixa manera, si considero el cos de l'home com una màquina igualment construïda i composta d'ossos, nervis, músculs, venes, sang i pell, que funciona de tal manera que, tot i que no hi hagi en ell cap esperit, no deixa de moure's tal com ho fa sempre que no es mou sota la direcció de la seva voluntat, ni per tant per l'ajuda de l'esperit, sinó només per la disposició dels seus òrgans, no tinc inconvenient a reconèixer que tan natural li seria a aquest cos, per exemple hidròpic, patir la sequedat de gola —que sol significar a l'esperit la sensació de tenir set— i estar disposat a causa d'aquesta sequedat a moure els seus nervis i les altres parts de la manera que cal per beure, augmentant així el seu mal i danyant-se a si mateix, com natural li és, quan no té cap indisposició, sentir-se induït a beure perquè li és útil davant d'una sequedat de gola similar. Pensant en l'ús al qual ha destinat el rellotge el seu artífex, puc dir que s'allunya de la seva naturalesa quan no marca bé les hores; de la mateixa manera, si considero la màquina de l'ésser humà com formada per Déu per disposar de tots els moviments que sol tenir, tinc raons per pensar que no segueix l'ordre de la seva naturalesa quan té la gola seca i, bevent, perjudica el seu manteniment; però reconec que aquesta darrera manera d'entendre la «naturalesa» és molt diferent de l'altra. Perquè en aquests casos no hi ha més que una simple denominació, que depèn completament del meu pensament, que compara un home malalt i un rellotge mal fet amb la idea que jo tinc d'un home sa i d'un rellotge ben fet, denominació que no significa res que es trobi en la cosa denominada; mentre que, per l'altra manera d'explicar la naturalesa, entenc quelcom que es troba veritablement en les coses i que, per tant, conté certa veritat.

Però certament, tot i que respecte al cos hidròpic no hi ha més que una denominació exterior —quan es diu que la seva naturalesa està malmesa, perquè, no tenint necessitat de beure, no deixa de tenir la gola seca i àrida—, tanmateix, en tant que afecta a tot el compost, és a dir, a l'esperit o a l'ànima unida al cos, no hi ha una pura denominació, sinó més aviat un veritable error de la naturalesa, perquè té set quan beure li és nociu. Per tant, ens queda encara per examinar com la bondat de Déu no impedeix que la naturalesa de l'home, entesa d'aquesta manera, sigui errònia i fal·laç.

[Malgrat la bondat de Déu, la naturalesa està sotmesa a error]

Per iniciar, doncs, aquest examen, observo primerament que hi ha una gran diferència entre l'esperit i el cos, perquè el cos, per la seva naturalesa, és sempre divisible, i l'esperit és del tot indivisible. En efecte, quan considero el meu esperit, és a dir, jo mateix en tant que sóc només una cosa que pensa, no hi puc distingir cap part, sinó que em concebo com una cosa única i íntegra. I encara que tot l'esperit sembla estar unit a tot el cos, quan un peu o un braç, o alguna altra part es separa del meu cos, amb tota certesa això no li minora res, al meu esperit. I no es pot dir que siguin parts seves les facultats de voler, de sentir, de concebre, etc., perquè és l'esperit el que vol, i també el que sent i concep, etc. En canvi, en les coses corporals o extenses passa el contrari, ja que no n'hi ha cap que el meu pensament no pugui distribuir fàcilment en peces, que el meu esperit no divideixi fàcilment en diferents parts i que, per tant, no n'hi ha cap que no conegui com a divisible. I amb això n'hi hauria prou per assabentar-se que l'esperit o l'ànima de l'home és totalment diferent del cos, si no ho sabés ja prou.

Observo també que l'esperit no rep immediatament la impressió de totes les parts del cos, sinó tan sols del cervell, o tal vegada fins i tot només d'una de les seves parts més petites, és a dir, d'aquella on diem que rau aquesta facultat que anomenen «sentit comú», la qual, sempre que està disposada de la mateixa manera, fa sentir la mateixa cosa a l'esperit, encara que les altres parts del cos estiguin disposades diversament, com ho prova una infinitat d'experiències, que no cal explicar aquí.

Observo també que la naturalesa del cos és tal que cap de les seves parts no pot ser moguda per una altra més allunyada si no ho pot ser també per cadascuna de les parts que es troben entre l'una i l'altra, encara que la part més allunyada no actuï. Així, per exemple, en la corda A B C D, que es troba completament tensada, si es tiba i mou l'última part D, la primera A no es mourà de manera diferent a com es mouria si es tibés una de les parts intermèdies, B o C, restant sempre immòbil l'ultima D. De la mateixa manera, quan sento dolor al peu, la física m'ensenya que aquest sentiment es comunica mitjançant els nervis dispersos pel peu, que són com cordes que tiben des d'allà fins al cervell, de manera que quan són tibats en el peu, tiben també alhora des de l'indret del cervell d'on vénen i a on arriben i hi provoquen un cert moviment, que la naturalesa ha instituït per fer que l'esperit senti aquest dolor com si fos en el peu. Però com que aquests nervis han de passar per la cama, per la cuixa, pels ronyons, per l'esquena i pel coll, per estendre's des del peu fins al cervell, pot passar que, tot i que els seus extrems que són al peu restin immòbils, movent-se només algunes parts que passen pels ronyons o pel coll, això exciti en el cervell els mateixos moviments que podrien ser-hi excitats per una ferida rebuda al peu: de manera que l'esperit sentirà necessàriament en el peu el mateix dolor que sentiria si hagués rebut allí una ferida. I cal jutjar d'una manera semblant pel que fa a la resta de percepcions del nostres sentits.

Finalment m'adono que, com que cada moviment que es produeix en la part del cervell, d'on rep immediatament la impressió l'esperit, causa —cadascun d'ells— només un determinat sentiment, no podem desitjar ni imaginar res de millor sinó que aquest moviment fa sentir a l'esperit, de tots els sentiments que és capaç de causar, el que és més adequat i ordinàriament més útil per a la conservació del cos humà, quan està del tot sa. Ara bé, l'experiència ens ensenya que tots els sentiments que la naturalesa ens ha donat són com els que acabo d'explicar; i, per tant, tot el que hi ha en ells mostra el poder i la bondat de Déu, que els ha produït.

Així, per exemple, quan movem intensament els nervis del peu, més del que és habitual, el seu moviment, que passa pel moll de l'espina dorsal fins al cervell, provoca i fa sentir a l'esperit una impressió, és a dir, dolor, com si el sentís al peu, la qual cosa serveix a l'esperit d'advertiment i excitació a fer el possible per suprimir la seva causa, perillosa i nociva per al peu.

És cert que Déu podia haver instituït la naturalesa de l'home de manera tal que aquest moviment del cervell fes sentir a l'esperit una cosa completament diferent: per exemple, que l'esperit s'adonés que el moviment esdevenia en el cervell, o en el peu o en qualsevol altre indret entre el peu i el cervell, o en fi qualsevol altra cosa que fos possible; però res de tot això no hauria contribuït tan bé a la conservació del cos com ho fa el que de fet sentim.

De la mateixa manera, quan tenim necessitat de beure, neix d'aquí una certa sequedat a la gola, que mou els nervis, i mitjançant aquests les parts interiors del cervell; aquest moviment fa sentir a l'esperit la sensació de set, perquè en aquesta ocasió no hi ha res que ens sigui més útil que saber que tenim necessitat de beure per conservar la nostra salut; i així en altres casos.

És per això del tot manifest que, malgrat la sobirana bondat de Déu, la naturalesa de l'home, en tant que composta de l'esperit i del cos, no pot no ser de vegades errònia i fal·laç.

Perquè si alguna causa excita, no en el peu sinó en alguna de les parts del nervi que s'estén des del peu fins al cervell, o fins i tot en el cervell, el mateix moviment que es produeix ordinàriament quan el peu està indisposat, sentirem el dolor com si fos al peu, i el sentit es veurà naturalment enganyat; i com que un mateix moviment en el cervell no pot causar en l'esperit més que la mateixa sensació, i que aquesta sensació és provocada molt més sovint per una causa que fereix el peu que no pas per una que actua en un altre lloc, és més raonable que faci sentir a l'esperit el dolor del peu que no pas el de qualsevol altre lloc. I tot i que la sequedat de la gola no sempre ve, com és habitual, del fet que beure és necessari per a la salut del cos, sinó de vegades d'una causa del tot contrària, com és el cas dels hidròpics, no obstant això és molt millor que ens enganyi en aquesta circumstància que no pas que ens enganyi sempre tot i estar el cos ben disposat; i així en altres casos semblants.

[Rebuig dels dubtes hiperbòlics i ridículs]

Aquesta consideració, per cert, m'és molt útil, no només per reconèixer tots els errors a què la meva naturalesa està sotmesa, sinó també per evitar-los, o per corregir-los més fàcilment: ja que sabent que tots els meus sentits m'indiquen ordinàriament el que és veritat i no pas el que és fals tocant a les coses que fan referència al que és útil o nociu per al cos, i podent fer-ne servir gairebé sempre molts per examinar una mateixa cosa i, a més, podent utilitzar la meva memòria per lligar i unir els coneixements presents als passats —així com també el meu enteniment, que ja ha descobert totes les causes dels meus errors—, no haig de témer que hi pugui haver falsedat en les coses que els meus sentits em representen habitualment. Per tant, he de rebutjar tots els dubtes d'aquests dies passats considerant-los hiperbòlics i ridículs, especialment aquella incertesa tan general referent al somni, que no podia distingir de la vetlla: ja que ara hi trobo una diferència molt gran, i és que la nostra memòria no pot mai lligar i unir els nostres somnis els uns amb els altres i amb tot el continu de la nostra vida, tal com ho sol fer unint les coses que esdevenen quan estem desperts. En efecte, si quan estic despert algú se m'apareix i desapareix sobtadament, com fan les imatges que veig quan dormo, de manera que no puc saber ni d'on venia ni on anava, amb raó el consideraria un espectre o un fantasma format al meu cervell, com els que s'hi formen quan dormo, i no pas un home de veritat. Però quan percebo coses de les quals conec distintament el lloc d'on vénen i el lloc on són, i el temps en què esdevenen, i quan, ininterrompudament, puc lligar la sensació que tinc d'aquestes coses amb el continu de la meva vida, estic completament segur que les percebo despert i no pas adormit. De cap manera haig de dubtar de la veritat d'aquestes coses, si després d'haver apel·lat als meus sentits, a la meva memòria i al meu enteniment per examinar-les, cap d'aquestes facultats em diu res que repugni el que em diuen els sentits. Perquè, del fet que Déu no és enganyador se'n segueix necessàriament que jo en això tampoc m'enganyo.

Però com que la necessitat dels assumptes ens obliga sovint a determinar-nos, abans d'haver tingut temps d'examinar-los curosament, cal confessar que la vida de l'home està exposada a errar molt sovint en les coses particulars; i, en fi, que cal reconèixer la fragilitat i la debilitat de la nostra naturalesa.

RENÉ DESCARTES, *Méditations touchant a la première philosophie*, traducció d'ANTONI MARTÍNEZ-RIU a partir del text establert per FERDINAND ALQUIÉ a *Descartes, Œuvres philosophiques*, vol. 2, París, Garnier, 1967, pàg. 404-505.

Grup B: filosofia moderna
John Locke (1632-1704)

Introducció

John Locke —contemporani de Spinoza, Hobbes, Huyghens i Newton, entre d'altres— és, junt amb Berkeley i Hume, una de les figures més importants de l'empirisme clàssic anglès. Les seves idees, tant en el camp de la filosofia com en el de la política, van exercir una influència determinant en els segles XVII i XVIII i en els pensadors francesos de la Il·lustració. Se'l considera també «pare» del liberalisme polític.

Va néixer a Somerset, prop de Wrington, al sud de Bristol (Anglaterra) el 29 d'agost de 1632 en el si d'una família benestant de religió puritana. El seu pare, un lluitador polític partidari d'un govern parlamentari durant la guerra civil en l'època de Carles I, li va procurar una bona educació, tant moralment estricta com acadèmicament ben orientada. El jove Locke es va formar filosòficament a la Westminstser School (1646), i més tard a la Christ Church d'Oxford (1650). A partir de 1656 s'interessa per les ciències experimentals i la medicina, i coneix importants personalitats de l'època com el científic Robert Boyle, el fundador de la química moderna, i Thomas Sydenham, un dels metges amb més prestigi de l'època; amb el seu tracte va aprendre a interessar-se per la ciència, l'experiència i l'observació. El 1668 va ser elegit membre de la Royal Society. La vida de Locke adopta un gir impensat als seus 34 anys quan, el 1666, després de conèixer el futur primer comte de Shaftesbury, Lord Anthony Ashley Cooper, i ingressar al seu servei com a tutor del seu fill i com a metge de família, salva la vida de Lord Ahsley, supervisant una arriscada operació a la qual aquest hagué de sotmetre's. A partir d'aquest moment, Locke passarà 14 anys de la seva vida seguint els turbulents avatars polítics del comte de Shaftesbury, que actua com a cap de l'oposició política als reis Estuards Carles II i Jaume II. Anades i vingudes entre Anglaterra i el Continent no impediran que Locke es dediqui a escriure sobre filosofia i política. Les seves obres cabdals, publicades el 1690, un any després de la «Revolució Gloriosa» (1689) i de la proclamació de la *Bill of Rights,* que el parlament anglès imposava a Guillem III d'Orange, són *Dos tractats sobre el govern civil* i l'*Assaig sobre l'enteniment humà*. Altres obres escrites en aquesta època són una *Carta sobre la tolerància* (1689), contra la idea d'un Estat confessional en Hobbes, i un *Compendi* (1685), resum del tractat sobre l'enteniment.

L'*Assaig sobre l'enteniment humà* es considera el primer tractat del que avui dia s'anomena «teoria del coneixement»: es tracta d'una obra que investiga la naturalesa, el valor i els límits del coneixement humà. Com diu el mateix Locke en el capítol introductori, el seu propòsit és «investigar els orígens, la certesa i l'abast de l'enteniment humà, junt amb els fonaments i graus de les creences, opinions i judicis» (*Assaig* I, 1, 2), cosa que fa seguint «un senzill mètode històric», segons diu, és a dir, mitjançant una simple descripció dels fets que intervenen en el procés del coneixement, i no partint, per exemple, d'hipòtesis, com podria ser la d'un Déu creador que garanteixi el criteri de certesa, l'evidència, com fa Descartes. L'obra va sorgir —tal com explica Locke en la *Carta al lector*— arran de les nombroses reunions que Locke mantenia amb amics a casa del compte de Shaftesbury: veient que discutien de forma inacabable sobre diverses qüestions, Locke arriba a la conclusió que, abans de discutir sobre certs temes, «cal examinar les nostres capacitats i veure quins objectes estan al nostre abast i quins altres estan més enllà del nostre enteniment».

El tractat comprèn quatre parts o llibres: en el primer llibre (I), titulat «De les nocions innates», critica la teoria innatista del coneixement de Descartes; en el segon (II), «De les idees», exposa la seva peculiar teoria de les idees; en el tercer llibre (III), «De les paraules», presenta la seva filosofia del llenguatge, segons la qual tant les paraules com les idees són signes, i en el quart llibre (IV), «Del coneixement», esbossa un resum final i les conclusions que es deriven de la seva teoria: què és el coneixement, classes, graus, abast, probabilitat, raó i fe.

Estudiar la naturalesa de l'enteniment assumint d'entrada els seus límits, posa ja de manifest que l'autor se situa deliberadament en una posició contrària a la de l'optimisme epistemològic racionalista: «Si aconseguim esbrinar fins on pot arribar l'enteniment amb els seus punts de vista, fins on poden arribar les seves capacitats per aconseguir certesa, i en quins casos només pot opinar o suposar, potser aprendrem aleshores a conformar-nos amb el que en el nostre estat present està a l'abast de la nostra mà» (I, 1, 4). Però Locke no és un escèptic, sinó un crític exigent en teoria del coneixement que no admet altre punt de partença que la mateixa experiència: l'experiència és l'origen del coneixement i experiència en marca els límits, però les capacitats de l'enteniment que malgrat tot posa a la llum l'estudi de Locke basten —ens ho afirma ell mateix— per dur una vida raonable, tant en el pla intel·lectual com en el moral. Al navegant —diu— no li cal tenir una sonda marina tan potent que li permeti mesurar les més abissals profunditats de l'oceà; li és suficient que l'ajudi a explorar els llocs per on pot navegar sense perill i poder així arribar finalment a bon port.

Per tant l'empirisme de Locke —l'experiència és l'origen i el límit del coneixement— suggereix, a diferència de l'optimisme intel·lectual dels racionalistes de l'època (Descartes, Spinoza i Leibniz), valorar amb una certa moderació i prudència la capacitat de l'enteniment humà, que «s'enlaira més enllà de les estrelles» (II, 7, 10).

Segons Locke, el procés del coneixement segueix aquests passos:

1) La ment, abans de tota experiència, no conté cap idea ni principi innats, ni pel que fa a la lògica ni pel que fa a la moral: «La ment, al començament, és una *rasa tabula*» (*Compendi*, cap. 1). Hi dedica els capítols 2, 3 i 4 de l'*Assaig* a demostrar-ho.

2) Per tant, tot el que hi ha en la ment (idea) ha de venir de l'experiència. La millor hipòtesi, per suggerir l'inici del coneixement, no és recórrer a les idees innates, sinó suposar que la ment és com un paper en blanc: «Suposem, doncs, que la ment és, tal com se sol dir, un paper en blanc, sense res escrit, sense cap idea. ¿Com arriba a tenir-les?» (*Assaig* II, 1, 2). A partir de l'experiència. A partir de la sensació (l'experiència externa: per ex., la idea de vermell, de blau, dolç, amarg) o de la reflexió (l'experiència interna o introspecció, «la percepció de les operacions de la nostra ment»: per ex., pensar, voler, dubtar, creure...): «És a partir d'aquests dos orígens com tenim les idees que posseïm». «Preguntar en quin moment tenim idees és tant com preguntar-nos quan comencem a percebre, perquè tenir idees i percebre són la mateixa cosa» (II, 1, 9).

3) Les percepcions procedents dels sentits o de la reflexió formen les idees simples (els actuals sense-data de l'empirisme modern), que «són el material del nostre coneixement»; són signes també, perquè a una idea en la ment hi correspon una qualitat en la cosa: «Qualsevol objecte immediat, qualsevol percepció que es troba en la ment quan pensa ho anomeno idea; mentre que el poder de produir una idea en la ment ho anomeno qualitat... Així, allò que és blanc, allò que és fred, allò que és rodó, en tant que són sensacions o percepcions en la ment, ho anomeno idea; en tant que es troben en una bola de neu, que té el poder de produir aquestes idees en l'enteniment, ho anomeno qualitat» (*Compendi*, cap. 7).

4) Les qualitats poden ser primàries (inseparables de l'objecte, objectives, independents respecte de la percepció humana: «soli-

desa, extensió, forma, moviment o repòs i nombre»; o també: «massa», «forma», «textura» o «moviment»; corresponen perfectament a les idees que les representen, entre unes i altres hi ha «semblança»). Segons Locke, són «aquelles que són del tot inseparables del cos en qualsevol estat en què es trobi, i que el cos manté constantment en totes les alteracions i canvis que pateix, sigui quina sigui la força a què pugui estar sotmès; aquelles també que els sentits constantment troben en cada partícula de matèria amb massa suficient per ser percebuda, i que la ment considera inseparables de cada partícula de matèria» (II, 8, 9); i secundàries (subjectives, dependents de la percepció humana: colors, sons, gustos...; corresponen a un poder en els objectes, basat en les qualitats primàries de produir una sensació). Aquesta distinció la trobem igualment en Descartes i Galileu, i era també pròpia de la física corpuscular de l'època (Gassendi); la va iniciar el llunyà Demòcrit: «Convencionals són el dolç, l'amargant, el calent, el fred, el color...». Segons Locke, a diferència de les primàries, les secundàries no tenen la característica de ser semblants a un objecte; representen una activitat de la ment provocada per les qualitats primàries de l'objecte: «És fàcil, em penso, deduir-ne de tot això l'observació següent: que les idees de les qualitats primàries dels cossos són semblances d'aquestes qualitats, i que els seus arquetipus existeixen realment en els objectes: però que les idees produïdes en nosaltres per les qualitats secundàries no s'assemblen gens a aquestes qualitats: no hi ha res present en els objectes que s'assembli a les idees. En els objectes a què ens referim, a partir de les idees, només hi ha el poder de produir aquelles sensacions en nosaltres: i allò que és dolç, blau o calent segons la idea no és res més que certa massa, forma i moviment de les parts insensibles en els cossos mateixos, als quals apliquem aquests noms» (II, 8, 15).

Berkeley, un altre empirista, eliminarà la distinció, fent secundàries totes les qualitats: «ser és ser percebut», dirà.

5) Les qualitats primàries i secundàries produeixen en la

ment idees simples («per l'acció de les partícules insensibles sobre els nostres sentits»), que poden ser de quatre classes: a) idees que provenen d'un sol sentit: per ex., un color determinat; b) idees que provenen de diferents sentits: per ex., «distància espacial» (vista i tacte); c) idees que provenen de la reflexió: per ex., «voler», «pensar»; d) idees que provenen alhora de la reflexió i la sensació: per ex., «plaer», «dolor». En tots aquests casos, la ment es mostra passiva, perquè rep simplement una qualitat primària (percebent-la) o bé rep les qualitats secundàries, «que no són altra cosa que els poders o potències de les diferents combinacions de les qualitats primàries» (II, 8, 22), però, a més d'aquesta capacitat passiva, en el procés del coneixement la ment té també la capacitat de mostrar-se activa: «La ment per si mateixa no en pot produir cap ni una d'aquestes idees» (simples), però pot, a voluntat, i a partir de les idees simples, formar idees complexes «combinant» activament (i unint o separant) idees simples. Les idees complexes poden ser modes (afeccions o propietats de les substàncies —els antics accidents de la substància—; per ex., «espai», «duració», «nombre», «dotzena», «bellesa», «infinit»), substàncies (el nom que apliquem a un suposat substrat de les qualitats sensibles, a aquell «no sé què», que diu Locke, que sustenta i fa estable l'existència de les qualitats) i relacions (maneres de considerar una cosa que implica l'existència o presència d'una altra: «més gran que», «més bell que», o bé «causalitat», «identitat»).

6) Les idees complexes no provenen directament de l'experiència, sinó d'una activitat de la ment, sempre fonamentada en una experiència (la de les idees simples que combina, modifica o relaciona).

7) Les idees —simples i complexes— poden ser clares i distintes (seguint la terminologia de Descartes; Locke prefereix anomenar-les «determinades») o confuses; reals (que tenen un referent empíric extern o intern) o quimèriques; adequades (que representen perfectament allò a què corresponen: l'arquetipus) o inadequades. I en un sentit ample —perquè pròpiament la veri-

tat o la falsedat pertanyen a la proposició—, vertaderes o falses. Les idees simples són reals, vertaderes i adequades; les idees de modes i relacions són adequades per si mateixes, perquè no representen res més que una activitat de la ment; mentre que la idea de substància, en el moment que pretén expressar l'essència real d'una cosa, no és ni clara ni distinta ni real ni adequada (II, 31, 13).

8) De les complexes, la idea de substància és la que presenta més problemes: no en tenim una idea clara i distinta, és «una idea fosca i confusa», perquè tradicionalment es concep com un «desconegut substrat de les qualitats» (*unknown support of qualities*), un quelcom incognoscible, que no és empíric, però al qual recorre la ment per poder entendre l'existència i l'estabilitat de les qualitats sensibles d'un objecte: «L'home no té cap idea general de la substància, ni tampoc sap què pot ser la substància en si» (II, 31,13). Més endavant, Hume sotmetrà la idea de substància a una crítica severa i suposarà simplement que és un «feix d'impressions i idees»; Kant la convertirà en l'*ignotum x* o «cosa en si», inabastable, diferenciant-la del «fenomen», objecte d'experiència.

9) Entre les idees i les paraules hi ha una estreta connexió i relació (les idees són signes de les coses i les paraules són signes de les idees); una paraula que no remet a una idea de la ment serà «fosca i confusa» (III, 2, 5). Quan apliquem paraules a la idea de substància, parlem de l'essència real o de l'essència nominal. L'essència nominal de l'or (la idea complexa significada per la paraula «or») —la seva definició—, per exemple, fa referència a una matèria groga, pesant, mal·leable, fusible i constant; però l'essència real de l'or són els constitutius materials, les seves «partícules insensibles» als sentits, desconegudes per nosaltres (no en tenim una idea adequada), però que són la causa de les qualitats sensibles que definim o descrivim amb l'essència nominal. Per tant, segons Locke, desconeixem l'essència real de les coses físiques, només coneixem les seves manifestacions a la ment huma-

na, trameses per les qualitats primàries i secundàries: un veritable límit del coneixement humà.

10) Conèixer és conèixer idees, perquè «l'enteniment no té cap altre objecte immediat que no siguin les pròpies idees» (IV, 1, 1), i com que la veritat o la falsedat es manifesta en la proposició («verbal» o «mental»), que expressa la relació existent entre dues idees, conèixer és percebre l'acord o el desacord de les idees en la proposició: «La certesa del coneixement consisteix a percebre l'acord o el desacord de les idees, segons s'expressa en una proposició» (IV, 6, 3). L'acord o desacord es fonamenta en quatre conceptes diferents: identitat o diversitat; relació, coexistència o connexió necessària i existència real. Hi haurà, doncs, quatre classes diferents de coneixement:

a) Percepció de l'acord o desacord segons la identitat o la diversitat: les idees són el que són i no són el contrari: «blanc» és «blanc» i no és «vermell». És el coneixement que deriva de l'aplicació del principi lògic «és impossible que una mateixa cosa sigui i no sigui». Cada idea està lògicament d'acord amb si mateixa.

b) Percepció de l'acord o desacord segons la relació que es dóna entre idees (substàncies, modes, idees simples) connectant-les i comparant-les. Aquest tipus de coneixement per relació és el més ampli de tots, però els seus àmbits preferents d'aplicació són —segons Locke— la matemàtica i la moral.

c) Percepció de l'acord o desacord de la coexistència o connexió necessària de les idees en un mateix subjecte, concepte que s'aplica sobretot a les substàncies. Locke ens recorda que «les substàncies no són més que col·leccions d'idees simples unides en un subjecte, per la qual cosa coexisteixen juntes» (IV, 3, 9). Quan parlem de l'or com a substància, pensem en un cos que té les propietats constants i conjuntes de ser groc, pesant, mal·leable, fusible i soluble en aigua règia. La «substància or», que no té un correlat exterior a la ment (sí que el tenen, en canvi les seves qualitats primàries i secundàries), perquè és una idea complexa, una «combinació voluntària» de la ment, coexisteix o està connectada amb el conjunt d'idees simples que apleguem amb el nom de «substància or»: la seva definició nominal. Aquest tipus de coneixement és el propi de la filosofia natural (la física), i el que apliquem en la vida quotidiana, quan ens referim a les substàncies de les coses, que solem definir per les seves qualitats secundàries.

d) Percepció de l'acord entre la idea d'una cosa i seva existència real. Exemples d'aquest tipus de coneixement són: 1) el coneixement *intuïtiu* de la pròpia existència; el coneixement demostratiu de l'existència de Déu, i el coneixement sensitiu de l'existència de les coses finites (IV, 3, 21; IV, 9, 2).

11) Els graus de certesa, o bé «les diferències que hi ha en la claredat del nostre coneixement», permeten distingir tres noves classes de coneixement amb tres graus diferents de certesa: «*intuïtiu, demostratiu* i *sensitiu*, cadascun d'ells amb un diferent grau i classe d'evidència i certesa» (IV, 2, 14), que va de més a menys:

a) El coneixement intuïtiu, quan la percepció de l'acord o desacord «de dues idees per si soles» és immediatament percebut com evident, presenta el grau més alt de certesa: «Qui exigeix més grau de certesa no sap el que exigeix, i únicament manifesta el seu desig de ser un escèptic, sense aconseguir-ho» (IV, 2, 1).

b) El coneixement demostratiu, quan la percepció de l'acord no sorgeix de forma immediata, sinó a través del raonament. El seu grau de certesa disminueix respecte de l'anterior; no és tan clar: cada pas hauria de fonamentar-se en una evidència intuïtiva. Valgui com exemple qualsevol demostració matemàtica o moral (IV, 2, 2).

c) El coneixement sensitiu, que fa referència a l'existència particular de les coses finites, percebuda mentre es produeix la percepció sensible: «s'ocupa —diu Locke— de l'existència particular dels ens finits que es troben més enllà de nosaltres»; és un coneixement que «excedint la mera probabilitat, sense arribar, però, a cap dels dos graus de certesa anteriors, admet el nom de coneixement» (IV, 2, 14). És el tipus de coneixement amb què distingim —diu Locke— allò que és real d'allò que és un mer somni, imaginació o quimera, en virtut de la clara consciència que tenim del fet que la idea prové d'un objecte existent (IV, 2, 14).

12) De la teoria de les idees (explicitada en el llibre II) i dels diferents tipus i graus del coneixement (explicats en el llibre IV) de l'*Assaig*, se'n deriva finalment l'abast, el valor i els límits del coneixement humà:

a) Coneixem intuïtivament, a més de l'existència del propi jo, certes veritats de la matemàtica i de la moral, de les quals hi ha ciència estricta.

b) Coneixem per demostració, a més de l'existència de Déu, veritats de la matemàtica i la moral segons una sèrie d'argumentacions basades cadascuna d'elles en un coneixement intuïtiu.

c) Coneixem l'existència del jo (per intuïció, amb el primer grau de certesa) i la de Déu (per demostració, amb el segon grau de certesa) i de les coses particulars pel coneixement sensitiu.

d) Però no coneixem la naturalesa de les coses físiques: «No hi ha ciència dels cossos», diu Locke. Potser tenim «idees distintes» dels diferents cossos de la naturalesa, però «no en tenim idees adequades». No tenim idees adequades ni de la substància ni de les relacions necessàries entre les seves qualitats primàries i secundàries. Les idees comunes que tenim de les coses ens basten per la vida ordinària, «per la conversació comú», però sense idees adequades «no estarem capacitats per tenir un coneixement científic, ni podrem mai descobrir veritats generals, informatives i indubtables sobre els cossos»; per tant, en aquest terreny, no podem «aspirar a la certesa i a la demostració» (IV, 3, 26); només a la probabilitat.

Si del món natural no en tenim un veritable coneixement, no hi ha ciència física estricta; coneixem l'existència de les coses, però la seva naturalesa física, la seva constitució interna, ens és desconeguda: «M'inclino a dubtar que... el coneixement científic pugui estar al nostre abast» (*ibídem*). El coneixement no arriba més enllà de les idees simples basades en les qualitats primàries i secundàries i en les idees complexes de modes i relacions pel fet que són aplicables al món natural. L'essència real, la substància de les coses, que desvetllaria la constitució i les relacions internes de les partícules físiques i les seves connexions naturals, insensibles a la percepció —segons les teories corpusculars de l'època— no és a l'abast de l'enteniment. En aquest camp «quedem reduïts a l'observació i a l'experiment (IV, 3, 28), és a dir, a la conjectura, a l'experiment i, per tant, al coneixement experimental, probable. La limitació del nostre coneixement, que no comprèn tot el que ens interessa, es compensa amb el recurs al coneixement probable, tot i que «la probabilitat mai no arriba a ser certesa» (IV, 3, 14).

La ciència moderna manté aquestes afirmacions de Locke sobre un coneixement de la naturalesa basat en la conjectura; però la conjectura, i per tant l'observació i l'experiment, no es fonamenta en un suposat desconeixement de la «substància» de les coses físiques, sinó en la naturalesa del mètode científic.

Una teoria empirista del coneixement, que proposa l'origen de les idees a partir de l'experiència externa o interna, determina forçosament límits al coneixement humà: els límits de la realitat; però Locke adverteix que no hem de lamentar-nos, de la limitació del nostre enteniment, «a condició que l'emprem en allò que ens pot ser útil, que d'això en tenim una gran capacitat». Poca llum de la ment, però suficient: com la sonda marina que li basta al navegant per evitar els esculls i arribar a port. «La llum de la candela —és a dir, la llum de la raó— que ens il·lumina fa prou llum per poder viure confortablement» (I, 1, 5). Hi ha límits, doncs, en el coneixement i la llum natural no és excessiva, però Locke anima el lector, cap al final de l'obra, a incrementar el coneixement adquirint i establint en la ment «idees clares i distintes» i a procurar que les idees de les substàncies siguin «tan completes» com puguin ser.

L'empirisme de l'*Assaig* va influir poderosament en les idees de Berkeley i Hume (l'empirisme clàssic anglès) i en l'ideal de la raó empírica dels il·lustrats francesos.

L'onze de febrer de 1689 Locke arribava a Londres, del seu exili voluntari a Holanda (1683-1689), i el 13 del mateix mes el poble coronava Guillem III d'Orange-Nassau com a rei d'Anglaterra. Acabava així la «Revolució Gloriosa». L'any següent Locke publicava *Dos tractats sobre el govern civil*, principals obres en què exposa el seu pensament polític. L'autor diu en un dels prefacis que escriu el llibre «per validar el títol [de Guillem d'Orange] amb el consentiment del poble», però avui dia se sosté que aquests dos tractats, que parlen de la naturalesa de la societat i del ciutadà (en bona part escrits a Holanda l'estiu de 1683), són menys la justificació o defensa d'una revolució ja acabada que la crida, feta amb anterioritat, a favor d'una revolució que s'havia de produir. Les idees bàsiques d'aquests tractats formen part dels orígens de la teoria moderna de l'Estat de dret, i la seva innegable influència en el pensament polític posterior es farà present fins i tot en la Declaració d'Independència dels EUA (1776), com testimonia el mateix Thomas Jefferson.

El full de portada de l'obra diu: «Dos tractats del govern: En el primer es detecten i destrueixen els falsos principis i la fonamentació que en fan Sir Robert Filmer i els seus seguidors. El segon és un assaig sobre el veritable origen, abast i finalitat del govern civil». El marc històric en què s'inscriuen aquests escrits, junt amb el de la *Carta sobre la tolerància*, publicada el mateix any, és el produït pels daltabaixos provocats per les lluites religioses i polítiques de l'època, en especial els conflictes entre el parlament i la monarquia absolutista dels Estuards.

Sir Robert Filmer (1588-1653) era un defensor del rei Carles II, que va escriure *El Patriarca o el poder natural dels reis* (1680), una obreta inspirada en Hobbes, en la qual intentava donar fonament al dret diví dels monarques: sostenia que el poder polític derivava del poder paternal, patriarcal, donat per Déu a Adam en els inicis de la humanitat, i que per designi diví passà per herència als reis. Locke argumenta (en el primer tractat) que de les afirmacions de Filmer se'n deriva que, per tant, «tots els homes, menys un, han nascut esclaus», i sosté que això no es pot fonamentar «ni en la Sagrada Escriptura ni en la raó». Contra aquesta idea d'una monarquia en què el rei actua com un patriarca amb poder absolut sobre la seva parentela, escriu Locke els dos tractats.

Desemmascarats en el primer tractat «els falsos principis» de les teories de Filmer, Locke dedica el segon a mostrar, com diu el títol de l'obra, «el veritable origen, abast i finalitat del govern civil»: contra l'absolutisme del monarca, la llibertat i els drets de l'individu.

Investigar l'origen de l'Estat (o de la societat política o civil, o del govern civil, que són diferents noms de la mateixa cosa) ho entén Locke com l'intent de respondre a la pregunta: ¿d'on prové el poder polític? Poder polític, així el defineix, és «el dret a dictar lleis... i a fer ús de la força de la comunitat en l'execució de tals lleis i en la defensa de l'Estat» amb l'única intenció de «procurar el bé públic» (I, 3). Quan no existeix el poder polític, l'home es troba en estat de natura. «Estat de natura» és una expressió que, deixant de banda les seves reminiscències mitològiques i teològiques, remet de manera immediata a les teories polítiques de Hobbes i Pufendorf (1632-1694) i, en general, als autors partidaris de l'escola racionalista del dret natural. Significa aquella condició en què es troba l'home considerat com a producte de la naturalesa, abans de qualsevol aportació d'ordre cultural. Locke creu que aquesta és una situació que es troba difosa arreu del món —«al món sempre hi ha hagut i hi haurà innombrables homes en aquest estat» (II, 14)—, però, tenint en compte que l'existència real d'aquesta condició no està empíricament demostrada, cal considerar l'expressió com un recurs metodològic, per poder entendre, com el contrapunt de la foscor fa més clara la claror, el sentit que ha de tenir viure en societat: «tots els homes es troben naturalment en tal estat, i hi romanen fins que, per propi assentiment, esdevenen membres d'alguna societat política» (II, 15). Com si diguéssim: «per entendre correctament el poder polític, esbrinar el seu origen i comprendre què vol dir viure en societat, hem de considerar l'estat en què es troben els homes naturalment» (II, 4). Suposem, doncs, que els homes no han iniciat mai cap relació social en aquesta situació, «l'home esdevé un llop per als altres homes» i hi ha una «guerra de tots contra tots», havia dit Hobbes; en canvi Locke suposa que l'estat de natura és un estat de «perfecta llibertat» i «igualtat», on governa la raó o la llei natural, i que imposa a l'home sobretot preservar la seva vida, la seva llibertat i els seus béns; un estat en què cada home té també el dret d'«executar» (de dur a terme) aquesta llei natural mitjançant el poder de jutjar i castigar els altres: «L'estat de natura té una llei natural que el governa, la qual obliga tothom. Aquesta llei, que és la raó, ensenya a tot el gènere humà que, sent tots iguals i independents, ningú no ha d'atemptar contra la vida, la salut, la llibertat, ni les possessions d'un altre» (II, 6). Aquest dret d'exercir justícia, comú a tots els homes per igual —«tothom té poder executiu en l'estat de natura» (II, 13)— pot arribar a ser arbitrari; l'estat de natura no és un estat natural de guerra de tots contra tots, però, compte!, diu Locke, a causa de «la fragilitat dels homes», el dret de fer justícia per compte propi pot derivar fàcilment en un estat de guerra, perquè es farà amb el poder absolut que té cada individu, propi de l'estat de natura (III, 17), on «cadascú és jutge i executor» (IX, 125). L'aplicació de la llei natural conté en la pràctica uns inconvenients que cal evitar; ja que la humanitat pateix una «condició de malaltia mentre es troba en aquest estat» (IX, 127), on hi ha passions i venjances. Per tot plegat, els homes s'inclinen a entrar en societat tan aviat com sigui possible. La situació d'incertesa i inseguretat els duu a establir «els límits de la societat civil, per conviure amb benestar, pau i seguretat, gaudir tranquil·lament de les seves propietats i protegir-se més fermament» (VIII, 95). Per salvaguardar la seva integritat personal, els homes abandonen l'estat de natura i institueixen la societat civil. La limitació d'una llibertat absoluta pròpia de l'estat de natura, però, pel que hem dit, que podria arribar a autonegar-se, només pot provenir d'un pacte fonamentat en el mutu consentiment: «no tota mena de pacte pot posar fi a l'estat de natura entre els homes, sinó únicament el mutu i comú assentiment d'entrar en una comunitat i de formar un sol cos polític» (II, 14). I Locke precisa: «Allò que origina la comunitat i sostreu els homes del lliure estat de natura per integrar-los en una societat política és l'acord que cadascun estableix amb la resta per unir-se i actuar com un sol cos, i constituir, així, un Estat diferenciat» (XIX, 211).

Aquesta és l'única manera d'abandonar lliurement l'estat de natura assumint els límits d'una societat civil. En aquest pacte rau el «poder polític» que s'erigeix en el jutge imparcial dels conflictes i en fonament d'un Estat de dret en què es respecta la justícia. «Sempre que qualsevol nombre d'homes —diu Locke— s'uneixen en societat de manera que cadascun d'ells ha renunciat al seu poder executiu de llei natural i l'ha cedit al poder públic, aleshores i només aleshores tenim una societat civil» (VII, 89). En aquest Estat, que tindrà la prerrogativa, a través dels seus magistrats, de poder castigar les ofenses infligides a qualsevol membre de la comunitat, no hi pot faltar mai «el recurs a l'apel·lació que han de tenir els que viuen en societat» (VII, 94); una societat sense el dret a apel·lar faria esclaus, no ciutadans; aquests romandrien en l'estat de natura.

El resultat final del pacte no és, per tant, un poder absolut, sinó un poder polític que en definitiva resideix en el poble, que, voluntàriament i per mutu acord dels individus, posa l'exercici de la seva llibertat en mans de la majoria: «Tot home, pel fet d'avenir-se amb altres a formar un cos polític sota un govern, s'imposa a si mateix aquella obligació que afecta tots els membres d'aquella societat: la de sotmetre's al determini i a les decisions de la majoria; altrament, aquest pacte inicial pel qual constitueix, juntament amb altres, una sola societat, no significaria res i no seria tal pacte si l'home restés lliure i sense cap més lligam que en l'anterior estat de natura» (VIII, 97). Locke subratlla amb claredat que aquest poder que cada individu atorga a la societat no tornarà ja mai més als individus: resta per sempre en mans de la comunitat (XIX, 243).

Locke accentua que la finalitat que busca l'home abandonant l'estat de natura, on és totalment lliure, encara que sempre obligat per la moral, i instituint un estat de societat, en què el poder es delega al governant, no és altra que «preservar la propietat». Locke aclareix, i cal tenir-ho en compte, que «preservar la propietat» de les persones vol dir: «preservar les seves vides, la seva llibertat i les seves possessions» (IX, 124).

El poder polític, que no és més que la lliure voluntat expressada en el pacte, s'especifica en tres poders diferents: el legislatiu, que és el poder de fer lleis per regular la propietat entre els súbdits; l'executiu, que és el dret natural de jutjar, castigar i rebre reparació, dret al qual es renuncia a través del contracte; i el federatiu, que és el poder de declarar la guerra i la pau i establir aliances i tractats. Montesquieu (1689-1755), a *L'esperit de les lleis* (1748) farà més precisa i moderna aquesta divisió diferenciant els poders legislatiu, l'executiu i el judicial: els poders actualment reconeguts en la societat d'avui dia.

El consentiment del poble és absolutament essencial per a l'existència de la societat: «la política no pot tenir altre fonament que el consentiment del poble» (XVI, 175). L'Estat, la societat, el poder civil i polític no tenen altra finalitat, i no els justifica res més que el benestar del poble: *Salus populi suprema lex*, acaba dient Locke recordant Ciceró.

ANTONI MARTÍNEZ-RIU

ASSAIG SOBRE L'ENTENIMENT HUMÀ

LLIBRE I

Capítol II
No hi ha principis innats en la ment

[La manera com adquirim tot coneixement basta per provar que no és innat]

§ 1. És opinió establerta entre alguns que en l'enteniment hi ha certs principis innats; certes nocions primàries (κοιναὶ ἔννοιαι) o caràcters com si diguéssim impresos en la ment de l'home, que l'ànima rep en el primer moment de la seva existència i que du amb ella quan arriba al món. Per convèncer el lector imparcial de la falsedat d'aquesta hipòtesi, bastaria mostrar només (tal com espero fer en les diferents parts d'aquest assaig) com els homes, simplement amb el recurs a les seves capacitats naturals, poden aconseguir tot el coneixement que tenen, sense l'ajuda de cap impressió innata, i com poden arribar a la certesa sense cap d'aquestes nocions o principis innats. Perquè m'imagino que tothom admetrà que no tindria sentit suposar que són *innates* les idees de color en una criatura a la qual Déu va donar la vista i el poder de rebre-les per mitjà dels ulls a partir dels objectes externs. I no deixaria de ser poc raonable atribuir algunes veritats a certes impressions de la natura i a certs caràcters innats, si podem observar en nosaltres mateixos algunes facultats adequades per obtenir un coneixement fàcil i cert d'aquelles veritats, com si estiguessin originàriament impreses en la nostra ment.

Però com que no ens està permès sense censura seguir els nostres pensaments en la recerca de la veritat quan ens porten, per poc que sigui, lluny dels camins habituals, exposaré les raons que em feren dubtar de la veritat d'aquella opinió, a fi que em pugui excusar del meu error, si és que es tracta d'un error; cosa que deixo a la consideració de tots els qui, com jo mateix, es disposen a acceptar la veritat allà on la trobin.

[El millor argument és l'assentiment general]

§ 2. No hi ha una opinió més comunament acceptada que la que estableix que hi ha certs principis, tant especulatius com pràctics (parlem d'uns i altres), universalment admesos per la humanitat, fet pel qual s'argumenta que es tracta d'impressions permanents que reben les ànimes del homes en el primer moment de la seva existència, i que elles, d'una forma tan necessària com real, porten quan arriben al món, tal com passa amb qualsevol facultat inherent a l'ànima.

[L'assentiment universal no prova res innat]

§ 3. Aquest argument, extret de l'assentiment universal, té el següent inconvenient: que encara que de fet fos cert que hi ha veritats admeses per tota la humanitat, això no provaria que fossin innates, mentre hi pugui haver una altra forma de mostrar com han arribat els homes a tenir aquest assentiment universal, en allò que tots admeten; cosa que em penso que es pot fer.

[«El que és, és» i «és impossible que una mateixa cosa sigui i no sigui»: dues proposicions no universalment admeses]

§ 4. Però el pitjor és que aquest argument de l'assentiment universal, que s'utilitza per provar principis innats, segons el meu parer demostra que no hi ha cap principi d'aquesta mena: perquè no hi ha cap principi al qual la humanitat assenteixi d'una manera universal. Començaré pels principis especulatius, exemplificats en aquells famosos principis de la demostració: «El que és, és» i «és impossible que una mateixa cosa sigui i no sigui», als quals cal atribuir, em penso, més que a cap altre, el títol d'innats. Aquests principis han adquirit tal reputació de ser màximes universalment acceptades que seria molt estrany que algú pogués posar-los en dubte. Tanmateix, em prenc la llibertat d'afirmar que aquestes proposicions són tan lluny de rebre l'assentiment universal que podem dir que una gran part de la humanitat les ignora.

[Aquests principis no els tenim naturalment impresos en l'ànima, perquè els desconeixen els infants, els idiotes, etc.]

§ 5. Perquè, primer, és evident que els infants i els idiotes* no en tenen la més mínima percepció o idea, i aquesta mancança ja es basta per destruir aquell assentiment universal, que forçosament ha de ser el concomitant necessari de tota veritat innata. Em semblaria gairebé contradictori sostenir que hi ha veritats impreses en l'anima que l'ànima no percep ni entén: «estar imprès», si ha

* *Idiotes*: afectades d'idiòcia, és a dir, un estat de dèficit d'intel·ligència en què l'individu posseeix una edat mental que no sobrepassa els tres anys, i no pot comunicar-se per la paraula ni comprendre les expressions dels altres. (*Diccionari de la llengua catalana*, Institut d'Estudis Catalans.)

de tenir algun significat, no pot voler dir altra cosa que «certes veritats són percebudes». Perquè imprimir alguna cosa en la ment sense que la ment la percebi em sembla, en efecte, molt poc intel·ligible. Si, per tant, els infants i els idiotes tenen ànima i tenen ment, que és on aquelles veritats s'imprimirien, inevitablement les haurien de percebre i conèixer necessàriament i donar-hi assentiment; però, com que no reaccionen així, és evident que aquelles impressions no existeixen. Perquè si no són nocions naturalment impreses, ¿com podrien ser innates? I si són nocions impreses, ¿com podrien ser desconegudes? Dir que una noció està impresa en la ment i al mateix temps dir que la ment la ignora i que fins ara no n'ha tingut cap notícia és reduir a no res la impressió. De cap proposició podem dir que la tenim en la ment però que la ment mai no l'ha coneguda i mai n'ha tingut consciència. Perquè, si això passés en algun cas, aleshores podríem dir, amb la mateixa raó, que totes les proposicions vertaderes, a les quals pot assentir algun dia la raó, les tenim en la ment i que, per això, s'hi troben impreses. En efecte, si d'alguna d'aquestes proposicions podem dir que està en la ment, però que no ha estat mai coneguda, només és perquè la ment és capaç de conèixer-la; així es comporta la ment respecte de totes les veritats que alguna vegada coneixerà. Més encara: així es com poden estar impreses en la ment totes les veritats que la ment mai no ha conegut i mai no podrà conèixer, perquè podem viure molt de temps i morir a la fi ignorant moltes de les veritats que la nostra ment pot conèixer fins i tot amb certesa. De manera que, si la capacitat de conèixer ha de ser la impressió natural que estem discutint, totes i cadascuna de les veritats que podem arribar a conèixer seran, per aquesta raó, innates; i aquesta gran qüestió quedarà reduïda a una manera molt impròpia de parlar perquè, si per una banda pretén afirmar el contrari, per l'altra no diu res de diferent del que diuen els que neguen els principis innats. Perquè ningú, penso jo, ha negat mai que la ment pot conèixer algunes veritats. És aquesta capacitat, diuen, la que és innata, mentre que el coneixement és adquirit.

Però, aleshores, ¿a què treu cap tanta insistència a favor de màximes innates? Perquè si hi ha veritats que poden estar impreses en l'enteniment sense ser percebudes, no sé veure com poden diferir, pel que fa al seu origen, de les veritats que la ment pot conèixer: cal que siguin totes innates o totes adventícies; i és empresa vana voler distingir-les. Per tant, qui parli de nocions innates en l'enteniment no hauria de dir (si amb això pretén diferenciar una certa classe de veritats) que aquestes veritats es troben en l'enteniment, per bé que l'enteniment mai no les hagi percebudes i que de fet les ignori del tot. Perquè si aquestes paraules «estar en l'enteniment» tenen algun sentit propi, signifiquen «ser comprès». De manera que estar en l'enteniment i no ser comprès, estar en la ment i mai no ser percebut, és el mateix que dir «alguna cosa està i no està en la ment o en l'enteniment». En conseqüència, si aquestes dues proposicions «el que és, és» i «és impossible que una mateixa cosa sigui i no sigui» són per natura nocions impreses, els infants no poden ignorar-les: els infants i tots els qui tenen ànima han de posseir-les necessàriament en l'enteniment, saber que són certes i donar-hi l'assentiment.

Capítol VIII
Algunes consideracions més sobre les idees simples

[Idees positives que tenen per causa una privació]

§ 1. Pel que fa a les idees simples que provenen de la sensació, cal tenir en compte que tot allò que per constitució natural és capaç, per mitjà de l'excitació dels sentits, de causar alguna percepció en la ment produeix per aquest fet una idea simple en l'enteniment; aquesta idea, sigui quina sigui la seva causa externa, un cop advertida per la nostra facultat de discernir, la ment la contempla i la considera com una idea positiva real en l'enteniment, igual com qualsevol altra idea, tot i que, potser, la seva causa no és més que una privació en l'objecte.

§ 2. Així, les idees de calor i fred, llum i foscor, blanc i negre, moviment i repòs, són idees igualment clares i positives en la ment; tot i que, potser, algunes de les causes que les produeixen són només privacions en els objectes d'on els nostres sentits deriven les idees. Quan l'enteniment rep aquestes idees, les considera totes com a idees positives distintes, sense investigar les causes que les produeixen: una investigació que no pertoca a la idea que es troba en l'enteniment, sinó a la natura de les coses existents fora de nosaltres. Hi ha dues coses molt diferents, que cal distingir amb cura: una cosa és percebre i conèixer la idea de blanc o de negre, i una altra del tot diferent examinar quina espècie i quina disposició de partícules hi ha d'haver en la superfície d'un cos per fer que un objecte sembli blanc o negre.

§ 3. Un pintor o un tintorer, que mai no ha investigat les causes dels colors, té les idees de blanc i de negre, i de la resta de colors, tan clares, perfectes i distintes en l'enteniment —i potser les té encara més distintes— que el filòsof que s'ha dedicat a considerar les seves naturaleses i creu que sap fins a quin punt cadascuna d'elles es deu a una causa positiva o privativa; i la idea de negre no és menys positiva, en la ment del pintor, que la de blanc, tot i que la causa d'aquell color potser no és més que una simple privació en l'objecte extern.

§ 4. Si el propòsit de la meva empresa actual fos investigar les causes naturals i la manera de percebre, em veuria obligat a donar la següent raó per explicar com una causa privativa pot, almenys en alguns casos, produir una idea positiva, a saber: que, tenint en compte que totes les sensacions que es produeixen en nosaltres són només diferents graus i maneres de ser moguts pels nostres esperits animals, diversament activats pels objectes externs, la disminució de qualsevol moció anterior ha de produir una sensació nova tan necessàriament com la produiria una variació o un increment de la mateixa moció; i introduiria així una idea nova que dependria només d'un moviment diferent dels esperits animals de l'òrgan en què es produeix la sensació.

§ 5. Però si les coses són d'aquesta manera o no és una qüestió que no determinaré aquí, sinó que faré una crida a l'experiència de cadascú per saber si l'ombra d'una persona, que no és més que absència de llum (i com menys llum hi ha més discernible és l'ombra), no provoca, quan algú la mira, una idea tan clara i tan positiva en la seva ment com la persona mateixa vista a la més clara llum del sol. A més, el dibuix d'una ombra és una cosa positiva. Certament, tenim noms negatius, que no representen directament idees positives, sinó l'absència d'aquestes idees, tals com *insípid, silenci, no-res*, etc., paraules que denoten idees positives, com per exemple *gust, so, ésser*, però assenyalant que no hi són presents.

§ 6. Podem dir, doncs, que veritablement veiem la foscor. Perquè, si suposem un forat absolutament fosc, del qual no en surt cap llum reflectida, el cert és que en podem veure la forma, o bé podem dibuixar-la: i em pregunto si la idea que produeix la tinta amb què escric ve potser per una altra via. Proposant aquí causes privatives a idees positives segueixo l'opinió comú; però, en el fons, és difícil determinar si hi ha idees que provenen d'una causa privativa, fins que no es determini si el repòs és més privació que el moviment.

[Idees en la ment; qualitats en els objectes]

§ 7. Per descobrir millor la natura de les nostres idees i parlar d'aquest assumpte d'una manera entenedora, és convenient distingir-les quan són idees o percepcions de la nostra ment i quan són modificacions de matèria en els cossos que causen en nosaltres les percepcions: de forma que no creguéssim (com passa ordinàriament) que són exactament imatges i semblances d'alguna cosa inherent en l'objecte que les produeix; perquè la majoria de les idees de sensació que hi ha en la ment s'assemblen tan poc a alguna cosa existent fora de nosaltres com poc semblants són les nostres idees respecte dels noms que les representen, tot i que només el fet d'oir-los ja fa que les pensem.

§ 8. Anomeno *idea* tot allò que la ment percep en si mateixa o tot allò que està immediatament present en l'enteniment quan percebem o pensem; i el poder de produir una determinada idea en la ment l'anomeno *qualitat* de l'objecte on rau aquest poder. I així, la bola de neu que té el poder de produir en nosaltres les idees de blanc, fred i rodó, és a dir, els poders de produir en nosaltres aquestes idees, com a poders presents en la bola de neu, els anomeno qualitats; i aquests poders, com a sensacions o percepcions en l'enteniment, els anomeno idees. I si alguna vegada parlo de les idees com si estiguessin en les coses, cal entendre que em refereixo a les qualitats dels objectes que produeixen en nosaltres aquelles mateixes idees.

[Qualitats primàries i secundàries]

§ 9. Vist això, cal distingir en els cossos dues formes de qualitats. Primer, aquelles que són del tot inseparables del cos en qualsevol estat en què es trobi, i que el cos manté constantment en totes les alteracions i canvis que pateix, sigui quina sigui la força a què pugui estar sotmès; o aquelles també que els sentits constantment troben en cada partícula de matèria amb massa suficient per ser percebuda, i que la ment considera inseparables de cada partícula de matèria, per bé que siguin massa petites per ser percebudes de forma individual pels nostres sentits. Per exemple, prenem un gra de blat i el dividim en dues parts: cada part manté la solidesa, l'extensió, la forma i el moviment. Dividim-lo de nou i cada part manté encara les mateixes qualitats; continuem dividint fins que les parts no siguin ja perceptibles: cada part seguirà mantenint totes les qualitats. Perquè la divisió (que és el que un molí o una trituradora o qualsevol altre estri causa en qualsevol cosa reduint-la a parts insensibles) no pot mai eliminar la solidesa, l'extensió, la forma o el moviment de cap cos; l'únic que fa és convertir en dues o més masses distintes de matèria allò que abans n'era una de sola; masses distintes, que reconeixem com a cossos distints, un cop la divisió n'ha generat un nombre determinat. Aquestes qualitats les anomeno *qualitats originals* i *primàries* d'un cos, i són per exemple la solidesa, l'extensió, la forma, el moviment o el repòs i el nombre, qualitats que produeixen en nosaltres *idees* simples, tal com podem observar, penso jo.

§ 10. Segon, aquelles qualitats que veritablement no són en els objectes mateixos res més que poders o potències per produir en nosaltres sensacions mitjançant les qualitats primàries dels objectes, és a dir, mitjançant la massa, la forma, la textura o el moviment de les seves parts insensibles, com els colors, els sons, els sabors, etc., aquestes, dic, les anomeno *qualitats secundàries*. Hi podem afegir una tercera classe, que tothom està d'acord a dir que són simplement poders, tot i que són qualitats de l'objecte tan reals com aquelles que, acomodant-me a la manera habitual de parlar, anomeno *qualitats* i, per distingir-les, *qualitats secundàries*. Perquè el poder del foc per produir un color nou o una nova consistència en la cera o en el fang, mitjançant les seves qualitats primàries, és tant una qualitat del foc com la potència que té per produir en mi una nova idea o sensació d'escalfor o de cremada, que no he sentit anteriorment, per mitjà de les seves qualitats primàries, és a dir, la massa, la textura i el moviment de les seves parts insensibles.

[De quina manera les qualitats primàries produeixen les idees]

§ 11. El que hem de considerar ara és com els *cossos* produeixen en nosaltres idees, i està mol clar que és per l'*impuls*, l'única manera possible de concebre com els cossos operen els uns sobre els altres.

§ 12. Els objectes externs no rauen en la nostra ment en el moment de produir en ella idees, i malgrat això percebem les qualitats originals de cadascun d'ells a mesura que un darrere l'altre afecten els nostres sentits; per tant, hi ha d'haver evidentment un cert moviment que des dels objectes passa pels nostres nervis, o pels esperits animals, d'algunes parts determinades del cos, fins arribar al cervell, o a la seu de les sensacions, per produir en les nostres ments les idees particulars que tenim dels objectes. I com que l'extensió, la forma, el nombre i el moviment dels cossos d'una magnitud observable poden ser percebuts a distància mitjançant la vista, és evident que alguns cossos individualment imperceptibles han d'anar de l'objecte que contemplem fins als nostres ulls, traslladant d'aquesta manera un cert moviment al cervell, on hi produeix les idees que tenim dels objectes.

• [Com ho fan les qualitats secundàries]

§ 13. Podem concebre de la mateixa la manera com es produeixen les idees de les qualitats secundàries, a saber: per l'acció de partícules insensibles sobre els nostres sentits, tal com passa amb les idees de les qualitats originals. Perquè és sabut que hi ha cossos, una bona munió d'ells, que són tan petits que no som capaços de descobrir, per mitjà dels nostres sentits, la seva massa, forma o moviment, tal com és el cas evident de les partícules d'aire i d'aigua, i d'altres encara extremadament més petites que aquestes, i potser molt més petites del que ho són les partícules de l'aire o de l'aigua respecte de les d'un pèsol o de la calamarsa. Suposem ara que els diferents moviments i figures, la massa i el nombre d'aquestes partícules, impressionant els diferents òrgans dels nostres sentits, produeixen en nosaltres aquelles sensacions tan diverses que tenim a partir dels colors i la flaire dels cossos; per exemple, una viola boscana, mitjançant l'impuls d'aquestes partícules insensibles de matèria de figures i masses peculiars, i segons diferents graus i modificacions dels seus moviments, causa que en la nostra ment hi hagi les idees del color violeta i de l'aroma suau d'aquesta flor. Perquè no és més difícil concebre que Déu ha annexionat aquestes idees a moviments amb els quals no mantenen cap semblança, que ho pugui ser concebre que ha annexionat la idea de dolor al moviment d'un tros d'acer que fendeix la nostra carn, amb el qual aquesta idea no manté tampoc cap semblança.

§ 14. El que he dit sobre colors i olors, ho podem aplicar igualment als sabors i als sons i demés qualitats sensibles similars, totes les quals, sigui quina sigui la realitat que, per error, els atribuïm, de fet no són res en els objectes mateixos, llevat de poders capaços de produir en nosaltres diverses sensacions, i que a més depenen de les qualitats primàries, és a dir, de la massa, la forma, la textura i el moviment de les seves parts; tal com he dit.

• [Les idees de les qualitats primàries són semblances; les de les secundàries, no]

§ 15. És fàcil, em penso, deduir de tot això l'observació següent: que les idees de les qualitats primàries dels cossos són semblances d'aquestes mateixes qualitats, i que els seus arquetipus existeixen realment en els objectes: però que les idees produïdes en nosaltres per les qualitats secundàries no s'assemblen gens a aquestes qualitats: no hi ha res present en els objectes que s'assembli a les seves idees. En els objectes a què ens referim, a partir de les idees, només hi ha el poder de produir aquelles sensacions en nosaltres: i allò que és dolç, blau o calent segons la idea no és res més que certa massa, forma i moviment de les parts insensibles en els cossos mateixos, als quals apliquem aquells noms.

§ 16. De la flama diem que és calenta i lleugera; de la neu, blanca i freda, i del sucre, que és blanc i dolç, a causa de les idees que produeixen en nosaltres. Comunament creiem que aquestes qualitats són la mateixa cosa en els objectes i en les nostres idees: uns la semblança perfecta de les altres, la seva imatge especular; la majoria de persones jutjaria extravagant que es digués el contrari. Això no obstant, qui vulgui considerar que un mateix foc a certa distància produeix la sensació de calor i a una distància més curta una sensació molt diferent de dolor, hauria de preguntar-se a si mateix quina raó té de dir que la seva idea de calor, que li ha produït el foc, està realment present en la flama, mentre que la seva idea de dolor, que li ha produït igualment la mateixa flama, no està en el foc. ¿Per què la blancor i la fredor estan en la neu i el dolor no, si la neu produeix totes aquestes idees en nosaltres, no podent-ho fer de cap altra manera que mitjançant la massa, la forma, el nombre i el moviment de les seves parts sòlides?

§ 17. La massa, la forma, el nombre i el moviment particulars de les parts del foc o de la neu es troben realment en el foc i en la neu, tant se val que els nostres sentits els percebin com que no: per això poden ser anomenats *qualitats reals*, perquè realment existeixen en els objectes. Però la llum, la calor, la blancor o la fredor, no existeixen amb més realitat en els objectes que la malaltia o el dolor en el manà.* Eliminem la seva sensació; fem que els ulls no vegin la llum o els colors, que les oïdes no sentin els sons, que el paladar no assaboreixi i que el nas no flairi; i tots els colors, els sabors, les olors i els sons, com que són idees particulars, s'esvaniran i cessaran, i romandran reduïts a les seves causes, és a dir, a la massa, la forma, el nombre i el moviment de les parts.

§ 18. Un floc de manà de massa apreciable pot produir en nosaltres la idea d'una forma rodona o quadrada, i, si el desplacem d'un lloc a l'altre, la idea de moviment. Aquesta idea de moviment representa el moviment tal com realment es troba en el manà en moviment. Un cercle o un quadrat són el mateix com idees o com existents; en la ment o en el manà. I tant el moviment com la figura existeixen en el manà, tant si els observem com si no. En això tothom hi està d'acord. A més, el manà, per la seva massa, forma, textura i moviment de les seves parts, té el poder de produir sensacions de malestar i a vegades de dolor agut i mals de ventre. Que aquestes idees de malestar i de dolor no es troben en el manà, sinó que són efecte de la seva acció en l'estómac, que no existeixen enlloc si no les percebem, tothom hi està també fàcilment d'acord. Així i tot, és difícil convèncer la gent que la dolçor i la blancor no estan realment en el manà; que no són més que efectes de l'acció del manà, pel moviment, la mida i la forma de les seves partícules sobre els ulls i el paladar; igual com el dolor i el malestar provocats pel manà no són manifestament res més que els efectes de la seva acció en l'estómac i els intestins deguts a la mida, el moviment i la forma de les seves parts insensibles; perquè ja hem mostrat que un cos no pot actuar de cap altra

* *Manà*: segons el llibre de l'Èxode és l'aliment enviat per Déu per alimentar el poble hebreu durant la travessa del desert. En el text fa referència a una substància que s'obté d'un grup d'arbres, del gènere *Fraxinus* (freixes), que en alguns països s'utilitza com a laxant.

manera. [És difícil, doncs, figurar-se que la dolçor i la blancor no estan realment en el manà.] Com si el manà no pogués actuar sobre els ulls i el paladar i produir així en la ment certes idees particulars distintes, que en si mateix no té, malgrat que li concedim que sí que pot actuar sobre els intestins i l'estómac, produint per aquest fet idees distintes que en si mateix tampoc no té. Vist que totes aquestes idees són efectes de l'acció del manà, en diferents parts del cos, deguts a la mida, la forma, el nombre i el moviment de les seves parts, ¿per què hem de pensar que les idees produïdes pels ulls i el paladar han de ser més reals en el manà que les produïdes per l'estómac i els intestins?; o, ¿per què hem de pensar que el dolor i el malestar, idees que són efectes del manà, no existeixen enlloc, mentre no les sentim, i en canvi hem de considerar que la dolçor i la blancor, efectes igualment del mateix manà en altres parts del cos, per mitjans igualment desconeguts, sí que es troben en el manà, mal que no el vegem o no el tastem? Ens caldria trobar una raó per explicar-ho.

§ 19. Considerem ara els colors vermell i blanc del pòrfir; fem que no li toqui la llum: els colors s'esvaneixen, ja no produeix en nosaltres aquelles idees. Torna la llum i el pòrfir adquireix de nou les seves aparences. ¿Pot pensar algú que s'ha produït una alteració real en el pòrfir per la presència o l'absència de la llum, i que les idees de blancor i rojor es troben realment en el pòrfir il·luminat, quan sabem clarament que el pòrfir no té cap color quan està a les fosques? El que té, de fet, és una configuració de les seves partícules, tant de nit com de dia, que el fan apte, pel reflex de la llum en certes parts d'aquesta pedra dura, per produir en nosaltres la idea de rojor, i, pel reflex en altres, la idea de blancor. Però la blancor i la rojor no són mai en el pòrfir; només hi ha una textura que té el poder de produir aquestes sensacions en nosaltres.

§ 20. Molguem una ametlla i el seu clar color blanc canviarà a un color brut, i el seu sabor dolç passarà a ser-ne un d'oliós. ¿Quina alteració real pot produir l'acció d'una trituradora sobre un cos, que no sigui l'alteració de la seva textura?

§ 21. Havent distingit i entès d'aquesta manera les idees, estem en disposició d'explicar per què la mateixa aigua pot produir simultàniament la idea de fred en una mà i la idea de calor en l'altra, mentre que és impossible que la mateixa aigua, si aquestes idees es trobessin realment en l'aigua, pogués ser ensems calenta i freda. Perquè si imaginem que la calor, que sentim en una mà no és més que un cert tipus i grau de moviment en les diminutes partícules dels nostres nervis, o esperits animals, podem entendre que és possible que la mateixa aigua pugui alhora produir la sensació de calor en una mà i la de fred en l'altra; cosa que amb la forma no passa mai: mai la forma produeix la idea de quadrat en una mà si ha produït la idea d'un globus en l'altra. Però si la sensació de fred i calor no és més que l'augment o la disminució del moviment en les diminutes partícules del nostre cos, causat pels corpuscles d'un altre cos, és fàcil entendre que si el moviment és major en una mà que en l'altra, quan s'aplica un cos a les dues mans de manera que en una les seves diminutes partícules tenen més moviment i en l'altra en tenen menys, augmentarà el moviment d'una mà i disminuirà el de l'altra, de forma que es produiran diferents sensacions de fred i calor, segons la diferent intensitat del moviment.

§ 22. En els paràgrafs precedents m'he compromès, potser més del que em proposava, en certes disquisicions físiques. Però ha estat necessari per entendre millor la natura de la sensació i per pensar distintament la diferència entre les qualitats dels objectes i les idees que produeixen en la ment; si no ho hagués fet, hauria estat impossible parlar d'una forma entenedora d'aquestes coses. Espero que se'm perdoni aquesta breu incursió en el camp de la filosofia natural, per considerar que és necessari en aquesta investigació distingir entre les qualitats primàries i reals dels objectes, que sempre hi ha en ells (a saber: solidesa, extensió, forma, nombre i moviment o repòs, qualitats que a vegades percebem; per exemple, quan els cossos en què es troben són suficientment grans per a ser singularment discernides), de les qualitats secundàries i imputades, que no són altra cosa que els poders o potències de les diferents combinacions de les qualitats primàries, quan actuen sense que les discernim distintament. Així és com també podem arribar a saber quines idees són semblances, i quines no, d'alguna qualitat realment existent en els objectes, als quals apliquem els noms trets de les idees.

[Tres classes de qualitats en els cossos]

§ 23. Per tant, les qualitats que hi ha en els cossos són, si les considerem apropiadament, de tres classes.

Primer, la massa, la forma, el nombre, la situació i el moviment o el repòs de les seves parts sòlides; aquestes qualitats estan presents en els cossos, tant se val que les percebem com que no; i quan són d'una magnitud que permet descobrir-les, ens fem per mitjà d'elles una idea de la cosa, tal com és en si mateixa, com ho veiem clarament en els objectes artificials. Les anomeno *qualitats primàries*.

Segon, el poder que hi ha en qualsevol cos, per raó de les seves qualitats primàries insensibles, d'actuar d'una manera peculiar sobre els nostres sentits, i de produir per això mateix en nosaltres les diferents idees dels diversos colors, sons, olors, sabors, etc. Comunament se les anomena *qualitats sensibles.*

Tercer, el poder que hi ha en qualsevol cos, per raó de la particular constitució de les seves qualitats primàries, de produir tals canvis en la massa, la forma, la textura i el moviment d'un altre cos que el fa actuar sobre els nostres sentits d'una manera diferent de com ho havia fet anteriorment. I així el Sol té el poder de blanquejar la cera, i el foc de fondre el plom. Aquestes les anomenem usualment *poders.*

Crec que les qualitats de la primera classe, com ja s'ha dit, les podem anomenar pròpiament *qualitats primàries, reals i originals,* perquè formen part de les coses mateixes, tant si són percebudes com si no; de les seves diferents modificacions depenen les qualitats secundàries.

Les dues altres classes són només *poders* per actuar de diferents maneres sobre les altres coses; aquests poders s'originen de diverses modificacions de les qualitats primàries.

[Les primeres són semblances. Les segones, creiem que són semblances, però no ho són. Les terceres ni són semblances ni ho pensem]

§ 24. Però tot i que aquestes dues últimes classes són simplement poders, i res més que poders, que es refereixen a altres cossos i que deriven de diverses modificacions de les qualitats primàries, no obstant les pensem en general d'una manera del tot diferent. Perquè les de la segona classe, és a dir, els poders de produir diferents idees en nosaltres mitjançant els sentits, les contemplem com qualitats reals en les coses que ens causen sensacions. Però les de la tercera classe les anomenem *simples poders*, i és el que són; per exemple les idees de calor, de llum, que rebem del Sol per mitjà dels ulls, o pel tacte, comunament les considerem *qualitats reals*, existents en el Sol, i que hi són com alguna cosa més que simples poders. Però quan prenem en consideració el Sol, pel que fa a la cera a la qual fon o blanqueja, considerem la blancor o la blanesa produïdes en la cera no com a qualitats del Sol, sinó com a efectes dels seus poders. Tot i que, si ho pensem bé, aquestes qualitats de llum i calor, que són percepcions meves quan em sento escalfat o il·luminat pel Sol, no estan en el Sol ni més ni menys que hi són els canvis fets en la cera quan es blanqueja o s'ablaneix per causa seva. Els uns i les altres són igualment poders del Sol, que depenen de les seves qualitats primàries, amb les quals pot, en un cas, alterar talment la massa, la forma, la textura o el moviment d'algunes de les parts insensibles dels meus ulls, o de les mans, que produeix d'aquesta manera en mi les idees de llum o de calor; i pot, en l'altra, alterar talment la massa, la forma, la textura o el moviment de les parts insensibles de la cera, que poden produir en mi les idees distintes de blancor i fluïdesa.

§ 25. La raó per la qual les unes són considerades comunament qualitats reals i les altres només simples poders és, penso jo, perquè les idees que tenim de diferents colors, sons, etc., no contenen en si mateixes res de la massa, la forma o el moviment, i per això no tendim a pensar-les com efectes d'aquelles qualitats primeres, que no es presenten als nostres sentits com agents que prenen part en la seva producció, i amb les quals no semblen tenir cap congruència o connexió concebible. I així passa que procedim a imaginar que aquelles idees són semblances d'alguna cosa realment existent en els objectes: perquè la sensació no descobreix res de la massa, la forma o el moviment de les parts en la producció de les idees, i a més la raó no pot mostrar com els objectes poden produir en la ment les idees de blau o groc, etc., a partir de la massa, la forma o el moviment. Però en l'altre cas, en les accions dels cossos que s'alteren les qualitats els uns als altres, descobrim clarament que la qualitat produïda no té normalment cap semblança amb res que es trobi en la cosa que la produeix; per tant, la veiem com un simple efecte d'un poder o potència. Perquè, tot i que quan rebem del Sol la idea de calor o de llum tendim a pensar que es tracta de la percepció i la semblança d'una qualitat similar del Sol, no obstant això, quan veiem la cera o un rostre clar que canvia de color a causa del Sol, no podem imaginar que es tracta de la recepció o de la semblança d'alguna cosa que hi ha al Sol, perquè no hi trobem aquests diferents colors en el Sol. Com que els nostres sentits són capaços de percebre una semblança o una dissemblança de les qualitats sensibles en dos objectes externs diferents, amb molta conseqüència concloem que la producció de qualsevol qualitat sensible en un objecte és efecte d'un simple poder i no la comunicació d'una qualitat realment existent en l'agent, si no descobrim aquesta qualitat en la cosa que la va produir. Però com que els nostres sentits no són capaços de percebre cap dissemblança entre la idea produïda en nosaltres i la qualitat de l'objecte que la produeix, tendim a imaginar que les nostres idees són semblances d'alguna cosa existent en els objectes, i no els efectes de determinats poders situats en la modificació de les seves qualitats primàries, amb les quals les idees produïdes en nosaltres no mantenen cap semblança.

[Les qualitats secundàries són de dues classes: primer, les perceptibles immediatament; segon, les perceptibles mediatament]

§ 26. Per concloure, a part de les qualitats primàries que hi ha en els cossos, ja esmentades, és a dir, massa, forma, extensió, nombre i moviment de les seves parts sòlides, tota la resta de qualitats, mitjançant les quals ens adonem dels objectes i els diferenciem els uns dels altres, no són més que diferents poders que hi ha en els objectes i que depenen de les qualitats primàries; per mitjà d'aquestes qualitats, aquells poders poden produir en nosaltres diverses idees distintes, ja sigui actuant directament sobre el nostre cos, ja sigui actuant sobre els altres cossos, alterant les seves qualitats primàries i fent-les aptes per produir idees, diferents de les que els cossos produïen anteriorment. Les primeres, penso, es poden anomenar qualitats secundàries, immediatament perceptibles. Les segones, qualitats secundàries mediatament perceptibles.

Llibre IV

Capítol II
Graus del coneixement

[El coneixement sensitiu de l'existència concreta]

§ 14. Aquests dos, l'*intuïtiu* i el *demostratiu*, són els dos graus del nostre coneixement; tot allò que està per sota d'aquests dos graus, sigui quina sigui la seguretat amb què ho acceptem, no és més que fe o opinió: no és coneixement, almenys pel que fa a les veritats generals. De fet hi ha una altra percepció de la ment abocada a l'existència particular dels ens finits en l'exterior de nosaltres mateixos: l'acceptem com un coneixement que excedeix la mera probabilitat, però no ateny de manera plena cap dels dos graus de certesa ara esmentats. No hi ha res de més cert que la idea que rebem en les nostres ments d'un objecte exterior; i aquest és el coneixement intuïtiu. Però saber si existeix alguna cosa més que la simple idea en la nostra ment, o si podem a partir de la idea inferir amb certesa l'existència d'alguna cosa exterior a nosaltres, que correspongui a la idea, és una qüestió per alguns controvertible, perquè pot passar que tinguem idees en la ment sense que existeixin les coses a què es refereixen, o sense que cap objecte impressioni els nostres sentits. Però també en aquest assumpte, em penso, estem proveïts d'una evidència que ens fa superar el dubte. Perquè jo pregunto a qui vulgui si no està invenciblement i íntimament convençut que la percepció és diferent quan de dia veu el Sol o quan només hi pensa de nit; quan tasta de fet l'absenta, o flaira realment una rosa, o quan només pensa en aquell sabor i en aquesta olor. Veiem tan clarament la diferència que hi ha entre una idea reviscuda en la ment mitjançant el record i aquella que arriba de fet a la nostra ment per mitjà dels sentits, com veiem la que hi ha entre dues idees distintes. I si algú diu: en un somni passa el mateix, i totes aquestes idees poden estar produïdes en la nostra ment sense que hi hagi cap objecte extern; a aquest tal que somniï, si vol, li dono la resposta següent: 1) que no importa massa que jo li elimini o no el seu dubte; si tot és un somni, no serveix ni raonar ni argumentar, la veritat i el coneixement no són res; 2) que crec que admetrà que hi ha una diferència molt clara entre somniar trobar-se dins d'un foc i trobar-s'hi realment. Amb tot, si està decidit a mostrar-se tan escèptic fins al punt de mantenir que el que jo anomeno «trobar-se realment dins d'un foc» no és més que un somni, i que per això manté que no podem saber amb certesa si coses com el foc existeixen en realitat sense nosaltres, li responc: que sabem amb certesa que se'n segueix plaer o dolor quan ens afecten determinats objectes —l'existència dels quals percebem, o somniem que percebem— mitjançant els nostres sentits; aquesta certesa és tan gran com la nostra felicitat o la nostra desgràcia, per sobre de les quals conèixer o existir deixen de tenir interès per a nosaltres. De manera que em penso que podem afegir a les dues formes precedents de coneixement també aquesta: la de l'existència dels objectes externs, mitjançant la percepció i la consciència que tenim de la recepció actual de les idees a partir dels objectes, i que podem admetre aquests tres graus de coneixement, a saber, l'*intuïtiu,* el *demostratiu* i el *sensitiu*; en cadascun d'ells hi ha diferents graus i formes d'evidència i certesa.

Capítol IV
De la realitat del nostre coneixement

[Objecció: si el coneixement està en les idees, pot ser totalment quimèric]

§ 1. No dubto que, a hores d'ara, el meu lector potser tendeix a pensar que durant tot aquest temps he estat construint castells en l'aire, i que se sent inclinat a dir-me: a què treu cap tot això? El coneixement, dirà, és només la percepció de l'acord i el desacord de les nostres idees: però, ¿qui sap què és el que poden ser aquestes idees? ¿Hi ha alguna cosa més extravagant que les imaginacions del cervell de l'home? ¿On és el cap que no pensa quimeres? O bé, si hi ha algú sensat i savi, ¿quina diferència hi haurà, segons les vostres regles, entre el seu coneixement i el del més extravagant fantasiaire del món? Ambdós tenen les seves idees i perceben l'acord o el desacord que hi pot haver entre elles. Si hi ha d'haver alguna diferència en les idees, l'avantatge estarà de part de l'home amb la imaginació ardorosa, perquè té més idees i aquestes són més intenses. De manera que, segons les vostres regles, se'm dirà, aquest últim serà el que més coneix. Si és veritat que tot coneixement rau només en la percepció de l'acord o el desacord de les nostres idees, les visions d'un visionari i els raonaments d'un home sensat tindran la mateixa certesa. Per tant, no importa com són les coses: basta que algú observi l'acord de les seves pròpies imaginacions i que parli amb congruència, que tot el que diu seran veritats i coses certes. Aquests castells en l'aire seran fortificacions segures de la veritat, com les demostracions d'Euclides. Que una harpia no és un centaure és d'aquesta manera un coneixement tan cert i és una veritat tan gran com ho és dir que un quadrat no és un cercle.

Però, ¿quina utilitat pot tenir tot aquest vistós coneixement de la imaginació humana per a qui vol saber la realitat de les coses? No tenen cap importància les imaginacions dels homes, l'únic que compta és el coneixement de les coses: només el coneixement dóna valor als nostres raonaments, i si preferim el coneixement d'un home al coneixement d'un altre és perquè el d'aquell és coneixement de les coses tal com són i no coneixença de somnis o imaginacions.

[Resposta: no és aquest el cas, quan les idees es corresponen amb les coses]

§ 2. A tot això responc que si el nostre coneixement de les idees s'esgota en elles i no va més enllà, quan de fet pretenem alguna cosa més, els pensaments més seriosos no seran gaire més útils que els somieigs d'un cervell embogit, i les veritats que s'hi fonamentaran no tindran gaire més pes que els discursos d'algú que veu les coses clares quan somnia i les sosté amb gran fermesa. Però tinc l'esperança que abans d'acabar mostraré amb evidència que aquesta via d'adquirir certesa per mitjà del coneixement de les nostres idees va una mica més enllà que la simple imaginació: i a més, crec que s'acabarà veient que tota la certesa que tenim de les veritats generals no rau sinó en el coneixement.

§ 3. És evident que la ment no coneix les coses d'una forma immediata, sinó per mediació de les idees que en té. El nostre coneixement, per tant, només és real en la mesura que hi ha conformitat entre les nostres idees i la realitat de les coses. Però, quin ha d'ésser aquí el criteri? ¿Com la ment, que no percep més que les seves pròpies idees, pot saber que es corresponen amb les coses en si mateixes? Encara que això presenta dificultats, crec que hi ha dues classes d'idees de les quals podem estar segurs que es conformen a les coses.

[Primer, les idees simples concorden realment amb les coses]

§ 4. Les primeres a concordar amb les coses són les idees simples, perquè tenint en compte que la ment no pot produir-se-les ella sola han de ser necessàriament el producte de les coses que, actuant sobre la ment d'una forma natural, hi produeixen aquelles percepcions a les quals s'ordenen i adapten per la saviesa i la voluntat de Déu que ha fet la nostra natura. D'on se segueix que les idees simples no són ficcions de la nostra imaginació, sinó produccions naturals i regulars de les coses existents fora de nosaltres i que realment actuen sobre nosaltres; per aquesta raó carreguen sobre si tota la conformitat a què estan destinades, o bé la que requereix el nostre estat: perquè ens representen coses sota les aparences que aquestes últimes són capaces de produir en nosaltres, mitjançant les quals podem distingir les diferents classes de substàncies particulars, discernir els estats en què es troben i destinar-les a les nostres necessitats i al nostre ús. Així, la idea de blancor o la d'amargor, tal com està en la ment, sent exactament conforme al poder que hi ha en algun cos per produir-la, posseeix tota la congruïtat que li escau, o que ha de tenir, amb les coses de l'exterior. Aquesta congruïtat entre la nostra idea simple i l'existència de les coses és suficient per parlar de la realitat del coneixement.

[En segon lloc, les idees complexes, llevat de la de substància]

§ 5. En segon lloc, com que les idees complexes, tret de la de substància, són arquetipus construïts per la ment, i no pretenen ser còpies de res ni es refereixen a cap cosa existent com si fos el seu original, no poden deixar de tenir la conformitat que és necessària per tal que el seu coneixement sigui real. Perquè allò que no està dissenyat per representar res llevat d'ell mateix no pot ser mai capaç d'una representació falsa ni pot allunyar-nos d'una vertadera aprehensió de cap cosa, pel fet de no assemblar-s'hi. I d'aquesta mena són, excepte la substància, totes les idees complexes. Les quals, tal com he mostrat en un altre lloc, són combinacions d'idees, que la ment lliurement ajunta sense considerar si tenen cap connexió en la natura. D'aquí se'n deriva que totes les idees d'aquesta classe són considerades en si mateixes arquetipus, mentre que les coses només ens interessen pel fet que poden concordar amb les nostres idees. De manera que no podem estar més que infal·liblement segurs que tot el coneixement que aconseguim amb aquestes idees és real i comprèn les coses mateixes. Perquè en tots els nostres pensaments, raonaments i discursos d'aquest gènere, tenim presents les coses només pel fet que es conformen a les nostres idees. De manera que, mitjançant les idees, no podem deixar d'atènyer una certa indubtable realitat.

[Realitat del coneixement matemàtic]

§ 6. No dubto que se'm concedirà fàcilment que el coneixement que podem tenir de veritats matemàtiques no és només cert, sinó també real, perquè no consisteix en la mera visió buida d'inútils quimeres del cervell. Tanmateix, si ho considerem bé, descobrirem que només és coneixement de les nostres idees. El matemàtic considera la veritat i les propietats que pertanyen a un rectangle o a un cercle només perquè existeixen en la idea de la seva ment, perquè pot ser que mai en la vida tindrà un encontre amb cap d'aquestes figures que existeixen matemàticament, és a dir, exactament vertaderes. Amb tot, el coneixement que ell té de les veritats o propietats que pertanyen a un cercle, o a qualsevol altra figura matemàtica, són vertaderes i certes inclús aplicades a les coses reals existents: perquè les coses reals entren en aquest tipus de proposicions i se les té en compte només pel fet que concorden amb els arquetipus de la ment. ¿És veritat, si ho afirmem d'una idea de triangle, que els seus tres angles són iguals a dos de rectes? Doncs això també és veritat afirmat d'un triangle realment existent en qualsevol lloc. Qualsevol altra figura existent, que no correspongui exactament a la idea de triangle de la ment del matemàtic, no queda inclosa en absolut en aquesta proposició. I, per tant, ell sap de cert que tot el seu coneixement d'aquestes idees és coneixement real: perquè, com que considera les coses només perquè es conformen a les seves idees, té la certesa que tot el que coneix d'aquelles figures quan tenen una simple existència ideal en la seva ment també val per les mateixes figures quan tenen una existència real en la matèria; en les seves consideracions només hi entren purament les figures, que són sempre les mateixes, onsevulga i comsevulla que existeixin.

[Realitat del coneixement moral]

§ 7. Se'n segueix que el coneixement moral és tan capaç de certesa real com el matemàtic. Perquè sent la certesa només la percepció de l'acord o el desacord de les nostres idees, i la demostració la percepció només d'aquest acord mitjançant la intervenció d'altres idees intermèdies, les nostres idees morals, igual que les matemàtiques, són en si mateixes arquetipus, i per tant són idees completes i adequades; qualsevol acord o desacord que puguem trobar entre aquestes idees produirà coneixement real, igual com passa amb les figures matemàtiques.

[No es requereix l'existència perquè el coneixement sigui real]

§ 8. Per aconseguir coneixement i certesa es requereix que tinguem idees determinades, i per fer que el nostre coneixement sigui real es requereix que les idees es conformin als seus arquetipus. D'altra banda, no cal trobar estrany que emplaci la certesa del nostre coneixement en la consideració de les nostres idees, cuidant-me poc i preocupant-me també poc (com pot semblar) de l'existència real de les coses: la major part dels discursos, on s'exposen els pensaments i les disputes d'aquells que no pretenen altra cosa que dedicar-se a investigar la veritat i la certesa, no són de fet, tal com ho entenc jo després d'examinar-ho bé, sinó proposicions generals i nocions que no contemplen l'existència. Els discursos dels matemàtics sobre la quadratura del cercle, les seccions còniques, o qualsevol altra part de la matemàtica, no s'interessen per l'existència de cap d'aquestes figures, i les seves demostracions, que depenen de les seves idees, són sempre les mateixes, tant se val que existeixi com que no en el món un quadrat o un cercle. D'igual manera, la veritat i la certesa dels discursos morals fan abstracció de la vida dels homes i de l'existència o no de virtuts en el món, de les quals tracten. Tampoc deixen de ser vertaders els *Oficis* de Ciceró pel fet que no hi hagi ningú en el món que practiqui exactament les seves regles i visqui d'acord amb el model d'home virtuós que ens va donar, i que, quan ell escrivia, no existia enlloc, sinó només com a idea. Si és veritat especulativament, és a dir, en l'ordre de les idees, que «l'assassinat mereix la pena de mort», també ho serà en realitat de tota acció que s'adeqüi a la idea d'assassinat. En la resta d'accions, la veritat d'aquesta proposició no es té en compte. I és el mateix que passa en totes les espècies de coses que no tenen altra essència que la de ser una idea en la ment dels homes.

[Tampoc serà menys veritat o menys cert el coneixement pel fet que les idees morals siguin obra nostra]

§ 9. Però algú dirà que si posem el coneixement moral en la contemplació de les idees i que aquestes, igual que altres modes, són invenció nostra, ¿quina noció més estranya no tindrem de la justícia i la temprança? ¿Quina confusió de virtuts i vicis no hi haurà, si cada u es pot confegir en aquest assumpte la idea que li agradi? No hi haurà cap confusió ni cap desordre en les coses ni en els raonaments que fem sobre les coses; no pas més del que hi podria haver (en matemàtiques) en una demostració o canvi de les propietats de les figures i les seves mútues relacions, si algú es fabrica un triangle amb quatre angles, o un trapezi amb quatre angles rectes: és a dir, per dir-ho planament, si algú canvia els noms de les figures i anomena amb un nom diferent allò que els matemàtics anomenen ordinàriament amb un altre. Suposem que algú es fabrica per si mateix la idea d'una figura amb tres angles, un dels quals és un recte, i l'anomena, perquè vol, equilàter o trapezi, o qualsevol altra cosa; les propietats i les demostracions respectives d'aquesta idea seran les mateixes que si l'anomenés triangle rectangle. Admeto que el canvi de nom, per la impropietat del llenguatge, confondrà en principi qui ignori la idea que hi ha sota el nom, però tan bon punt dibuixem la figura, les propietats de la idea i les demostracions seran manifestes i clares. Passa exactament el mateix en el coneixement moral: suposem que algú té la idea d'arrabassar dels altres, sense el seu consentiment, allò que s'han guanyat amb el seu treball honest i ho anomena «justícia», perquè vol. Aquest tal, en aquest cas, adopta el nom sense la idea que li correspon, i s'equivoca adjuntant al nom una altra idea fabricada per ell. Però separem la idea del nom o acceptem-la tal com és en boca de tots, i veurem que a la idea li corresponen els mateixos fets que li correspondrien si l'anomenéssim «injustícia». De fet, els noms erronis en els discursos morals provoquen ordinàriament més desordres, perquè no se'ls rectifica tan fàcilment com en matemàtiques, on un cop feta i vista la figura, el nom es fa inútil i perd força. Perquè, ¿quina necessitat hi ha del signe quan està present la cosa significada? Però en els noms morals això no s'aconsegueix tan fàcilment i amb tan poc temps, a causa de tantes combinacions com entren en la constitució de les idees complexes d'aquests modes. No obstant això, i malgrat això, l'error del nom en alguna d'aquestes idees, en sentit contrari al que normalment té en el llenguatge moral, no impedeix que puguem tenir un coneixement cert i demostratiu dels seus diferents acords i desacords, mentre, com en matemàtiques, miréssim de mantenir definides amb precisió les mateixes idees i de seguir el rastre de les seves diverses relacions, sense deixar-nos confondre pels noms. Separem la idea en qüestió del signe que la representa, i el nostre coneixement progressarà igualment en el descobriment de la veritat i la certesa reals, siguin quins siguin els noms que fem servir.

[El mal ús dels noms no altera la certesa del coneixement]

§ 10. Hem de tenir en compte una altra cosa i és que, en aquells casos en què Déu o qualsevol altre legislador ha definit alguns noms morals de manera que ha constituït amb ells l'essència de l'espècie a la qual pertany el nom, no és segur aplicar-los o bé utilitzar-los d'una altra manera. Però en els altres casos és simplement impropietat de llenguatge aplicar-los en sentit contrari a l'ús comú del país. I tampoc això altera la certesa del coneixement que haurem pogut adquirir mitjançant la deguda consideració i comparació de les idees, incloses les anomenades amb noms estranys.

[Les idees de les substàncies tenen els seus arquetipus fora de nosaltres]

§ 11. En tercer lloc, hi ha una altra classe d'idees complexes que, com que es refereixen a arquetipus que es troben fora de nosaltres, poden diferir d'ells i per aquesta raó li pot faltar realitat al coneixement que en tenim. D'aquest tipus són les nostres idees de substàncies, que com que consisteixen en una col·lecció d'idees simples, suposadament tretes dels objectes de la natura, poden diferir d'aquests objectes perquè tenen més idees o altres idees conjuntes que les que de fet troben unides en les coses mateixes. D'això se'n deriva que pot passar que no siguin, i efectivament sovint no són, exactament conformes a les coses.

[En la mesura en què les idees es conformen als arquetipus, el coneixement que en tenim és real]

§ 12. Dic, doncs, que per a tenir idees de les substàncies que puguin subministrar-nos coneixement real, en la mesura en què siguin conformes a les coses, no basta, com passa amb els modes, posar juntes idees que no siguin incompatibles, baldament no hagin existit mai anteriorment com a tals; per exemple, les idees de *sacrilegi, perjuri*, etc., eren idees reals i vertaderes tant abans com després d'haver existit cap fet d'aquesta mena. Sinó que, com que suposem que les nostres idees de substàncies són còpies, referents a arquetipus que es troben fora de nosaltres, cal que s'hagin constituït d'acord amb alguna cosa que existeix o hagi existit; no poden consistir simplement en idees unides a voluntat en els nostres pensaments, sense cap model real d'on s'hagin extret, encara que no percebéssim cap inconsistència en aquesta combinació. La raó és que, com que no sabem quina és la constitució real de les substàncies, de la qual depenen les nostres idees simples, però que a més és realment la causa de l'estricta unió d'algunes d'elles amb altres i de l'exclusió d'altres, de molt poques d'aquestes idees podem saber quines són inconsistents o no en la natura, més enllà del que forneix l'experiència o l'observació sensible. En això es fonamenta, en conseqüència, la realitat del nostre coneixement referent a les substàncies, és a dir, en l'exigència que totes les idees complexes que apliquem a les substàncies han d'estar constituïdes només per les idees simples que hem pogut descobrir coexistents en la natura. Sent aleshores les nostres idees vertaderes còpies, però potser no gaire exactes, són també objecte de coneixement real (si és que en tenim cap). El qual (com ja s'ha demostrat) veurem que no s'estén gaire enllà: però en la mesura que ho fa, és coneixement real. Siguin les que siguin les idees que tenim, l'acord que veiem que tenen les unes amb les altres és coneixement. Si es tracta d'idees abstractes, serà coneixement general. Però perquè sigui real en el cas de les substàncies, cal que les idees s'hagin extret de l'existència real de les coses. Les idees simples que hàgim descobert com a coexistents en una substància podem unir-les confiadament de nou per construir-nos idees abstractes de substàncies. Perquè tot allò que ha estat unit un cop en la natura pot ser unit de nou una altra vegada.

JOHN LOCKE, *An Essay concerning Human Understanding*, traducció d'ANTONI MARTÍNEZ-RIU, a partir de l'edició de Peter H. Nidditch, Oxford, At the Clarendon Press, 1975, pàg. 48-51; 132-143; 536-538; 562-569.

Segon tractat sobre el govern civil

Assaig sobre l'origen, els límits i els fins veritables del govern civil

Capítol I
Del poder polític

§ 1. En el discurs precedent [*Primer tractat sobre el govern. An Essay Concerning Certain False Principles*] hem vist que:

Adam no tingué, ni sobre els seus fills ni sobre el món, cap autoritat ni cap domini adquirits per dret natural de paternitat ni per donació positiva de Déu, com s'ha volgut fer veure.

Cas que n'hi hagués tingut, fou un dret que no va passar als seus hereus.

Suposant que hagués passat als seus hereus, no havent-hi cap llei natural ni cap llei divina positiva que determini quin és l'hereu adient en tots els casos que puguin sorgir, el dret de successió i, conseqüentment, de regnar, no pogué ser determinat amb certesa.

Si fins això hagués estat determinat, com que fa tant de temps que es perdé per complet el coneixement de quina és la línia primogènita d'Adam, entre les races del gènere humà i les famílies del món no n'hi ha cap en la qual pugui subsistir, per damunt de les altres, la menor pretensió de ser la casa primogènita ni de tenir el dret d'heretatge.

Havent deixat, al meu parer, ben clares totes aquestes premisses, és impossible que els actuals governants de la Terra treguin cap profit o obtinguin la menor ombra d'autoritat d'allò que alguns consideren la font de tot poder: *el domini privat i la juris-*

dicció paterna d'Adam; de manera que, si no es vol donar ocasió a pensar que tots els governs del món són només producte de la força i de la violència, i que els homes no conviuen sota altres regles que les de les bèsties, segons les quals el més fort és qui venç, i assenten els fonaments del desordre i del mal perpetus, del tumult, la sedició i la rebel·lió (coses contra les quals criden tan fort els seguidors d'aquella hipòtesi), haurà de trobar necessàriament un altre origen per al govern i per al poder polític, i una altra manera de designar i de conèixer les persones que l'han de detenir, tal com Sir Robert Filmer ens ha ensenyat.

[Definició de poder polític]

§ 2. Per a tal propòsit, crec que no fóra desencertat de precisar allò que jo entenc per poder polític. El poder d'un magistrat sobre un súbdit cal distingir-lo del d'un pare sobre els seus fills, del d'un amo sobre el seu criat, del d'un marit sobre la seva muller i del d'un senyor sobre el seu esclau. Donant-se, de vegades, tots aquests poders distints en un mateix home alhora, si el considerem sota aquestes relacions diferents això ens pot ajudar a distingir aquests poders l'un de l'altre i ens pot mostrar la diferència entre un governant de l'Estat, un pare de família i un capità de galera.

§ 3. Entenc, doncs, per poder polític, el dret a dictar lleis, incloent-hi la pena de mort i, consegüentment, totes les penes inferiors, per a la regulació i salvaguarda de la propietat, i a emprar la força de la comunitat en l'execució de tals lleis i en la defensa de l'Estat contra agressions forasteres, i tot això únicament en pro del bé públic.

Capítol II
De l'estat de natura

§ 4. Per entendre correctament el poder polític i derivar-lo del seu origen, hem de considerar en quin estat es troben els homes naturalment, i aquest és un estat de perfecta llibertat per ordenar els seus actes i disposar de les seves propietats i de les persones que creguin convenient, dins dels límits de la llei natural, sense demanar permís ni dependre de la voluntat de cap altre home.

És, així mateix, un estat d'igualtat, on tot el poder i la jurisdicció són recíprocs i ningú no té més que els altres; per tal com no hi ha res més evident que el fet que criatures de la mateixa espècie i condició, nascudes indiscriminadament amb els mateixos avantatges naturals i amb l'ús de les mateixes facultats, han de ser també iguals entre si sense subordinació ni subjecció, a menys que l'Amo i Senyor de totes, per declaració manifesta de la seva voluntat, en situés unes per damunt de les altres o els conferís, per clar i evident decret, un dret indiscutible de domini i de sobirania.

§ 5. Aquesta igualtat dels homes per naturalesa, l'assenyat Hooker [Richard Hooker (1554-1600), escriptor anglicà, *Les lleis de la política eclesiàstica*, obra escrita el 1593] la considera tan evident en si mateixa, i tan fora de tota qüestió, que en fa la base de l'obligació d'amor mutu entre els homes, sobre la qual edifica els deures d'uns envers els altres, i de la qual deriva les grans màximes de justícia i caritat. [...]

[Avantatges i desavantatges de l'estat de natura]

§ 6. Però si bé aquest és un estat de llibertat, no és tanmateix un estat de llicència; encara que l'home hi tingui una llibertat incontrolable per disposar de la seva persona i dels seus béns, no en té en canvi per destruir-se a si mateix o destruir qualsevol altra criatura que li pertanyi, si no és que ho requereix un fi més noble que la seva mera conservació. L'estat de natura té una llei natural que el governa, la qual obliga tothom. Aquesta llei, que és la raó, ensenya a tot el gènere humà que, essent tots iguals i independents, ningú no ha d'atemptar contra la vida, la salut, la llibertat, ni les possessions d'un altre. Tots els homes són obra d'un únic, omnipotent i infinitament savi Creador; per tant, tots els servents d'aquest únic amo sobirà, enviats al món per ordre seva i segons el seu pla, són propietat seva, com a obra d'Ell. I essent dotats amb semblants facultats, i constituint tots una mateixa comunitat natural, ningú no pot invocar cap mena de subordinació entre nosaltres que ens autoritzi a destruir-nos mútuament, com si haguéssim estat creats per fer ús els uns dels altres, com fem amb les criatures de rang inferior. Cadascú està destinat a defensar-se a si mateix, però no a abandonar voluntàriament el lloc que ocupa; de la mateixa manera, doncs, que és inqüestionable la seva pròpia protecció, cal que cadascú, tant com li sigui possible, protegeixi la resta de la humanitat, i, si no és per fer justícia a un malfactor, no podrà arrabassar ni danyar la vida ni res d'allò que tendeix a la protecció de la vida, la llibertat, la salut, els membres o els béns d'un altre.

§ 7. I per tal que sigui interdit a tots els homes d'envair els drets d'altri i de fer-se mal els uns als altres, i perquè sigui observada la llei natural, que aspira a la pau i a la defensa de tot el gènere humà, l'execució d'aquesta llei en l'estat de natura s'ha deixat en mans de tots els homes. D'aquesta manera, tothom té dret a castigar els transgressors de la llei natural en grau suficient per prevenir-ne la violació. Perquè aquesta llei, igual com totes les altres que concerneixen l'home en aquest món, fóra en va si no hi hagués ningú que, en l'estat de natura, tingués poder per executar-la, i conseqüentment per protegir l'innocent i reprimir els delinqüents; i si qualsevol, doncs, en aquest estat, pot castigar algú altre per un dany que ha comès, tots podran fer el mateix. Perquè en l'estat de perfecta igualtat, on no hi ha, naturalment, cap superioritat ni jurisdicció dels uns sobre els altres, tothom ha de tenir dret a fer el que calgui en pro del compliment de l'esmentada llei.

§ 8. Així és com, en l'estat de natura, uns homes poden adquirir poder sobre uns altres; però no pas un poder absolut o arbitrari que es pugui imposar a un criminal, si li cau a les mans, seguint l'exaltació, l'apassionament o l'extravagància il·limitada de la seva pròpia voluntat, sinó que sigui emprat únicament per retornar-li, fins on dictin la raó i la consciència, quelcom proporcional a la seva infracció, és a dir, en la mesura necessària per a la reparació i la repressió. Aquestes són les dues úniques raons per les quals un home pot legítimament fer mal a un altre, que és allò que anomenem càstig. En transgredir la llei natural, l'infractor demostra viure segons una norma contrària a la de la raó i la comuna equitat, que és la mesura que Déu ha assignat a les accions dels homes per a la seva mútua protecció, i d'aquesta manera esdevé perillós per a la humanitat, ja que ha menystingut i trencat el nus que protegeix els homes d'ultratges i violències. La qual cosa, essent una agressió contra la pau i la seguretat de tota l'espècie, prevista per la llei natural, pot ésser reprimida per qualsevol home pel dret que té a protegir tots els homes en general i a destruir, si fa al cas, tota cosa que els sigui nociva; així, un podrà infligir a qui hagi transgredit aquesta llei tant de dany com sigui necessari per fer-lo penedir del que ha fet i en conseqüència dissuadir-lo, i amb el seu exemple dissuadir els altres, de tornar a cometre el mateix greuge. I en aquest cas, i per aquest motiu, tot home té dret a castigar el malfactor i a ésser executor de la llei natural.

§ 9. Sens dubte, a alguns homes aquesta doctrina els semblarà molt estranya. Abans, però, de condemnar-la, desitjaria que m'aclarissin amb quin dret cap príncep o Estat pot, en el seu territori, condemnar a mort o castigar un estranger per un crim que hi hagi comès. És evident que les lleis, per molt que siguin ratificades (=rectificades) per la voluntat promulgada del poder legislatiu, no atenyen els forasters. No s'hi adrecen en absolut, però encara que ho fessin, ells no tindrien cap obligació de fer-ne cas. L'autoritat legislativa, que dóna força a les lleis sobre tots els súbdits d'un Estat, no té cap poder damunt dels que no ho són. Aquells qui tenen el poder suprem de dictar lleis a Anglaterra, França o Holanda, són, per a un indi, homes sense cap autoritat, iguals a la resta; conseqüentment, si cap home no té poder per castigar les infraccions de la llei natural segons el que cregui, rigorosament, que requereix cada cas en qüestió, no veig com els magistrats de cap comunitat podran castigar un súbdit d'un país estranger, atès que no tenen envers ells cap més poder que el que tot home pugui tenir, de manera natural, sobre un altre.

§ 10. Ultra el crim que representa violar la llei i desviar-se dels justos preceptes de la raó, amb la qual cosa l'home es degenera i demostra abandonar els principis de la natura humana i esdevenir una criatura nociva, hi ha generalment un greuge infligit sobre alguna persona o altra, i en aquest cas qui hagi resultat perjudicat per la infracció té, a més, el dret de càstig, comú a tots els homes, i en particular el dret a exigir una reparació d'aquell qui n'hagi estat l'autor. I qualsevol altra persona que ho trobi just podrà així mateix fer costat a qui hagi estat agreujat i ajudar-lo a rebre, de l'ofensor, reparació proporcional al dany sofert.

§ 11. D'aquests dos drets distints —l'un, el de castigar el crim per tal de reprimir-lo i prevenir-ne la repetició, dret que tothom posseeix; l'altre, el de rebre reparació, que correspon només a la part ultratjada— es desprèn que el magistrat, qui, com a tal, té a les mans el dret normal de castigar, sovint pot, quan el bé comú no requereix l'execució de la llei, remetre càstigs per delictes criminals amb la seva sola autoritat, però tanmateix no podrà mai eludir la satisfacció deguda a cap individu particular pel dany que hagi rebut. Això únicament té dret a remetre-ho, en nom propi, la persona que ha sofert el perjudici en qüestió; la persona damnificada té poder per aprofitar-se dels béns o del servei de l'ofensor, en virtut del dret d'autodefensa (així com tot home té poder per castigar un crim a fi d'evitar que es torni a cometre, pel dret que té de defensar tota la humanitat), i per fer tot el que pugui, i sigui raonable, per assolir tal fi. Resulta, doncs, que en l'estat de natura tot home té poder per matar un homicida, i així dissuadir-ne d'altres de cometre el mateix delicte —el qual no hi ha reparació que pugui compensar— amb l'exemple d'un càstig que és aplicable a tothom, i a la vegada resguardar els homes de les agressions d'un criminal que, havent renunciat a la raó, la norma comuna i la mesura que Déu ha donat a la humanitat, bo i agredint injustament i assassinant un sol home ha declarat la guerra a tot el gènere humà, i per tant cal que sigui destruït com un lleó o un tigre, aquestes bèsties salvatges amb les quals els homes no poden tenir cap mena de convivència pacífica. I en això es fonamenta la gran llei natural que diu: «Qui vessi la sang de l'home, per l'home serà vessada la seva sang». I Caïm estava tan absolutament convençut que tothom tenia dret a matar un criminal com ell, que, després d'assassinar el seu germà, exclamà: «Qualsevol qui em trobi em matarà». Amb aquesta claredat estava escrit en els cors de tots els homes.

§ 12. Pel mateix motiu un home, en estat de natura, ha de poder castigar fins les infraccions més petites de la llei natural. Potser algú em preguntarà: ¿Amb la mort? I jo li respondré: Cada infracció cal que sigui castigada en la mesura i amb la severitat suficients perquè resulti contraproduent per a l'infractor, li doni motiu per penedir-se i atemoreixi els altres perquè no facin el mateix. Cada delicte que sigui comès en l'estat de natura, cal que en el mateix estat de natura sigui castigat, però de la mateixa manera i amb la mateixa extensió amb què ho seria en qualsevol comunitat política. Ara no entra dins dels meus propòsits deturar-me en els detalls de la llei natural ni en les seves mesures de càstig, però és ben cert que aquesta llei existeix, i que és tan intel·ligible i tan òbvia per a qualsevol criatura racional i per a qualsevol estudiós d'aquesta llei com les lleis positives dels Estats (i fins i tot més clara). Així com la raó és més fàcil d'entendre que no pas els intricats artificis dels homes que segueixen interessos hostils amagats darrera la lletra de la llei, les lleis interiors dels països només seran justes en la mesura en què es fonamentin en la llei natural, segons la qual han d'ésser regulades i interpretades.

[L'estranya doctrina del poder executiu]

§ 13. No tinc cap dubte que, a aquesta estranya doctrina que tothom té el poder executiu de la llei de natura, hi haurà qui m'hi objectarà que no és raonable que els homes siguin jutges en les seves pròpies causes, perquè l'amor propi els farà parcials envers ells mateixos i els seus amics i, en canvi, la mala consciència, la passió i l'afany de revenja els durien massa lluny en castigar els altres, i per tant no se'n derivaria més que confusió i desordre. És per això, sens dubte, que Déu ha designat un govern: per refrenar la parcialitat i la violència dels homes. Admeto fàcilment que el govern civil és el remei apropiat per a les inconveniències de l'estat de natura, les quals, certament, deuen ser molt greus atès que els homes poden ser jutges en les seves pròpies causes, ja que és fàcil d'imaginar que, aquell qui ha estat prou injust per perjudicar un seu germà, difícilment serà prou just per condemnar-se a si mateix pel que ha fet. Però desitjaria que, aquells qui em fan aquesta objecció, recordessin que els monarques absoluts no són més que homes, i que si el govern ha de ser el remei per a aquests mals que són conseqüència necessària del fet que els homes siguin jutges de les seves pròpies causes i, en conseqüència, l'estat de natura no és acceptable, em fessin saber de quina mena és, i fins a quin punt és millor que l'estat de natura, aquell govern on un home que governa una multitud té llibertat per ser jutge en la seva pròpia causa, i pot fer als seus súbdits tot allò que li plagui sense que ningú tingui la menor llibertat per qüestionar o controlar aquells qui executen els seus designis, i si cal que tothom s'hi sotmeti en tot allò que faci, ja sigui fruit de la raó, de l'error o de l'apassionament. És molt millor l'estat de natura, on els homes no estan obligats a sotmetre's a la voluntat injusta d'altri; i on, si aquell qui jutja ho fa erradament, en la seva pròpia causa o en qualsevol altra, n'és responsable davant la resta del gènere humà.

§ 14. Es fa sovint una important objecció: ¿On hi ha, o hi ha hagut mai, homes en aquest estat de natura? A la qual, actualment, n'hi ha prou amb respondre que, atès que tots els prínceps i governants «independents» d'arreu del món són dins l'estat de natura, és ben clar que al món sempre hi ha hagut i hi haurà innombrables homes en aquest estat. Em refereixo als governants de comunitats independents, tant si són aliats com d'altres com si no ho són; perquè no pas tota mena de pacte pot posar fi a l'estat de natura entre els homes, sinó únicament el mutu i comú assentiment d'entrar en una comunitat i de formar un sol cos polític. I hi ha també d'altres promeses i pactes que els homes poden fer els uns amb els altres, sense que per això deixin d'estar dins l'estat de natura. Les promeses i bescanvis fets, per exemple, entre els dos homes en Soldania [una illa deserta que esmenta Garcilaso de la Vega a la seva història del Perú], o entre un suís i un indi a les selves d'Amèrica, els comprometen entre si tot i que es troben en un estat de natura. Perquè la veritat i la salvaguarda de la fe pertanyen als homes com a homes, no com a membres de la societat.

§ 15. A aquells qui diuen que no hi ha hagut mai cap home en l'estat de natura, jo oposaré l'autoritat de l'assenyat Hooker (*Les lleis de la política eclesiàstica*, I, 10), que diu que «les lleis que han estat fins aquí citades» —és a dir, les lleis naturals— «obliguen totalment els homes, com a tals, encara que mai no hagin establert cap mena de mancomunitat ni cap acord solemne entre ells respecte a què cal fer i què cal no fer, però, com que nosaltres no ens bastem sols per assortir-nos de totes les provisions necessàries per a la vida que la nostra naturalesa desitja, una vida adequada a la dignitat de l'home, i, per tal de suplir aquestes deficiències i imperfeccions que patim si vivim absolutament sols, tendim de manera natural a cercar la comunió i la confraternitat amb els altres, aquesta fou la causa que els homes s'unissin inicialment en societats polítiques». I jo afegiré, a més, que tots els homes es troben naturalment en tal estat, i hi romanen fins que, per propi assentiment, esdevenen membres d'alguna societat política. Això no dubto que quedarà ben clar en la continuació d'aquest discurs.

Capítol III
De l'estat de guerra

§ 16. L'estat de guerra és un estat d'enemistat i de destrucció; conseqüentment, qui declari, de paraula o d'obra, qualsevol intenció —no pas apassionada ni precipitada, sinó equànime i serena— contra la vida d'un altre home, es posarà en estat de guerra amb aquell contra el qual hagi declarat tal intenció, i exposarà així la seva vida a ésser-li llevada pel poder de l'altre o de qualsevol que li faci costat i defensi la seva querella; perquè és raonable i just que jo tingui dret a destruir allò que m'amenaça de destruir-me. Segons la llei natural fonamental, cal que l'home es defensi tant com sigui possible, i, quan no es pot protegir-ho tot, la salvaguarda de l'innocent ha de tenir preferència. I qualsevol pot destruir aquell qui li faci la guerra, o hagi demostrat alguna hostilitat a la seva persona, pel mateix motiu que pot matar un llop o un lleó; homes així no són vinculats a la llei comuna de la raó, i no tenen altra regla que la de la força i la violència, per la qual cosa han de ser tractats com bèsties de rapinya, aquestes criatures perilloses i nocives que, si algú cau en el seu poder, el destruiran amb tota seguretat.

§ 17. D'aquí es desprèn que, aquell qui intenti de sotmetre un altre home al seu poder absolut, s'hi posarà en estat de guerra; cosa que caldrà interpretar com una declaració de propòsits en contra de la seva vida. Tinc raons per pensar que, aquell qui em sotmetés al seu poder sense el meu consentiment, quan m'hi tingués faria de mi allò que li semblés i fins i tot em destruiria quan li vingués de gust; perquè ningú no pot pretendre de sotmetre'm al seu poder absolut si no és obligant-m'hi amb la força. I això va contra el meu dret a la llibertat, és a dir, fa de mi un esclau. Essent lliure de tal força és l'única manera com puc garantir la meva seguretat, i la raó m'ordena que consideri com un enemic de la meva seguretat aquell qui em prengui la dita llibertat, la qual n'és la tanca protectora; aquell qui faci qualsevol intent d'esclavitzar-me es posa, consegüentment, en estat de guerra amb mi. Qui, en l'estat de natura, usurpi la llibertat que pertany a cadascun dins d'aquest estat, és de suposar que tindrà la intenció d'usurpar la resta, ja que la llibertat és el fonament de totes les altres coses. Així, aquell qui, en un estat de societat, usurpi la llibertat que pertany a tots els membres d'aquella societat o comunitat política, cal suposar que intentarà de prendre'ls totes les altres coses, i per tant haurà de ser considerat en estat de guerra.

§ 18. Això fa que sigui lícit per a un home matar un lladre que, no havent-lo ferit en absolut ni havent declarat cap propòsit contrari a la seva vida, tanmateix haurà fet ús de la força per sotmetre'l al seu poder i prendre-li els diners o tot allò que li plagui. Atès que ha fet ús de la força per sotmetre'm al seu poder quan no hi tenia cap dret, sigui quina sigui la seva pretensió no tinc cap motiu per suposar que, si m'ha pres la llibertat, no m'ho hagi de prendre tot una vegada em tingui sotmès. I m'és lícit, doncs, de considerar-lo en estat de guerra amb mi i de matar-lo si puc; perquè és ell mateix qui, havent implantat un estat de guerra en constituir-se en agressor, s'exposa merescudament a tal risc.

[Diferència entre l'estat de natura i l'estat de guerra]

§ 19. I heus aquí l'evident diferència entre l'estat de natura i l'estat de guerra, els quals, si bé alguns homes els han confosos, són tan distants l'un de l'altre com un estat de pau, bona voluntat, mútua assistència i seguretat i un estat d'enemistat, malícia, violència i mútua destrucció. La convivència dels homes d'acord amb la raó, sense cap senyor comú a la Terra amb autoritat per jutjar-los, és pròpiament l'estat de natura. Però la força, o la intenció declarada d'exercir la força contra la persona d'un altre, quan no hi ha cap senyor comú a la Terra a qui demanar auxili, és l'estat de guerra; i és la manca d'aquest auxili allò que dóna a l'home el dret de guerra contra un agressor, encara que sigui súbdit d'una mateixa societat. Així, un lladre, a qui, havent-me robat tot allò que posseïa, no puc fer cap dany si no és apel·lant a la llei, jo el puc matar en el moment en què m'escomet, encara que només sigui per robar-me el cavall o l'abric. La llei fou feta per a la meva protecció, i per això, allí on no pot intervenir per defensar d'una força immediata la meva vida —la qual, un cop perduda, és irrecuperable—, m'autoritza a la defensa pròpia i em concedeix el dret de guerra i la llibertat de matar l'agressor, ja que aquest no em dóna temps per recórrer al nostre jutge comú ni per esperar la decisió de la llei, com a reparació per a aquells casos en què el dany podria ser irreparable. La manca d'un jutge comú amb autoritat posa tots els homes en un estat de natura; la força il·legítima damunt d'una persona crea un estat de guerra, tant si hi ha jutge comú com si no n'hi ha.

§ 20. Ara: quan la força pròpiament dita arriba a la fi, s'acaba l'estat de guerra i ambdues parts queden subjectes al just determini de la llei, perquè aleshores resta obert el recurs d'apel·lar per la passada ofensa i prevenir futures agressions. Però quan no hi ha, com a l'estat de natura, tal recurs d'apel·lació per manca de lleis positives i de jutges amb autoritat a qui recórrer, l'estat de guerra continua, i la part innocent té dret a destruir l'altra sempre que pugui fins que aquesta no desitgi la pau i la reconciliació en uns termes que permetin de reparar tot el mal que ja ha causat i de garantir per al futur la seguretat de l'innocent. I, cas que resti obert el recurs d'apel·lació a la llei i als jutges constituïts, però la reparació sigui denegada per una perversió manifesta de la justícia i una descarada tergiversació de les lleis, és certament difícil d'imaginar altra cosa, per tal de protegir i indemnitzar contra la violència i els ultratges, que un estat de guerra. La violència i l'agressió, encara que vinguin de mans autoritzades per administrar la justícia, no deixen de ser violència i agressió, per molt acolorides que estiguin amb el nom, les pretensions o les formes de la llei; d'on es desprèn que l'objectiu final és protegir i indemnitzar l'innocent amb una aplicació imparcial de la llei damunt tots aquells que hi són subjectes. Sempre que no s'actua amb *bona fide*, es declara la guerra als que en pateixen les conseqüències, als quals, mancats d'un guiatge terrenal, no resta més que l'únic remei en aquests casos: l'apel·lació al Cel.

§ 21. La prevenció d'aquest estat de guerra (on no hi ha altre recurs que acudir al Cel, i que pot sorgir de la menor discrepància, no havent-hi autoritat per decidir entre els contendents) és una raó cabdal perquè els homes s'agrupin en societat i abandonin l'estat de natura. On hi hagi un poder i una autoritat terrenals dels quals es pugui obtenir reparació mitjançant recurs, la continuïtat de l'estat de guerra hi restarà exclosa i serà aquell poder qui resoldrà la controvèrsia. Si hi hagués hagut algun tribunal d'aquesta mena, alguna jurisdicció superior a la Terra per determinar el dret entre Jeftè i els ammonites, no haurien arribat mai a un estat de guerra; però sabem que ell es veié obligat a apel·lar al Cel. «Què Jahvè, ell que és jutge», diu Jeftè, «judiqui entre israelites i ammonites» (Jt 11,27), i tot seguit, refiant-se d'aquest recurs, prossegueix i mena el seu exèrcit a la batalla. Per tant, en aquestes controvèrsies, plantejada la qüestió «¿qui serà el jutge?», no es vol pas dir qui resoldrà la controvèrsia; tothom sap què és el que Jeftè ens diu aquí: que «Jahvè, ell que és jutge», serà qui judicarà. Quan no hi ha un jutge terrenal, cal apel·lar a la Divina Providència. La pregunta, doncs, no pot pas significar «¿qui judicarà?». Si un altre home s'ha posat en estat de guerra amb mi, ¿cal que jo faci com féu Jeftè, recórrer al Cel? Sobre això, només jo mateix puc ser jutge en la meva consciència, i n'hauré de respondre, el gran dia, davant del jutge suprem de tots els homes.

Capítol VIII
De l'inici de les societats polítiques

§ 95. Tots els homes són, com hem dit, lliures iguals i independents per naturalesa, i ningú no pot, doncs, ésser privat d'aquesta condició ni ésser sotmès al poder polític de ningú sense el seu propi consentiment. L'únic cas en què algú es desprèn de la seva llibertat natural és quan, acordant amb altres homes d'unir-se en comunitat, estableix els límits de la societat civil, per conviure amb benestar, pau i seguretat, gaudir tranquil·lament de les seves propietats i protegir-se més fermament d'aquells qui no formin part d'aquesta societat. Això ho pot fer un nombre indeterminat de persones, ja que no perjudica en absolut la llibertat dels altres: aquests romanen tal com estaven, en la llibertat de l'estat de natura. Quan un nombre indeterminat de persones s'avenen a formar una comunitat o govern, passen tot seguit a constituir un sol cos polític, on la majoria és qui té el dret d'actuar i de decidir damunt la resta.

[La força de la majoria]

§ 96. Tan bon punt, doncs, uns homes han constituït, amb el consentiment de tots i de cada un, una comunitat, han convertit aquesta comunitat en un sol cos polític, amb poder per actuar com a tal, és a dir, únicament segons la voluntat i el determini de la majoria. Com que els actes d'una comunitat són fruit de l'acord entre els seus membres, i un sol cos cal que es mogui en una sola direcció, és necessari que el cos polític segueixi el camí per on el du la força més gran, és a dir, el conveni de la majoria. Altrament li seria impossible de seguir essent un sol cos i d'actuar com una sola comunitat, tal com havien acordat tots i cada un dels que s'uniren per formar-lo. Així, mitjançant aquell acord, tothom és sotmès a les decisions de la majoria. Per això veiem que, a les assemblees que tenen facultat per actuar segons lleis positives —i aquestes no han establert cap nombre determinat—, els decrets de la majoria són considerats decrets de la totalitat, i són, per descomptat, determinants, ja que posseeixen el poder de la totalitat en virtut de la raó i de la llei natural.

§ 97. Així, tot home, pel fet d'avenir-se amb altres a formar un cos polític sota un govern, s'imposa a si mateix aquella obligació que afecta tots els membres d'aquella societat: la de sotmetre's al determini i a les decisions de la majoria; altrament, aquest pacte inicial pel qual constitueix, juntament amb altres, una sola societat, no significaria res i no seria tal pacte si l'home restés lliure i sense cap més lligam que en l'anterior estat de natura. ¿Quina aparença tindria, això, de pacte de cap mena? ¿Quin nou compromís hi hauria si no el regissin altres decrets de la societat que els que a ell li semblessin i que ell acordés? Seguiria tenint tanta llibertat com tenia abans del pacte; tanta, doncs, com qualsevol home que es trobi en l'estat de natura, el qual consisteix a acatar qualsevol decret d'aquest estat si li sembla convenient.

§ 98. Per això, si els acords de la majoria no poden ser acceptats, a dreta llei, com a decrets de la totalitat i vigents per a cada individu, res, tret del consentiment de tots i cada un dels individus, no podrà convertir les resolucions en decrets de la totalitat. Ara: un consentiment d'aquesta mena és gairebé sempre impossible d'assolir, si tenim en compte que les malalties i els negocis allunyen forçosament de l'assemblea pública un bon nombre de persones, bé que molt inferior al que representaria en l'àmbit de l'Estat. Afegint-hi, a més, la diversitat d'opinions i l'oposició d'interessos que, inevitablement, concorren en totes les agrupacions humanes, la incorporació a la societat en aquestes condicions fóra senzillament com quan Cató entra dins dels teatres: només per tornar-ne a sortir. Una constitució com aquesta faria el poderós Leviatan menys durable que la més feble de les criatures: no sobreviuria ni al dia de la seva naixença. Cosa només imaginable si creguéssim que les criatures racionals desitgen de constituir les societats només per dissoldre-les. Allí on la majoria no pot decidir sobre la resta, no és possible d'actuar com un sol cos, i en conseqüència la societat es tornarà a dissoldre immediatament.

[El pacte]

§ 99. Qualssevol, doncs, que deixin l'estat de natura per unir-se en una comunitat, s'han de fer càrrec que cal cedir a la majoria de la comunitat tot el poder necessari per als objectius als quals va encaminada tal unió, si no és que han convingut expressament d'establir un nombre superior a la majoria. I per a tal fi n'hi ha ben bé prou d'acordar d'unir-se formant una societat política, únic pacte necessari entre els individus que constitueixen o que s'incorporen en una comunitat. Així, allò que origina i de fet constitueix una societat política no és res més que el consentiment de qualsevol nombre d'homes lliures capaços de formar una majoria per unir-se i incorporar-se a una societat d'aquesta mena. Això, i només això, és el que dóna o podria donar origen a qualsevol govern legítim del món.

§ 100. Es fan dues objeccions, a tot això:

Primera, que no hi ha a la història cap exemple d'homes independents i iguals entre ells que s'hagin agrupat i hagin instituït, d'aquesta manera, un govern.

Segona, que és, per llei, impossible que hi hagi qui pugui fer tal cosa, ja que tots els homes neixen sota un govern i s'hi ha de sotmetre, i no poden, per tant, començar-ne un de nou.

[A la primera objecció: no hi ha exemples en la història]

§ 101. Respondré a la primera amb el que segueix:

No és en absolut sorprenent que la història ens expliqui tan poca cosa dels homes que vivien junts en l'estat de natura. Tan aviat com els inconvenients de tal condició, l'amor i la necessitat d'una societat aplegaren el primer nombre de persones, aquestes hagueren d'unir-se i d'integrar-se tot seguit si es proposaven de romandre juntes. I si no podem suposar que els homes hagin estat mai en l'estat de natura pel fet que no sabem gairebé res de quan vivien en tal estar, aleshores també haurem de creure que els guerrers de Salmanassar, o de Xerxes no foren mai infants, només perquè tenim escasses notícies d'abans que es fessin homes i s'incorporessin a l'exèrcit. Els governs són, arreu, anteriors als documents, i rares vegades un poble comença a conrear les lletres abans d'assegurar-se, amb una llarga continuïtat de la societat civil, la tranquil·litat, el benestar i l'abundància mitjançant altres arts més necessàries. I és aleshores quan comencen a ocupar-se de la història dels seus fundadors i a indagar els seus orígens: quan el temps ja n'ha dissipat el record. Amb les comunitats ocorre igual que amb les persones, que habitualment no recorden el seu propi naixement i infantesa; i, si alguna cosa saben del seu origen, ho deuen als relats que, accidentalment, altres els n'han deixat. I tots els relats que posseïm de l'inici de qualsevol societat política del món —tret de la dels jueus, on Déu mateix intervingué directament, i la qual no abona pas gens el domini paternal—, o bé són exemples clars d'aquell inici que he esmentat, o bé, si més no, n'ofereixen un rastre manifest.

§ 102. Demostra una estranya inclinació a negar l'evidència, quan no s'avé amb les seves hipòtesis, qui no vulgui reconèixer que els inicis de Roma i de Venècia foren fruit de la unió d'uns quants homes lliures i independents l'un de l'altre, entre els quals no hi havia cap mena de superioritat ni de subordinació naturals. I si hem de creure el que ens diu José de Acosta, veiem que a molts indrets d'Amèrica no hi havia govern de cap mena: «Existeixen notables i clares conjectures», diu, parlant dels habitants del Perú, «que aquells homes no tingueren, per espai de molt temps, reis ni Estats, sinó que vivien en grups, tal com actualment fan a Florida els cheriquanas, els del Brasil i moltes altres nacions que no tenen uns reis estables, sinó que, quan en tenen l'ocasió en temps de pau o de guerra, elegeixen a discreció els seus capitans» (llib. I, cap. 25). Si es diu que tots aquells homes naixien sotmesos al pare o al cap de família, ja hem demostrat que la submissió que un fill devia al pare no eliminava pas la seva llibertat d'unir-se a la societat política que li semblés. Fos com fos, el que és evident és que aquells homes eren efectivament lliures, i que qualsevol superioritat que avui dia els atribuirien els polítics, ells no la reivindicarien pas, sinó que tots eren iguals per comú acord fins que, en virtut del mateix acord, ells mateixos s'assignaven uns governants. Així, doncs, totes aquelles societats polítiques s'iniciaren amb una unió voluntària i amb el mutu acord entre homes que actuaven lliurement en l'elecció dels seus governants i de les seves formes de govern.

§ 103. I espero que es convindrà que aquells qui abandonaren Esparta amb Palantus, esmentats per Justí (llib. 3, cap. 4), eren homes lliures i independents l'un de l'altre, i que s'assignaren un govern ells mateixos, per propi consentiment. He donat, doncs, diversos exemples, trets de la història, de pobles lliures i en l'estat de natura que, un cop aplegats, iniciaren i s'incorporaren a una comunitat. I si la manca de tals exemples hagués d'ésser un argument per demostrar que els governs no van començar ni podien haver començat així, suposo que els defensors de l'imperi paternal valdria més que deixessin aquest de banda, en comptes d'invocar-lo contra la llibertat natural. Si em poden aportar, trets de la història, exemples de governs que s'hagin originat sobre la base del dret paternal (encara que, en el millor dels casos, els arguments basats en allò que ha estat no tenen gaire força per justificar allò que hauria d'ésser), jo crec que, sense gran perill, els podré atorgar la raó. Si volen, però, un consell, els diré que farien bé de no furgar massa en l'origen dels governs i en la manera com van començar *de facto*, no fos cas que, en la fundació de molts, trobessin coses molt poc favorables al projecte que ells defensen i a la mena de poder pel qual combaten.

§ 104. Però, per acabar: essent el cas que tenim, sens dubte, tota la raó en afirmar que els homes són lliures per naturalesa, i que els exemples de la història demostren que tots els governs del món que s'iniciaren en pau es fonamentaven sobre aquella base i sorgiren del consentiment del poble, no hi pot haver gaire dubte d'on es troba el dret, ni de quina fou l'opinió o la pràctica del gènere humà en erigir els primers governs.

§ 105. No negaré que, si mirem tan enrere com la història ens permeti, vers l'origen de les comunitats, les trobarem generalment governades i administrades per un sol home. I m'inclino a creure, a més, que sempre que una família era prou nombrosa per subsistir per si sola i romania íntegra, sense barrejar-se amb d'altres, com sovint passa on hi ha molta terra i poca gent, el govern normalment començava en el pare. El pare tenia, per llei natural, el mateix poder que qualsevol altre home per castigar, com cregués convenient, els delictes contra la llei; conseqüentment, li era lícit de castigar els seus fills si delinquien, fins i tot quan ja eren homes i lliures de la seva tutela. I és molt probable que l'acatessin, aquell càstig, i que fessin costat al pare, contra els transgressors, tots els que no ho eren, atorgant-li així poder per executar la seva sentència contra qualsevol transgressió i erigint-lo, efectivament, en legislador i governador de tots els qui convivien dins la família. Ell era el més adient per dipositar-li la confiança: l'afecte i l'atenció paternals els asseguraven la propietat i els interessos, i el costum d'obeir-lo durant la infantesa els feia més fàcil de sotmetre's a ell que no pas a cap altra persona. Per tant, si calia que algú els governés, ja que els homes difícilment poden viure plegats sense un govern, ¿qui més indicat que l'home que era el pare de tots, a menys que la negligència, la crueltat o qualsevol altra xacra de l'esperit o del cos l'incapacitessin per fer-ho? Ara bé, tant si el pare moria i deixava un hereu menys capacitat per governar —ja fos per manca d'edat, de saviesa, de coratge o de qualsevol altra qualitat—, com si s'aplegaven diverses famílies i acordaven de seguir juntes, aleshores no hi ha pas cap dubte que feien ús de la seva llibertat natural i nomenaven aquell qui jutjaven més capaç i més apropiat per governar-los rectament a tots. De conformitat amb això, trobem que els pobles d'Amèrica —vivint fora de l'abast de l'espasa conqueridora i del domini creixent dels dos grans imperis del Perú i Mèxic— gaudien de llibertat natural, si bé, *caeteris paribus*, preferien l'hereu del seu difunt monarca; amb tot, si pel que fos el trobaven feble o incapacitat, se'n desentenien i nomenaven l'home més fort i més valent per governar-los.

§ 106. Mirant enrere, doncs, fins on les cròniques més antigues del poblament de la Terra i de la història de les nacions ens permeten, trobem generalment que els governs requeien en una sola mà, però això no destrueix pas el que jo afirmo: que l'inici d'una societat política depèn del consentiment dels individus per unir-se i formar una societat; i aquests individus, un cop reunits, poden establir la forma de govern que els sembli més adient. Però com que això ha induït alguns homes a error, i a pensar que els governs eren monàrquics per naturalesa i pertanyien al pare, potser no fóra desencertat de considerar, ara, per què en un principi els pobles s'abocaren generalment en aquesta forma de govern; potser la preeminència del pare, en la institució de les primeres comunitats, motivà que el poder s'emplacés en una sola mà, però el que és evident és que, si continuà la forma de govern d'una sola persona, no fou pas per cap consideració o respecte a l'autoritat paternal, ja que totes les petites monarquies, és a dir, gairebé totes les monarquies, en els primers temps, foren generalment electives, si més no quan l'ocasió es presentava.

§ 107. Així és que, en un principi, el comandament del pare damunt dels fills durant la seva infantesa els acostumava al govern d'un sol home, i els ensenyava que, si se l'exercia amb cura, amb destresa, amb amor i amb afecte, ja era suficient per proveir i preservar tot el benestar polític que els homes anhelaven dins la societat. No era, doncs, estrany que s'aboquessin i anessin a parar, d'una manera natural, en aquella forma de govern a què estaven habituats des de la infància i que sabien, per experiència, que resultava planera i segura. A la qual cosa podem afegir que, com que la monarquia era quelcom d'allò més senzill i evident per a aquells homes, a qui ni l'experiència havia instruït en matèria de formes de govern ni l'ambició ni la insolència del poder havien ensenyat a prevenir-se dels privilegis intrusos o dels inconvenients del poder absolut, coses que la monarquia hereditària tendiria a reclamar i a imposar-los, no ha d'estranyar-nos gens que no es preocupessin per idear mètodes de repressió de qualsevol exorbitància que pogués venir d'aquells a qui havien atorgat l'autoritat per governar-los, ni per equilibrar el poder del govern tot repartint-lo entre diverses mans. No havien sofert l'opressió de la tirania, i ni els costums de l'època ni les seves possessions o forma de vida (els quals facilitaven ben poc la cobdícia o l'ambició) no els donaven cap motiu per recelar-ne ni preservar-se'n. No és, doncs, gens estrany que adoptessin aquell sistema de govern, ja que per a ells no sols era d'allò més obvi i senzill, com ja he dit, sinó també el més adient per al seu estat i condició; perquè estaven més necessitats de defensa contra les invasions i els atacs estrangers que no pas d'una multiplicitat de lleis. Aquella manera igualitària, senzilla i humil de viure, cenyint cadascú els propis desigs als límits estrictes de la seva petita propietat, originava ben poques controvèrsies, i per tant no calien pas gaires lleis, ni gaires jutges ni magistrats, per resoldre-les, atès que hi havia tan poques transgressions i tan pocs delinqüents. Cal suposar que, aquells a qui una simpatia mútua duia a unir-se i formar una societat, ja devien tenir entre ells alguna relació o amistat, i una certa confiança els uns amb els altres; devia ser, doncs, molt més gran la malfiança envers forasters que no per envers ells mateixos, i, per tant, ja ens podem imaginar que els seus pensaments i preocupacions anaven dirigits, bàsicament, a protegir-se al màxim de bé contra les forces estrangeres. És, doncs, natural que adoptessin el sistema de govern que pogués servir més bé aquell propòsit, i que triessin com a governant l'home més savi i més valent, la missió principal del qual era de guiar-los en les guerres i acabdillar-los contra els seus enemics.

§ 108. Així veiem que, a Amèrica, que és encara un model de com havien estat els primers temps d'Àsia i d'Europa (quan els habitants eren tan pocs i la inexistència del diner els evitava la temptació de voler engrandir les seves propietats o de barallar-se per extensions més grans de terreny), els monarques dels indis són poc més que generals dels seus exèrcits, i, si bé posseeixen el comandament absolut en temps de guerra, el domini que exerceixen al propi país en temps de pau és ben petit, i la seva sobirania és molt moderada, perquè la facultat de decidir la pau o la guerra recau, generalment, en el poble o en un consell. Bé que la mateixa guerra, com que no admet pluralitat de governants, retorna el comandament, de manera natural, a l'autoritat exclusiva del rei.

§ 109. A Israel mateix, sembla que l'ocupació primordial dels jutges i dels primers reis fou d'ésser capitans a les guerres i cabdills dels seus exèrcits; la qual cosa (a més d'allò que és implícit a la frase «entrar i sortir davant de la gent», és a dir, encapçalar els exèrcits cap a la guerra i de retorn a casa) apareix clarament a la història de Jeftè: Els ammonites fan la guerra contra Israel; els galaadites, atemorits, envien a buscar Jeftè, un bastard de la seva família que ells havien foragitat, i estipulen que el nomenaran el seu comandant si els ajuda contra els ammonites, i ho fan amb aquestes paraules: «I la gent mateixa va nomenar-lo el seu comandant» (Jt 11,11); cosa que, segons sembla, equivalia a nomenar-lo jutge: «Jeftè va ser jutge d'Israel» (és a dir, capità general) «durant sis anys» (Jt 12,7). Per això, quan Jotam retreu als habitants de Siquem l'obligació que tenien envers Gedeó, que havia estat el seu jutge i comandant, els diu: «Va lluitar a favor vostre i va arriscar la seva vida per deslliurar-vos de les mans de Madian» (Jt 9,17). Res no s'esmenta d'ell fora d'allò que va fer com a general: això és tot el que trobem a la seva història, i a la de qualsevol de la resta dels jutges. A Abimelec, concretament, se l'anomena rei, i tanmateix no fou més que general dels seus, a tot estirar. I quan, avorrits de la mala conducta dels fills de Samuel, els israelites diuen: «Volem tenir un rei i ser com totes les nacions. El nostre rei ens governarà, sortirà davant del nostre exèrcit i dirigirà les nostres guerres» (1 Sa 8,19-8,20), Déu, accedint als seus desigs, diu a Samuel: «T'enviaré un home del territori de Benjamí. Ungeix-lo com a rei del meu poble d'Israel, perquè salvi el meu poble de les mans dels filisteus» (1 Sa 9,16), com si l'única tasca d'un rei fos la de dirigir els seus exèrcits i lluitar per defensar-los. Així mateix, en la unció de Saül, havent-li vessat la fiola d'oli sobre el cap, li diu: «Jahvè t'ha ungit com a rei del seu poble d'Israel» (1 Sa 10,1). I és per això que, un cop Saül fou solemnement escollit i les tribus l'aclamaven com a rei a Masfà, aquells qui eren rebecs a acceptar-lo no feien altra objecció que aquesta: «De què ens pot salvar, aquest?» (1 Sa 10,27), com volent dir: «Aquest home no està capacitat per ser el nostre rei, perquè manca de la destresa i l'autoritat necessàries per defensar-nos en la guerra». I quan Déu va determinar de transferir el govern a David, ho féu amb aquestes paraules: «Però ara, la teva dinastia no s'aguantarà. Jahvè s'ha buscat un home segons el seu cor i li ha ordenat de conduir el seu poble» (1 Sa 13,14), com si tota l'autoritat reial no consistís en altra cosa que a ser el seu general; per això, les tribus que s'havien mantingut fidels a la família de Saül i contràries al regnat de David, quan van a Hebron per presentar-li les condicions de submissió, li diuen, entre d'altres arguments que tenen per acceptar-lo com a rei, que ell era efectivament el seu rei en temps de Saül, i per tant no hi ha cap raó perquè no l'acceptin ara com a tal. «En altre temps», diuen, «quan Saül era el nostre rei, eres tu qui dirigies les campanyes d'Israel, i Jahvè va dir-te: «Tu pasturaràs el meu poble i seràs el príncep d'Israel» (2 Sa 5,2).

§ 110. Així, si una família creixia fins a esdevenir, gradualment, una comunitat, i l'autoritat paternal continuava en el fill més gran, tothom, a la vegada, anava creixent sota aquesta autoritat i s'hi sotmetia tàcitament, i com que el seu caire planer i igualitari no ofenia ningú, tothom s'hi avenia, fins que el temps semblava haver-la ratificat i haver establert un dret a la successió per prescripció; en canvi, si diverses famílies o els seus descendents, s'aplegaven per casualitat, per veïnat o per afers, i formaven una societat, la necessitat d'un general el guiatge del qual els pogués defensar contra els seus enemics en la guerra, i la gran confiança mútua que, amb la innocència i la sinceritat d'aquella època pobra però virtuosa (com han estat gairebé totes les èpoques de la història en què s'ha iniciat algun govern durable), es tenien els homes, féu que els peoners de les comunitats dipositessin el poder, generalment, en mans d'un sol home, sense cap altra limitació o restricció expressa que les que la mateixa natura de les coses i l'objectiu del govern requerien. Fos quina fos d'aquestes societats la que posés al principi el poder en mans d'una sola persona, la veritat és que no es donava mai a ningú que no fos pel bé i la seguretat públics, i a tal fi anava encaminat l'ús que comunament en feien aquells qui el posseïen, durant la infantesa de les comunitats. Si no ho haguessin fet així, aquelles societats incipients no haurien pas subsistit; sense uns pares amatents que haguessin tingut cura, amb tendresa, del bé públic, tots els governs s'haurien enfonsat sota les febleses i imperfeccions de la infantesa, i ben aviat el monarca i el poble haurien sucumbit plegats.

§ 111. A l'Edat d'Or (abans que la vana ambició i l'*amor sceleratus habendi*, la malvada concupiscència, haguessin corromput l'enteniment dels homes i els haguessin dut a malentendre els conceptes de poder i honor autèntics) hi havia més virtut, i per tant més bons governants; alhora, els súbdits eren menys depravats i no s'havia estès cap prerrogativa opressora del poble ni, doncs, cap disputa per qüestió de privilegis que pogués disminuir o restringir el poder dels magistrats;* no hi havia, doncs, litigis entre els dirigents i el poble en matèria de governants o de govern. Tanmateix, quan l'ambició i la luxúria, en èpoques posteriors, retingueren i augmentaren el poder sense acomplir la tasca per a la qual havia estat atorgat, i, amb l'ajuda de l'afalac, ensenyaren als monarques de tenir interessos diferents i separats del poble, els homes van sentir la necessitat d'examinar més atentament l'origen i els drets del govern, i de trobar la manera de reprimir les exorbitàncies i prevenir els abusos d'aquell poder que, havent-lo disposat ells mateixos en unes altres mans únicament per al seu propi bé, s'adonaven que estava essent utilitzat per perjudicar-los.

[Conclusió: o bé són exemples clars de l'inici esmentat, o bé n'ofereixen un rastre manifest]

§ 112. Això ens pot fer veure com és de probable que gent que eren lliures per naturalesa i, per propi consentiment, es van sotmetre al govern del seu pare o s'agruparen, procedents de diferents famílies, per formar un govern, posessin el poder generalment en mans d'un sol home i optessin per seguir els dictats d'una sola persona, sense limitar ni regular gaire aquest poder amb condicions expresses, ja que es refiaven prou de l'honestedat i la prudència del

* «En un principi, quan algun tipus de regent era nomenat, de segur que res no es preveia sobre la forma de govern i tot es confiava a la seva saviesa i discreció, en virtut de les quals havia de governar, fins que l'experiència demostrà la ineficàcia total d'aquest procedir: allò que els homes havien ideat com un remei no feia altra cosa que agreujar la ferida en comptes de guarir-la. S'adonaren que el fet de viure sota la voluntat d'un sol home era la causa de tots els infortunis de la humanitat, i això els dugué a establir lleis mitjançant les quals cada home pogués saber d'antuvi els seus deures i conèixer els càstigs corresponents a la seva transgressió». (Richard Hooker, *Les lleis de la política eclesiàstica*, llib. I, sec. 10.)

governant. Però mai no van ni somiar que una monarquia hagués de ser *jure divino*, cosa de la qual mai no se sentí parlar, dins el gènere humà, fins que ens fou revelada per la teologia contemporània, ni s'atribuí mai al poder paternal cap dret a la dominació ni a constituir la base dels governs. I amb això n'hi deu haver prou per demostrar que, sempre que la història ens aporta alguna llum, tenim motius per concloure que l'inici pacífic de tot govern ha estat fonamentat en el consentiment del poble. I dic pacífic, perquè ja tindré ocasió, més endavant, de parlar de la conquesta, cosa que alguns consideren una forma d'inici de govern.

[A la segona objecció: no hi ha llibertat per fer un pacte]

L'altra objecció que he trobat que es fa contra el principi de les societats polítiques, en la forma que he esmentat, és aquesta:

§ 113. Tots els homes han nascut sota una mena o altra de govern, i és, doncs, impossible que ningú pugui ser mai lliure ni unir-se amb altres per erigir-ne, legítimament, un de nou.

Cas que aquest argument fos vàlid, jo pregunto: ¿Com és que hi ha tantes monarquies legítimes al món? Perquè si algú, en virtut d'aquest supòsit, pot mostrar-me un sol home que, a qualsevol època de la història del món, hagi estat lliure per iniciar una monarquia legítima, jo em comprometo a mostrar-li'n deu que foren lliures per unir-se i, alhora, per endegar un nou govern, ja fos sota un reialme o amb qualsevol altra forma. I això demostra que si qualsevol, nascut sota el domini d'un altre, pot ser prou lliure per adquirir el dret a comandar altres homes en un imperi nou i distint, tothom qui hagi nascut sota el domini d'un altre home pot ser igualment lliure i esdevenir dirigent o súbdit d'un govern distint i separat. D'aquesta manera, i segons aquell seu mateix principi, o bé els homes són tots lliures, sigui quin sigui el seu origen, o altrament no hi haurà més que un sol príncep i un sol govern legítim al món. No hauran de fer, doncs, altra cosa que ensenyar-nos, senzillament, de qui es tracta; i quan ens l'hagin ensenyat, no tinc cap dubte que tota la humanitat s'avindrà fàcilment a retre-li obediència.

§ 114. Tot i que, per tal de respondre a aquesta objecció, n'hi hauria prou amb fer veure a aquells qui la fan que els involucra en les mateixes dificultats que aquells contra els quals la utilitzen, procuraré tanmateix de revelar les febleses d'aquest argument amb una mica d'extensió.

[Punts dèbils de l'objecció]

«Tots els homes», diuen ells, «neixen sota un govern i no poden, per tant, començar-ne un de nou. Tothom neix súbdit del seu pare o del seu príncep, i resta doncs, perpètuament, sota el lligam de la subjecció i l'obediència». És ben evident que els homes mai no reconegueren ni tingueren en consideració cap tipus de subjecció «innata» d'aquesta mena, que els lligués, sense el seu propi consentiment, a tal o tal home i als seus hereus.

§ 115. No hi ha a la història exemples tan freqüents, siguin sagrats o profans, com els dels homes que defugiren l'obediència a la jurisdicció sota la qual havien nascut i a la família o comunitat on havien estat criats, i establiren nous governs en d'altres indrets; d'allí van sorgir tot aquell nombre de petites comunitats dels primers temps de la història, que s'anaren multiplicant, mentre hi havia espai suficient, fins que les més fortes engoliren les més febles; i aquelles es tornaren a desmembrar, i es van dissoldre en dominis menors. Tots aquests exemples són testimoniatges contra la sobirania paternal, i demostren clarament que no era pas la transmissió del dret natural del pare als seus hereus allò que constituïa els governs en un principi, ja que era impossible, en aquest terreny, que haguessin sorgit tants regnes petits. No hi hauria hagut més que una sola monarquia universal si els homes no haguessin tingut la llibertat de separar-se de la seva família i del seu govern, fos de la mena que fos, i endegar nous governs i noves comunitats de la manera que els semblés més convenient.

§ 116. Aquesta ha estat la pràctica arreu del món, des dels primers temps fins a l'actualitat, i no hi ha, avui que els homes neixen sota estats antics i constituïts, amb lleis i formes de govern establertes, cap altre impediment a la seva llibertat que si haguessin nascut entre els lliures i irreprimits habitants de la selva. Aquells, doncs, que ens vulguin convèncer que pel fet d'haver nascut sota un govern determinat ja hi estem sotmesos d'una manera natural i no ens resta cap accés ni pretensió a la llibertat de l'estat de natura, no tenen altra raó per esgrimir (tret de la del poder paternal, a la qual ja hem replicat) que el fet que els nostres pares o progenitors abandonaren la seva llibertat natural i, per tant, s'obligaren i obligaren la seva descendència a una submissió perpètua al govern a què ells s'havien sotmès. És cert que tothom està obligat a complir les promeses que hagi fet i els compromisos que hagi contret ell mateix, però cap mena de pacte no podrà obligar-hi els seus fills o descendents. Quan un fill es fa home, esdevé tan lliure com pugui ser el seu pare, i cap decisió del pare no podrà restringir la llibertat del seu fill més que la de qualsevol altre home. Podrà addicionar, això sí, sobre la propietat de terres de què ell gaudia com a súbdit d'un Estat, determinades condicions que obliguin el seu fill a pertànyer a aquella comunitat si vol gaudir de les possessions que eren del seu pare; per tal com, essent les terres propietat del pare, aquest pot disposar-ne o regular-les com li sembli.

§ 117. Això, en general, ha induït a errors tocant a aquest tema. Com que els estats no permeten que els seus dominis siguin desmembrats ni posseïts per ningú que no sigui súbdit, el fill, normalment, no pot accedir a les propietats del seu pare si no és en les mateixes condicions que aquell: essent membre d'aquella societat. Per tant, se sotmet tot seguit al govern establert, ni més ni menys que qualsevol altre súbdit d'aquell Estat. I és per això que, com que els homes lliures nascuts sota un govern donen tal consentiment —única manera de fer-los-en membres— per separat, quan els arriba el torn en esdevenir majors d'edat, i no pas tots junts en multitud, la gent no hi para esment, i, creient que no es dóna o que no és necessari, arriben a la conclusió que ja es converteixen naturalment en súbdits pel fet de fer-se homes.

§ 118. Però és evident que els mateixos governs ho entenen d'una altra manera: no reclamen cap poder damunt del fill només perquè en tinguessin damunt del pare, ni consideren súbdits els fills perquè ho hagin estat els pares. Si un súbdit anglès té, amb una dona anglesa, un fill a França, ¿de qui serà súbdit, aquest? No pas del rei d'Anglaterra, perquè per gaudir dels privilegis d'aquest país necessita un permís especial. Ni tampoc del rei de França, perquè, si no, ¿com podria el seu pare endur-se'l lliurement i criar-lo com li semblés? ¿Ha estat mai ningú jutjat per traïció o deserció, cas que se n'anés del país o hi combatés en contra, només pel fet d'haver-hi nascut, essent els seus pares forasters? És prou clar, tant per la pràctica dels mateixos governs com per la llei de la raó justa, que un infant no neix súbdit de cap país ni de cap govern. Resta sota la cautela i l'autoritat del pare fins que arriba a la majoria d'edat; i aleshores és un home lliure de decidir a quin govern se sotmetrà i a quin cos polític s'adherirà. És evident que, si un fill nascut a França de pare anglès té llibertat per fer tal cosa, res no el lliga tampoc pel fet que el seu pare sigui súbdit d'Anglaterra, i no hi ha tampoc cap pacte dels seus avantpassats que el pugui obligar. ¿Per què, doncs, no pot tenir qualsevol fill, per la mateixa raó, la mateixa llibertat, hagi nascut on hagi nascut? El poder que un pare té, de manera natural, damunt dels seus fills, és el mateix independentment d'on hagin nascut, i els lligams i les obligacions naturals no els imposen pas les fronteres precises dels regnes i dels Estats.

[Consentiment tàcit i consentiment exprés]

§ 119. Vist que tots els homes, com hem demostrat, són lliures per naturalesa, i que no hi ha res, llevat del seu propi consentiment, capaç de sotmetre'ls a cap poder terrenal, cal que considerem que s'ha d'entendre per declaració suficient del consentiment d'un home per ser sotmès a les lleis de determinat govern. Hi ha la distinció usual entre consentiment exprés i consentiment tàcit, que és la que ara aplicarem al nostre cas. Ningú no dubta que el consentiment exprés de qualsevol home per entrar en determinada societat el converteix en perfecte membre d'aquella societat, en súbdit d'aquell govern. El que és difícil és d'establir què s'ha d'entendre per consentiment tàcit, i en quina mesura obliga, és a dir, fins a quin punt podem considerar que algú ha consentit, i per tant s'ha sotmès a determinat govern, si no s'ha pronunciat explícitament en aquest sentit. Sobre això, diré que tot home que posseeixi o gaudeixi de qualsevol part del domini d'un govern ha de donar, per aquest sol fet, el seu consentiment tàcit, i resta obligat, des d'aquest moment, a obeir les lleis d'aquell govern, mentre duri el seu gaudiment, com qualsevol altre súbdit; i això tant si aquesta propietat és de terres que li han de pertànyer, a ell i als seus descendents, per sempre, com si s'hi ha d'allotjar només per una setmana, o com si ha de viatjar lliurement per les carreteres. El consentiment tàcit, de fet, resulta del simple fet de viure dins del territori d'un determinat govern.

§ 120. Per tal d'entendre això més bé, convé tenir en compte que qualsevol home, en incorporar-se a una comunitat, hi annexiona també i hi sotmet, pel fet d'entrar-hi ell, totes aquelles propietats que tingui o que hagi d'adquirir, si no és que ja pertanyen a algun altre govern. Fóra una clara contradicció que algú entrés a conviure amb altres en societat, per garantir i regular la propietat, i suposés que les seves terres, la propietat de les quals ha de ser regulada per les lleis de la societat, han de restar exemptes de la jurisdicció d'aquell govern del qual és súbdit el mateix propietari de les terres. En virtut d'això mateix, per tant, sempre que algú, prèviament lliure, incorpora la seva persona a una comunitat, hi incorpora al mateix temps les seves propietats, que abans també eren lliures; i ambdós, persona i propietats, se subordinen al govern i al domini d'aquella comunitat mentre existeix. Tot aquell, doncs, que a partir d'aleshores, per herència, compra, autorització o de qualsevol altra manera, accedeix a qualsevol part de la terra annexa i sotmesa al govern d'aquella comunitat, haurà de prendre-la sota les condicions que fan al cas; és a dir, des d'aquell moment, l'haurà de sotmetre al govern de la comunitat sota la jurisdicció de la qual es troba, igual com qualsevol altre súbdit.

§ 121. Atès, però, que el govern té una jurisdicció directa sobre les terres, i inclou el propietari (abans que s'hagi incorporat de fet a la societat) només si hi habita i en gaudeix, l'obligació que tothom té, en virtut de tal gaudiment, d'acatar el govern, comença i acaba amb el gaudiment; de manera que, sempre que el propietari, que no ha donat al govern més que un consentiment tàcit, cedeixi, mitjançant donació, venda o de qualsevol altra manera, la propietat en qüestió, queda en llibertat per incorporar-se a qualsevol altra comunitat o per acordar, amb d'altres, d'iniciar-ne una de nova, *in vacuis locis,* a qualsevol indret del món que trobin lliure i deshabitat. En canvi, aquell qui mitjançant acord específic i declaració expressa ha donat el consentiment per pertànyer a determinada comunitat, resta, un cop fet això, perpètuament i indispensablement obligat a ésser i a romandre súbdit d'aquell Estat, i no podrà tornar mai a viure en la llibertat de l'estat de natura (fora que, per qualsevol calamitat, es dissolgui el govern del qual era súbdit; o bé que, per decret públic, se'l separi definitivament de la comunitat).

[El pacte ens fa membres de la societat]

§ 122. Però el fet d'acatar les lleis d'un país, viure tranquil·lament i gaudir dels privilegis i la protecció que aquestes lleis li ofereixen, no converteix l'home en membre d'aquella societat; això és tan sols una protecció local i una deferència deguda i exigida a tots aquells qui, no trobant-se en estat de guerra, vénen a viure als territoris pertanyents a un govern, a qualsevol part on s'estén la força de les lleis d'aquest. Però això no converteix un home en membre ni súbdit perpetu d'aquella comunitat, de la mateixa manera que un home que cregui convenient de conviure durant un temps amb la família d'un altre no n'esdevé pas el súbdit. Ara: mentre hi visqui, estarà obligat a acatar les lleis i a obeir el govern existent. Per això veiem com els estrangers que viuen tota la vida sota un altre govern, gaudint-ne dels privilegis i la protecció, si bé estan obligats, fins i tot en consciència, a acatar les seves lleis com qualsevol ciutadà, no esdevenen pas, en canvi, súbdits ni membres d'aquella comunitat. Res no pot fer d'un home súbdit ni membre d'un Estat, a menys que s'hi incorpori mitjançant compromís positiu, promesa expressa i pacte. Aquest és el meu parer pel que fa a l'inici de les societats polítiques i al consentiment que converteix un home en membre d'un determinat Estat.

Capítol XIX
De la dissolució del govern

[Dissolució de la societat i dissolució del govern]

§ 211. Tothom qui vulgui parlar amb una mica de claredat de la dissolució del govern cal que distingeixi, abans que res, entre dissolució de la societat i dissolució del govern. Allò que origina la comunitat i sostreu els homes del lliure estat de natura per integrar-los en una societat política és l'acord que cadascun estableix amb la resta per unir-se i actuar com un sol cos, i constituir, així, un Estat diferenciat. La manera habitual —i gairebé l'única— de dissoldre aquesta unió és la invasió i conquesta de l'Estat per una força estrangera. En aquest cas (no essent capaços els membres de la comunitat de mantenir-se com un cos únic i independent), la unió en què es fonamentava aquell cos polític deixa necessàriament d'existir, de manera que cadascú retorna a l'estat en què es trobava anteriorment i recupera la llibertat de compondre-se-les tot sol i de procurar-se la pròpia salvaguarda, si ho creu convenient, en el si d'alguna altra societat. Sempre que una societat és dissolta, és ben segur que el govern de tal societat no podrà subsistir. L'espasa del conqueridor sovint escapça de soca-rel els governs i esbocina les societats, i les multituds, sotmeses o disperses, són privades de la protecció i de la dependència d'aquella societat que les hauria d'haver defensat contra la violència. I no cal pas dir res més: el món ja està molt experimentat i molt avançat per permetre aquest tipus de dissolució de governs. No són necessaris gaires arguments per demostrar que, quan la societat és dissolta, el govern no pot subsistir. Això fóra tan impossible com que l'estructura d'una casa es mantingués dempeus quan els materials els ha arrossegat i dispersat un remolí de vent, o després que un terratrèmol els hagués convertit en un confús amuntegament de runa.

[Dissolució dels governs: primera manera]

§ 212. A més d'aquest enderrocament des de fora, els governs també poden ésser dissolts des de dins, en els casos següents:

Primer, quan el poder legislatiu ha estat alterat. La societat civil suposa la convivència pacífica dels seus membres; l'estat de guerra en resta exclòs mitjançant l'arbitratge que han fet recaure en el legislatiu per tal que resolgués qualsevol diferència que pugui sorgir entre ells. És, doncs, el poder legislatiu allò que uneix els membres d'un Estat i els aplega en un cos únic i coherent, i constitueix l'ànima que dóna forma, vida i unitat a l'Estat, i d'on aquells deriven la seva influència, simpatia i connexió mútues. Per tant, en desintegrar-se o dissoldre's el poder legislatiu, s'esdevenen la dissolució i la mort de la societat, ja que l'essència i la unió d'aquesta societat consistien a tenir una voluntat única, i el poder legislatiu, una vegada establert per la majoria, era qui manifestava i, per dir-ho així, mantenia aquella voluntat. La constitució del legislatiu és l'acte primer i fonamental de la societat, perquè garanteix la continuació de la unitat entre els seus membres sota la direcció de determinades persones i cenyint-se a unes lleis dictades per legisladors autoritzats, nomenats amb el consentiment del poble, sense els quals cap home, ni cap grup d'homes, no tenen cap autoritat per promulgar lleis que obliguin la resta. Sempre que algú —o algun grup— no designat pel poble es posi a legislar pel seu compte, estarà dictant lleis sense autoritat per fer-ho, i per tant el poble no estarà obligat a acatar-les i restarà altre cop lliure de submissió, amb plena llibertat per assignar-se un nou legislatiu com els sembli millor i per resistir-se a la força d'aquells qui els vulguin imposar qualsevol cosa sense autoritat per fer-ho. Cadascú restarà a disposició de la seva pròpia voluntat sempre que aquells que la societat havia delegat per interpretar la voluntat pública siguin destituïts per uns altres que, sense autoritat ni delegació, n'usurpin el lloc.

§ 213. Això és provocat, habitualment, quan els que detenen el poder en un Estat en fan mal ús, i és difícil de jutjar correctament i de determinar a qui cal carregar la responsabilitat sense saber en quin tipus de govern s'ha esdevingut. Suposem, doncs, que el poder legislatiu es trobi, simultàniament en mans de tres persones distintes:

1. Una sola persona que, per via hereditària, posseeixi el poder executiu constant i suprem, i alhora la potestat de convocar i dissoldre les altres dues dins uns determinats períodes de temps.

2. Una assemblea constituïda per la noblesa hereditària.

3. Una assemblea de representants elegits pel poble *pro tempore*.

Suposant, doncs, un govern d'aquesta mena, és evident que:

§ 214. Primer: Quan aquesta persona o monarca imposa la seva voluntat arbitrària en comptes d'aplicar les lleis que representen la voluntat de la societat, aleshores modifica el poder legislatiu; per tal com, efectivament, són les normes i les lleis del poder legislatiu aquelles que cal executar i que requereixen d'ésser obeïdes, i qualssevol altres lleis i normes que es pretengui d'imposar per la força i no provinguin del legislatiu designat per la societat modificaran tal poder. Tot aquell qui introdueixi noves lleis, no autoritzades prèviament per designació fonamental de la societat, o subverteixi les ja existents, repudia i desfà el poder legislatiu i n'implanta un de nou.

§ 215. Segon: Quan el monarca impedeix al poder legislatiu de reunir-se en el seu moment, o d'actuar lliurement d'acord amb els fins per què fou constituït, el legislatiu és alterat. No és el sol fet de reunir-se un nombre determinat de persones allò que constitueix el poder legislatiu; cal, a més, que tinguin llibertat per debatre i llicència per dur a terme tot el que pugui beneficiar la societat. Quan és privat d'aquestes atribucions, o li són modificades fins al punt d'impedir a la societat d'exercir degudament el seu poder, el legislatiu sofreix una evident alteració. Un govern no el constitueixen simples noms, sinó l'ús i l'exercici dels poders que es preveié que els havien d'acompanyar, de manera que tot aquell qui usurpa la llibertat o obstaculitza l'actuació del poder legislatiu en el seu degut moment, de fet el suprimeix i posa fi al govern.

§ 216. Tercer: Quan el poder arbitrari del monarca modifica els electors o els procediments d'elecció sense el consentiment i contra els interessos del poble, el poder legislatiu també resulta alterat. Si els que no són els autoritzats per la societat, o ho fan de manera diferent de la prescrita, els elegits no constituiran un poder legislatiu nomenat pel poble.

§ 217. Quart: El fet de lliurar el poble a mans d'un poder estranger, ja sigui el monarca o el legislatiu qui ho faci, produeix també, sens dubte, una modificació del poder legislatiu, i conseqüentment la dissolució del govern. El fi pel qual l'home constituí una societat fou de mantenir-se sempre com una comunitat íntegra, lliure i independent, governada per lleis pròpies; sempre que caigui en mans d'un altre poder, tot això es malmetrà.

§ 218. El motiu pel qual, en una constitució d'aquesta mena, la dissolució del govern en casos així és imputable al monarca, és prou evident: tenint la força, el tresor i l'aparell administratiu de l'Estat a la seva disposició, i estant sovint convençut, per ell mateix o per influència d'aduladors, que la seva condició de magistrat suprem l'eximeix de tot control, només ell es troba en una posició que li permet de produir canvis d'aquesta mena, i té a les mans el poder per atemorir o eliminar els seus opositors titllant-los de facciosos, sediciosos i enemics del govern. Mentre que cap altra part del legislatiu ni del poble no pot, per si sola, alterar en absolut aquell poder sense recórrer a una rebel·lió prou manifesta i visible per ser tinguda en compte, la qual, cas de reeixir, produiria uns efectes ben poc diferents dels d'una conquesta estrangera. A més, en aquesta forma de govern, tenint el monarca el poder per dissoldre les altres parts del poder legislatiu, convertint-les així en persones privades, aquestes no podran mai, en oposició a ell o sense la seva aprovació, alterar el legislatiu mitjançant una llei, ja que és necessari el consentiment del monarca per ratificar qualsevol decret. Sempre, però, que les altres parts del legislatiu col·laborin, d'alguna manera, en qualsevol temptativa contra el govern, tant si la promouen directament com si no s'hi oposen com caldria, seran culpables d'haver pres part en allò que és sens dubte el pitjor crim que puguin cometre uns homes contra uns altres.

§ 219. Hi ha encara una altra manera de dissoldre un govern, i és quan aquell qui té el poder executiu suprem negligeix i abandona la seva funció fins al punt que no és possible de seguir executant les lleis ja existents. Això significa, manifestament, reduir-ho tot a l'anarquia i fer efectiva la dissolució del govern. Les lleis no han estat fetes perquè sí, sinó perquè la seva execució estableixi els límits de la societat i conservi cada part del cos polític en el seu lloc degut i fent la funció que li pertoca, i, si deixen de regir, el govern cessarà de manera visible i el poble esdevindrà una multitud confusa, sense ordre ni connexió. Quan ja no existeix l'administració de la justícia per defensar els drets dels homes, ni resta cap poder, dins la comunitat, que pugui dirigir la força ni satisfer les necessitats de la població, no hi ha cap dubte que ha deixat d'existir tota mena de govern. Si hi ha impossibilitat d'executar les lleis és ben bé com si no existissin, i un govern sense lleis és, suposo, un misteri polític inconcebible per a l'enteniment humà i incompatible amb la societat humana.

[La resposta del poble]

§ 220. En aquest cas i en d'altres de semblants, un cop dissolt el govern el poble resta en llibertat per proveir per a les seves pròpies necessitats i per erigir un nou poder legislatiu, diferent de l'anterior en persones, forma o ambdues coses, si algú ho creu convenient per al bé i la seguretat públics. La societat no ha de perdre mai, per culpa d'un altre, el dret innat i original que té a protegir-se a si mateixa, dret que només pot ser satisfet mitjançant un poder legislatiu establert i una execució justa i imparcial de les lleis que aquell dicta. Però la situació de la humanitat no és pas tan desgraciada que no permeti als homes d'emprar aquest remei fins que sigui massa tard per buscar-ne un altre. Dir al poble que cal que procurin per ells mateixos tot creant un nou legislatiu quan l'opressió, l'artifici o el lliurament a mans estrangeres han fet desaparèixer el que hi havia, no és més que dir-los que poden trobar un remei quan ja és massa tard i el mal és incurable. Això és, de fet, igual com esclavitzar-los primer i després dir-los que procurin per la seva llibertat, i, quan tenen les cadenes posades, dir-los que actuïn com a homes lliures. Si és així, més que un remei serà una burla; els homes no poden protegir-se mai contra la tirania, si no hi ha mitjans per escapar-ne, fins que no hi són ben bé sota. Per això cal que el poble no sols tingui dret a lliurar-se de la tirania, sinó també a intentar d'evitar-la.

[Dissolució dels governs: segona manera]

§ 221. Hi ha doncs, en segon lloc, una altra manera de dissoldre un govern: quan el legislatiu, o el monarca, actuen contràriament a la tasca que els ha estat confiada.

El poder legislatiu actua contra la tasca que li ha estat confiada si intenta d'envair les propietats dels súbdits, de manera que els membres d'aquell poder, o qualsevol altra part de la comunitat, esdevinguin amos o puguin disposar arbitràriament de les vides, les llibertats o les fortunes de la població.

§ 222. El motiu pel qual els homes entren en una societat és la salvaguarda de la seva propietat, i si designen i autoritzen un poder legislatiu és perquè hi pugui haver unes lleis i unes normes que actuïn com a custòdia i mur protector de les propietats de tots els membres de la comunitat, i que delimitin el poder i moderin el domini de cada membre i cada part de la societat. A ningú no se li acudirà que la voluntat de la societat pugui ser que el poder legislatiu tingui facultat per destruir allò que s'havia previst que protegís, i per la qual cosa els homes entraren en societat i se sotmeteren a uns legisladors designats per ells mateixos. Sempre que els legisladors intentin d'arrabassar i de destruir la propietat del poble, o de reduir els homes a la condició d'esclaus sota un poder arbitrari, es posen en estat de guerra amb el poble, i aquest, a partir d'aleshores, resta eximit de tota obediència i pot acollir-se al refugi comú que Déu ha ofert a tots els homes contra la força i la violència. Sempre, doncs, que el poder legislatiu transgredeixi aquesta norma fonamental de la societat, i, ja sigui per ambició, per por, per niciesa o per corrupció, intenti d'atribuir-se o de lliurar a mans d'un altre un poder absolut damunt les vides, les llibertats i els béns del poble, haurà traït la confiança atorgada i haurà posat el poder que el poble li havia concedit al servei d'objectius ben oposats, de tal manera que el poble recuperarà aquell poder i tindrà dret a recobrar la llibertat inicial, i, amb la designació d'un nou legislatiu (el que cregui més convenient), procurar per la seva pròpia seguretat i protecció, ja que és amb aquest fi que els homes són dins la societat. Això que acabo de dir sobre el poder legislatiu en general és igualment vàlid pel que fa al suprem executor, el qual, tenint assignades dues missions —participació en el legislatiu i suprema execució de la llei—, actuarà contra totes dues si pretén d'imposar la seva voluntat arbitrària com a llei de la societat. Actuarà també contràriament a la seva missió si fa ús de la força, del tresor o de l'aparell administratiu de la societat per corrompre'n els representants i guanyar-los per als seus propòsits, o bé si compromet d'antuvi els electors i els obliga a votar a favor d'aquells que s'ha fet seus mitjançant incitació, amenaces, promeses o qualsevol altre procediment, i li han promès de votar i d'aprovar determinades lleis. Manipular així candidats i electors i modificar els procediments electorals, ¿què és, sinó escapçar el govern per les arrels i enverinar la mateixa font de la seguretat pública? El poble s'ha reservat el dret a triar els representants que han de defensar les seves propietats, i no ho pot haver fet amb altra intenció que la de garantir que fossin sempre elegits lliurement, i que, una vegada elegits, actuessin i dictaminessin lliurement segons que les necessitats de l'Estat i el bé públic consideressin necessari, després del degut examen i d'una discussió ponderada. I això no ho poden fer aquells qui voten abans d'haver sentit la discussió i d'haver sospesat les raons de totes bandes. Qui arranja una assemblea d'aquest caire i pretén d'imposar els còmplices declarats de la seva pròpia voluntat com a representants legítims del poble i legisladors de la societat, comet sens dubte la violació més greu de la confiança que se li ha donat, i manifesta una intenció de subvertir el govern tan evident que ja no ho pot ser més. Si hi afegim, a més, el fet de posar premis i càstigs al servei d'aquest mateix fi, i de fer ús de tots els ardits possibles per corrompre la llei i eliminar i destruir tots aquells qui surtin al pas de tals intencions i no vulguin accedir ni consentir a trair les llibertats del seu país, no ens restarà pas cap dubte sobre la naturalesa del seu capteniment. És fàcil de determinar quina mena de poder és aquest que alguns, dins la societat, utilitzen en contradicció amb la responsabilitat que li és inherent d'ençà de la seva institució; i és inevitable de concloure que aquell qui ha intentat això una vegada ja no mereix mai més cap confiança.

§ 223. Potser se'm dirà que el poble és ignorant i no està mai content, i que fonamentar el govern en l'opinió inestable i l'humor fluctuant de la gent és exposar-lo a una ruïna certa, i que cap govern no podrà subsistir gaire temps si el poble ha de nomenar un nou poder legislatiu cada vegada que es consideri perjudicat per l'existent. Doncs bé, jo dic que és tot el contrari. La gent no abandona els antics costums tan fàcilment com algú tendeix a suggerir. És molt difícil de convèncer-la que cal reparar defectes evidents de l'estructura social a què estem acostumats. Tant si hi ha defectes de bon principi, com si el temps i la corrupció n'han introduït, no és gens fàcil aconseguir de corregir-los, encara que el món sencer ho consideri oportú. Aquesta lentitud i aversió per part del poble a renunciar a les seves antigues constitucions, tot i les moltes revolucions que s'han esdevingut en aquest regne en èpoques presents i passades, ha mantingut sempre —o ens l'ha retornat després d'algun interval de temptatives infructuoses— el nostre ancestral poder legislatiu compost pel rei, els lords i els comuns. I per moltes provocacions que hagin desposseït de la corona alguns dels nostres monarques, el poble no ha arribat mai al punt de lliurar-la a una altra dinastia.

[La rebel·lió: el poder en mans del poble]

§ 224. Em direu que aquesta hipòtesi sembra els ferments de la rebel·lió freqüent, a la qual cosa jo us respondré:

Primer: No pas més que qualsevol altra hipòtesi. Quan el poble cau en desgràcia i es troba exposat als excessos d'un poder arbitrari, ja podeu proclamar que els seus governants són fills de Júpiter, ja podeu dir que són sagrats o divins, descendents de Déu o directament autoritzats pel Cel, ja els podeu equiparar a qui vulgueu: sempre passarà el mateix. El poble que és habitualment maltractat i governat contràriament al dret, estarà disposat, a la menor ocasió, a alliberar-se de la feixuga càrrega que duu a sobre; anhelarà i cercarà una oportunitat que, ja sia pels canvis, per les febleses o pels accidents dels afers humans, no sol trigar gaire a oferir-se'ls. Ha d'haver viscut molt poc en aquest món qui no hagi vist cap exemple d'això en el seu temps, i ben poc deu haver llegit qui no pugui aportar-ne exemples trets de tota mena de governs del món.

§ 225. Segon: Aquestes revolucions no es produeixen pas arran del menor senyal de desgovern en els afers públics. El poble està disposat a tolerar greus errors per part de qui governa, moltes lleis equivocades i inoportunes i totes les relliscades de la feblesa humana sense murmurar ni revoltar-se, però si una llarga rècula d'abusos, prevaricacions i artificis, tots dirigits a un mateix fi, li posen en evidència les intencions dels governants i s'adona inevitablement d'allò que l'oprimeix i d'on el volen menar, no serà gens estrany que es desvetlli i faci tots els possibles per posar la llei en mans de qui li pugui garantir que perseguirà els fins pels quals el govern havia estat erigit. Si no és així, els noms antics i les formes de govern enganyívoles són molt pitjors que l'estat de natura o la pura anarquia, perquè els inconvenients són igualment greus i immediats, i en canvi el remei és molt més llunyà i difícil.

§ 226. Tercer: Aquesta doctrina d'un poder en mans del poble per recuperar la seguretat tot nomenant un nou legislatiu quan els legisladors han actuat contràriament a la seva comesa i han envaït les seves propietats, és la millor defensa contra la rebel·lió i el mitjà més eficaç per evitar-la. La rebel·lió no és pas una oposició a les persones, sinó a l'autoritat, i aquesta es basa únicament en les constitucions i en les lleis del govern: sigui qui sigui aquell qui per la força les infringeixi i per la força en justifiqui la violació, haurà de ser considerat verament i pròpiament com un rebel. Atès que els homes, en unir-se en societat i formar un govern civil, n'han exclòs la força i han introduït unes lleis per a la defensa de la propietat, de la pau i de la unitat entre ells, qui vulgui seguir fent ús de la força per oposar-se a les lleis és evident que es rebel·la, i que retorna l'estat de guerra, i cal considerar-lo un veritable rebel. I això són molt propensos a fer-ho els que tenen el poder, amb tota l'autoritat de què se saben posseïdors, la temptació d'emprar la força que tenen a les mans i els afalacs dels que els envolten. La manera més adient per prevenir el mal és mostrar els perills i la injustícia de tals actituds a aquells qui estiguin més temptats a adoptar-les.

§ 227. En tots dos casos esmentats més amunt, tant en el que consisteix a modificar el legislatiu com quan els legisladors actuen contra el fi que els fou assignat, els culpables ho són del delicte de rebel·lió. Tot aquell qui, per la força, suprimeixi el poder legislatiu de qualsevol societat, i amb ell les lleis inherents a la seva funció, haurà eliminat amb això l'arbitratge que la gent havia acceptat perquè resolgués les seves controvèrsies i impedís l'estat de guerra entre ells. Per tant, qui destitueix o modifica el poder legislatiu s'apropia d'aquell poder decisiu que ningú no pot tenir si no és amb el nomenament i el consentiment del poble, i en destruir l'autoritat que el poble havia establert —i que només ell podia establir— i implantar un poder no autoritzat pel poble, implanta en realitat un estat de guerra, és a dir, una situació en què la força s'oposa a l'autoritat. Així, doncs, mitjançant la destitució del legislatiu nomenat per la societat (a les decisions del qual el poble assentia unitàriament com si fossin pròpies), es desfan els llaços que unien el poble i l'exposa novament a un estat de guerra. I si els que amb la força usurpen el poder legislatiu són rebels, els legisladors, com ja hem vist, no ho seran pas menys si, havent estat designats per protegir el poble, les seves llibertats i els seus béns, intenten d'usurpar-los-hi per la força, perquè d'aquesta manera es posaran en estat de guerra amb aquells que els havien nomenat protectors i guardians de la seva pau i esdevindran autèntics rebels, *rebellantes,* amb les circumstàncies més agreujants.

§ 228. Però, si els que afirmen que dir al poble que resta eximit d'obediència quan s'atempta il·legalment contra les seves llibertats i propietats, i que pot reaccionar contra la violència il·legítima dels seus magistrats si aquests envaeixen les seves propietats, contràriament a la tasca que tenien assignada, és establir els fonaments de la rebel·lió, volen dir que pot ocasionar guerres civils o tumults interns, i que per tant és una doctrina que cal rebutjar com a destructiva per a la pau del món, també haurien de dir, seguint el mateix criteri, que els homes honrats no poden plantar cara als lladres ni als pirates perquè això podria ocasionar desordres o vessament de sang. Qualsevol dany ocasionat en aquests casos no és pas imputable a aquell qui defensa els seus propis drets, sinó a aquell qui envaeix els del seu veí. Si l'home honrat i innocent ha de cedir calladament, en bé de la pau, tot el que té a qui l'escomet violentament, m'agradaria saber quina mena de pau hi hauria al món si hagués de recolzar únicament en la violència i en la rapinya, i es mantingués tan sols en benefici dels lladres i dels opressors. ¿Qui em negarà que no hi hauria una pau admirable entre el poderós i el dèbil, si l'ovella, sense cap resistència, oferís el coll a l'imperiós llop perquè l'hi esqueixés? La caverna de Polifem ens ofereix un exemple perfecte d'aquesta mena de pau, i d'un govern sota el qual Ulisses i els seus companys no podien fer altra cosa que consentir quietament d'ésser devorats. I no hi ha dubte que Ulisses, que era un home prudent, predicà als seus companys l'obediència passiva i els exhortà a sotmetre's calladament tot explicant-los com era d'important la pau per a la humanitat, i fent-los veure les inconveniències que s'originarien si oferien resistència al poder que Polifem tenia damunt d'ells.

§ 229. Si la finalitat del govern és el bé de la comunitat, ¿què és millor per als homes, que els pobles estiguin sempre exposats a la voluntat incontrolada dels tirans, o que sempre hi hagi la possibilitat d'enfrontar-se als governants si fan un ús exorbitant del poder i el posen al servei de la destrucció en comptes d'aplicar-lo a la protecció dels béns dels súbdits?

JOHN LOCKE, *Assaig sobre el govern civil, precedit de la Carta sobre la tolerància*, traducció de JAUME MEDINA i JOAN SELLENT, edició a cura de JOSEP RAMONEDA, Editorial Laia (ara al fons d'Edicions 62, S.A.), 1983, pàgs. 93-109; 158-179; 240-252 (amb alguna lleugera adaptació dels editors d'*Atena* amb finalitats didàctiques).

Grup C: segle xix
John Stuart Mill (1806-1873)

Introducció

El pensament de John Stuart Mill, el filòsof més influent del segle XIX a Anglaterra, economista i teòric social i polític, s'inscriu en el marc de la tradició britànica de l'empirisme clàssic (de Hobbes, Locke i Hume) i de l'utilitarisme del segle XIX, iniciat per Jeremy Bentham (1748-1832). L'utilitarisme —nom l'autoria del qual s'atribueix a J. S. Mill— sorgeix dins d'una tradició filosòfica també britànica, atenta sempre a l'aspecte pràctic de la filosofia, però interessada, sobretot des dels primers moments de la Il·lustració, per l'estudi dels fonaments de la filosofia moral i política, i fins i tot per la qüestió de la felicitat personal de l'individu en tant que pot veure's contraposada a la de la comunitat. (És per això que Nietzsche li dedica la seva «sageta» 12, a *Sentències i sagetes*: «L'ésser humà no aspira a la felicitat; només hi aspiren els anglesos»?) Com a sistema ètic, l'utilitarisme proposa principis generals i normes pràctiques per emprendre les actuacions socials i polítiques que més afavoreixen el bé comú, però també, perquè és la filosofia moral en què es recolzen el liberalisme polític i les noves doctrines de l'economia política anomenada clàssica (David Ricardo, Adam Smith), promou igualment les llibertats fonamentals dels individus. L'utilitarisme, en aquest moment del segle XIX a Anglaterra al qual pertany J. S. Mill, forma part substancial de l'ideari de la reforma social i política que un grup d'intel·lectuals, anomenats «filòsofs radicals», volen imprimir en una societat que comença a sentir les conseqüències de la industrialització i el capitalisme.

Molt conegut en els països anglosaxons, John Stuart Mill, ho és menys en la resta de països d'Europa, on de tota manera ha deixat la seva petjada profundament marcada en la història dels escriptors de filosofia política. Educat directament pel seu pare —un filòsof de tradició humeana, amic de Bentham i de Ricardo— va rebre una formació intel·lectualment rigorosa i completa, orientada a fer d'ell un membre destacat del cercle dels radicals, un «profeta de l'utilitarisme» i fins i tot un «reformador del món». Infant encara, inicia l'aprenentatge del grec primer i del llatí després i, adolescent, el de la història, la literatura, les matemàtiques, les ciències econòmiques i la filosofia.

Les seves obres principals són *Sistema de lògica demostrativa i inductiva* (1843) i *Principis d'economia política* (1848), que publica el mateix any en què apareix el *Manifest comunista* de Marx i Engels; tanmateix és més conegut per obres més difoses i llegides com *Sobre la llibertat* (1859) o *L'utilitarisme* (1861, 1863; publicat primer en forma d'articles de revista i després com a volum).

Amb vint anys, immers en una crisi nerviosa que també va ser existencial —ho explica en la seva *Autobiografia* (1873)— s'adona que, malgrat rebre una important formació intel·lectual, ha negligit desenvolupar l'aspecte emotiu de la seva personalitat: «Em vaig veure a mi mateix com encallat a l'inici del meu viatge, amb un vaixell magníficament equipat i un bon timó, però mancat de veles» (*Autobiografia*, cap. 5). Aprendrà el valor per la vida de les emocions i els sentiments —i superarà la crisi— mitjançant la lectura dels «poetes dels llacs», Wordsworth i Coleridge, i l'obra romàntica de Thomas Carlyle (1795-1881). Els biògrafs de J. S. Mill no perden l'ocasió de comentar que, en aquest canvi de perspectiva vital i intel·lectual, compta molt també la coneixença, quan tenia vint-i-cinc anys, de Harriet Taylor, una dona casada amb qui durant vint anys haurà de mantenir només una simple relació d'amistat, fins a casar-s'hi l'abril de 1851; sembla que la mentalitat liberal i la cultura d'aquesta dona va influir notablement en molts dels escrits de J. S. Mill, d'una manera especial en *Sobre la llibertat*, obra que J. S. Mill preferia entre les altres seves, potser per aquest notable ajut de la seva dona, que va morir poc abans que fos publicada; així va néixer l'obra: «Al començament, gener de 1854, havia planejat escriure-la donant-li forma d'un assaig breu. Però va ser pujant les escales del Capitoli, pel gener de 1855, quan va néixer la idea de convertir-lo en un volum. Cap dels meus escrits no ha estat tan curosament compost ni escrupolosament corregit com aquest. Després d'haver-lo escrit dues vegades de dalt a baix, com de costum, el teníem allà, i de tant en tant el trèiem i encara el corregíem, sospesant i criticant cada frase». En la seva nova orientació vital també rebrà la influència dels primers socialistes utòpics francesos i del filòsof positivista August Comte (1798-1857), que l'any 1830 publica el seu *Curs de filosofia positiva*; d'ell obté la idea d'una organització científica de la societat basada en l'anàlisi de l'entramat dels fets o fenòmens socials i d'un desenvolupament històric de la societat «en situació de moviment progressiu» (*Auguste Comte i el positivisme*, 1865), que li obren una perspectiva fonamentada d'una possible millora social. A partir d'aquests pressupòsits, la filosofia de John Stuart Mill segueix les línies marcades per l'utilitarisme inicial, entès però des de la seva pròpia experiència vital, mantenint d'aquesta manera, com diu algun autor, una «fidel infidelitat» a Bentham.

De Bentham accepta l'afirmació inicial segons la qual «la natura ha posat la humanitat sota l'imperi de dos amos sobirans, el dolor i el plaer. Només ells ens indiquen el que hem de fer i també ells determinen el que no hem de fer». És la concepció fonamental de l'hedonisme ètic, que arrela en les doctrines d'Epicur sobre la felicitat, i que Bentham considera una llei universal innegable. Els homes —afirma Bentham— no tenim altre remei que admetre aquesta llei universal, i el principi d'utilitat, el principi bàsic de l'utilitarisme, «reconeix aquesta submissió i la situa com a fonament del sistema que té per objectiu construir l'edifici de la felicitat mitjançant la raó i la llei» (*Els principis de la moral i la legislació*, 1823). El principi d'utilitat, que Bentham troba exposat en Francis Hutcheson, deixeble de Hume i autor d'una *Investigació sobre l'origen de les idees de bellesa i virtut* (1725), proposa, com a criteri de la moral privada o de la política pública, o com a ideal de vida ètica, «la major felicitat del major nombre [de persones]» (*The greatest happiness of the greatest number*): una cosa, una acció o una institució social és bona si correspon a aquest criteri; si proporciona la major felicitat possible, que cal entendre, sempre, com un plaer que cal aconseguir i un mal que cal evitar. Per utilitat, diu Bentham «entenc la propietat d'un objecte per la qual tendeix a produir un benefici, un avantatge, un plaer, un bé, és a dir, la felicitat (perquè tot és el mateix), o (perquè també és el mateix) a evitar que es produeixi un dany, un sofriment, un mal o una desgràcia». Aquest principi requereix per a la seva utilització pràctica un càlcul aritmètic dels plaers: el valor del plaer o el (contra) valor del dolor depèn de la seva intensitat (duració, certesa i llunyania en el temps) que cal mesurar d'una manera objectiva, és a dir, quantitativament; com si féssim una mena de balanç racional de guanys i pèrdues, que es tradueix en una maximització del plaer i una minimització del dolor, en l'individu i en la col·lectivitat. En el capítol II de *L'utilitarisme*, Mill proclama la seva dependència de Bentham: «El credo que posa com a fonament de la moral la Utilitat o el Principi de la Major felicitat possible, sosté que tota acció és bona en proporció a la seva tendència a promoure la felicitat, dolenta en proporció a la seva tendència a produir el contrari de la felicitat»; felicitat que entén, també igual que Bentham: «Per felicitat s'entén plaer i absència de dolor; per infelicitat, dolor i privació de plaer». És a dir, utilitarisme com a «teoria de la vida» i hedonisme com a criteri de felicitat. A partir d'aquí, J. S. Mill s'allunya de l'utilitarisme de Bentham i del sensualisme hedonista i sosté que hi ha plaers intrínsecament superiors als plaers sensuals: de l'enteniment, dels sentiments, de la imaginació, i en general els sentiments morals, i introdueix explícitament una «diferència de qualitat en els plaers», no merament de quantitat. Hi ha plaers, per tant, de per si més desitjables que altres, perquè uns aporten només una simple satisfacció de la persona (*content*), mentre que n'hi ha que aporten felicitat *(happiness)*. Per això «és millor ser una persona insatisfeta que no un gorrí satisfet; millor ser Sòcrates insatisfet que no un ximple insatisfet». L'aspecte quantitatiu el reserva J. S. Mill a l'aspecte d'estendre a tota la comunitat la maximització del plaer i la minimització del dolor. La insistència en l'aspecte comunitari de la Utilitat o de la Felicitat és molt propi de l'utilitarisme de J. S. Mill: «la felicitat que configura el criteri utilitarista del que és una conducta bona no és pas la felicitat del mateix agent, sinó la de tots els afectats per ella». Si és el cas que hi ha disconformitat entre la recerca de la felicitat de l'individu (una de les tesis principals de *Sobre la llibertat*) i el criteri altruista de la felicitat del conjunt social, cal buscar l'equilibri i la concordança, no mitjançant el recurs d'un càlcul (aritmètic) utilitarista, sinó per mitjà de la prudència de saber actuar «com un espectador benvolent i desinteressat» davant l'acció que s'està a punt d'emprendre; la prudència que recorda la regla d'or («Actua com voldries que actuessin amb tu, i estima el teu veí com a tu mateix»). J. S. Mill confia que la força de l'educació i de l'opinió pública poden arribar a modelar el caràcter de la persona perquè sigui capaç de trobar l'harmonia entre la felicitat pròpia i la col·lectiva.

Mill es pregunta (capítol III) per «la sanció última del principi d'utilitat», és a dir, pels motius que impel·leixen a actuar d'acord amb aquest principi, o bé, el que és el mateix, es pregunta «per què estic obligat a promoure la felicitat general?». Hi ha evidentment motivacions externes, que poden consistir en «la força de les recompenses i els càstigs externs», físics o morals, vinguin de creences religioses o de la societat. Però la motivació principal és la interna, o convicció personal, que identifica amb la «sanció del deure», o consciència moral capaç d'acceptar l'obligació moral, i que defineix com «un sentiment subjectiu de la ment», barreja complexa de sentiment de simpatia (pròpiament, empatia), d'amor, de sentiment religiós, de records d'infància, del que s'ha viscut per experiència pròpia, d'autoestima, d'autopunició, i que en última instància es manifesta, quan fracassa, en forma de «remordiment». Aquest sentiment del deure, o consciència moral, només té una demostració empírica: és «un fet real de la naturalesa humana». Mill exclou qualsevol base transcendent d'aquest sentiment d'obligació moral o deure, i alhora fuig de la qüestió si és innat o adquirit. En tot cas, el sentiment del deure es fonamenta en «els sentiments socials de la humanitat, [en] el desig de viure en unitat amb els nostres semblants». Com que no som naturalment altruistes, podem arribar a ser-ho mitjançant l'educació.

El principi de la Utilitat o de la Felicitat, tal com l'entén l'utilitarisme, és la raó última de tota actuació humana moral; és el fi de la vida humana al qual cal ajustar els mitjans: el clàssic *summum bonum* que motiva tota la conducta ètica, perquè no és racional buscar la felicitat —el bé més elevat— fora de l'ètica. Però els fins últims, diu J. S. Mill a l'inici del llibre —i també deia Aristòtil—, no es poden demostrar: no podem raonar per què busquem la felicitat, perquè la busquem per si mateixa, però sí que cal justificar —és a dir, trobar una raó que inclini la ment a acceptar una determinada proposició— que el *summum bonum*, la nostra felicitat, ha de ser la «felicitat general» (la felicitat del major nombre; recordem: la presència del plaer i l'absència del dolor, amb les qualificacions d'ordre superior que hi afegeix J. S. Mill). Aquesta tasca probatòria l'emprèn l'autor en el capítol IV de *L'utilitarisme*: «De quina mena de prova és susceptible el principi d'utilitat». La seva resposta és: «No es pot donar cap altra prova que la felicitat general és desitjable, llevat del fet que tota persona desitja la pròpia felicitat en la mesura que creu que la pot assolir»; i com que això «és un fet», la felicitat «és el bé» que cal desitjar: el bé de cada persona, i el bé tots en conjunt. Aquí rau, per a molts intèrprets de la filosofia de J. S. Mill, l'error lògic de la prova: per una banda, la «fal·làcia naturalista» (apuntada primerament per David Hume, tractada més tard per G. E. Moore, [1873-1958]) el pas il·lícit de l'ordre dels fets a l'ordre moral; o bé el fet d'interpretar l'obligació moral (allò que cal desitjar) amb les característiques d'una qualitat natural (el desig); per l'altra banda, el problema de donar per descomptat que tothom, quan procura la seva felicitat, procura també la dels altres; l'experiència mostra que hi ha gent que prefereix la seva felicitat a la felicitat general. Però també entenen els autors que segurament J. S. Mill no busca estrictament una prova deductiva del principi de Felicitat o Utilitat, sinó que més aviat apunta una motivació pragmàtica o psicològica: si ens hem de posar d'acord sobre el que ha de ser el fi últim de les nostres accions (ètica) posem-nos primer d'acord sobre allò que de fet sempre busquem (psicologia). Henry Sidgwick (1830-1900), intèrpret d'un utilitarisme més madur, admetrà que el principi d'Utilitat o Felicitat és indemostrable: que s'ha de postular simplement per intuïció moral. I després d'analitzar que allò que cerquem per si mateix no és el diner o el poder o la fama (de nou un record per a l'*Ètica a Nicòmac*), perquè aquestes coses se cerquen només com un mitjà i com una part de la felicitat, i no com un fi, insisteix: «Si és així, la felicitat és l'únic fi de l'acció humana»; la felicitat tal com Mill l'entén en el seu utilitarisme: un eudemonisme construït sobre la base d'un hedonisme moral qualificat. Admetre-ho és «una qüestió d'experiència»; l'experiència (que ell concreta en «l'autoconsciència i l'autoobservació») ens fa saber que «desitjar una cosa» és «trobar-la plaent» i «avorrir una cosa» és «trobar-la dolorosa».

Dos anys abans de publicar *L'utilitarisme*, John Stuart Mill publicava *Sobre la llibertat* (1859), la seva principal obra sobre filosofia social i filosofia del dret, la més coneguda i llegida de Mill (que apareix el mateix any que *L'origen de les espècies*, de Charles Darwin), i una de les fonts en què s'inspira el pensament liberal. És una aferrissada defensa dels drets de l'individu, enfront de l'Estat i l'opinió pública, a tenir les seves pròpies conviccions i a posar-les en pràctica d'una manera absolutament lliure: una proclama de la llibertat de la persona individual, entesa en els termes més estrictament liberals. La introducció (cap. 1) precisa el tema de l'assaig, que no és «l'anomenat lliure albir», o llibertat de decisió, que —en la terminologia d'Isaiah Berlin— es podria anomenar «llibertat positiva» (concepte intrapersonal, la capacitat interior de decidir de fer o no fer una cosa, o de fer una cosa o bé una altra), sinó «la llibertat civil o social», entesa com a llibertat negativa, o absència de coacció, entenent que hi ha coacció quan algú es veu impedit externament per un altre de fer una cosa o es veu obligat per un altre a fer una cosa; el subjecte que coacciona pot ser l'Estat, i estem aleshores en l'àmbit de la llibertat política (negada), o bé la societat en qualsevol de les seves formes, i aleshores estem en l'àmbit de la llibertat social (negada), per exemple, per la coacció que imposa l'opinió pública (la «tirania de la majoria» a què al·ludeix Mill). La llibertat negativa implica les llibertats polítiques i socials (els denominats drets de la persona, que tenen una expressió política i/o social) de consciència, de pensament i de sentiment, d'opinió i judici, d'expressió, de gustos i aspiracions, la llibertat «de forjar el pla de la nostra vida» i la llibertat d'associació. Resumint, en paraules de J. S. Mill: «la sola llibertat que mereix tal nom és la d'anar a la percaça del nostre propi bé a la nostra manera». Però com que la vida social demana un equilibri entre els drets de l'individu i les exigències comunitàries, l'autor es planteja la possibilitat d'un principi simple «que pugui regular absolutament els tractes de l'individu amb la societat». I enuncia aleshores el que s'anomena principi del dany: «L'únic propòsit pel qual hom pot exercir legítimament el poder sobre qualsevol membre d'una comunitat civilitzada, contra la seva voluntat, és impedir el dany dels altres. El seu propi bé, ja sia físic o moral, no és una justificació suficient. No pot ser legítimament obligat a fer o a estar-se de fer quelcom perquè fóra millor per a ell, perquè el fes més benaurat, perquè, en les opinions dels altres, fóra més assenyat o fins i tot més encertat». L'objectiu que persegueix el llibre serà donar fonament a aquest principi; ho enuncia en la introducció i procurarà fer-ho en el capítol IV. Ara simplement estableix el principi: el límit d'aquesta llibertat personal és el dany dels altres; si no es lesionen els drets dels altres, llibertat absoluta de l'individu: «sobre si mateix, sobre el seu cos i sobre el seu esperit l'individu és sobirà».

La possible inconsistència entre l'afirmació categòrica de la llibertat individual —tot i que amb l'única excepció que enuncia el principi del dany—, i l'exigència altruista i comunitarista de cercar «la felicitat del major nombre» —«la lluita entre la llibertat i l'autoritat»—, que proclama la doctrina utilitarista, és de difícil solució: s'afirma alhora el dret autònom a la recerca del propi bé i l'imperatiu moral de la recerca del bé general. «Utilitarisme» és precisament admetre que les dues coses es poden aconseguir alhora. Els comentaristes hi veuen dificultats lògiques. En un moment determinat (en la «Introducció», poc després d'enunciar el principi del dany) diu J. S. Mill: «Considero la utilitat com la darrera instància d'apel·lació en totes les qüestions ètiques, però em refereixo a la utilitat en el sentit més ampli, fonamentada en els interessos permanents de l'home com a ser progressiu. La meva tesi és que aquests interessos autoritzen la subjecció de l'espontaneïtat individual al control exterior només en el cas d'aquelles accions dels homes que afecten els interessos dels altres». El criteri d'utilitat veu un bé superior en la llibertat de l'individu, amb una única excepció: sempre que no es lesionen els drets dels altres. Fonamenta la tesi en la naturalesa de «l'home com a ser progressiu». Maximitzar la llibertat individual és més útil, en un sentit més ampli d'utilitat, que maximitzar la seva coacció, perquè es fonamenta en la necessitat que té la naturalesa humana d'expandir-se, de desenvolupar-se, i per això afavoreix el conjunt de la societat. Això ho tracta J. S. Mill en el capítol III («De la individualitat com un dels elements del benestar») on relaciona la llibertat individual amb la «finalitat de l'home», doctrina que ell remet a Wilhem von Humboldt, però es podria remetre al mateix Aristòtil: la finalitat de l'home —la que posa en pràctica en l'ètica— «és el desenvolupament més elevat i més harmoniós dels seus poders fins a arribar a un tot complet i congruent». I «desenvolupament equival a individualitat», és a dir, a «llibertat» i a «originalitat» i «varietat de situacions» o maneres diferents de viure la vida; i com més desenvolupament individual, millor desenvolupament social: en proporció al desenvolupament de la seva individualitat, cada persona esdevé més valuosa a si mateixa i, per conseqüència, és capaç de ser més valuosa als altres. La metàfora a què recorre rebla encara més la idea: la natura humana no és una màquina que es programa amb exactitud —un record per a l'educació rigorosa que ell va rebre del seu pare?—, sinó «un arbre que ha de créixer i desenvolupar-se per tots costats». Un veritable viatge cap a la «ciutadella interior», com diu I. Berlin, i així es veu com la llibertat negativa requereix la llibertat positiva; la maduresa interna que ens permet decidir per desenvolupar la pròpia vida d'una manera autònoma i independent.

En el capítol IV («Dels límits de l'autoritat de la societat sobre l'individu») de *Sobre la llibertat* J. S. Mill estudia la resposta detallada a la qüestió plantejada en la «Introducció», i es pregunta, per tant, quin és el límit de la sobirania de l'individu i on comença l'autoritat de la societat sobre l'individu. Aquests dos àmbits tenen una zona d'interferència: els individus no es vinculen a la societat per cap mena de contracte (sinó en una sociabilitat originària, refermada per la utilitat social: és la teoria empirista de Hume), però han de respectar la relació establerta amb la societat: han de respectar els interessos dels altres (els drets de la persona, que J. S. Mill anomena «drets subjectius»), han de suportar la distribució equitativa de les càrregues socials i admetre el rebuig de l'opinió social, si la seva actuació no mereix la deguda consideració. En aquest àmbit d'intersecció J. S. Mill distingeix tres possibles restriccions de la llibertat: la que vol limitar la llibertat d'una persona pel bé de si mateixa i sense el seu consentiment (principi del paternalisme); la que la vol restringir per evitar que actuï de manera immoral (principi de moralitat), i la que restringeix la llibertat d'un individu per evitar que es lesionin els drets d'altri (principi del dany). Només en aquest últim cas, «tan bon punt un aspecte del comportament d'una persona afecta d'una manera perjudicial els interessos d'altri», es pot admetre la interferència de la societat en la llibertat personal, aquell espai on rauen els anomenats drets de la persona (llibertat de pensament, d'expressió i d'associació..., als quals ha dedicat sobretot el capítol II), que les democràcies sancionen en les seves constitucions, i només aleshores es pot parlar de si aquella interferència «és favorable o desfavorable al bé comú». En canvi, apel·lar simplement al bé de l'individu o a la moralitat privada no és una bona raó per restringir el dret a la llibertat. Això pertany al terreny dels sentiments o de les opinions, i en aquest àmbit «l'individu hauria de gaudir d'una llibertat perfecta». Els altres poden recórrer a la «força de la persuasió», al judici desfavorable, poden «cridar l'atenció a una altra», «prevenir els altres en contra seu», però és l'àmbit on «la individualitat té el seu camp d'acció propi»; i afirma explicant-ne el motiu: «No té cap mena de justificació que una persona, o una colla d'elles, diguin a una altra criatura humana dotada d'ús de raó que no pot fer amb la seva vida en benefici propi allò que li plagui de fer-ne. Ella mateixa és la persona més interessada en el seu propi benestar».

Hi ha el fet innegable que la divisòria entre el que és l'esfera privada i l'esfera pública és sovint una línia borrosa («No hi ha ningú que sigui un ésser enterament isolat») i no sempre la conducta d'un membre de la societat «pot ser indiferent als altres membres»; perquè som éssers socials, la nostra conducta interessa sempre als altres. J. S. Mill fa una crida a la prudència en l'anàlisi d'aquesta possible interferència, i hi acomoda el seu principi: «sempre que existeixi un dany o un risc de dany definits, ja sia a un individu o a la col·lectivitat, el cas ja no cau dins l'àmbit de la llibertat i entra de ple dins el de la moralitat o el dret». Però, qualsevol altre detriment que la conducta d'un individu causi a la societat «que no viola un deure específic envers la col·lectivitat ni ocasiona un dany perceptible a qualsevol individu», s'ha d'admetre «per mor del bé més gran de la llibertat humana». J. S. Mill aplica, també aquí, el principi de la Utilitat, com si digués: els avantatges de la llibertat personal superen els avantatges d'interferir en la llibertat dels altres i, en definitiva, és o paternalisme o moralisme voler protegir l'individu —sense el seu consentiment— de les conseqüències de les seves accions lliures.

Els principis i les distincions de J. S. Mill són aplicables a l'anàlisi de les lleis civils i a les relacions que s'estableixen en certes situacions ciutadanes problemàtiques: són paternalistes, moralistes o es fonamenten en el principi del dany a les altres lleis com l'obligació d'utilitzar el cinturó de seguretat en els vehicles o el casc en les motocicletes, la propaganda contra el consum del tabac, la prohibició de fumar en llocs públics, les lleis prohibicionistes contra les drogues, o potser els arguments a favor de la seva legalització? Tenen alguna aplicació aquests principis en la problemàtica de l'eutanàsia voluntària, la defensa del dret a una mort digna, o l'ingrés a l'hospital de la noia anorèctica contra la seva voluntat, etc.? (Vegeu el capítol 5: Aplicacions.)

El pensament de John Stuart Mill, tant pel que fa a la seva versió de l'utilitarisme com a la defensa de la llibertat personal, ha influït poderosament en la manera com la filosofia política i moral del pensament liberal ha entès els drets de l'individu, i la relació de llibertat i poder entre la societat o l'Estat i l'individu, «la lluita entre la llibertat i l'autoritat». Aquesta influència ha estat més reconeguda en la tradició filosòfica anglosaxona que en la que pot anomenar-se continental, més preocupada aquella que no pas aquesta en el problema dels drets de l'home i la filosofia moral i política. Malgrat això, la traça que l'utilitarisme ha deixat marcada en la història de l'ètica és profunda, i tot i que en el pla teòric no hi ha un desenvolupament posterior significatiu d'aquest sistema (John Rawls, amb *Una teoria de la justícia* [1971], que és una crítica a l'utilitarisme, sobretot el de H. Sidgwick, feta des de supòsits liberals, ara neoliberals, i idees de Kant i Rousseau, d'alguna manera en replanteja la problemàtica), la seva contribució a la defensa de les llibertats fonamentals de la persona en un sentit liberal i la seva aportació a una ètica de la responsabilitat en una perspectiva social ha quedat sòlidament recollida en el dipòsit de la cultura occidental.*

ANTONI MARTÍNEZ-RIU

* El lector, i l'alumne, llegirà amb molt de profit les òptimes introduccions a *L'utilitarisme*, editat per Miquel Costa (Barcelona, Edicions 62, 2005); la de Lluís Flaquer, a *Sobre la llibertat* (Barcelona, Editorial Laia, Textos filosòfics, 1983). També el «pròleg» d'Isaiah Berlin, a *Sobre la libertad* (Madrid, Alianza, 2004), així com Isaiah Berlin, *Dos conceptos de libertad y otros escritos* (Madrid, Alianza, 2001).

CAPÍTOL IV
DELS LÍMITS DE L'AUTORITAT DE LA SOCIETAT SOBRE L'INDIVIDU

[El problema]

Quin és doncs el límit just de la sobirania de l'individu sobre si mateix? On comença l'autoritat de la societat? Quina esfera de la vida humana pertoca a la individualitat i quina a la societat?

Cadascuna rebrà la seva justa part, si disposa de la que l'afecta més particularment. A la individualitat li hauria de pertocar aquell àmbit de la vida en el qual interessa sobretot l'individu; a la societat, aquell àmbit que interessa sobretot la societat.

[Deures amb la societat]

Per bé que la societat no es basi en un contracte i per bé que no s'hi guanyi res inventant-ne un per tal de deduir-ne obligacions socials, tots els qui reben la protecció de la societat li deuen una torna pel benefici percebut, i el fet de viure en societat fa indispensable que cadascú es vegi en l'obligació d'observar una certa línia de conducta envers la resta. Aquesta conducta consisteix, primer de tot, a estar-se de noure els interessos dels altres o, més ben dit, certs interessos que, ja sia per disposició legal o per consentiment tàcit, són considerats drets subjectius; i, segonament, en el fet que cada persona enduri la seva càrrega (fixada segons un principi equitable) dels treballs i sacrificis que suposi la defensa de la societat o dels seus membres quan siguin objecte d'ofenses i vexacions. La societat està plenament justificada a imposar aquestes condicions costi el que costi a aquells que voldrien incomplir-les. Però la societat pot fer quelcom més. Els actes d'un individu poden resultar nocius als altres o fer cas omís de la deguda consideració que es mereix llur benestar, sense necessitat d'arribar a violar algun dels seus drets constituïts. En aquest cas, l'ofensor pot ser punit justament per l'opinió, però no per la llei. Tan bon punt un aspecte del comportament d'una persona afecta d'una manera perjudicial els interessos d'altri, la societat hi té jurisdicció i esdevé objecte de discussió la qüestió de si la intervenció de la societat és favorable o desfavorable al bé comú.

[Apel·lació al principi del dany i la seva interpretació]

Però no treu cap a res plantejar aquesta qüestió quan la conducta d'una persona afecta només els seus propis interessos o no té necessitat d'afectar els interessos dels altres si no ho volen (partint del supòsit que totes les persones afectades són majors d'edat i tenen un grau normal d'enteniment). En tots aquests casos, l'individu hauria de gaudir d'una llibertat perfecta, tant jurídica com social, per a acomplir l'acte que vulgui i atenir-se a les conseqüències.

Seria una interpretació totalment errònia d'aquesta doctrina suposar que predica la indiferència egoista, que pretén que els éssers humans a la vida no tenen cap mena de relació en llurs conductes respectives i que no han de preocupar-se per la prosperitat o el benestar dels altres, tret que llurs propis interessos no en siguin afectats. En lloc d'una disminució hi ha necessitat d'un increment de l'acció desinteressada per a promoure el bé dels altres. Però la benevolència desinteressada pot trobar altres instruments que fuets i flagells, tant en un sentit literal com metafòric, per a persuadir la gent del que és el seu bé. Sóc la darrera persona a menysvalorar les virtuts de la pròpia estimació. Només són segones en importància, si és que ho són, a les socials. L'objecte de l'educació és el conreu de totes dues de manera igual. Però fins i tot l'educació obra tant per convicció i persuasió com per compulsió, i les virtuts de la pròpia estimació haurien de ser inculcades precisament quan el període de l'educació és ja clos, emprant la força de la persuasió. Els éssers humans es deuen ajut els uns als altres per tal de distingir el millor del pitjor, així com estímuls per a escollir entre l'un i l'altre. S'haurien d'esperonar tothora a incrementar l'exercici de les seves facultats superiors i acréixer la direcció de llurs sentiments i fins vers objectes i contemplacions assenyats en comptes de necis, elevats en comptes de degradants. Però no té cap mena de justificació que una persona, o una colla d'elles, diguin a una altra criatura humana dotada d'ús de raó que no pot fer amb la seva vida en benefici propi allò que li plagui de fer-ne. Ella mateixa és la persona més interessada en el seu propi benestar i l'interès que qualsevol altre, llevat d'alguns casos de fort lligam personal, hi pot tenir, és fútil, comparat amb aquell que ella mateixa hi té. L'interès que la societat hi té individualment (tret de la seva conducta quan concerneix els altres) és fragmentari i totalment indirecte, mentre que, respecte als seus propis sentiments i circumstàncies, l'home o la dona més vulgars tenen mitjans de coneixement que superen incommensurablement els que pot posseir qualsevol altre. La interferència de la societat amb la intenció de prevaler sobre el judici i propòsits llurs en allò que només els concerneix, cal que es basi en presumpcions generals, que poden ser totalment falses i, encara que siguin certes, corren el risc de ser aplicades malament als casos individuals per persones no millor familiaritzades amb les seves circumstàncies que les que els examinen simplement des de fora. Així, doncs, en aquesta esfera dels afers humans, la individualitat té el seu camp d'acció propi. En el mutu capteniment dels éssers humans, cal que s'observin en la majoria dels casos regles generals per tal que la gent sàpiga a què atenir-se, però pel que fa als interessos de cadascú la seva espontaneïtat individual té dret a exercitar-se lliurement. És possible que els altres li brindin ajut al seu judici, exhortacions per a enfortir la seva voluntat, que fins i tot representin imposicions, però en tot cas ell té la darrera paraula. Tots els errors que pugui cometre contra els consells i les admonicions són contrarestats amb extrem pel mal de deixar que els altres el compel·leixin a fer el que jutgen el seu propi bé.

No vull dir amb això que els sentiments que una persona inspiri als altres no hagin d'estar afectats de cap manera per les seves qualitats o defectes personals, cosa que no és possible ni desitjable. Si és eminent en alguna de les qualitats que contribueixen al seu bé, això el fa digne d'admiració, ja que així s'acosta més a la perfecció ideal de la naturalesa humana. Si, en canvi, és summament deficient en aqueixes qualitats, se'n seguirà un sentiment contrari a l'admiració. Hi ha un grau de niciesa i un grau del que hom pot anomenar (tot i que aquesta expressió és força objectable) la baixesa o la depravació del gust, els quals, encara que no puguin justificar fer mal a la persona que els manifesten, la fan tornar necessàriament i justa un objecte d'aversió o, en casos extrems, fins i tot de menyspreu, car és difícil que una persona tingui les qualitats contràries amb forta intensitat sense nodrir aquests sentiments. Malgrat que no faci mal a ningú, una persona pot obrar talment que no tinguem altre remei que jutjar-lo i veure'l com un ruc o un ésser d'ordre inferior i, com és comprensible que s'estimi més evitar aquest judici i aquest sentiment, és prestar-li un servei prevenir-lo d'antuvi de les desagradables conseqüències a què s'exposa. De fet, convindria que aquest bon servei fos fet més lliurement del que actualment permeten les nocions corrents d'urbanitat i que una persona pogués honradament cridar l'atenció a una altra si creu que no obra bé, sense ésser considerat per això grollera o presumptuosa. Igualment tenim dret, en diversos aspectes, d'obrar segons la nostra opinió desfavorable d'algú, no pas de cara a l'opressió de la seva individualitat, ans en l'exercici de la nostra. No estem obligats, per exemple, a cercar la seva companyia; tenim el dret d'evitar-la (però no pas a fer ostentació d'aquesta evitació), car tenim el dret a escollir la companyia que ens és més grata. Tenim el dret, que en alguns casos pot esdevenir el nostre deure, de prevenir els altres en contra seu, si creiem que el seu exemple o conversa pot tenir un efecte perniciós sobre aquells amb el quals s'ajunta. No tenim l'obligació d'utilitzar a favor seu els nostres bons oficis, llevat d'aquells casos en què procurem el seu millorament. D'aquestes diverses maneres una persona pot sofrir penalitats molt greus ocasionades pels altres per faltes que només l'afecten directament a ell mateix; però pateix aquestes penalitats només en la mesura que són conseqüències naturals i, per així dir-ho, espontànies, de les faltes mateixes, no perquè li siguin infligides intencionalment per tal de punir-lo. Una persona que demostra temeritat, entestament, urc, que no pot viure amb mitjans moderats, que no pot abstenir-se de rabeigs noïbles que percaça plaers carnals a expenses dels de la sensibilitat o de l'intel·lecte, cal que esperi ser objecte d'un rebaix en l'opinió dels altres i tenir una part menor dels seus sentiments favorables, però d'això no té per què queixar-se, fora que hagi merescut llur favor per una excel·lència especial en les seves relacions socials i hagi conquerit així un títol a llurs bons oficis, que no es vegi afectat pels seus propis demèrits.

El que tracto de sostenir és que els inconvenients que són estrictament inseparables del judici desfavorable dels altres són els únics als quals una persona hauria d'estar subjecta per aquella part de la seva conducta i del seu caràcter que afecta el seu propi bé però que no concerneix els interessos dels altres en llurs relacions amb ell. Els actes lesius als nostres semblants requereixen un tractament totalment diferent. La violació de llurs drets; l'acte d'inferir-los pèrdues o danys no justificats pels nostres drets; la falsedat i la duplicitat en els nostres tractes amb ells; l'ús injust o poc generós dels nostres avantatges a costa d'ells; fins i tot la nostra inhibició egoista de defensar-los contra l'agressió, aquests són objectes dignes de reprovació moral i, en els casos greus, de retribució i puniment morals. I no sols aquests actes, sinó les disposicions que hi menen són ben bé immorals i objectes dignes de desaprovació que poden donar origen a una mena d'aversió. La tendència a la crueltat, la malícia i la malfiança; l'enveja, la passió més antisocial i odiosa de totes; la dissimulació i la manca de sinceritat; la irascibilitat per causa insuficient i el ressentiment desproporcionat a la provocació; les ànsies de domini sobre els altres; la cobejança d'acaparar una part més gran dels avantatges que pertoquen a cadascú (la Πλεονεζία [cobdícia, ambició] dels grecs); l'orgull que obté gratificació amb l'enviliment dels altres; l'egoisme que creu que el jo i els seus interessos són més importants que tota la resta i que decideix totes les qüestions dubtoses al seu favor, són tots ells vicis morals i constitueixen un caràcter moral dolent i odiós, a diferència dels defectes personals abans esmentats, que de fet no són ben bé immoralitats i que per més intensitat que ostentin no denoten malignitat. Poden ser prova d'un cert grau de niciesa o d'una manca de dignitat personal i d'amor propi, però només són dignes de reprovació moral quan suposen una infracció del deure envers els altres, per mor dels quals l'individu està obligat a tenir cura de si mateix. Els que denominem deures envers nosaltres no són socialment obligatoris, llevat que les circumstàncies els converteixin alhora en deures envers els nostres semblants. El terme deure a si mateix, quan significa quelcom més que prudència, vol dir amor propi o creixement personal, per cap de tots dos ningú no és responsable davant els seus semblants, car aquesta rendició de comptes no ocasionaria cap bé a la humanitat.

La distinció entre la pèrdua de consideració en la qual una persona pot justament incórrer per defecte de prudència o de dignitat personal i la reprovació que li és deguda per un trepig dels drets dels altres no és purament nominal. Representa una gran diferència tant en els nostres sentiments i en la nostra conducta envers ella el fet de si ens desplau en coses en les quals nosaltres creiem que tenim el dret de sotmetre-la a control o en coses en les quals sabem que no el tenim. Si algú ens desplau podem expressar-li el nostre disgust i podem mantenir-nos allunyats d'una persona o d'un objecte que ens desplagui, però no per això hem de sentir-nos cridats a fer-li la vida impossible. Hem de pensar que ja està endurant o bé que li tocarà suportar tot el pes de les conseqüències del seu error i que si ell s'entesta a malmetre la seva vida amb les seves barrabassades, per aquesta raó no hem de voler desgraciar-la-hi encara més. En comptes de desitjar punir-lo, hauríem de maldar més aviat per a alleujar les seves penalitats a base de mostrar-li com pot evitar o guarir els mals que el seu capteniment tendeix a presentar-li. Pot ser per a nosaltres un objecte digne de compassió, tal vegada d'avorriment, però no d'ira o ressentiment. No hem de tractar-lo com un enemic de la societat: el pitjor que nosaltres podem sentir-nos justificats a fer és deixar-lo tot sol, si és que no ens decidim a ingerir-nos benèvolament a la seva vida mostrant-li de tenir cura o preocupació de si mateix. Es tracta ben bé d'un altre cas si ha infringit les normes necessàries per a la protecció dels seus semblants tant individualment com col·lectiva. Les conseqüències perjudicials dels seus actes llavors no recauen sobre ell, sinó sobre els altres, i la societat, com a protectora dels seus membres, ha de prendre represàlies contra ell, ha d'infligir-li dolor amb el propòsit exprés de castigar-lo i assegurar-se que la punició sigui prou severa. En un cas, es tracta d'un delinqüent davant el nostre tribunal i ens sentim cridats no sols a enjudiciar-lo, sinó, d'una forma o d'una altra, a executar la nostra pròpia sentència; en l'altre cas, no ens incumbeix d'infligir-li cap mena de sofrença, llevat de la que pugui derivar-se incidentalment del nostre dret d'usar de la mateixa llibertat de regulació dels nostres propis afers que li reconeixem a ell.

[Argument en contra: l'home no és una illa]

Hi ha moltes persones que refusaran d'admetre la nostra distinció entre l'esfera de la vida d'una persona que solament l'afecta a ella i aquella que afecta els altres. Com és possible (poden preguntar-se) que un àmbit de la conducta d'un membre de la societat pugui ser indiferent als altres membres? No hi ha ningú que sigui un ésser enterament isolat: és impossible que una persona es nogui seriosament o permanent sense que el mal atenyi almenys els individus més propers amb qui es relaciona i sovint els situats més enllà d'ells. Si causa lesió a les seves propietats, perjudica els qui directament o indirecta en depenen i normalment fa minvar, en un grau més o menys gran, els recursos generals de la comunitat. Si deteriora les seves facultats corporals o mentals, no solament causa mal a tots aquells que en depenen, encara que sigui només en una part de la seva benaurança, ans s'inhabilita per a prestar els serveis que deu en general als seus conciutadans, tal vegada esdevé una càrrega a llur afecte o benevolència i, si tal conducta fos molt freqüent, seria difícil trobar un acte delictiu que suposés una minva major al bé comú general. Finalment, si pels seus vicis o follies una persona no fa mal als altres, tanmateix (hom pot al·legar) el seu exemple podria ésser noïble i, per tant, se li pot demanar que reguli la seva conducta, la visió o el coneixement de la qual podria corrompre o esgarriar alguns dels seus semblants.

I àdhuc (hom podria afegir-hi) si les conseqüències de la mala conducta es poden confinar a l'individu viciós o eixelebrat, és convenient que la societat abandoni a llur propi senderi aquells individus que no tenen prou preparació? Si els nens i els menors d'edat tenen un clar dret a rebre protecció contra ells mateixos, no convé també que la societat la proporcioni igualment a les persones madures que s'han mostrat incapaces d'autonomia? Si el joc, la beguda, la incontinència, la peresa, la brutícia són tan ofensives al goig i un obstacle tan gran al millorament com molts o la gran majoria dels actes interdits per la llei, per què la llei (hom pot preguntar), en la mesura que això s'adiu amb la factibilitat i les conveniències socials no s'ha d'escarrassar a reprimir també aquestes activitats? I com a complement de les imperfeccions inevitables del dret, no seria bo que l'opinió organitzés una vigilància extrema contra aquests vicis i sancionés rígidament amb punicions socials aquells coneguts per practicar-los? No es tracta (hom pot dir) de restringir la individualitat ni d'impedir la provatura d'experiències de vida noves i originals. Les úniques coses que hom cerca d'evitar són activitats que han estat provades i condemnades des dels inicis del món fins ara; coses que l'experiència ha mostrat que no són útils ni convenients per a la individualitat de ningú. Per tal que una veritat moral o prudencial pugui considerar-se establerta cal un cert període de temps i un determinat grau d'experiència, i el que simplement hom pretén és d'impedir que una generació rere l'altra caigui pel mateix precipici que ha estat fatal als seus predecessors.

Admeto plenament que el mal que una persona es causa a si mateixa, pot afectar greument, adés per les seves simpaties, adés pels seus interessos, els que s'hi relacionen i, en un grau menor, la societat en el seu conjunt. Quan per una conducta d'aquesta mena una persona es veu arrossegada a violar una obligació clara i adjudicable envers una altra persona o persones, aquest cas ja no cau dins l'àmbit de la moralitat privada, i llavors esdevé susceptible de desaprovació moral en el sentit apropiat del terme. Si, suposem, un home, per intemperància o extravagància, deixa de pagar els seus deutes o bé, havent assumit la responsabilitat moral d'una família, per la mateixa causa deixa de ser capaç d'educar o mantenir els seus fills, mereix una justa reprovació i pot ser castigat, però si ho és serà a causa de la infracció del seu deure envers la seva família o els seus creditors, no pas per la seva extravagància. Si els recursos que es devien consagrar a la família fossin destinats a la inversió més prudent de totes, la culpabilitat moral seria la mateixa. George Barnwell occí el seu oncle per aconseguir diners per a la seva amistançada, però si ho hagués fet per muntar un negoci, hauria estat condemnat igualment a la forca.* De la mateixa manera, en el sovintejat cas d'un home que causa problemes a la seva família per donar-se a mals hàbits, mereix retrets per la seva duresa i ingratitud, però també pot ésser-ne objecte per conrear hàbits que en si no són viciosos, si causen aflicció a aquells amb els quals comparteix la seva vida o que depenen d'ell per vincles personals per a llur conhort. Quisvulla que no reïx en la consideració generalment deguda als interessos i sentiments dels altres, sense que s'hi vegi empès per algun imperatiu moral o justificat per una preferència permissible, és subjecte a la desaprovació moral per aquesta incapacitat però no pas pel seu origen o pels errors, merament personals, que remotament hi poden haver menat. De manera semblant quan una persona s'incapacita per raó del seu comportament privat per a l'exercici de qualsevol deure precís envers la col·lectivitat que li ha estat encomanat, és culpable d'una infracció social. És injustificat de castigar algú perquè està ebri, però en canvi cal punir un soldat o un policia que s'embriagui estant de servei. En suma, sempre que existeix un dany o un risc de dany definits, ja sia a un individu o a la col·lectivitat, el cas ja no cau dins l'àmbit de la llibertat i entra de ple dins el de la moralitat o el dret.

Però amb referència al menyscapte merament contingent o, com podria anomenar-se, inferit, que una persona causa a la societat per una actuació que ni viola un deure específic envers la col·lectivitat ni ocasiona un dany perceptible a qualsevol individu determinable llevat d'ell mateix, aquest inconvenient és un dels que la societat pot permetre's d'endurar per mor del bé més gran de la llibertat humana. Si calgués castigar les persones adultes per no tenir cura d'elles mateixes, més valdria que fos pel seu propi bé més que no pas amb el pretext d'impedir que menysca-

* Protagonista de *The London Merchant, of the history of George Barnwell*, obra de teatre de George Lillo, posada en escena per primer cop el 1731.

bin llur capacitat de prestar beneficis a la societat, que aquesta no pretén tenir el dret d'exigir. Però no estic gens d'acord a tractar aquesta qüestió com si la societat no tingués altres mitjans per tal d'elevar els seus membres més febles al nivell ordinari de conducta racional que esperar que perpetrin alguna acció irracional i aleshores infligir-los una punició jurídica o moral per aquesta transgressió. La societat té un poder absolut sobre ells en les primeres etapes de llur existència: ha tingut a la seva disposició tot el període de la infància i de la minoritat amb l'objecte de fer les provatures necessàries perquè fossin capaços d'una conducta racional en la vida. La generació existent és responsable de la formació i de les circumstàncies que envolten la generació següent. No és possible que faci tornar els membres de la futura generació perfectament bons i assenyats, perquè lamentablement ella també és deficient en bonesa i seny. Els seus millors esforços no són sempre, en certs casos individuals, totalment reeixits. Però és capaç d'aconseguir que la generació que puja sigui, en línies generals, tan bona i un xic millor que ella mateixa. Si la societat deixa que un nombre considerable dels seus membres creixin com a infants, incapaços d'ésser influïts per la consideració racional dels motius distants, el blasme per les conseqüències és imputable a ella mateixa. Armada no sols amb els poders de l'educació, ans amb l'ascendent que l'autoritat de l'opinió admesa sempre exerceix sobre les ments d'aquells que són menys aptes per a jutjar per si sols i ajudada per les sancions *naturals* que no poden deixar d'abatre's sobre aquells que incorren en el disgust o el menyspreu dels qui els coneixen, que la societat no pretengui que necessita, a més de tot això, el poder de decretar manaments i d'imposar obediència en l'àmbit dels interessos personals dels individus, en el qual, tant per raons d'estricta justícia com de govern, la decisió hauria de recaure en aquells que han de patir-ne les conseqüències. No hi ha res que tendeixi a desacreditar i a frustrar els millors mitjans d'influir la conducta que el recurs als pitjors. Si entre aquells als quals es tracta de junyir a la prudència o a la temperància s'hi troben alguns amb caràcters vigorosos i independents, es rebel·laran indefectiblement contra el jou. Una persona d'aquesta mena no acceptarà mai que els altres tinguin dret a controlar les seves coses, de la mateixa manera que el tenen a l'hora d'impedir-li que els perjudiqui en les coses llurs. Llavors fàcilment hom considera un senyal de valor i coratge desafiar obertament aquesta autoritat usurpada i fer amb ostentació exactament el contrari del que prescriu, com en el cas de la moda grollera que succeí en el temps de Carles II a la fanàtica intolerància moral dels puritans*. Respecte al que hom addueix sobre la necessitat de protegir la societat contra el mal exemple que representen per a altri els viciosos i els llibertins, és veritat que aquest pot tenir efectes perniciosos, especialment sobre el malfactor que veu com es pot causar perjudici als altres amb impunitat. Però ara estem parlant de conducta que, sense causar mal a altri, ocasiona gran dany al mateix agent, i no acabo de veure com els qui creuen això poden deixar de pensar que l'exemple, en regla general, és més saludable que noïble, ja que, si bé posa al descobert la mala conducta, també posa en evidència les conseqüències doloroses o degradants que, si l'actuació és justament blasmada, recauen forçosament sobre tots o la majoria d'aquells que hi concorren.

[L'argument més fort]

Però el més fort de tots els arguments contra la ingerència de la col·lectivitat en la conducta purament personal és que, quan s'hi immisceix, hi ha moltes probabilitats que ho faci malament i en els punts menys adients. En qüestions de moralitat social, de deure envers els altres, l'opinió del públic, és a dir, de la majoria aclaparadora, tot i que sovint sigui incorrecta, és probable que més sovint sigui correcta, perquè en aqueixes qüestions els seus mem-

* Carles II (1630-1685) protagonitzà la restauració de la monarquia el 1660 després de la fi de la república puritana d'Oliver Cromwell.

bres no fan altra cosa que jutjar els seus propis interessos i la manera com un determinat comportament, si es permet la seva pràctica, els pot afectar. Però l'opinió d'una majoria semblant, imposada a tall de llei sobre la minoria, en qüestions de capteniment personal, és tan probable que sigui encertada com desencertada, car en aquestes ocasions l'opinió pública vol dir, en el millor dels casos, l'opinió d'algunes persones sobre allò que és bo o dolent per a altres persones i molt sovint ni tan sols significa això, car el públic, passant per alt amb la més perfecta indiferència el plaer o la conveniència d'aquells la conducta dels quals censura, només considera la seva pròpia preferència. N'hi ha molts que consideren com una ofensa contra ells qualsevol comportament que els desplau i que experimenten com un ultratge a llurs sentiments, com en el cas d'un fanàtic religiós, que quan fou acusat de menystenir els sentiments religiosos dels altres, respongué que són ells qui menystenen els sentiments d'ell tot persistint en llur culte o credo abominable. Però no hi ha paritat entre el sentiment d'una persona pel que fa a la seva pròpia opinió i el sentiment d'una altra que és ofesa pel fet que ella la mantingui com no n'hi ha entre el desig d'un lladre de robar una bossa i el desig del seu propietari legítim de quedar-se-la. I el gust d'una persona és una qüestió tan pròpia com la seva opinió o la seva bossa. És fàcil per a qualsevol d'imaginar un públic ideal, que dóna un marge de llibertat i d'elecció als individus en totes les qüestions incertes, i només els exigeix que s'abstinguin dels modes de conducta que ha condemnat l'experiència universal. Però, on s'ha vist mai un públic que marqui tals límits a la seva censura? o bé, quan és que el públic es preocupa de l'experiència universal? En les seves ingerències en la conducta personal la col·lectivitat poques vegades pensa en altra cosa que en la perversitat que suposa obrar o sentir diferent d'ella mateixa i aquest criteri, finament disfressat, és el que nou dècims dels moralistes i escriptors especulatius mantenen davant els ulls dels homes com els dictats de la religió i la filosofia. Aquests ensenyen que les coses són certes perquè ho són: perquè sentim que ho són. Ens diuen que escorcollem dins de les nostres ments i cors a la recerca de lleis de conducta que ens obliguin a nosaltres mateixos i a tots els altres. Què pot fer el pobre públic si no aplicar aquestes instruccions i fer que els seus propis sentiments personals del bé i del mal, si són tolerablement unànimes entre els seus membres, siguin obligatoris per a tothom?

[Exemples]

El mal assenyalat aquí no existeix solament en teoria, i potser caldrà esperar que especifiqui els casos en què el públic d'aquest temps i país inverteix impròpiament les seves preferències en el caràcter de les lleis morals. No estic escrivint un assaig sobre les aberracions dels sentiments morals existents. Es tracta d'un tema massa feixuc per a ésser discutit a tall de digressió i per via d'il·lustració. Nogenysmenys, calen exemples per a mostrar que el principi que mantinc és d'importància seriosa i pràctica i que no estic tractant d'erigir una barrera contra mals imaginaris. I no és difícil mostrar, amb abundants exemples, que una de les propensions humanes més universals és eixamplar els límits del que hom pot anomenar vigilància moral fins a arribar a violar la llibertat de l'individu més inqüestionablement legítima.

A tall de primer exemple, considerem les antipaties que els homes nodreixen sense cap altra justificació contra les persones amb opinions religioses diferents de les seves, car no practiquen llurs observances religioses, en especial llurs abstinències religioses. Per citar un exemple més aviat trivial, res en la creença o pràctica dels cristians fa més per a enverinar l'odi que senten els musulmans contra ells que el fet que mengin carn de porc. Hi ha pocs actes que els cristians i els europeus considerin amb un disgust menys dissimulat que el que produeix als mahometans aquesta manera de satisfer la fam. En primer lloc, es tracta d'una ofensa contra llur religió, però aquesta circumstància no explica ni el grau ni la mena de repugnància que senten, car el vi és també prohibit per llur religió i tots els musulmans consideren que prendre'n està mal fet, però no és fastigós. L'aversió que experimenten envers la carn de l'«animal impur» és, al contrari, d'un caràcter peculiar, que s'acosta a l'antipatia instintiva, que la idea de brutícia, una vegada que amara totalment els sentiments, sembla despertar sempre fins i tot en aquells que tenen uns hàbits personals escrupolosament nets i de la qual el sentiment d'impuresa religiosa, tan intens entre els hindús, en constitueix un bon exemple. Suposem ara que en un poble, format per una majoria musulmana, aquesta insistís en el fet de no permetre menjar carn de porc dins els límits del país. Aquest fet no seria gens nou en els països mahometans.* Seria un exercici legítim de l'autoritat moral de l'opinió pública? i, en cas negatiu, per què no? Aquesta pràctica inspira realment fàstic a la col·lectivitat en qüestió. Els seus membres pensen sincerament que és prohibida i avorrida per la divinitat. Però aquesta prohibició no podria ser blasmada com una persecució religiosa. És possible que el seu origen fos religiós, però no seria una persecució per raó de religió, ja que el fet de menjar carn de porc no constitueix un deure en la religió de ningú. L'únic motiu de condemna defensable d'aquesta prohibició seria que la col·lectivitat no té dret a immiscir-se en els gustos personals i en els interessos privats dels individus.

I si volem acostar-nos un xic més a casa, la majoria dels espa-

* El cas dels parsis de Bombai és un cas curiós que treu a cap. Quan aquesta tribu industriosa i emprenedora, descendent dels adoradors del foc perses, tot fugint del seu país nadiu davant l'envestida dels califes, arribà a l'Índia occidental, fou tolerada pels sobirans hindús a condició de no menjar carn de bou. Quan aquelles regions més tard caigueren sota la dominació mahometana, els parsis obtingueren d'ells la continuació de la indulgència, a condició de no menjar carn de porc. El que en principi no fou més que obediència a l'autoritat esdevingué una segona natura, i avui els parsis s'abstenen de la carn de bou i de porc. Si bé la seva religió no els ho exigeix, aquesta doble abstinència s'ha convertit enguany en un costum de la seva tribu; a l'orient el costum és una religió.

nyols consideren una gran impietat, ofensiva en major grau a l'Ésser Suprem, retre-li culte per mitjà d'altres rituals que no siguin els prescrits per l'Església catòlica i la legislació espanyola interdiu sobre el territori sota la seva jurisdicció tota altra mena de culte públic. Els pobles de l'Europa meridional consideren els clergues casats persones no sols irreligioses, sinó impúdiques, indecents, grolleres i fastigoses. Què en pensen els protestants d'aquests sentiments perfectament sincers i dels intents d'imposar-los sobre els no catòlics? Tanmateix, si els homes estan justificats a intervenir en la llibertat d'altri en coses que no pertoquen a llurs interessos, a partir de quin principi és possible d'excloure d'una manera coherent aquests casos? o qui pot blasmar els qui cobegen reprimir el que consideren un escàndol als ulls de Déu i de l'home? No pot adduir-se argument millor per a prohibir quelcom que és considerat com una immoralitat personal que el que invoquen per a la supressió d'aquestes pràctiques els qui les tenen per impies, i, a menys que estiguem disposats a adoptar la lògica dels perseguidors i a afirmar que nosaltres podem perseguir els altres perquè tenim raó, mentre que ells no ens han de perseguir perquè estan equivocats, hem d'anar amb compte a l'hora d'admetre un principi que, si ens fos aplicat a nosaltres, reputaríem una gran injustícia.

Hi ha la possibilitat que hom objecti —sense raó— que els exemples precedents estan extrets de contingències impossibles entre nosaltres, car l'opinió, en aquest país, no és probable que imposi l'abstinència de certes carns, que s'immisceixi en matèria de cultes o en matèria de matrimoni segons les creences o la inclinació dels interessats. Així, posaré un proper exemple basat en una ingerència en la llibertat, el perill de la qual no ha passat del tot. En tot temps que els puritans disposaren de poder suficient, com ara a Nova Anglaterra o a la Gran Bretanya en el temps de la República, han maldat, amb èxit considerable, per a descoratjar tota mena d'esplais públics i gairebé privats, en especial la música, la dansa, els jocs públics o altres aplecs destinats a la diversió així com el teatre. En aquest país resten encara grups importants de persones que segons les seves nocions de la moralitat i de la religió condemnen aquests tipus d'esbarjos. Com que aquestes persones pertanyen sobretot a la burgesia, que constitueix el poder dominant en la condició social i política present del regne, no és gens impossible que aquests sectors arribin a assolir qualque dia una majoria en el Parlament. Què els semblaria als membres de la part restant de la comunitat el fet que els esplais permesos siguin regulats pels sentiments religiosos i morals dels calvinistes i metodistes més estrictes? No desitjarien sense dilació que aquests pietosos intrusos es fiquessin en llurs propis assumptes? Això és precisament el que cal contestar a tot govern i a tot públic que té la pretensió que ningú gaudeixi dels plaers que ells troben dolents. Però si el principi de la pretensió fos admès, ningú no podria raonablement objectar al fet que fos aplicat en el sentit de la majoria o algun altre poder preponderant al país i tothom hauria d'estar disposat a acceptar la idea d'una república cristiana, tal com l'entengueren els primers colonitzadors de Nova Anglaterra, si una confessió religiosa semblant a la seva arribés mai a recuperar el seu terreny perdut, com les religions presumptament decadents han fet tan sovint.

Imaginem una altra contingència, tal vegada de realització més probable que la darrera esmentada. Existeix declaradament una forta tendència al món modern vers una constitució democràtica de la societat, acompanyada o no d'institucions polítiques populars. Hom afirma que al país on aquesta tendència es materialitza més plenament —on tant la societat com el govern són més democràtics—, els Estats Units, el sentiment de la majoria, a la qual qualsevol manifestació d'un estil de vida més ostentós o costós del que llurs membres poden esperar emular és de mal gust, opera com una llei sumptuària força eficaç, i en moltes parts de la Unió tota persona que posseeix uns ingressos molt grans no sempre troba mitjans adients per a despendre'ls, sense incórrer en la desaprovació popular. Si bé aquesta mena d'afirmacions sens dubte són exagerades com a representació dels fets existents, l'estat de coses que descriuen no solament és concebible i possible, ans un resultat probable del sentiment democràtic, conjuminat amb la idea que la col·lectivitat té un dret de veto sobre la manera en què els individus despenen llurs ingressos. Només cal que suposem, a més, una difusió considerable de les opinions socialistes per tal que esdevingui infame als ulls de la majoria la possessió de més d'una petita quantitat de béns o de qualsevol renda que no sigui procedent del treball manual. Opinions semblants en principi a aquestes ja prevalen força dins la menestralia i pesen opressivament sobre aquells qui són susceptibles de ser influïts per l'opinió d'aquesta classe, o sia, els seus propis membres. És sabut que els treballadors manuals dolents que constitueixen la majoria d'operaris en moltes branques de la indústria són decididament de l'opinió que ells haurien de cobrar el mateix salari que els bons i que no hauria d'estar permès, ja sia treballant a preu fet o altrament, de guanyar més que els altres mercès a una aptitud o esforç superior. I així fan servir una vigilància moral, que ocasionalment pot esdevenir coacció física, per tal d'impedir que els treballadors qualificats rebin, i els empresaris els ofereixin, una remuneració més gran per un servei més útil. Si el públic té jurisdicció sobre qüestions privades, no entenc per què aquests treballadors obren malament ni que hom pugui blasmar un públic determinat per afirmar la mateixa autoritat sobre la conducta d'un individu, si hom accepta que el públic general té el dret a afirmar-la sobre les persones en general.

Però, sense necessitat d'ocupar-nos de casos hipotètics, en els nostres dies hom practica usurpacions importants de la llibertat de la vida privada, i encara hom commina d'efectuar-ne d'altres més grans amb una certa probabilitat d'èxit, i hom proposa opinions que declaren un dret il·limitat del públic no només a prohibir per llei tot allò que creu que és dolent, sinó a interdir una sèrie de coses que admet que són innocents a fi de barrar el pas a les que creu dolentes.

Sota el pretext d'impedir la intemperància, el poble d'una colònia anglesa i el de gairebé la meitat dels Estats Units, han hagut de sofrir la prohibició per llei de fer un ús qualsevol de les begudes fermentades, com no sia per raons mèdiques, car la interdicció de la seva venda significa, de fet, la prohibició del seu ús.* I tot i que la impossibilitat de l'execució d'aquesta llei ha provocat la seva revocació en alguns dels estats que l'adoptaren, àdhuc en aquell que li ha donat el seu nom, s'ha encetat una campanya, secundada amb un zel considerable per molts dels filantrops declarats, a fi d'iniciar una agitació a favor d'una llei semblant en aquest país. L'associació, o «Aliança» com s'autodenomina, que ha estat constituïda per a aquesta finalitat, ha adquirit una certa notorietat a través de la publicitat donada a la correspondència entre el seu secretari i un dels pocs homes públics anglesos que creu que les opinions d'un polític s'han de basar en principis.** La participació de Lord Stanley en aquesta correspondència segurament enrobustirà les esperances ja dipositades en ell per aquells qui saben que les qualitats que aquest polític ha manifestat en algunes de les seves aparicions públiques malauradament són ben rares entre tots aquells que figuren a la galeria d'homes públics. L'òrgan de l'Aliança, que «deploraria pregonament el reconeixement de qualque principi que pogués ésser emprat per tal de justificar el fanatisme i la persecució», es permet d'assenyalar l'«àmplia i insalvable barrera» que separa aquests principis dels de l'associació. «Totes les qüestions relatives al pensament, a l'opinió, a la consciència, em semblen —diu— situar-se fora de l'esfera de la legislació; totes les que es refereixen a l'acte, hàbit i relació socials, subjectes només a un poder discrecional conferit a l'Estat i no pas a l'individu, entren en canvi de ple dins ella». Cal remar-

* Al·lusió a l'anomenada Llei de Maine, estat de la Unió on fou aprovada per primer cop el 1851 una disposició que prohibia la venda de begudes alcohòliques.

** L'Aliança del Regne Unit fou fundada el 1852. Mill fa referència a una sèrie de cartes publicades a *The Times* el 1856, encreuades entre Samuel Pope, secretari de l'Aliança, i Lord Stanley, fill del que aleshores era líder del Partit Conservador.

car que no n'esmenta una tercera classe, diferent de les dues anteriors, a saber, els actes i els hàbits que no són socials, sinó individuals, si bé és precisament a aquesta darrera classe a la qual pertany sens dubte l'acte de beure licors fermentats. La venda de les begudes alcohòliques, tanmateix, entra dins del comerç i aquest és un acte social. Però la infracció de què hom es plany no es refereix a la llibertat del venedor, sinó a la del comprador i consumidor, car l'Estat podria perfectament bé prohibir beure vi amb la intenció manifesta d'impossibilitar la seva obtenció. El secretari, tanmateix, continua dient: «Reclamo, com a ciutadà, el dret de legislar sempre que els meus drets socials són envaïts per l'acte social d'un altre». I com defineix aquests «drets socials»? «Si hi ha quelcom que envaeix els meus drets socials, certament ho fa el tràfic de begudes fortes. Anorrea el meu dret primari de seguretat creant i estimulant constantment el desordre social. Envaeix el meu dret a la igualtat extraient un benefici de la creació d'una misèria, al sosteniment de la qual haig de contribuir amb els impostos que pago. Impedeix el meu dret al lliure desenvolupament moral i intel·lectual envoltant el meu camí de perills i afeblint i desmoralitzant la societat, de la qual tinc el dret a reclamar ajuda i tracte mutus». Una teoria dels «drets socials», sense parió amb cap altra que fins ara hagués trobat probablement mai expressió en forma escrita, que no és res més que això: que és un dret absolut de tot individu que tot altre individu obri en tots els aspectes exactament com ell faria; que qualsevol que no hi reïx en la qüestió més insignificant viola el meu dret social i em dóna dret a posar clam per tal que sigui rescabalat el greuge. Un principi tan monstruós és molt més perillós que qualsevol intromissió concreta en la llibertat. No hi ha violació de la llibertat que no pogués justificar; no reconeix en absolut cap dret a la llibertat, llevat potser del de mantenir opinions en secret, sense mai revelar-les a ningú, car des del moment que una opinió que jo considero noïble passa pels llavis d'algú, envaeix tots els «drets socials» que m'atribueix l'Aliança. Aquesta doctrina atribueix a tots els homes un interès creat mutu en llur perfecció moral, intel·lectual, i àdhuc física, definida per cada reivindicador segons el seu propi criteri.

Un altre exemple important de la ingerència il·legítima en la justa llibertat de l'individu, no solament projectada, sinó efectuada amb èxit des de fa temps, és la legislació sabàtica. Sens dubte, el fet d'abstenir-se de les ocupacions diàries normals un dia a la setmana, en la mesura que ho permeten les exigències de la vida, si bé només obliga els jueus des del punt de vista religiós, és un costum força beneficiós. I per tal com aquest costum no pot ser observat sense un consentiment general en aquest sentit entre les classes treballadores, per consegüent, en la mesura que si treballen algunes persones poden imposar la mateixa necessitat a altres, és permissible i just que la llei garanteixi a cadascú l'observança per part dels altres del costum a base de suspendre les operacions més importants de la indústria durant un dia determinat. Però aquesta justificació, fonamentada en l'interès directe que altres tenen en l'observança de la pràctica per part de cada individu, no es pot aplicar a les ocupacions voluntàriament escollides a les quals una persona li escau de dedicar les seves hores de lleure, com tampoc no és gens pertinent en el cas de les restriccions dels esplais per llei. És veritat que el divertiment d'alguns comporta la jornada laboral d'altres, però el plaer, per no dir l'esbarjo útil de molts, val ben bé el treball d'uns quants, amb què aquesta ocupació sigui lliurement escollida i hom se'n pugui acomiadar també lliurement. Els obrers tenen el perfecte dret de pensar que, si tothom treballés el diumenge, caldria trescar set dies per una paga de sis, però mentre es deturin la gran majoria de feines, el petit nombre que han de feinejar per al goig dels altres obtenen un augment proporcional dels seus guanys i, d'altra banda, no estan obligats a seguir en aquestes ocupacions, si és que prefereixen el lleure a l'emolument. Si calgués cercar un altre remei hom el podria trobar en l'establiment per costum d'un dia de festa a la setmana per a aquesta determinada classe de persones. L'únic motiu, doncs, que permet la defensa de l'establiment de restriccions als esbargiments dominicals és que són censurables des del punt de vista religiós, raó per legislar que hauria de ser impugnada amb totes les nostres forces. *Deorum injuriæ Diis curæ* [«Les injúries als déus són afer dels déus»]. Resta encara per provar que la societat o algun dels seus servents han rebut la comesa del cel de venjar una suposada ofensa a l'Omnipotent, que no és alhora un tort als nostres semblants. La idea que és deure d'un home que un altre sigui religiós fou el fonament de totes les persecucions religioses perpetrades fins ara i, si l'admetessin, les justificaria plenament. Encara que el sentiment que es manifesta en els repetits intents de tractar d'aturar el funcionament dels ferrocarrils els diumenges, en la resistència a obrir els museus, etc., no té la crueltat dels antics perseguidors, l'estat d'ànim que denota és fonamentalment el mateix. És la determinació a no tolerar que els altres facin el que llur religió els permet, car no ho permet la religió del perseguidor. És la creença que Déu no sols abomina l'acte del descregut, sinó que ens considerarà culpables si no li fem la vida impossible.

No em puc estar d'afegir a aquests exemples de la poca consideració en què normalment hom té la llibertat humana, el llenguatge de franc esperit persecutori que esclata a la premsa d'aquest país, sempre que s'ocupa de la notícia del fenomen remarcable del mormonisme. Hom podria fer molts comentaris sobre el fet inesperat i instructiu que una suposada nova revelació, i una religió, fundada sobre ella, producte d'una palpable impostura, ni tan sols abonada pel prestigi de les qualitats extraordinàries del seu fundador, és creguda per centenars de milers i ha arribat a constituir els fonaments d'una societat en l'època dels diaris, dels ferrocarrils i del telègraf. El que ací ens interessa és que aquesta religió, com les altres i millors religions, té els seus màrtirs; que el seu profeta i fundador fou linxat pels seus ensenyaments; que altres dels seus fidels perderen llurs vides a mans de la mateixa violència desfermada; que foren expulsats a la força, com a comunitat, de la terra que els veié néixer, i que, després d'haver estat encalçats vers un recés solitari al bell mig del desert, ara n'hi ha molts en aquest país que gosen declarar obertament que estaria bé (si bé no és convenient) enviar una expedició contra ells per tal d'obligar-los per la força a professar les opinions d'altres persones. L'article de la doctrina mormona que constitueix la provocació principal de l'antipatia que desborda així les contencions ordinàries de la tolerància religiosa és la seva sanció de la poligàmia, la qual, per bé que permesa als mahometans, als hindús i als xinesos, sembla despertar una animositat insadollable quan és practicada per persones que parlen anglès i que professen la doctrina de Crist. Personalment desaprovo pregonament aquesta institució mormona, alhora per altres raons i perquè, en comptes d'ésser abonada pel principi de la llibertat, en representa una infracció directa, ja que no és més que una rebladura de les cadenes de la meitat dels membres de la comunitat i l'emancipació de l'altra de la reciprocitat de l'obligació que els deuen. Amb tot, cal recordar que aquesta relació és tan voluntària per part de les dones implicades, que hom pot considerar que la pateixen, com la que es dóna en qualsevol altra forma d'institució matrimonial. I per més sorprenent que aquest fet ens sembli, té la seva explicació en les idees i costums corrents del món, que en ensenyar les dones a creure que el matrimoni és quelcom indispensable, fan comprensible que moltes d'elles prefereixin ser una d'entre diferents esposes a no ser-ne cap. Hom no demana que altres països reconeguin tals unions o deslliurin una part de llurs habitants de les lleis en vigor per mor de les opinions mormones. Però quan els dissidents han fet concessions als sentiments hostils dels altres molt més del que se'ls podia demanar; quan han abandonat els països en què llurs doctrines eren inacceptables i s'han establert en un racó remot de la terra, que han estat els primers a fer habitable per a l'espècie humana, només se'ls pot impedir que hi visquin sota les lleis que els plaguin recorrent als principis de la tirania, amb la condició que no cometin agressió contra altres nacions i permetin una perfecta llibertat de moviment als qui estiguin insatisfets amb llurs costums. Un escriptor recent, en alguns aspectes de mèrit considerable, proposa (per usar les seves pròpies paraules) no una croada, sinó una *civilitzada,* contra aquesta comunitat poligàmica, per tal de posar fi al que li sembla un pas enrere en la civilització. Jo també estic d'acord amb aquest darrer punt, però no crec que cap comunitat tingui el dret a forçar una altra a civilitzar-se. Mentre els qui pateixen la llei dolenta no demanin ajut a altres comunitats, no puc admetre que persones que no tenen res a veure amb ells hagin d'intervenir-hi i acabar amb un estat de coses amb el qual estan d'acord tots els directament interessats perquè representa un escàndol per a individus que es troben a mils de milles de distància, que no hi tenen ni art ni part. Que els enviïn missioners, si volen, a predicar contra aquesta doctrina i que s'oposin, amb mitjans justos (fer callar els seus mestres no n'és cap), a l'avenç de creences semblants entre els membres del seu poble. Si la civilització ha avantatjat la barbàrie quan aquesta dominava el món, és exagerat témer que la barbàrie, després d'haver estat sotmesa plenament, revisqui i arribi a conquerir la civilització. Una civilització que pugui sucumbir davant el seu enemic vençut ha d'haver esdevingut tan degenerada, que ni els seus propis sacerdots ni mestres ni ningú més tingui la capacitat o s'amoïni a sortir en la seva defensa. Si és així, que aquesta civilització desaparegui com més aviat millor. Només pot anar de mal en pitjor fins que sigui destruïda i regenerada per bàrbars enèrgics (com l'imperi occidental).

JOHN STUART MILL, *Sobre la llibertat*, Traducció i edició a cura de LLUÍS FLAQUER. Llicència atorgada per Editorial Laia (ara al fons d'Edicions 62, S.A.), 1983, p. 135-159.

L'UTILITARISME

CAPÍTOL II
QUÈ ÉS L'UTILITARISME?

[La utilitat no s'oposa al plaer]

N'hi haurà prou amb una breu observació per rebatre el disbarat ignorant de suposar que els qui defensen la utilitat com a criteri del bé i el mal, usen el terme utilitat en el sentit restringit i merament col·loquial en què s'oposa al plaer. Demanem disculpes als oponents filosòfics de l'utilitarisme si pot semblar ni que sigui per un moment que els confonem amb algú capaç d'una equivocació tan absurda com aquesta; equivocació ben estranya per cert, ja que l'acusació contrària, la que ho refereix tot al plaer (també en la seva forma més grollera), és un altre dels càrrecs habituals que es presenten contra l'utilitarisme. I com ha observat encertadament un notable escriptor, la mateixa mena de persones, i sovint exactament les mateixes persones, denuncien que la teoria és «impracticablement seca quan la paraula utilitat s'anteposa a la paraula plaer, i també practicablement voluptuosa quan la paraula plaer s'anteposa a la paraula utilitat». Els qui tenen algun coneixement de la matèria saben prou bé que cap dels autors que, des d'Epicur a Bentham, han mantingut la teoria de la utilitat, no l'entenen com una cosa que es contraposi al plaer, sinó com el plaer mateix juntament amb l'absència de dolor; i en comptes d'oposar útil a agradable o ornamental, han afirmat sempre que útil significa també aquestes coses, entre d'altres. Tanmateix el gruix de la gent en general, incloent-hi el gruix dels autors, cauen a tothora en aquest error tan trivial no solament en diaris i periòdics, sinó en llibres de pes i amb pretensions. Agafen la paraula utilitarista sense saber-ne res llevat del so que fa, i solen usar-la per expressar amb ella rebuig o indiferència pel plaer en alguna de les seves formes; de la bellesa, de l'ornamentació, de la diversió. No, i tampoc en la seva ignorància no es limiten únicament a fer un ús despectiu d'aquest terme, sinó que ocasionalment l'usen com un compliment; com si impliqués una superioritat respecte a la frivolitat i als plaers efímers. I és justament en aquest ús pervertit com s'entén ordinàriament la paraula, i el que la nova generació adquireix com a noció única del seu significat. Els qui van introduir la paraula, però que durant molts anys l'han deixat d'usar com una apel·lació distingida, potser s'haurien d'animar a reintroduir-la, si creuen que d'aquesta manera poden contribuir una mica a rescatarla d'aquesta completa degradació.*

[El principi étic en què es fonamenta la utlitat]

El credo que posa com a fonament de la moral la Utilitat o el

* L'autor d'aquest assaig té raons per pensar que ha estat la primera persona a usar la paraula *utilitarista.* No l'ha inventada, sinó que l'ha adoptat d'una expressió dita de passada en l'obra de Galt, *Annals of the parish.* Després d'usar-la com un designador durant un grapat d'anys, ell i d'altres la van abandonar a causa d'un disgust creixent per tot allò que semblés el signe distintiu o la consigna pròpia d'una secta. Però com a nom per una opinió simple, no pas d'un conjunt d'opinions —per denotar el reconeixement de la utilitat com un estàndard, més que com una forma particular d'aplicar-la— el terme omple una llacuna de la llengua, i ofereix en molts casos un recurs ben oportú per evitar circumloquis empipadors.

Principi de la Major felicitat possible, sosté que tota acció és bona en proporció a la seva tendència a promoure la felicitat, i dolenta en proporció a la seva tendència a produir el contrari de la felicitat. Per felicitat s'entén plaer i absència de dolor; per infelicitat, dolor i privació de plaer. Per tenir una visió clara de l'estàndard moral establert per la teoria, s'haurien de dir moltes coses més; en particular, què s'inclou en les idees de dolor i plaer, i en quina mesura es pot deixar això com una qüestió oberta. Però aquestes explicacions suplementàries no afecten la teoria de la vida en què es basa aquesta teoria de la moralitat —a saber, que el plaer i l'absència de dolor són les úniques coses desitjables com a fins; i que totes les coses desitjables (que són tan nombroses en un projecte utilitarista com ho són en qualsevol altre) són desitjables o bé pel plaer inherent a elles mateixes, o bé com a mitjans que promouen el plaer i l'evitació del dolor.

[No parlem de l'hedonisme barroer]

Ara bé, una teoria de la vida com aquesta provoca una aversió inveterada en molts esperits, i certament en alguns dels més estimables pels seus sentiments i aspiracions. Suposar que la vida no té (diuen) altres fins més elevats que el plaer —ni cap objecte de desig ni projecte millor ni més noble— ho consideren del tot mesquí i degradant, com una doctrina digna només de porcs, amb els quals es va comparar despectivament els seguidors d'Epicur ja en la mateixa antiguitat; i els qui sostenen aquesta doctrina en l'època moderna són víctimes ocasionals de comparacions igualment educades pels seus contrincants alemanys, francesos i anglesos.

[Plaers superiors i inferiors]

Atacats d'aquesta manera, els epicuris sempre responien que no eren pas ells sinó els seus acusadors, els qui representaven l'aspecte més degradant de la naturalesa humana, tenint en compte que l'acusació suposa que els éssers humans no són sensibles a cap altre plaer llevat dels plaers dels porcs. Si aquesta suposició és certa, el càrrec és impossible de contradir; però aleshores deixaria de ser una acusació, perquè si les fonts del plaer són precisament les mateixes en els humans que en els porcs, la norma de vida més adient per a l'un també ho ha de ser per a l'altre. La comparació de la vida epicúria amb la d'aquests animals es percep com una cosa degradant, justament perquè els plaers d'un animal no satisfan el concepte de felicitat de cap ésser humà. Els humans tenen facultats més elevades que els apetits animals, i un cop en són conscients, no contemplen com a felicitat res que no impliqui la seva gratificació. Certament no considero que els epicuris siguin en absolut impecables a l'hora de treure totes les conseqüències que deriven del principi utilitari. Per fer això de manera suficient, s'hi han d'incloure molts elements estoics, i també cristians. Però no es coneix cap teoria epicúria de la vida que no assigni als plaers de l'intel·lecte, dels sentiments i la imaginació, i dels sentiments morals, un valor molt superior com a plaers als merament sensuals. S'ha d'admetre, però, que en general els autors utilitaristes han situat la superioritat dels plaers mentals sobre els corporals principalment en el fet que són més permanents, més segurs, menys costosos, etc., que els altres —és a dir, en els seus avantatges circumstancials, més que no en la seva naturalesa intrínseca—. En tots aquests punts els utilitaristes han demostrat plenament la seva posició, però també és cert que podrien haver adoptat l'altre fonament, que es pot considerar més elevat, sense deixar de ser consistents. Perquè reconèixer que algunes espècies de plaer són més desitjables i més valuoses que d'altres resulta del tot compatible amb el principi d'utilitat. Seria absurd que, mentre en la consideració de totes les altres coses es considera tant la qualitat com la quantitat, en l'apreciació dels plaers s'hagi de suposar que només compta la quantitat.

Si em pregunten què vull donar a entendre per diferència de qualitat en els plaers, o què fa un plaer més valuós que un altre, merament com a plaer, sense ser més gran en quantitat, només puc donar una resposta. Si de dos plaers n'hi ha un que decididament tothom prefereix, o almenys tots els qui els han experimentat, i això sense tenir en compte cap sentiment d'obligació moral a preferir-lo, aquest plaer és el més desitjable. Si un dels dos, per aquells que hi estan ben familiaritzats, es posa per damunt de l'altre fins a l'extrem de preferir-lo tot i saber que anirà seguit d'una major quantitat de desplaer, i malgrat això no el canvia per l'altre, encara que en pogués gaudir fins als límits naturals, aleshores estem justificats a atribuir al gaudiment elegit una qualitat superior; fins al punt que aquesta supera la quantitat reduint-la, per comparació, a ben poca cosa.

Doncs bé, és un fet del tot inqüestionable que aquells qui estan igualment familiaritzats amb tots dos plaers, i són igualment capaços d'apreciar-los, donen una prioritat molt més elevada a la forma de vida en què s'exerciten les facultats superiors. Poques criatures humanes consentirien a canviar-se per animals inferiors a canvi de la promesa de consentir-los la llicència més completa en els plaers animals; un ésser humà intel·ligent no vol tornar-se un ximple, ni una persona instruïda vol ser un ignorant, ni cap persona amb sentiments i consciència vol ser egoista i baix, per més que els puguin persuadir que un ximple, un ruc o un brètol viuen més satisfets amb el seu lot que no pas ells amb el que els ha tocat. No renunciarien a allò que posseeixen de més que aquells, per saciar de la forma més completa possible els desitjos que tenen en comú amb ell. Si mai arriben a somiar-hi, seria només en casos d'infelicitat tan extrema que, per tal d'escapar-ne, canviarien el seu lot per gairebé qualsevol altre, encara que als seus ulls fos del tot indesitjable. Un ésser de facultats superiors exigeix alguna cosa més per ser feliç; probablement és propens a un patiment més agut, i certament ho és a patir de més coses que algú inferior a ell; però a desgrat d'aquestes càrregues, no pot desitjar de debò sucumbir a allò que percep com un grau inferior d'existència. Podem explicar aquesta resistència com més ens agradi; podem atribuir-la a l'orgull, una paraula que s'aplica indiscriminadament a alguns dels sentiments més (i també menys) estimables que és capaç de sentir un ésser humà; podem atribuir-la a l'amor per la llibertat i independència personal, la qual va ser entre els estoics un dels mitjans més efectius per fomentar-la; o al desig de poder o de sensacions excitants, ja que tots dos en formen part i hi contribueixen; però el que millor li escau és el sentit de la dignitat que tot ésser humà posseeix en una forma o altra, i en una certa proporció (tot i que mai sigui exacta) amb les seves facultats superiors, i que constitueix una part tan essencial de la felicitat en aquells en qui és intens, que no hi ha res que, entrant en conflicte amb ell, pugui valer com objecte de desig, si no és de forma efímera. Qui pensi que aquesta preferència té lloc a costa del sacrifici de la felicitat —que el superior, en circumstàncies qualssevol iguals, no és més feliç que l'inferior— confon les dues idees ben diferents de felicitat i acontentament. És indiscutible que qui gaudeix amb poca cosa té més oportunitats de trobar satisfacció plena; i un ésser amb dots superiors sempre és conscient que la felicitat que es pot trobar en el món, així com està constituït, és imperfecta. Però pot aprendre a suportar les seves imperfeccions, sempre que siguin suportables, i no per això tindrà enveja d'aquell que certament és inconscient de les seves imperfeccions, però només perquè no arriba a adonar-se del bé que per contrast qualifiquen aquelles imperfeccions. És millor ser una persona insatisfeta que no un gorrí satisfet; millor ser Sòcrates insatisfet que no un ximple satisfet. I si el ximple o el gorrí opinen de forma diferent, és perquè només coneixen el seu propi costat de la qüestió. L'altra part, en aquesta comparació, coneix tots dos costats.

Es pot objectar que molts dels que tenen aptitud per als plaers elevats, ocasionalment els ajornen sota influència de la temptació per satisfer plaers inferiors. Però això és del tot compatible amb la plena apreciació de la superioritat intrínseca dels plaers superiors. Tot sovint els homes, per feblesa de caràcter, opten pel bé més pròxim, si bé saben que és menys valuós; i això és igualment cert quan s'ha d'elegir entre dos plaers físics que quan s'ha d'elegir entre un de físic i un d'espiritual. Els homes empaiten plaers sensuals que perjudiquen la salut, encara que s'adonin perfectament que la salut és un bé superior. També es pot objectar que n'hi ha molts que comencen amb un entusiasme juvenil per tot allò que és noble, i així que passen els anys s'enfonsen en la indolència i l'egoisme. Però jo no crec que els qui pateixen un canvi tan comú com aquest prefereixin voluntàriament els plaers descrits com inferiors als plaers superiors. Jo crec que abans de consagrar-se exclusivament als uns, ja havien esdevingut incapaços de gaudir dels altres. L'aptitud per als nobles sentiments és una planta molt tendra en la majoria de persones, fàcil de matar no solament per influències hostils, sinó per manca d'adob; i en la majoria de joves mor ràpidament si les ocupacions a què els ha destinat la seva posició en la vida (i la societat on han anat a raure) no són favorables per mantenir actives aquestes capacitats superiors. Els homes perden les seves aspiracions elevades així que perden el gust per les coses intel·lectuals, perquè no tenen temps ni oportunitat de permetre-se-les; i aleshores es tornen addictes a plaers inferiors, no pas perquè deliberadament els prefereixin, sinó perquè d'una banda són els únics a què tenen accés, i d'altra banda perquè arriba que ja són els únics de què són capaços de gaudir. Certament podem posar en dubte que hi hagi algú que, essent igualment sensible als dos tipus de plaers, sempre prefereixi de forma conscient i serena els inferiors, si bé en totes les èpoques molts han perdut la salut en un intent inútil de combinar-los tots dos.

Entenc doncs que no hi ha apel·lació possible a aquest veredicte dels únics jutges competents. En la pregunta sobre quin dels dos plaers val més la pena sentir, o quina de les dues modalitats d'existència és més gratificant als sentits, deixant de banda els seus atributs morals i les seves conseqüències, s'ha d'admetre com a definitiu el judici qualificat dels qui tenen coneixement de tots dos, o, si no coincideixen, el de la majoria d'aquests. I no cal vacil·lar a acceptar aquest judici respecte de la qualitat dels plaers, ja que no hi ha cap altre tribunal on adreçar-se, fins i tot en les qüestions de quantitat. Quins mitjans hi ha per determinar d'entre dos dolors quin és el més agut, o de dues sensacions plaents quina és més intensa, llevat del sufragi general d'aquells que estan familiaritzats amb tots dos? Els plaers i els dolors no són homogenis, i el plaer sempre és heterogeni respecte del dolor. Què tenim per decidir si val la pena gaudir d'un plaer particular al preu d'un dolor particular, llevat de les sensacions i el judici dels que en tenen experiència? Doncs bé, quan aquelles sensacions i aquell judici declaren que els plaers derivats de les facultats superiors, deixant de banda la seva intensitat, són preferibles *de mena* als que sent la naturalesa humana sense participació de les facultats superiors, aleshores mereixen tenir també en aquesta matèria la mateixa credibilitat.

[La felicitat del major nombre]

M'he deturat en aquest punt perquè és un apartat necessari en una concepció completament justa de la Utilitat o la Felicitat, considerada com la norma rectora de la conducta humana. Però no és en absolut una condició indispensable per acceptar l'estàndard utilitarista; ja que aquest estàndard no és la major felicitat possible pròpia de l'agent, sinó la major quantitat de felicitat possible en conjunt; i així, si bé es pot posar en dubte que un caràcter noble sigui sempre el més feliç per la seva noblesa, no hi ha cap dubte que fa els altres més feliços, i que el món en general hi surt guanyant enormement, gràcies a ell. L'utilitarisme, doncs, només pot assolir el seu fi si en general es cultiva la noblesa de caràcter, encara que cada individu es beneficiés només de la noblesa dels altres, i la seva pròpia, pel que fa a la felicitat, s'hagués de descomptar simplement del benefici. Però ja la mera enunciació d'aquesta absurditat fa supèrflua la seva refutació.

[La felicitat entesa com a plaer i absència de dolor]

Segons el Principi de la Major Felicitat possible, així com l'hem explicat més amunt, el fi últim amb referència al qual i per raó del qual són desitjables totes les altres coses (tant se val si considerem el nostre propi bé o el dels altres), és una existència tan lliure de dolor com sigui possible i tan plena de gaudiments com es pugui, tant pel que fa a la quantitat com a la qualitat; i la prova de la qualitat, la norma per mesurar-la respecte de la quantitat, és la preferència que senten els que posseeixen el millor criteri comparatiu per les seves majors oportunitats d'experimentació, a les quals cal afegir els hàbits d'autoconsciència i autoobservació. Vist que aquest és, segons l'opinió utilitarista, el fi de tota acció humana, també és necessàriament el patró de la moralitat; que consegüentment pot definir-se com les regles i preceptes de la conducta humana gràcies a l'observança dels quals podria fer-se real en el major grau possible una existència com la que hem descrit, i garantir-la a tota la humanitat, i no solament a ella, sinó, en la mesura que ho admeti la naturalesa de les coses, també al conjunt dels éssers sensibles.

[L'home pot atènyer la felicitat]

Contra aquesta doctrina, però, s'alça una altra classe de crítics, que diuen que la felicitat, en cap de les seves formes, no pot ser el propòsit racional de la vida i l'acció humana; en primer lloc perquè és irrealitzable: i pregunten de forma despectiva, «quin dret tens a ser feliç?», una pregunta que Carlyle reblava afegint-hi, «quin dret tenies fa tot just un moment fins i tot a *existir*?». En segon lloc, diuen, els homes se'n poden sortir *sense* la felicitat; totes les persones nobles ho saben, això, i no haurien esdevingut nobles si no és per la lliçó d'Entsagen, és a dir, de la renúncia: lliçó que, degudament apresa i observada, afirmen que és el principi i la condició necessària de tota virtut.

La primera d'aquestes objeccions aniria a l'arrel de la qüestió si estigués ben fundada: perquè si l'ésser humà no pot atènyer la felicitat, la seva realització no pot ser el fi de la moralitat ni d'una conducta racional. Tanmateix, fins i tot en aquest cas encara s'hauria de poder dir alguna cosa a favor de la teoria utilitarista; perquè la utilitat inclou no solament la recerca de la felicitat, sinó l'evitació o mitigació de la infelicitat; i si el primer objectiu és quimèric, encara hi ha molt de marge i una necessitat més imperativa pel segon, almenys en la mesura que la humanitat es consideri apta per a la vida, i no busqui refugi en el suïcidi col·lectiu que recomanava sota certes condicions Novalis. Tanmateix, quan s'afirma d'aquesta manera tan categòrica que és impossible que la vida humana sigui feliç, l'asserció, si no s'assembla molt a una disputa verbal, hem de dir que pel cap baix és una exageració. Si per felicitat s'ha d'entendre una excitació contínua i intensament plaent, és prou clar que això és impossible. Un estat de plaer intens dura tot just uns moments, o en alguns casos i amb algunes interrupcions hores o dies, i és l'esclat ocasional del goig, no pas la seva flama permanent i constant. Els filòsofs que ensenyaven que la felicitat és el fi de la vida n'eren tan conscients com els que se'n burlaven. El que volien fer entendre per felicitat no era una vida d'arravatament; sinó que aquests moments són ocasionals al llarg d'una existència feta de pocs dolors i poc duradors, de molts plaers i molt variats, amb un predomini decidit dels actius sobre els passius, i que té per fonament del conjunt no esperar de la vida més del que pot proporcionar. Una vida que consisteixi en això, per a aquells que hagin estat prou afortunats per assolir-la, sempre serà digna del nom de felicitat. I una existència així és el que trobem, ara i tot, en moltes persones, i durant una part considerable de les seves vides. El lamentable estat de l'educació, i de les condicions socials, són ara com ara l'únic impediment real perquè sigui assequible a gairebé tothom.

[Avantages dels esperits cultivats]

Els crítics potser dubten que els éssers humans, un cop educats per considerar la felicitat com el fi de la vida, se sentin satisfets amb una participació tan minsa d'ella. Però un gran nombre de persones se senten satisfetes amb molt menys. Els principals ingredients d'una vida satisfactòria sembla que són dos, qualsevol dels quals per ell mateix es considera sovint suficient a aquest efecte: la tranquil·litat i l'excitació. Molts creuen que a canvi de molta tranquil·litat poden conformar-se amb poc plaer; d'altres, que a canvi de molta excitació poden tolerar una considerable quantitat de dolor. Segurament no hi ha cap impossibilitat intrínseca que impedeixi, fins i tot a la majoria d'homes, d'unir-los tots dos; perquè no solament estan lluny de ser incompatibles, sinó que de fet formen una aliança natural, de manera que l'allargament de l'un predisposa a l'altre, i en desperta el desig. Només aquells en qui la indolència esdevé un vici estan mancats del desig d'excitació després d'un interval de repòs; només aquells en qui la necessitat d'excitació és una malaltia senten la tranquil·litat que segueix l'excitació com una cosa avorrida i insípida, en comptes de resultar plaent en proporció directa al grau d'excitació que la precedeix. Quan gent que són moderadament afortunats en els seus béns externs no troben en la vida prou gaudiment perquè mereixi de ser viscuda, generalment la causa és que no es preocupen de ningú més que d'ells mateixos. Per a aquells que no senten cap afecte ni públic ni privat, les excitacions de la vida són molt limitades, i en molts casos s'esvaeixen així que s'acosta la mort, on s'acaba tot interès egoista; mentre que els qui deixen darrere seu persones estimades, i especialment els qui també han conreat un sentiment de simpatia per l'interès col·lectiu de la humanitat, conserven en les portes de la mort un interès tan viu per la vida com en el ple de la joventut i de la salut. Després de l'egoisme, la principal causa que fa la vida insatisfactòria és la manca de cultiu de l'esperit. Un esperit cultivat —no vull dir el d'un filòsof, sinó de qualsevol a qui s'hagin obert les fonts del coneixement, i que hagi estat educat mínimament en l'exercici de les seves facultats— troba motius d'interès inexhaurible en tot el que l'envolta: en els objectes de la naturalesa, els productes de l'art, la imaginació de la poesia, els incidents de la història, les diverses formes de vida humana passada i present, i les expectatives del futur. Certament una persona es pot tornar indiferent a tot això, sense ni tan sols haver-ne exhaurit una part, però només si ja de bon començament no ha tingut cap interès humà o moral en aquestes coses i ha buscat en elles només les gratificacions de la curiositat.

Doncs bé, no hi ha absolutament cap raó en la naturalesa de les coses perquè un cert grau de cultura de l'esperit suficient per inspirar un interès intel·ligent en aquests objectes de contemplació, no pugui ser patrimoni de tots els qui neixen en un país civilitzat. Tampoc no hi ha cap necessitat inherent que tot ésser humà hagi de ser un egòlatra egoista, desproveït de tot sentiment o preocupació llevat dels que es refereixen a la seva miserable individualitat. Vides molt superiors a aquesta són força comunes fins i tot ara, com a mostra del que es pot esperar de l'espècie humana. Uns afectes privats genuïns, i un interès sincer pel bé comú els pot assolir en graus diferents qualsevol ésser humà criat de forma correcta. En un món on hi ha tantes coses en què interessar-se, tantes coses per gaudir, i també per rectificar i millorar, qualsevol persona dotada en un grau moderat d'aquests requisits morals i intel·lectuals, és ben capaç de viure una existència que pot considerar-se envejable; i llevat que tal persona, per culpa de lleis dolentes o de la submissió a la voluntat d'altres, es vegi privada de la llibertat d'usar les fonts de la felicitat que té al seu abast, no deixarà de fer efectiva aquesta existència envejable si pot defugir els mals positius de la vida, les principals causes de patiment físic i mental —com la indigència, la malaltia, i la rudesa, la indignitat, o la pèrdua prematura de les persones que estima—. El més rellevant del problema resideix, doncs, en la lluita contra aquestes dues calamitats, de les quals només amb molta fortuna en podem escapar completament; aquestes calamitats, doncs, estant les coses com estan ara per ara, no es poden evitar i sovint no es poden mitigar de forma significativa. Això no obstant, ningú que ens mereixi ni que sigui un mínim de consideració, no opinaria que la majoria dels mals positius del món són impossibles d'eliminar, i que no es podran reduir a límits estrets si els afers humans continuen millorant. La pobresa, en tot allò que implica patiment, pot extirpar-se completament gràcies al coneixement social en combinació amb el bon sentit i la providència dels individus. Fins i tot la malaltia, el més intractable dels enemics, es pot anar reduint indefinidament en extensió per mitjà d'una bona educació física i moral, i un control adequat de les influències més pernicioses; almenys mentre el progrés de la ciència mantingui la promesa d'aconseguir en el futur més i més conquestes directes sobre aquest enemic odiós. Tot avenç en aquesta direcció no solament elimina alguna de les ocasions que escurcen la vida, sinó, cosa que encara ens importa més, n'elimina alguna de les que ens priven de les persones a qui confiem la nostra felicitat. Pel que fa a les vicissituds de la fortuna, i d'altres decepcions relacionades amb les circumstàncies mundanes, són principalment l'efecte d'una imprudència greu, d'uns desitjos mal controlats, o d'institucions socials dolentes o imperfectes. Breument, les principals fonts de patiment humà són en bona mesura eliminables, i moltes d'elles ho són gairebé del tot si s'hi posa prou atenció i esforç; i encara que la seva eliminació és mortificadorament lenta —encara que mentrestant morirà una llarga successió de generacions abans de vèncer-les, i abans aquest món no esdevingui allò que pot arribar a ser fàcilment si la voluntat i el coneixement no falten— tanmateix tot esperit prou intel·ligent i generós per contribuir a l'esforç, per més petita i insignificant que sigui la seva contribució, traurà de la mateixa lluita una noble satisfacció de la qual no voldria privar-se per més alta que fos la temptació d'un plaer egoista.

[Què pot induir a renunciar a la pròpia felicitat: anàlisi]

I això ens condueix a l'apreciació autèntica d'allò que diuen els crítics sobre la possibilitat, i l'obligació, d'aprendre a viure renunciant a la felicitat. Que se'n pot prescindir, és inqüestionable; això ho fan involuntàriament dinou vintenes parts de la humanitat, fins i tot en algunes de les parts del món actual menys profundament bàrbares; i de vegades ho ha de fer voluntàriament l'heroi o el màrtir per alguna causa que valora més que la seva felicitat individual. Però quina és aquesta cosa sinó la felicitat d'altres o algun dels requisits de la felicitat? Ser capaç de renunciar completament a la pròpia felicitat o a les oportunitats d'obtenir-la és una cosa noble certament: però al capdavall aquest autosacrifici ha de tenir una finalitat; no és un fi en ell mateix; i si se'ns diu que el seu objectiu no és la felicitat, sinó la virtut, que és millor que la felicitat, jo pregunto, ¿se sacrificaria l'heroi o el màrtir si no cregués que així aconseguia estalviar un sacrifici similar a d'altres? ¿Se sacrificaria si pensés que la renúncia a la pròpia felicitat no havia de produir un fruit per algun dels seus semblants, sinó que pensés que el destí d'aquests seria igual que el seu, i que el seu sacrifici els deixava també a ells en la mateixa situació de privació de la felicitat? No els planyem doncs tot l'honor que mereixen, a aquests que són capaços de sacrificar tot gaudiment personal en vida, si per mitjà de la seva renúncia contribueixen de forma apreciable a incrementar la felicitat en el món; però qui ho fa, o proclama fer-ho, per algun altre propòsit, no mereix la nostra admiració més que l'ascètic que s'enfila dalt de la seva columna. Bé és veritat que qui actua així dóna un exemple edificant del que l'home *pot* fer, però no pas certament del que *hauria* de fer.

Tanmateix, encara que només sigui per causa de l'estat tan imperfecte de les condicions del món que una persona no pugui procurar el millor per la felicitat dels altres si no és amb el sacrifici absolut de si mateix, mentre el món es trobi en aquest estat imperfecte he de reconèixer obertament que la disposició a fer un sacrifici així és la virtut més elevada que podem trobar en un home. Afegiré que en aquesta condició del món, per més paradoxal que resulti aquesta afirmació, l'habilitat conscient de viure sense felicitat ofereix la millor perspectiva per imaginar justament la felicitat que podem assolir. Perquè no hi ha res, llevat d'aquesta consciència, que pugui elevar una persona per damunt dels atzars de la vida, i fer-li sentir que, per més que s'ho proposin la fortuna i el destí, no tenen prou força per sotmetre-la; la qual cosa, un cop assumida, l'allibera d'una angoixa excessiva respecte als mals de la vida i la capacita, com a molts estoics en els pitjors temps de l'Imperi romà, per cultivar tranquil·lament les fonts de satisfacció que té a l'abast sense preocuparse per la incertesa de la seva durada, o no més que pel seu inevitable final.

Mentrestant, que l'utilitarista no es cansi mai de proclamar que la moral de l'autosacrifici és una possessió que li pertany a ell amb el mateix dret que a l'estoic o al transcendentalista. La moral utilitarista reconeix en els éssers humans el poder de sacrificar el seu bé més gran pel bé dels altres. Només es nega a admetre que el sacrifici sigui un bé en ell mateix. Un sacrifici que no augmenta, o no tendeix a augmentar, la suma total de felicitat, el considera malaguanyat. L'única autorenúncia que aplaudeix és la que es consagra a la felicitat dels altres, o a algun dels mitjans que la faciliten; sigui la de la humanitat considerada col·lectivament, sigui de particulars dins dels límits imposats per l'interès col·lectiu de la humanitat.

[L'harmonia entre l'interès de l'individu i el bé general]

Un cop més he de repetir que els qui ataquen l'utilitarisme rarament concedeixen amb justícia que la felicitat que configura el criteri utilitarista del que és una conducta bona no és pas la felicitat del mateix agent, sinó la de tots els afectats per ella. Entre la seva pròpia felicitat i la d'altres, l'utilitarisme li exigeix ser tan estrictament imparcial com un espectador benvolent i desinteressat. En la regla daurada de Jesús de Natzaret, hi percebem tot l'esperit de l'ètica de la utilitat. Actuar com voldries que actuessin amb tu, i estimar el teu veí com a tu mateix, constitueixen la perfecció ideal de la moral utilitarista. Entesa com la millor manera d'enfocar aquest ideal, la utilitat exigeix en primer lloc que les lleis i els acords socials situïn la felicitat, o (com podem denominar-la parlant pràcticament) l'interès de cada individu, tan en harmonia com sigui possible amb l'interès del conjunt; i en segon lloc, que l'educació i l'opinió, que posseeixen un poder tan vast sobre el caràcter humà, usin aquest poder amb l'objectiu d'establir en l'esperit de cada individu una associació indissoluble entre la seva felicitat i el bé del conjunt; especialment entre la seva felicitat i la pràctica de certes formes de conducta, negatives i positives, que la consideració per la felicitat universal fa obligatòries; de manera que no solament es torni incapaç de concebre ni que sigui la possibilitat que la seva felicitat sigui compatible amb una conducta oposada al bé general, sinó també que en cada individu un dels motius habituals per promoure el bé general sigui un impuls directe, i que els sentiments associats amb aquest bé ocupin un espai ample i destacat en l'existència sensible de cada ésser humà. Si els qui impugnen la moral utilitarista se la representessin mentalment amb el seu autèntic aspecte, no concebo quina recomanació poden trobar en qualsevol altra moral que trobin a faltar en ella; ni quina bellesa superior; ni quin desenvolupament més elevat de la naturalesa humana se suposa que pot fomentar un altre sistema ètic; o en quins ressorts de l'acció poden basar-se d'altres sistemes per fer efectius els seus mandats, que no posseeixi igualment l'utilitarisme.

[Retrets contra l'utilitarisme]

No sempre es pot retreure als objectors de l'utilitarisme que se'l representin sota una llum desfavorable. Al contrari, alguns dels que, entre ells, posseeixen una idea força justa del seu caràcter desinteressat, de vegades li imputen com un defecte que el seu estàndard sigui massa elevat per als homes. Diuen que exigir que la gent sempre actuï amb l'incentiu d'afavorir els interessos generals de la societat és demanar massa. Però això és equivocar l'autèntic significat d'un estàndard moral, i confondre la regla de l'acció amb el seu motiu. La funció de l'ètica és dir-nos quins són els nostres deures, o quines proves ens els poden fer conèixer; però cap sistema ètic exigeix que l'únic motiu de tot el que fem sigui el sentiment del deure; al contrari, noranta-nou de cada cent accions les fem per altres motius, i les fem rectament si la regla del deure no les condemna. És d'allò més injust amb l'utilitarisme que aquesta malinterpretació constitueixi el fons de l'objecció que se li fa, més encara quan la moral utilitarista ha anat més lluny que cap altra, o gairebé, afirmant que el motiu de l'acció no té res a veure amb la seva moralitat, i molt amb el valor de l'agent. Qui salva un semblant d'ofegar-se fa el que és moralment bo, tant si el seu motiu és el deure, com si és l'esperança de veure's recompensat per la molèstia; qui traeix un amic que es fiava d'ell és culpable d'un crim, encara que el seu objectiu sigui servir un altre amic a qui el lliguen obligacions més grans.* Però per parlar ara només

* [Nota introduïda en l'edició de 1864] Un crític dotat d'una honestedat intel·lectual i moral que és un plaer reconèixer (el Rev. J. Llewellyn Davies), oposa contra aquest fragment l'objecció següent: «Certament la bondat o maldat de salvar un home d'ofegar-se depèn, i molt, del motiu amb què es fa. Su-

d'accions fetes per mor del deure, i per obediència directa al principi, seria un error pensar que l'utilitarisme, com a forma de pensament, implica que la gent hagi de fixar la ment en una generalitat tan vasta com el món, o la societat en general. La gran majoria de les bones accions no busquen pas el benefici del món, sinó el d'individus, del bé dels quals està fet el bé del món; i no cal que el pensament de l'home virtuós vagi en aquestes ocasions més enllà de les persones particularment implicades, llevat que sigui necessari assegurar-se que beneficiant aquestes persones no viola els drets d'altres, és a dir, les seves expectatives legítimes i permeses. L'objecte de la virtut és, d'acord amb l'ètica utilitarista, multiplicar la felicitat. Les ocasions que se li presenten a una per-

---

posem que un tirà evita que s'ofegui un enemic seu que s'ha llançat al mar per fugir d'ell, simplement per poder infligir-li tortures més refinades: aclariríem gaire el fet si ens referíssim a aquest rescat com "una acció moralment bona"? O suposem així mateix, seguint una il·lustració usual en les investigacions ètiques, que un home es nega a tornar una cosa que li ha confiat un amic, perquè si ho fes l'amic es podria ferir fatalment ell mateix o algú pròxim a ell, ¿l'utilitarisme ens ha d'empènyer per això a qualificar la traïció de "crim", igual que si l'hagués fet per un motiu del tot insignificant?».

Admeto que aquell que salva un altre d'ofegar-se a fi de matar-lo després amb tortures, no es diferencia únicament en el motiu d'aquell que fa la mateixa cosa per deure o benevolència; l'acte mateix és diferent. El rescat és, en aquest cas hipotètic, només el primer pas necessari d'un acte molt més atroç del que hauria estat deixar-lo morir ofegat. Si Davies hagués dit: «la bondat o maldat de salvar un home d'ofegar-se depèn, i molt —no pas del motiu, sinó— de la *intenció*», sens dubte cap utilitarista hauria dissentit d'ell. Davies, amb un descuit massa comú per no ser gaire venial, ha confós en aquest cas les idees ben diferents de motiu i intenció. No hi ha un punt que els utilitaristes —i de manera eminent Bentham— s'hagin esforçat més a il·lustrar que aquest. La moralitat de l'acció depèn completament de la intenció —és a dir, d'allò que l'agent *vol fer*—. Però el motiu, és a dir, el sentimet que li fa voler allò, quan no fa diferent l'acte, tampoc no en fa diferent la moralitat: això sí, fa molt diferent la nostra valoració moral de l'agent, especialment si indica una *disposició* habitualment bona o dolenta —una tirada del seu caràcter d'on probablement sorgiran accions útils o perjudicials.

sona (potser una entre mil) de dur això a terme a gran escala, o per dir-ho amb altres paraules, de ser un benefactor públic, són del tot excepcionals; i en aquestes ocasions (i només en aquestes) se li demana que tingui en compte únicament la utilitat general; en qualsevol altre cas només ha d'atendre a la utilitat particular, l'interès o la felicitat d'unes poques persones. Només aquells que poden influir en el conjunt de la societat amb les seves accions s'han de preocupar habitualment d'un objecte tan vast com aquest. En el cas de l'abstinència —de coses que la gent s'està de fer per consideracions morals, però que poden tenir conseqüències beneficioses en casos particulars—, certament seria indigne d'una persona intel·ligent no adonar-se de forma conscient que si una acció de tal classe es posés en pràctica de forma general, seria lesiva també en general, i aquesta és la raó de l'obligació d'abstenir-se'n. El grau de consideració per l'interès públic que implica aquest reconeixement no és superior al que demana qualsevol altre sistema moral, ja que tots exigeixen abstenir-se de tot allò que perjudica obertament la societat.

Amb consideracions semblants s'ha de tractar un altre retret contra la doctrina de la utilitat, basat en una equivocació encara més grollera sobre el propòsit que persegueix tot estàndard moral, i sobre l'autèntic significat de les paraules *bé* i *mal.* Sovint s'afirma que l'utilitarisme fa tornar els homes freds i distants, i que això refreda els sentiments morals altruistes; que això fa que només tinguin en compte la consideració dura i pura de les conseqüències de les accions, sense cap consideració pel valor moral de les qualitats d'on emanen. Si aquesta afirmació significa que no admet que el seu judici sobre la bondat o maldat d'una acció es vegi afectat per la seva opinió respecte de les qualitats de la persona que la fa, aleshores aquesta objecció no s'adreça pas contra l'utilitarisme, sinó en general contra tot estàndard moral; perquè certament no hi ha cap estàndard ètic conegut que proclami que una acció és bona o dolenta perquè la faci un home bo o dolent, i encara menys perquè la faci un home amable, o valent, o benvolent, o el contrari de tot això. Aquestes consideracions són rellevants, no pas en la valoració de les accions, sinó de les persones; i no hi ha res en la teoria utilitarista inconsistent amb el fet que hi hagi altres coses que ens interessin de les persones a més a més de la bondat o maldat de les seves accions. Certament als estoics, amb el paradoxal mal ús del llenguatge que forma part del seu sistema i amb el qual s'esforçaven a elevar la virtut per damunt de tota altra consideració, els agradava dir que aquell que la posseeix ho té tot; que només aquest és ric, bell i un rei. Però la doctrina utilitarista no pretén fer seva aquesta descripció de l'home virtuós. Els utilitaristes són ben conscients que hi ha altres possessions i qualitats desitjables a més de la virtut, i no els fa res en absolut reconèixer a cada una tot el seu valor. També són conscients que una bona acció no és necessàriament senyal d'un caràcter virtuós, i que les accions blasmables sovint provenen d'unes qualitats mereixedores de lloança. Quan això passa en un cas particular, modifiquen la valoració de l'agent, certament no pas de l'acte. No obstant això, puc assegurar que són de l'opinió que a llarg termini la millor prova d'un caràcter bo són bones accions; i decididament rebutgen de considerar qualsevol disposició anímica com a bona si té una tendència dominant a produir una mala conducta. Això els torna impopulars als ulls de molta gent; però és una impopularitat que han de compartir amb tot aquell que es prengui seriosament la diferència que hi ha entre el bé i el mal; i certament no cal que un utilitarista consciencios s'amoïni gaire per respondre a un retret com aquest.

Si amb aquesta objecció només es vol dir que molts utilitaristes contemplen la moralitat de les accions mesurant-les, potser de forma massa excloent, a partir de l'estàndard utilitarista, i que no posen prou èmfasi sobre les altres belleses del caràcter que contribueixen a fer amable o admirable un ésser humà, això s'ha de concedir. Els utilitaristes que han cultivat els seus sentiments morals, però no la simpatia ni la percepció artística, cauen en aquest error, com ho fan també tots els altres moralistes en les mateixes condicions. Tot allò que es pot dir en disculpa d'altres moralistes els és igualment aplicable a ells: a saber, que si hi ha d'haver un error, el millor que els pot passar és que es doni en aquest sentit. De fet, podem afirmar que entre els utilitaristes, com entre els seguidors d'altres sistemes, hi ha tots els graus imaginables de rigidesa i de lassitud en l'aplicació del propi estàndard: alguns són puritanament rigorosos, mentre que d'altres són tan indulgents com podria desitjar un pecador o una persona massa sentimental. Però en conjunt, una doctrina que posa èmfasi en l'interès que la humanitat té en la repressió i la prevenció de conductes que violen la llei moral, difícilment serà inferior a cap altra a l'hora d'aplicar la sanció de l'opinió a aquestes violacions. Bé és veritat que la qüestió sobre què és el que viola la llei moral és una d'aquestes en què és probable que els partidaris dels diferents estàndards morals sovint no hi estaran d'acord. Però l'utilitarisme no ha estat pas el primer a introduir opinions divergents en les qüestions morals, i en canvi aquesta doctrina ofereix una forma de decidir sobre aquestes diferències si no sempre fàcil, almenys tangible i intel·ligible per a tots els casos.

[Malinterpretacions de l'ètica utilitarista]

Potser no és superflu fer notar algunes altres malinterpretacions ben usuals de l'ètica utilitarista, fins i tot algunes que són tan òbvies i grolleres que pot semblar impossible que una persona honesta i intel·ligent hi pugui haver caigut; i és que moltes persones, fins i tot amb considerables dots intel·lectuals, posen sovint tan poc interès a entendre tot el que significa una opinió contra la qual tenen un prejudici, i són en general tan poc conscients que aquesta ignorància voluntària és un defecte, que contínuament trobem malinterpretacions de doctrines ètiques del tot vulgars en textos ben meditats d'autors amb les més elevades pretensions en el camp de la filosofia i dels grans principis. No és inusual sentir que la doctrina de la utilitat és tractada amb viva hostilitat com una doctrina *atea*. Si calgués dir res contra una suposició així, podríem dir que la qüestió depèn de quina idea ens hàgim format del caràcter moral de la divinitat. Si creure que Déu desitja per damunt de tot la felicitat de les seves criatures i que aquest era el seu propòsit en la creació, és una creença vertadera, la utilitat no solament no és una doctrina atea, sinó més profundament religiosa que qualsevol altra. Si es pretén dir que l'utilitarisme no reconeix la voluntat revelada de Déu com la suprema llei moral, jo responc que un utilitarista que cregui en la perfecta bondat i saviesa de Déu, necessàriament creu que tot allò que Déu ha considerat adequat de revelar en matèria de moralitat, ha de satisfer en el grau més elevat els requisits de la utilitat. Però també d'altres, a més dels utilitaristes, opinen que la revelació cristiana pretenia (i s'ajusta a aquest fi) inspirar els cors i les ments dels homes amb un esperit que els capacités a trobar per ells mateixos el que és bo; un cop trobat, moure'ls a fer-ho efectiu; més que no pas dir-los què és, o només d'una forma molt general; i que per *interpretar* la voluntat de Déu necessitem una doctrina ètica que ha de ser estrictament observada. Que aquesta opinió sigui correcta o no, és superflu discutir-ho ara; perquè l'ajuda que pot prestar la religió, natural o revelada, en una investigació ètica, està oberta tant a l'utilitarista moral com a qualsevol altre. Aquell pot usar-la com el testimoni de Déu sobre el profit o perjudici d'un curs d'acció donat, amb el mateix dret que un altre la pot usar per assenyalar una llei transcendental sense cap connexió amb el profit o la felicitat.

Encara més, la Utilitat es veu sovint estigmatitzada com una doctrina immoral quan s'interpreta en el sentit de Conveniència, aprofitant així l'ús corrent d'aquest terme per contraposar-lo al Principi. Doncs bé, quan s'oposa Convenient a Bo, generalment s'entén que el que és convenient ho és per un interès particular de l'agent, com ara quan un ministre sacrifica l'interès del seu país per mantenir-se en el càrrec. Quan significa una cosa millor, s'entén com el que convé per un objecte immediat, un propòsit temporal, però que viola una regla l'observança de la qual és beneficiosa en un sentit molt més elevat. Convenient en aquest sentit, en comptes de ser el mateix que útil, és un subgènere del que és nociu. Així, dir una mentida sovint pot resultar convenient a l'efecte de sortir d'un mal pas, o per aconseguir un objecte que ens resulta immediatament útil a nosaltres o a d'altres. Però en la mesura que hàgim cultivat en nosaltres un viu sentiment per la noció de veracitat, que és una de les coses més útils que hi ha (i l'afebliment d'aquest sentiment una de les coses més nocives en què la nostra conducta pot servir d'instrument); i en la mesura que qualsevol desviació de la veritat, ni que sigui involuntària, té per efecte minar la confiança en les declaracions dels homes (la qual cosa no solament és el principal suport de l'actual benestar social, sinó que si es dóna en grau insuficient provoca més que cap altra cosa imaginable l'estancament de la civilització, de la virtut, i de tot allò de què més depèn la felicitat humana), aleshores sentim que la violació d'una regla amb un grau de conveniència tan transcendent a canvi d'un avantatge momentani, no resulta convenient; i que aquell que en benefici propi o d'algú altre fa tot el que pot per privar d'altres d'un bé i per infligir-los un mal aprofitant-se de la confiança més o menys gran que dipositen recíprocament en la paraula donada, actua com un dels pitjors enemics de la humanitat. Tanmateix fins i tot aquesta regla, sagrada com és, admet possibles excepcions, i això ho reconeixen tots els moralistes; la més important és quan amagar un fet (com ara amagar informació a un malfactor, o una mala notícia a una persona greument malalta) podria evitar a una persona diferent de nosaltres mateixos un gran mal que no mereix, sobretot si l'ocultació pot efectuar-se tan sols per mitjà de negacions. Però a fi que l'excepció no es pugui estendre més enllà del necessari, i que tingui el menor efecte possible en la confiança mútua en la veracitat, ha de ser reconeguda, i si és possible, s'han de definir els seus límits; i si el principi d'utilitat és bo per alguna cosa, ha de ser bo per sospesar aquestes utilitats en conflicte mutu, i per assenyalar l'àmbit en què predomina l'una o l'altra.

[El cálcul utilitarista no impideix decidir]

Així mateix, els defensors de la utilitat sovint es veuen obligats a respondre a objeccions com ara que abans de l'acció no hi ha temps per calcular i sospesar els efectes d'una línia de conducta sobre la felicitat general. Això és exactament com si algú pretengués dir que és impossible que ens guiem en la nostra conducta per mitjà del cristianisme, perquè cada vegada que hem de fer una cosa, no tenim temps per llegir de cap a cap l'Antic i el Nou Testament. La resposta a aquesta objecció és que sí, que n'hi ha hagut prou, de temps; fet i fet, tot el passat de l'espècie humana. Tot al llarg d'aquest temps, els homes han après per experiència les tendències de les accions; han après de quines experiències depèn la prudència com també la moralitat de la vida en general. La gent parla com si el començament d'aquesta successió d'experiències s'hagués ajornat fins ara, i com si fins al moment que algú se sent temptat a jugar amb la propietat o la vida d'un altre, ningú hagués considerat abans si l'homicidi i el robatori resultaven lesius per a la felicitat humana. Fins i tot en aquest cas no crec que trobés la qüestió gaire desconcertant; però en tot cas el cert és que tot això s'ho troba fet. Ben bé és una suposició estranya pensar que, després d'haver-se posat d'acord els homes a considerar la utilitat com la prova de la moralitat, no es posaran d'acord tot d'una sobre el que és útil, ni prendran mesures per ensenyar als joves les seves nocions sobre aquesta matèria, ni les reforçaran per mitjà de la llei i l'opinió. No costa gaire demostrar que un estàndard ètic qualsevol funciona malament si l'imaginem en conjunció amb una humanitat completament idiota; però partint de qualsevol altra hipòtesi que no sigui aquesta la humanitat ja hauria d'haver adquirit a hores d'ara creences inqüestionables sobre l'efecte que tenen algunes accions sobre la felicitat; i les creences que s'han adquirit així són les regles de la moral de la multitud, i també del filòsof mentre no n'hagi trobat de millors. Admeto de bona gana que els filòsofs podrien millorar-la facilment en molts aspectes, fins i tot en les condicions actuals; que el codi ètic reconegut no és en absolut de dret diví; i que la humanitat encara ha d'aprendre molt respecte als efectes de les accions sobre la felicitat general; ho admeto o, més ben dit, ho mantinc amb tota convicció. Els corol·laris del principi d'utilitat, com els preceptes de tota art pràctica, admeten un millorament indefinit, i en un estat de progrés de l'esperit humà es van perfeccionant contínuament. Però considerar que les regles de la moral són millorables és una cosa, i prescindir completament dels passos intermedis en una generalització i pretendre provar cada acció individual directament a partir del principi primer, n'és tota una altra. Pensar que el reconeixement d'un principi primer és inconsistent amb l'acceptació dels principis segons, és una idea ben estranya. Informar un viatger del lloc de la seva destinació final no implica prohibir l'ús de senyals i d'indicadors de direcció tot al llarg de la ruta. La proposició que la felicitat és el fi i l'objectiu de la moralitat no significa que no s'hagin de posar camins que condueixin a aquesta meta, o que no es pugui advertir a les persones que hi vagin que prenguin una direcció en comptes d'una altra. Realment la gent hauria de deixar de dir bestieses sobre aquesta matèria, de la mateixa manera que tampoc no en diuen ni voldrien sentir-ne sobre altres matèries de naturalesa pràctica. Ningú conclouria que l'art de la navegació no es basa en l'astronomia pel fet que els navegants no puguin esperar l'Almanac Nàutic per fer els seus càlculs. Com a éssers racionals que són, quan salpen al mar ho duen ja tot calculat; i tota criatura racional va pel mar de la vida amb la ment estructurada sobre les qüestions corrents del bé i el mal, i també sobre moltes altres qüestions encara més dificils relatives a allò que és assenyat i imprudent. I s'ha de presumir que la gent continuarà fent això mentre la previsió continuï sent una qualitat humana. Tant se val quin principi fonamental de la moralitat adoptem: sempre caldran principis subordinats per mitjà dels quals el puguem aplicar. La impossibilitat d'aplicar-lo sense aquests altres, que és comuna a tots els sistemes, no pot usar-se com un argument contra cap en particular; però argumentar seriosament com si no es poguessin aconseguir aquells principis secundaris, i com si la humanitat s'hagués mantingut fins ara (i s'hi hagués de mantenir sempre) sense treure cap conclusió general de l'experiència de la vida, és la relliscada més gran, penso, que mai s'hagi vist en una controvèrsia filosòfica.

[Avantatges del criteri utilitarista]

La resta dels arguments més típics contra l'utilitarisme consisteixen principalment a atribuir-li les febleses habituals de la naturalesa humana i les dificultats generals amb què ensopeguen les persones més conscients en el curs de la vida. Se'ns diu que l'utilitarista és propens a convertir el seu cas particular en una excepció a les regles morals, i que, davant la temptació, trobarà més útil trencar una regla que no pas observar-la. Però ¿és la utilitat l'únic credo capaç de proveir excuses per fer maldats, i recursos per enganyar la consciència? En trobem i en abundància en totes les doctrines que reconeixen com un fet moral l'existència de consideracions conflictives, i així ho reconeixen totes les doctrines que han estat adoptades per persones normals. La causa que les regles de la conducta no es puguin construir sense que continguin excepcions, i que gairebé no hi hagi cap classe d'acció que es pugui considerar sense vacil·lacions sempre obligatòria o sempre condemnable, no resideix en els defectes de cap credo, sinó en la naturalesa complexa dels afers humans. No hi ha cap credo ètic que no atenuï la rigidesa de les seves lleis donant un cert marge a la responsabilitat moral de l'agent perquè les acomodi a les peculiaritats de les circumstàncies; i així en tots els credos, un cop iniciada aquesta obertura, s'hi acaba introduint l'autoengany i una casuística deshonesta. No hi ha cap sistema moral dins el qual no sorgeixin casos inequívocs de conflicte entre obligacions. Aquestes són les autèntiques dificultats, el nus gordià tant de la teoria ètica com d'una direcció de la conducta basada en la consciència. Se superen amb la pràctica, i amb major o menor èxit d'acord amb la intel·ligència i la virtut de cada individu; però el que no es pot pretendre és que aquell que posseeix un estàndard últim al qual es puguin referir els conflictes de drets i de deures, sigui el menys qualificat per resoldre'ls. Si la utilitat és la font última de les obligacions morals, la utilitat es pot invocar per decidir entre elles quan les seves exigències són incompatibles. Encara que l'aplicació de l'estàndard pugui resultar difícil, és millor que no tenir-ne cap en absolut. En canvi en els altres sistemes, on les lleis morals reclamen totes una autoritat independent, no hi pot haver cap àrbitre legitimat per fer de mitjancer entre elles; la pretensió de cada una a prevaler sobre les altres es basa en poca cosa més que sofisteria, i llevat que es determinin, com fan normalment, per la influència no reconeguda de consideracions d'utilitat, només ofereixen camp lliure a l'acció de desitjos i interessos personals. Hem de recordar que només cal apel·lar als principis primers en els casos de conflicte entre principis secundaris. No hi ha cap cas d'obligació moral on no hi hagi implicat algun principi secundari; però si només n'hi ha un, rarament una persona que reconegui el principi mateix dubtarà de quin és.

Capítol IV
De quina mena de prova és susceptible el principi d'utilitat

[Sobre els fins últims]

Ja hem fet notar que les qüestions relatives als fins últims no admetien prova en l'accepció ordinària del terme. El fet que no siguin susceptibles de prova per mitjà del raonament és un tret comú de tots els primers principis: de les premisses primeres del coneixement, i també de les de la conducta humana. Però en les primeres, com que són qüestions de fet, es pot apel·lar directament a les facultats que jutgen dels fets —a saber els sentits i la consciència interna. Ara bé, podem apel·lar a les mateixes facultats en qüestió de fins pràctics? O per quina altra facultat podem tenir-ne coneixença?

[L'últim fi segons l'utilitarisme]

Dit amb altres paraules, les preguntes sobre els fins demanen quines coses són desitjables. La doctrina utilitarista és que la felicitat és desitjable i que és l'única cosa desitjable com a fi; totes les altres coses només són desitjables com a mitjans per a aquest fi. Què s'hauria d'exigir a aquesta doctrina —quines condicions es requereix que la doctrina satisfaci— per poder fer bona la seva pretensió de ser acceptada?

[L'argument]

L'única prova que es pot donar que un objecte és visible és que la gent realment el vegi. L'única prova que es pot oferir que un so és audible és que la gent el senti: i així pel que fa a les altres fonts de l'experiència. De manera semblant, entenc que l'única evidència que és possible aportar que una cosa és desitjable és que la gent realment la desitgi. Si el fi que la doctrina utilitarista es proposa no és reconegut com un fi, en teoria i a la pràctica res no podrà convèncer cap persona que és un fi. No es pot donar cap altra prova que la felicitat general és desitjable, llevat del fet que tota persona desitja la pròpia felicitat en la mesura que creu que la pot assolir. Doncs bé, com que això és un fet, no solament tenim la prova que demanàvem, sinó tot allò que es pot exigir, és a dir, que la felicitat és un bé: que la felicitat de cada persona és un bé per a aquesta persona, i que la felicitat general, doncs, és un bé per a la suma de totes les persones. Amb això la Felicitat adquireix un títol legítim a ser *un* dels fins de la conducta, i conseqüentment un dels criteris de la moralitat.

[La felicitat no és una idea abstracta]

Però això per si sol no demostra que sigui el criteri únic. Per ser-ho, semblaria necessari per la mateixa regla mostrar no solament que la gent desitja la felicitat, sinó que no desitgem mai res altre. Ara, és ben palpable que de fet desitgem coses que en llenguatge corrent són decididament diferents de la felicitat. Desitgem, per exemple, la virtut i l'absència de vici, realment no menys que el plaer i l'absència de dolor. El desig de virtut no és tan universal, però és un fet tan autèntic com el desig de felicitat. I d'aquí ve que els crítics de l'estàndard utilitarista considerin que tenen dret a inferir que hi ha altres fins de l'acció humana al costat de la felicitat, i que la felicitat no és l'estàndard d'aprovació i desaprovació.

Però al capdavall, que potser la doctrina utilitarista nega que la gent desitgi la virtut, o manté que la virtut no sigui una cosa desitjable? Ben bé al contrari. Sosté no solament que la virtut és desitjable, sinó que s'ha de desitjar desinteressadament, per ella mateixa. Independentment de l'opinió que tinguin els utilitaristes respecte a les condicions originàries per les quals la virtut esdevé virtut, i per més que pensin (com de fet fan) que les accions i disposicions són virtuoses només pel fet de promoure un fi diferent de la mateixa virtut, un cop admès tot això i decidit què *és* virtuós a partir de consideracions fetes arran d'aquesta descripció, no solament situen la virtut al capdamunt de les coses que són bones com a mitjà d'un fi últim, sinó que també reconeixen com un fet psicològic la possibilitat que per a l'individu sigui un bé en ella mateixa, un bé que no busca cap altre fi més enllà d'ella. Així mateix sosté que la ment no es troba en un estat bo, en un estat conforme a la Utilitat, ni en l'estat més favorable a la felicitat general, si no estima d'aquesta manera la virtut —com una cosa desitjable en ella mateixa, encara que en el cas individual no produeixi aquelles altres conseqüències desitjables que tendeix a produir, i per raó de les quals és considerada virtut. Aquesta opinió no és de cap manera una desviació del principi de la Felicitat. Els ingredients de la felicitat són molt variats, i cada un és desitjable en ell mateix, i no merament considerat com una part que incrementa el conjunt. El principi d'utilitat no significa que un plaer com ara la música, per exemple, o que l'absència d'un dolor com ara la salut, es redueixi a ser un mitjà d'aquesta cosa col·lectiva que en diem felicitat, i que sigui desitjable per aquesta raó. Aquestes coses es desitgen i són desitjables en elles i per elles mateixes; a més de ser mitjans, també formen part del fi. Segons la doctrina utilitarista, la virtut no és una part natural ni originària del fi, però és susceptible de ser-ho; i en aquells que l'estimen desinteressadament ho és, i és desitjada i apreciada no pas com un mitjà de la felicitat sinó com una part de la seva felicitat.

Per il·lustrar això millor podem recordar que la virtut no és l'única cosa que originàriament és un mitjà, i que si no fos un mitjà d'una altra cosa, seria indiferent i no deixaria de ser-ho mai; ara bé, per associació amb allò perquè és un mitjà, es pot arribar a desitjar per ella mateixa fins i tot de la forma més intensa. Què diríem per exemple de l'amor als diners? Originàriament no hi ha res més desitjable en els diners que en un grapadet de petits còdols brillants. Tot el seu valor és únicament el de les coses que permet comprar; el dels desitjos d'altres coses que no són diners i que podem satisfer gràcies a ells. Tanmateix l'amor als diners no és únicament una de les forces motores més poderoses de la vida humana, sinó que en molts casos es desitgen en ells i per ells mateixos; el desig de posseir-ne és sovint més fort que el desig d'usarlos, i va en augment fins i tot quan s'esvaeixen els desitjos que apunten a fins més enllà dels diners i que només es poden aconseguir pel seu mitjà. Aleshores es pot dir amb tota veritat que els diners es desitgen no per raó d'un fi, sinó que formen part del fi. De ser un mitjà de la felicitat, esdevenen ells mateixos un ingredient principal de la idea de la felicitat d'un individu. Es pot dir el mateix de la majoria dels grans objectius de la vida humana —el poder, per exemple, o la fama—; sinó que cada un d'aquests va associat amb una certa quantitat de plaer que almenys sembla que els és naturalment intrínsec, cosa que no es pot dir dels diners. Tanmateix l'atractiu natural més fort, tant del poder com de la fama, és que serveixen de gran ajuda a la realització dels nostres altres desitjos; i és l'estreta associació que es genera entre ells i els objectes de desig el que dóna al desig directe d'aquests la intensitat que assoleix sovint, fins al punt que en algunes persones ultrapassa en força tots els altres desitjos. En aquests casos els mitjans han esdevingut una part del fi, i una part més important que cap de les coses de les quals són mitjans. Allò que abans es desitjava com un instrument per aconseguir la felicitat, passa a ser desitjat per si mateix. Però des del moment que és desitjat per si mateix esdevé una *part* de la felicitat. La persona és feliç, o pensa que ho seria, amb la seva mera possessió; i és infeliç si no l'arriba a aconseguir. El desig d'aquestes coses no és diferent del desig de felicitat, com tampoc no ho són l'amor a la música o el desig de salut. S'inclouen en la felicitat. Són alguns dels elements que constitueixen el desig de felicitat. La Felicitat no és una idea abstracta, sinó un tot concret; i aquestes són algunes de les seves parts. I l'estàndard utilitarista sanciona i aprova que si-gui així. La vida seria una cosa ben pobra, no gaire ben proveïda de fonts de felicitat, si no comptés amb aquesta previsió de la naturalesa gràcies a la qual coses originàriament indiferents però que propicien la satisfacció dels desitjos primaris, o que hi van associades, esdevenen elles mateixes fonts de plaer més valuoses que els plaers primaris, tant en duració, per l'espai de l'existència humana que són susceptibles de cobrir, com fins i tot en intensitat.

[La virtut, els diners, el poder i la fama]

La virtut, segons la concepció utilitarista, és un dels béns d'aquesta descripció. No tenim cap desig originari ni cap motivació per ella, llevat del fet que propicia el plaer, i en especial que evita el dolor. Però a través d'aquestes associacions es pot sentir com un bé en ella mateixa i ser desitjada com a tal amb una intensitat tan gran com qualsevol altre bé; això sí, amb la següent diferència entre ella i l'amor als diners, al poder o a la fama: que totes aquestes coses poden fer (i sovint ho fan) que una persona es torni perjudicial als altres membres de la societat a què pertany, mentre que no hi ha res que la faci tan beneficiosa als altres com el cultiu de l'amor desinteressat per la virtut. I consegüentment l'estàndard utilitarista, si bé tolera i aprova aquells altres desitjos adquirits fins a un punt més enllà del qual serien més lesius que no favorables a la felicitat general, imposa i requereix que cultivem l'amor a la virtut al grau més alt possible, ja que es troba per damunt de totes les coses importants per a la felicitat general.

Partint de les consideracions precedents, es desprèn que l'únic que desitgem en realitat és la felicitat. Qualsevol altra cosa que desitgem no com a mitjà per a algun fi més enllà d'ella mateixa (i en últim terme per a la felicitat), la desitgem com a part de la felicitat, i no la desitjarem per ella mateixa fins que no hagi esdevingut part d'aquesta. Aquells que desitgen la virtut per raó d'ella mateixa, o bé la desitgen perquè la consciència de posseir-la és un plaer, o perquè la consciència de trobar-se'n privat és un dolor, o per les dues raons ensems; ja que veritablement el plaer i el dolor rarament existeixen per separat, sinó que gairebé sempre es troben units, i la mateixa persona sent plaer segons el grau de virtut que assoleix, i dolor per no haver-ne assolit més. Si allò no li proporcionés plaer ni això dolor, no estimaria ni desitjaria la virtut, o només la desitjaria pels beneficis que pogués produir-li a ell o a les persones per qui es preocupa.

[La felicitat és l'únic fi de l'acció humana]

Ara ja tenim doncs resposta a la pregunta sobre la mena de prova que es pot oferir del principi d'utilitat. Si l'opinió que acabo d'exposar és psicològicament certa —si la naturalesa humana es troba constituïda de tal manera que no desitja res que no sigui una part de la felicitat o un mitjà d'ella—, no es pot presentar cap altra prova, ni en demanarem cap altra llevat del fet que aquestes coses són les úniques coses desitjables. Si és així, la felicitat és l'únic fi de l'acció humana. I el seu foment és el criteri pel qual hem de jutjar la conducta humana; d'això se segueix necessàriament que aquest ha de ser el criteri de la moralitat, ja que la part s'inclou en el tot.

[La felicitat, és a dir: presència de plaer i absència de dolor]

Ara, per decidir si això és realment així, si efectivament l'home només desitja per si mateix allò que és un plaer per a ell o allò que quan és absent produeix dolor, evidentment aquí arribem a una qüestió de fet i experiència, que depèn de l'evidència com tota altra qüestió similar. Això només es pot determinar per la pràctica de l'autoconsciència i l'autoobservació, ajudades per l'observació dels altres. Crec que aquestes fonts d'evidència, si es consulten imparcialment, demostraran que desitjar una cosa i trobar-la plaent, o avorrir una cosa i trobar-la dolorosa, són fenòmens enterament inseparables, o més ben dit dues parts del mateix fenomen; estrictament parlant, dues modalitats diferents de denominar el mateix fet psicològic: que trobar una cosa desitjable (llevat que sigui per raó de les seves conseqüències) i trobar-la plaent, són una i la mateixa cosa, i que desitjar una cosa sense que el desig sigui proporcional al grau en què és plaent, és una impossibilitat física i metafísica.

[Diferència entre voluntat i desig; importància de l'hàbit]

Tan obvi em sembla això que amb prou feines penso que ho discutirà ningú: i en tot cas l'objecció no seria pas que en últim terme el desig possiblement s'adreça a una cosa diferent del plaer o l'evitació del dolor, sinó que la voluntat és una cosa diferent del desig; és a dir, que una persona de virtut provada, o una persona que s'ha fixat uns propòsits, els duu a terme sense tenir en compte el plaer que li reporta la seva contemplació o el que espera obtenir de la seva realització; i que persisteix a actuar en funció d'aquests propòsits, fins i tot encara que aquells plaers hagin minvat molt, bé per canvis en el seu caràcter o bé per un decandiment de la seva sensibilitat passiva, bé perquè els superen els dolors que li pot ocasionar la persecució dels seus propòsits. Tot això ho admeto completament, i ho he afirmat en altres llocs de forma tan categòrica i amb tant d'èmfasi com qualsevol altre. La voluntat, el fenomen actiu, és una cosa diferent del desig, l'estat de la sensibilitat passiva, i si bé inicialment brota d'aquesta, amb el temps pot arrelar i separar-se de la soca d'on prové; tant és així que, en el cas d'un propòsit habitual, en comptes de voler la cosa perquè la desitgem, sovint la desitgem només perquè la volem. Això, tanmateix, no passa de ser un exemple més d'un fet familiar, el poder de l'hàbit, que de cap manera no es limita als casos d'accions virtuoses. Moltes coses indiferents que els homes inicialment fan per un motiu qualsevol, les continuen fent després per hàbit. De vegades les fan inconscientment, i la consciència només arriba després de l'acció: d'altres vegades les fan amb voluntat conscient, però una voluntat que ha esdevingut habitual, i que es posa en acció per la força de l'hàbit (a diferència potser d'una preferència deliberada), com passa sovint amb aquells que contreuen l'hàbit de consentir-se plaers viciosos o nocius. En tercer i últim lloc hi ha el cas en què l'acció habitual de la voluntat en un exemple singular no es troba en contradicció amb la intenció general que preval en les altres ocasions, ans la realitza, com és el cas de la persona de virtut provada, i de tots aquells que persegueixen de forma deliberada i consistent un fi determinat. La diferència entre la voluntat i el desig entès d'aquesta manera és un fet psicològic autèntic i de gran importància; però el fet consisteix només en això: que la voluntat, com les altres parts de la nostra constitució, és sensible a l'hàbit i que per hàbit podem voler allò que ja no desitgem per si mateix o ho desitgem només perquè ho volem. No és menys cert que al principi la voluntat sorgeix enterament del desig, incloent-hi en aquest terme tant l'acció que repel·leix el dolor com també la que atreu el plaer. Prenem ara en consideració, no pas la persona que té una voluntat provada d'actuar bé, sinó aquella en qui aquesta voluntat virtuosa és encara feble, subjecta a la temptació i que no és del tot fiable. Per quins mitjans es pot enfortir? Com es pot implantar o despertar la voluntat de ser virtuós quan no es posseeix la força suficient? Només fent que la persona *desitgi* la virtut —fent que la contempli sota una llum agradosa, o que percebi la seva absència de forma dolorosa. Només és possible animar la voluntat a ser virtuosa si s'associa fer el bé amb el plaer, o fer el mal amb el dolor, o evocant i imprimint i fent sentir a la persona l'experiència del plaer i el dolor que van naturalment units a l'una i a l'altra; un cop aconseguit això la persona actuarà sense cap pensament de plaer ni dolor. La voluntat és filla del desig, i només surt de la potestat paterna per caure sota la de l'hàbit.

Allò que és resultat de l'hàbit no conté una presumpció de bondat intrínseca; i no hi hauria cap raó per desitjar que el propòsit de la virtut esdevingués independent del plaer i el dolor, si no fos perquè la influència de les associacions plaents i doloroses que animen a la virtut no és prou fiable per consolidar una acció constant i infal·lible mentre no hagi adquirit el suport de l'hàbit. Tant pel que fa al sentiment com a la conducta, l'hàbit és l'única cosa que ofereix certesa; i és per la importància que té per als altres que cada un depengui exclusivament dels propis sentiments i conducta, i per a cada un no dependre més que d'ell mateix, que s'hauria de cultivar la voluntat d'actuar bé: per aconseguir aquesta independència que li dóna l'hàbit. Dit d'una altra manera, aquest estat de la voluntat és un mitjà del bé, no pas intrínsecament un bé; i això no contradiu la nostra teoria que no hi ha res que sigui un bé per als éssers humans sinó en la mesura que sigui plaent en si mateix o que sigui un mitjà per aconseguir un plaer o evitar un dolor.

Doncs bé, si aquesta doctrina és certa, el principi d'utilitat queda demostrat. Ara, que sigui certa o no, ho hem de deixar a la consideració del lector atent.

JOHN STUART MILL, *L'utilitarisme*.
Traducció de MIQUEL COSTA I RIBAS.
Llicència atorgada per Edicions 62, S.A., 2005, Capítols II i IV.

GRUP C: SEGLE XIX
FRIEDRICH NIETZSCHE (1844-1900)

Introducció

Friedrich Nietzsche és un dels autors més crítics del segle XIX. En les seves mans els valors de la tradició judeocristiana i els ideals racionalitzadors de la Il·lustració són sotmesos a una ferotge crítica que qüestiona la història del pensament occidental. De fet, cal dir que l'obra de Nietszsche no és en absolut aliena a la seva pròpia biografia, sinó que, ben al contrari, els seus escrits reflecteixen i donen expressió a un recorregut vital força intens.

Nietzsche va nèixer a Röcken l'any 1844 i era fill d'un pastor protestant. Va iniciar estudis de teologia i filologia clàssica a Bonn el 1864, però l'any següent decidí abandonar la teologia i dedicar-se plenament a la filologia. L'any 1869 comença a impartir classes de grec a la Universitat de Basilea. Interessat pels presocràtics i la tragèdia grega, les seves primeres obres, *El naixement de la tragèdia* (1872) i *La filosofia a l'època de la tragèdia grega* (1874), ja resultaren polèmiques perquè presentaven una visió del món antic i clàssic força oposada a la tradicional forma d'entendre-la. Per a Nietzsche, Sòcrates i Plató són els grans pares de la tradició racional occidental, però aquesta no ha acabat conduint a cap alliberament ni progrés, sinó que el seu resultat és el nihilisme, la voluntat de no-res. El 1880 abandonà la docència per motius de salut, però també pel clima hostil dels col·legues universitaris als seus plantejaments. A partir d'aquell moment viurà entre Sils Marie, al Alps, i diversos indrets d'Itàlia. Comença aleshores a escriure el que seran les obres del seu segon període: *Humà massa humà* (1878), *El viatger i la seva ombra* (1880), *Aurora* (1881), *La gaia ciència* (1882), que es caracteritzen per un marcat esperit crític envers els ideals il·lustrats. És també el moment de la seva ruptura amb Wagner després d'haver mantingut una profunda admiració per la seva música. A partir del 1885, any en què publica el seu *Així parlà Zaratustra*, s'inicia un tercer moment de la seva producció i comença la transvaloració de tots els valors, un anar més enllà dels valors de la tradició occidental amb propostes noves pel que fa al contingut i fins i tot en la forma, ja que el superhome, el que ha de venir després de l'home, és presentat com a ficció poètica. El 1886 publica *Més enllà del bé i del mal* i *La genealogia de la moral* i el 1887 escriví *El crepuscle dels ídols o com filosofar amb el martell* i *Ecce homo*, text autobiogràfic. El 1889 Nietzsche patí un col·lapse a la ciutat de Torí i fou ingressat en una clínica a Jena. A partir d'aquell moment i fins a la seva mort, el 25 d'agost de 1900 a Weimar, restà a la cura de la seva mare i la seva germana, que es feren càrrec de la seva obra. Els darrers escrits de Nietzsche, dels quals no hi ha una edició definitiva, foren recollits sota el títol de *La voluntat de poder.*

Per a Nietzsche el suposat avenç que la humanitat ha realitzat gràcies a l'aprofundiment de la raó i la seva extensió a tots els camps de la seva activitat, la tasca de la il·lustració que té les seves arrels en el pensament grec, el desenvolupament de la ciència i la crítica a totes les superesticions, són el producte de la voluntat de veritat. Aquest és un dels orgulls més pregons de l'home occidental que se sent no només superior a la tradició oriental, sinó també a tots aquells que s'han quedat ancorats en formes de pensament religiós i no n'han fet la crítica corresponent. L'esperit il·lustrat i les seves derivacions, però, són qüestionades per l'autor alemany amb metàfores ferotges que ens volen mostrar que els resultats d'aquella racionalització no només no són tan revolucionaris com es pretenia, sinó que, encara més, són la continuïtat de l'esperit teològic que volien combatre. En l'aforisme

125 de *La gaia ciència*, Nietzsche ens presenta un home, que no és altre que Zaratustra, apareixent a plena llum del migdia amb una llanterna encesa al bell mig d'una plaça on se suposa que s'apleguen aquells que ja no creuen en Déu i els demana on és Déu, on s'amaga. Aquells que l'escolten se'n riuen i pensen que és boig, però aleshores aquest home boig els contesta que Déu ha mort perquè ell i tots els qui són allà l'han mort, l'han assassinat. Certament no és el mateix parlar de la mort de Déu, de la seva desaparició del panorama de les idees d'uns il·lustrats secularitzats, que assumir un assassinat i la seva participació en l'eliminació d'aquesta figura del pensament que ha representat el paper de garantia de la veritat (Descartes) o és el pressupòsit necessari dels ideals morals (Kant). El que Nietzsche vol posar en evidència, amb la sobtada aparició del l'home boig entre aquells que es consideren ateus i la seva pregunta sobre on s'amaga Déu, és precisament la inconseqüència d'aquests esperits encara massa il·lustrats que amb el manteniment de la seva voluntat de veritat i els seus ideals de progrés segueixen ancorats en aquelles idees que pretesament han criticat.

La crítica il·lustrada als valors i conceptes metafísics de la tradició occidental, amb Déu al capdavant com a absolut que funciona com a garantia, a Nietzsche no només no li resulta suficient, sinó que fins i tot li sembla irrisòria i ingènua. Per arribar a una autèntica superació de tot pensament teològic i desfer-se de la càrrega de la tradició cal un aparell crític que vagi més enllà del que un Hume, per exemple, o un Voltaire han desenvolupat i que no caigui en la temptació de la recuperació de l'absolut a l'estil de Hegel. Per això Nietzsche es dotarà d'uns nous instruments, que la seva formació com a filòleg li proporciona i començarà a analitzar d'on prové aquesta voluntat de veritat present a la tradició occidental des de Sòcrates fins als nostres dies.

En un escrit del 1873, que no va ser publicat en vida de l'autor, *Sobre la veritat i la mentida en sentit extramoral*, Nietzsche ens proporciona la seva teoria sobre el llenguatge i la veritat que constitueix la base epistemològica de la seva posterior crítica a la concepció cristiana i moderna de la moral. Comença aquesta obra afirmant que la invenció del coneixement constitueix el moment més arrogant de la història de la humanitat. L'intel·lecte humà, al servei de la seva autoconservació, s'ha creat la il·lusió de dominar el món i ha entès el seu producte, el coneixement, com l'expressió adequada de la realitat. Però aquesta pretensió i l'orgull que se'n deriva oblida alguna cosa força fonamental que consisteix en la pròpia naturalesa del llenguatge. El coneixement, l'episteme en tant que conjunt d'enunciats veritables, vol derivar aquesta veritat de la seva adequació a la realitat. Perquè això fos creïble caldria que els enunciats poguessin ser el reflex en paraules de la realitat i això és el que una consideració crítica del llenguatge no permet afirmar. Una paraula no és altra cosa que la reproducció en sons articulats d'un estímul i ni tan sols podem dir que aquest estímul provingui de cap font exterior a nosaltres. El llenguatge és una estructura complexa i arbitrària que no permet en absolut entendre-la com a fotografia de la realitat. Com podríem pretendre-ho si considerem l'enorme quantitat de llengües existents i encara les grans diferències entre elles? Un llenguatge és un sistema classificatori i cada llengua ordena segons uns principis determinats i diferents. En cap cas podem pretendre que la paraula ens dóna la «cosa en si» d'un objecte, sinó que només designa una determinada relació dels humans, d'un grup d'humans, amb la realitat. Certament no és el mateix reflectir la realitat que manifestar la relació amb ella. Aquesta relació és expressada mitjançant un procés de metàfores: primer l'estimulació nerviosa és metaforitzada en imatge i després aquesta imatge esdevé so articulat per un segon moviment metafòric. Cal insistir que una metàfora és un recurs lingüístic per donar significat a un significant. El significat exacte de les paraules no existeix, sinó que és sempre depenent de l'articulació amb altres significants i gràcies a aquest procés les paraules van adquirint noves significacions i les van acumulant.

Després de l'origen metafòric de la paraula, Nietzsche passa a ocupar-se del concepte en la mesura que té pretensió d'universalitat. Cal recordar que la tasca socràtica de recerca de la veritat no era altra cosa que la investigació, a partir del diàleg, del concepte adient vàlid universalment i que constituïa la seva veritat. Quan pretenem que la paraula no sigui només l'expressió metafòrica d'una vivència, sinó que volem que serveixi també per a múltiples situacions i que n'expressi l'essència, formem els conceptes com a entitats universals Així, doncs, el concepte implica una igualació del que és desigual si considerem que tota vivència que ha donat origen a la paraula és sempre individual i particular. Com a conclusió d'aquesta explicació de l'origen del concepte, Nietzsche defineix la veritat com un exèrcit de metàfores i metonímies (l'altre gran recurs lingüístic per crear significacions) i en una suma d'antropomorfismes. Si el llenguatge no expressa la realitat sinó la nostra relació amb ella, aleshores cal dir que la veritat és un antropomorfisme, un donar forma humana a la realitat. Les metàfores del llenguatge, els conceptes establerts com a canònics amb el temps, i el seu ús perllongat i repetit, esdevenen elements fixos. Aquesta és la gran ficció en què es basa la veritat i que no és sinó una il·lusió pel que fa a l'expressió de la realitat en si mateixa. Podem dir que la veritat és ficció i, per tant, una mentida d'acord amb convencions fixes.

El tarannà crític de Nietzsche es posa de manifest fins i tot en un estil que també vol contribuir en la seva batalla contra la pretensió d'absolutesa del coneixement i la reivindicació del caràcter de ficció de tota expressió lingüística. Nietzsche escriu habitualment en aforismes, dels quals tenim un bon antecedent en els textos presocràtics i fonamentalment en Heràclit, autor per qui Nietzsche sentia una molt intensa predilecció. Un aforisme és un fragment breu, sovint no acompanyat d'argumentació, en què s'exposa una idea. Els aforismes de Nietzsche tenen molt sovint un caràcter lapidari, d'idea que es llença contra el lector amb pretensió provocadora i la intenció de qüestionar el pensament clàssic, il·lustrat i les creences cristianes. Molt freqüentment, a més, els seus aforismes se serveixen d'un efecte paradoxal per capgirar el sentit d'algunes idees religioses o morals i accentuar així el caràcter crític de la seva proposta.

Juntament amb l'aparell crític que es dedueix de la seva teoria sobre el llenguatge, trobem també, en seguir les seves passes, un Nietzsche psicòleg que no creu en la innocència ni la bondat de cap coneixement amb pretensions de veritat. Metafísica, moral i epistemologia són sotmeses a una dura anàlisi. Es denunciarà quin tarannà, quina posició davant la vida, hi ha sota tota visió del món emparada de la voluntat de veritat. Per a l'autor alemany, la metafísica d'un filòsof no és altra cosa que una confessió moral, una aposta per determinats valors. La suposada falsedat d'un judici no és, però, una objecció i la qüestió que importa és saber fins a quin punt afavoreix la vida o hi està en contra. Nietzsche es confessa seguidor de les idees d'Heràclit i per a ell la realitat no té cap identitat, sinó que la vida és un permanent flux. El que hi ha és un seguit de vivències i intuïcions. Si tota veritat és una ficció, es tracta de saber des de quina perspectiva s'ha elaborat. La perspectiva no la dóna cap fidelitat impossible a la realitat, sinó la posició davant la vida, la fortalesa o feblesa a l'hora d'afrontar allò advers, la força, la voluntat d'afirmació o de negació, la voluntat de poder afirmativa o negativa, de dominar o deixar-se dominar.

Des del punt de vista de Nietzsche, els valors de l'home occidental són el fruit d'una perspectiva socraticocristiana que pretén afirmar-se amb valor d'universalitat. Sòcrates, la raó que ell inaugura i Plató consagra, la dominància de les idees i els conceptes, no són altra cosa que l'odi manifest a la manca d'identitat de la realitat i el propi ésser humà. Representen la degeneració del gust grec antic i la tirania dels conceptes mòmia contra el continu canvi i la lluita entre contraris que Heràclit havia proclamat i que trobem en la tragèdia grega sota la forma de l'element dionisíac. Dionís, el déu del canvi, és la força vital davant d'Apol·lo, déu de la forma i l'harmonia.

Si en tota la metafísica occidental el que hi ha és un tarannà moral basat en la negació de la força creadora de la vida, el millor que es podia fer per mostrar-ho era reconstruir la seva genealogia i aquest fou un dels propòsits de Nietzsche. La tasca genealogista aplega la crítica al llenguatge, a la metafísica, i a la moral. Fer una genealogia és anar als orígens, però de forma diferent de com s'entén la tasca històrica. La recerca històrica dels orígens per tal d'explicar l'actualitat pren un caràcter idealista de la mà de Hegel. Es tracta de la recerca d'uns conceptes fonamentals per tal de veure com el decurs del temps ha permès el seu ple desenvolupament, com arriben a la plena realització que com a essència no desplegada ja hi era des de l'origen i que finalment assoleix la seva veritat completa. Així aquesta concepció de la història participa d'idees socraticocristianes, car pressuposa l'existència d'essències i identitats intemporals. Per a Nietzsche, ben al contrari, el que hi ha són instints o forces anàrquiques en lluita, esdeveniments particulars i les seves vivències corresponents que s'expressen per les intuïcions, no pels conceptes. Mentre la història el que vol mostrar és una evolució, un progrés cap a alguna finalitat prefixada en l'essència a desenvolupar, la genealogia el que vol narrar és quins trencaments, quins punts de ruptura i canvi, de reemplaçament d'una dominància per una altra, s'han produït en el pas del temps en un determinat camp. No es tracta de cap evolució, sinó de discontinuïtat. Els fets no són conduïts en el temps per cap sentit preestablert, sinó que són únics i mostren relacions de forces amb voluntat d'imposar-se.

La genealogia que Nietzsche presenta en *La genealogia de la moral* és la de la moral platonicocristiana i posteriorment moderna de la mà de Kant, car, al cap i a la fi, el cristianisme no és altra cosa que platonisme per al poble i tota moral racionalista és platònica en la mesura que es basa en valors absoluts garantits per la divinitat o la raó universal.

En la primera dissertació de *La genealogia de la moral*, recollida en aquesta antologia, Nietzsche comença acusant aquests psicòlegs anglesos, que han volgut explicar l'origen de les nostres idees morals, de no tenir esperit històric (no fer-ne la genealogia) i de sacrificar qualsevol desig humà a la veritat. Aquests psicòlegs posen a l'origen de la moralitat les accions no egoistes dels homes que són anomenades bones per part d'aquells que se'n beneficien. És a dir que la denominació moral de «bo» no provindria originàriament d'aquells que han decidit les seves accions, sinó dels qui en reben algun profit. Posteriorment s'oblidaria aquest origen i aquelles accions foren tractades com si fossin bones en si mateixes. D'aquesta manera s'intentaria no conèixer la part més vergonyosa de l'ésser humà, aquella unida al propi profit i al simple costum sense una major transcendència. Però per a Nietzsche, disposat a desvetllar les arrels menys innocents, aquest no és l'origen. Per tal de provar-ho recorre a l'etimologia, a la crítica lingüística. «Bo», així ho veiem en els primitius textos grecs, per exemple, era el nom que els nobles i els poderosos, els qui tenien una posició superior, es donaven a si mateixos i a les seves accions. Per contra, «dolent», és allò plebeu, baix i propi dels dominats. La primitiva creació de valors morals, doncs, parteix d'una posició d'autoafirmació dels homes superiors i no de cap acció desinteressada. Fins i tot, es pot dir que es tracta de l'atorgament del dret a crear valors i no de res que tingui a veure amb el profit. Per a Nietzsche, aquí trobem el fet de donar noms com una manifestació del poder dels qui dominen, com a imposició de les seves metàfores.

La teoria exposada pels psicòlegs anglesos no té gaire sentit, car, per què s'hauria d'oblidar que a l'origen dels valors hi hagués hagut la primacia de la utilitat? La utilitat és de l'ordre d'allò quotidià i està present constantment en les nostres vides. El camí que marca l'estudi etimològic és que «bo» prové de «noble» i «distingit» com a allò que es considera «psíquicament noble». Per a Nietzsche, aquesta teoria moral que vol privilegiar el que és útil forma part del prejudici democràtic i el plebeisme anglès. I el que realment s'oblida és que el noble es considera a si mateix com algú de categoria superior políticament i psíquica.

Trobem, però, en la història dels pobles, que la casta sacerdotal acaba ocupant un lloc preeminent i així apareix una nova contraposició interessant entre «pur i impur», d'una banda i «bo i dolent» de l'altra. Si bé inicialment «pur» és aquell que es renta i s'absté de certs menjars, sense que el terme tingui una major connotació simbòlica, aquest nou parell «pur i impur» s'anà contraposant al primer parell de contraris. Els sacerdots començaren a oposar un nou valor de puresa en les dietes i de continència sexual que s'empara de les seves formulacions metafísiques enemigues de l'espontaneïtat dels sentits dels primitius nobles. Amb l'aparició d'aquest nova forma de valorar tenim l'origen del nihilisme o de la voluntat de sadollar-se de no-res. Davant d'aquell vigor vital de l'aristocràcia, els sacerdots estenen el seu poder basat en l'odi i el ressentiment nascuts de la pròpia impotència. En aquest punt, Nietzsche fa notar que els jueus són el poble sacerdotal per excel·lència i aquell, per tant, en què aquests nous valors fruit de la impotència s'imposen. Es tracta d'un acte de venjança d'allò més espiritual consistent a capgirar, a invertir, els valors primitius de la noblesa de forma que ara qui és bo no és el noble feliç i despreocupat, sinó el desgraciat, el pobre, el feble, l'humil... Com a conseqüència d'aquesta inversió el noble, abans bo, ara esdevé pervers. Els jueus, poble sacerdotal, iniciaren la revolta dels esclaus que conduí a la moral de valors cristians.

La nova moral sorgida de l'odi, la venjança i la impotència, és la creadora d'un nou amor. Aquest és encarnat per Jesús de Natzaret, el Salvador, que si bé és cert que fou mort pels jueus, no es tractà de res més que d'un acte de creació d'un ideal seductor. Així la revolta dels esclaus dóna els seus fruits a partir del moment que el ressentiment esdevé creador i genera nous valors. Els nous valors cristians consisteixen en una negació de tot allò que els és estrany i exterior. El seu principi no és l'acció, sinó la reacció. Si bé el nou ideal de felicitat és la narcosi, cal reconèixer que aquesta moral reactiva, que titlla de pervers tot allò que no pot ser o posseir, desenvolupa una notable intel·ligència i sap esperar, tal com correspon a l'esperit de la venjança. Aquell que fou humil té raons per sentir temor, per això intenta amb el seu enginy alliberar-se de la seva condició de descastat. La força de la feblesa actua reactivament i crea tot l'univers fantasmagòric en què consisteixen els seus ideals i esperances.

La capacitat creadora del llenguatge també es manifesta aquí tot construint noves veritats i ideals. La primera d'aquestes veritats és la que correspon a la fe en un subjecte que és consciència, que és lliure i tria els seus valors, quan de fet és el subjecte qui resulta ser un afegitó de l'acció. La misèria que està en la base de la creació dels nous valors esdevé ideal i acaba essent distinció divina. La demanda de justícia oblida que ha tingut el seu origen en el ressentiment i ja no pretén venjança, sinó la victòria de Déu.

L'aparició de la moral fou un camí iniciat per l'ésser humà per tal de guanyar en llibertat, però amb els nous ideals apareixerà la mala consciència, la culpabilitat, afirma Nietzsche en la Segona dissertació de *La genealogia de la moral*, també recollida en aquest antologia. Contra la capacitat d'oblit d'allò immediat existeix la memòria per seguir volent allò que volguérem abans. Per ella l'home esdevé capaç de fer promeses, es fa responsable, la llibertat es projecta cap al futur, adquireix el que anomena consciència. En un cert moment, però, la camisa de força social de la moralitat igualitària converteix tot intent d'afirmació i puixança en culpa i així trobem una inversió d'aquella primitiva moral afirmativa.

Com va transformar-se la nova força adquirida com a consciència en culpa, en «mala consciència»? Nietzsche troba la genealogia, l'origen de la culpa moral en una de les relacions més antigues de la humanitat, en la relació comercial entre creditor i deutor. Si hom compra alguna cosa i no la pot pagar, immediatament esdevé deutor davant d'aquell que li ha proporcionat el bé adquirit, el creditor. El creditor intentarà de totes les maneres possibles que el deutor pagui el seu deute, però si això no fos possible se sentirà pagat i compensat per la via d'infligir algun mal, de provocar un patiment en el deutor. Nietzsche es pregunta quina mena d'ésser és aquest que pot sentir satisfacció amb el dolor d'un altre i conclou que la crueltat constitueix una de les grans festes de la humanitat, que «el fet de veure patir satisfà i que el fet de fer patir encara satisfà més».* A partir d'aquesta constatació, Nietzsche continua la seva genalogia de la mala consciència o culpa lligada al desenvolupament de la civilització. Si cada creditor intentés obtenir compensació pels deutes impagats pel seu compte, la convivència esdevindria un estat de lluita permanent. L'home viu en societat i aquesta es dota de les seves institucions per tal de garantir la convivència. Una de les institucions fonamentals és la de la justícia, que és l'encarregada d'intervenir en els casos de conflictes entre els ciutadans. Si la civilització estableix el marc en què resoldre els conflictes, ja no serà el creditor per si mateix qui exigirà el cobrament dels deutes, sinó que la societat, mitjançant la justícia, serà l'encarregada de reclamar el pagament al deutor. En un estadi desenvolupat de civilització, doncs, tot intent de crueltat amb el deutor es converteix en un atemptat contra la pròpia societat i en un delicte a perseguir. Desapareix, però, aquell antic «instint» de crueltat? Nietzsche respon que no i que aquesta és la raó, precisament, per la qual tots esdevenim culpables. Totes aquelles forces que no poden ser descarregades cap enfora acaben girant-se cap endins. Tot home, pel fet de viure en societat i beneficiar-se de la convivència garantida per les institucions socials, com la justícia, se sent i està en deute amb la societat. L'instint de crueltat, que ara ja no pot ser exercit amb els altres, troba en aquest deute el lloc on descarregar-se i així l'home civilitzat és un ésser permanentment culpable. «Sostinc que la mala consciència és la greu malaltia en la qual l'home havia de caure sota la pressió d'aquell canvi que és el més radical de tots els que ha experimentat, d'aquell

* F. Nietzsche, *La genealogia de la moral*, Segona dissertació, núm. 6.

canvi que s'esdevingué quan ell es trobà definitivament tancat en la proscripció de la societat i la pau».*

D'aquesta manera tots som deutors de la societat i tot el que és egoista pren el seu sentit de l'autocàstig. Calen espectadors per a aquest càstig, que és dedicat com a pagament pel deute als avantpassats primer i a la divinitat després. La culpa esdevé impagable i arriba a ser part inseparable de la humanitat. El primer home i la naturalesa humana per si mateixa esdevenen culpables, l'existència humana és ella mateixa culpable. A la fi, cal que el mateix Déu pagui la nostra culpa amb el sacrifici del seu fill. El cristianisme, l'anomenada religió de l'amor, és titllada com la més cruel de les religions. Culpa i expiació es converteixen en inextingibles per a l'home, la culpabilitat es constitueix en una malaltia per a l'home.

Quina filosofia pot ser la pròpia d'un home reduït a culpa i pecat? Quins són els seus filòsofs? La resposta nietzscheana és clara: un pensament d'ideals ascètics i el sacerdot asceta. Aquest és el tema de la Tercera dissertació de *La genealogia de la moral*. L'ascetisme, malaltia de la cultura europea, és l'encarnació de la voluntat de no-res, del nihilisme. L'home no pot deixar de voler i abans de no voler res, vol el no-res. L'ascetisme com a pensament, és la negació de la vida, la negació de la terra, de l'aparença. La seva essència és la negació, ja que de fet, com que la voluntat no desapareix, és un intent de protecció i conservació d'una vida que degenera, de lluita amb la mort i contra la mort. Voler combatre tot instint és el recurs del malalt davant qualsevulla demostració de salut. Allò que pretén l'asceta és protegir-se de la vida. Per això el seu regne no és d'aquest món, sinó d'un món intel·ligible, ideal. No n'hi ha prou amb el món de les idees contraposat al canvi i a la vitalitat del món sensible, cal arribar a anorrear tot el que pugui produir un afecte, arribar al no-res. A les religions, aquest no-res s'anomena Déu.

* F. Nietzsche, *La genealogia de la moral*, Segona dissertació, núm. 16.

Per a Nietzsche, però, l'ascetisme pot ser un recurs per al filòsof. Quan cal, la llibertat, la pobresa, la humilitat i la castedat poden ser bones condicions per a la fecunditat, si s'ha de lluitar contra una sensualitat agosarada. És una forma de domini i no una virtut. El filòsof sent atracció per allò més prohibit i l'ascetisme pot servir per a l'esperit de dubte, investigació, comparació, gosadia... Aquest cas és ben diferent del de qui ha caigut realment sota el poder negador. La ciència, malgrat proclamar el seu ateisme, és presonera de l'esperit d'objectivitat i la voluntat de veritat: no interpreta, s'atura davant els fets i és només espectadora, és la nova forma de l'essencialisme i l'idealisme: del nihilisme.

Com es pot combatre el nihilisme? Apropiant-se'l, convertint-lo en un moment de la transvaloració i de l'afirmació de la voluntat de poder. Perquè l'home arribi a ser un nou ésser més enllà del nihilisme cal que primer prengui la forma de camell, aquell les gepes del qual suporten tota la càrrega dels valors antinaturals i que representa l'obediència. Després es convertirà en lleó, animal ferotge i destructor, gran negador. Així podrà finalment esdevenir un nen, innocent, havent oblidat tot l'anterior i capaç de dir sí a la vida i de manifestar la seva voluntat afirmativa. El coratge que l'afirmació de la voluntat de poder implica i la nova innocència, més enllà de la voluntat de veritat, del bé i el mal, suposen la desaparició de tot absolut, de tota forma d'absolut, l'acarament humà davant el buit quan tota fonamentació s'esvaeix, davant el no-res infinit i la manca de certesa; finalment, adonar-se que cal una nova forma de pensar, una nova perspectiva. És per això que Zaratustra, el nou profeta, baixa de les muntanyes i es dirigeix a la plaça pública a ple dia amb un llum encès. Vol anunciar una bona nova, la mort de Déu, a aquells que ja no creien en Ell. Són els il·lustrats que es proclamen ateus, però que han restaurat noves formes d'absolut, de divinitat, de veritat.

Per a Nietzsche, la nova perspectiva significa la invenció de ficcions. La primera d'elles és el «Superhome», el més enllà de l'home. El Superhome és un ésser lliure i legislador, productor de sentit; intèrpret des de la voluntat de poder, capaç de creativitat i de l'acceptació de l'aparença, té voluntat de simulacre i màscara, viu en el perpetu moviment heraclitià. Sap, encara, mantenir-se en la mentida com la més sublim de les veritats lúcides. El Superhome és l'aristòcrata que no reconeix res més que la seva voluntat sense llei, o la llei de la seva voluntat sense norma. No és cap home ni cap raça, és un estadi per a l'ésser humà, una jerarquia que diu sí a la inalienable diferència, a la pluralitat dels sentits de l'ésser.

La segona ficció de l'afirmació de la voluntat de poder és l'«etern retorn». L'etern retorn és l'expressió alhora de la finitud còsmica, del seu devenir imparable, i de la seva voluntat de trascendir-se. La repetició és l'afirmació d'aquesta finitud a partir de fer immortal allò que és temporal. Per l'etern retorn el temps subverteix l'eternitat. Per al Superhome la ficció de l'etern retorn és una prova: l'acceptació de la repetició de la vida tal com l'ha viscuda, amb totes les sofrences i plaers. Desitjar l'eterna confirmació de la vida mostra que hom se sent bé amb un mateix i la vida. L'afirmació d'allò que és finit és el desig de la repetició.

EDUARD GADEA

La genealogia de la moral

Primera dissertació
«Bo i pervers», «bo i dolent»

1

Aquests psicòlegs anglesos, als quals cal agrair els únics intents que han existit fins ara de fer una història del naixement de la moral, ens plantegen en ells mateixos un enigma que no és gens insignificant. Per això, com que es tracta d'un enigma de caràcter personal, he de confessar que tenen un avantatge fonamental en relació amb els seus llibres: ells mateixos són interessants. Què pretenen pròpiament aquests psicòlegs anglesos? Tant si es vol com si no es vol, hom els troba sempre dedicats a la mateixa obra, és a dir, a la tasca de fer surar la *partie honteuse* del nostre món interior i de cercar allò que és pròpiament eficaç, fonamental i decisiu pel que fa al desenvolupament precisament allí on l'urc intel·lectual de l'home *voldria* trobar-ho en darrer lloc (com, per exemple, en la *vis inertiae* del costum, en la manca de memòria, en un mecanisme cec i fortuït d'unió de les idees o bé en quelcom de purament passiu, automàtic, produït d'una manera reflexa, molecular i fonamentalment estúpid). Què impulsa pròpiament aquests psicòlegs a seguir sempre *aquesta* direcció? És un instint secret, maliciós, vulgar, tal vegada irresponsable, de voler empetitir l'home? Es tracta potser d'un recel pessimista, de la malfiança d'uns idealistes desil·lusionats, ofuscats, que s'han tornat verinosos i mals sorges? És una enemistat i una rancúnia baixes i subterrànies envers el cristianisme (i envers Plató), que tal vegada mai no han arribat a passar el llindar de la consciència? Es tracta potser d'un gust rampellut per les coses estranyes, per les paradoxes doloroses, pel caire qüestionable i absurd de l'existència? O és finalment una mica de tot: una mica de vulgaritat, una mica d'ofuscament, una mica d'anticristianisme, una mica de pruïja i de necessitat de coses fortes com el pebre...? Em diuen, tanmateix, que només són granotes velles, fredes i ensopides que s'arrosseguen i saltironen entorn de l'home, a l'interior de l'home, com si aquí es trobessin en el seu element natural, és a dir, en *aigües pantanoses*. Sento això i em resisteixo a creure-ho, més encara, no ho crec. I si hom pot desitjar quan no pot saber, jo desitjo de tot cor que la veritat sigui la contrària: que aquests investigadors que analitzen l'ànima per mitjà del microscopi siguin fonamentalment animals valents, generosos i orgullosos, que saben refrenar tant el seu cor com les seves sofrences i que han estat educats per a sacrificar qualsevol desig a la veritat, a *totes* les veritats, fins i tot quan es tracta d'una veritat senzilla, acerba, lletja, adversa, contrària al cristianisme, immoral..., ja que aquestes veritats existeixen.

2

Hem d'apreciar, doncs, els bons esperits que puguin actuar en aquests historiadors de la moral. Dissortadament, tanmateix, és cert que fins i tot els manca l'*esperit històric*. És cert que fins i tot han estat abandonats concretament per tots els bons esperits de la història. Com ja és un costum inveterat dels filòsofs, tots ells pensen d'una forma *essencialment* anhistòrica. D'això, no n'hi ha cap dubte. La matusseria de la seva genealogia de la moral es manifesta ja de bon començament, quan es tracta d'indagar l'origen del concepte i del judici d'allò que és «bo». «Originàriament —així ho decreten— certes accions que no eren egoistes foren lloades i anomenades bones per part d'aquells qui eren afavorits per aquestes accions, és a dir, per part d'aquells qui se n'*aprofitaven*. Més tard hom *oblidà* aquest origen de la lloança i aquelles accions que no eren egoistes, pel simple fet que sempre havien estat lloades com a bones *per costum*, foren estimades també com a bones, com si fossin alguna cosa bona en elles mateixes». Es percep tot seguit que aquesta primera deducció conté ja tots els tirats típics de la idiosincràsia pròpia dels psicòlegs anglesos: tenim «el profit», «l'oblit», «el costum» i a l'últim «l'error» tot això com a base d'una valoració de la qual fins ara l'home superior havia estat orgullós com una mena de privilegi de l'home en general. Aquest orgull ha de ser humiliat. Aquesta valoració ha de ser desvalorada. S'ha aconseguit tot això...? En primer lloc, crec que és evident que aquesta teoria cerca i estableix a un lloc fals el veritable focus originari del concepte «bo». El judici d'allò que és «bo» *no* ve pas d'aquells qui foren afavorits per la «bondat». Més aviat foren «els bons», és a dir, els nobles, els poderosos, els qui gaudien d'una posició i d'uns sentiments superiors, aquells qui s'estimaren i s'establiren ells mateixos amb les seves obres com a bons, és a dir, de primer rang, en contraposició a tot allò que era baix, de sentiments baixos, vulgar i plebeu. En virtut d'aquest *pathos de la distància* s'empararen del dret de crear valors, d'encunyar els noms dels valors. Què els importava el profit? El punt de vista del profit és precisament el més estrany i inadequat pel que fa a aquest brollador calent de judicis de valor que determinen i destaquen des de dalt un rang. En aquest punt, el sentiment ha arribat precisament a un extrem oposat a aquell grau ínfim de calentor que pressuposa una intel·ligència interessada, un càlcul del profit, i no pas per una vegada ni per una hora d'excepció, sinó d'una forma contínua. Com hem dit, el *pathos* de la noblesa i de la distància, el sentiment fonamental i global que dura i domina per part d'una espècie que s'imposa des de dalt en relació amb una espècie més baixa, amb una cosa que és «al des-sota», és allò que constitueix l'origen de la contraposició entre allò que és «bo» i allò que és «dolent». (El dret senyorívol de posar noms arriba tan lluny, que hom es pot permetre de concebre l'origen del llenguatge com una manifestació del poder d'aquells qui dominen. Diuen que «això *és* això i allò», segellen amb un so una cosa i un esdeveniment determinats i alhora s'emparen d'ells.) En aquest origen es basa el fet que de bon començament el mot «bo» no va pas unit necessàriament a les accions que «no són egoistes», com creuen d'una forma supersticiosa aquells genealogistes de la moral. Més aviat s'esdevé que, només en el cas d'una decadència dels judicis de valor aristocràtics, tota aquesta contraposició entre les accions «egoistes» i les accions que «no es consideren egoistes» s'imposa com més va més a la consciència humana. Emprant la meva terminologia, es tracta de l'*instint de ramat* allò que s'expressa al capdavall amb un mot (fins i tot amb *mots*) en aquesta contraposició. Àdhuc aleshores, tanmateix, ha de passar molt temps fins que aquest instint senyoregi en tal mesura, que la valoració moral resti veritablement presa i fixada en aquella contraposició (com s'escau, per exemple, actualment a Europa: avui dia el prejudici que pren per sinònims els termes «moral», «generós», «*desintéressé*» senyoreja ja amb la força d'una «idea fixa» i d'una dèria).

3

En segon lloc, nogensmenys, prescindint completament de la impossibilitat de sostenir històricament aquella hipòtesi referent a l'origen del judici de valor que s'expressa en el mot «bo», la hipòtesi en ella mateixa pateix d'un absurd psicològic. Segons ella, la utilitat de l'acció que no és egoista ha de ser l'origen de la seva lloança i aquest origen ha d'haver-se *oblidat*. Com és *possible* que s'hagi produït aquest oblit? És que tal vegada la utilitat d'aquestes accions ha cessat en cert moment? Allò que s'ha esdevingut és el cas contrari: aquesta utilitat ha estat més aviat l'experiència diària en totes les èpoques, una cosa per tant que constantment ha estat recalcada d'una manera contínua, una cosa que conseqüentment, en lloc de desaparèixer de la consciència, en lloc d'oblidar-se, ha hagut de gravar-se en la consciència amb una claredat cada cop més diàfana. Molt més raonable és aquella teoria contrària (que no per això és més veritable) defensada, per exemple, per Herbert Spencer. Spencer considera que el concepte «bo» és essencialment igual al concepte «útil», «convenient», de manera que en els judicis referents a allò que és «bo» i a allò que és «dolent» la humanitat hauria assumit i sancionat veritablement les seves experiències *inoblidades* i *inoblidables* pel que fa a allò que és útil i convenient, pel que fa a allò que és noble i inconvenient. Segons aquesta teoria, és bo allò que des de sempre s'ha palesat com a útil. Per això pot acreditar-se com una cosa «valuosa en grau suprem», com una cosa «valuosa en ella mateixa». Com hem dit, també aquest procés explicatiu és fals. Però, si més no, l'explicació en ella mateixa és raonable i sostenible des del punt de vista psicològic.

4 [Genealogia de bo i dolent]

La indicació de quin era el *bon* camí me la dóna la pregunta sobre quin significat tenien pròpiament des del punt de vista etimològic els termes referents a allò que és «bo», encunyats per les diverses llengües. En aquest punt vaig descobrir que tots ells es referien a la *mateixa transformació del concepte*, que a tot arreu «noble», «distingit» en el sentit corporatiu era el concepte fonamental a partir del qual s'havia desenvolupat el terme «bo» en el sentit de «psíquicament noble», de «generós», de «psíquicament distingit», de «psíquicament privilegiat». Aquesta transformació, duta a terme d'una forma inevitable, va sempre acompanyada d'una forma paral·lela d'aquella altra transformació que obliga els mots «vulgar», «plebeu», «baix» a convertir-se al cap i a la fi en el concepte «dolent». L'exemple més eloqüent pel que fa a aquest darrer punt és el mateix mot alemany *«schlecht»*, que significa «dolent». En essència, és igual al mot *«schlicht»*, que significa «simple», «senzill» —compareu-lo amb els mots *«schlechtweg»* i *«schlechterdings»*, que signifiquen «senzillament» i «simplement»—, i que originàriament qualificava l'home senzill, vulgar, sense que encara impliqués una sospitosa mirada de reüll, sinó la simple intenció de contraposar-lo al noble. A l'època de la guerra dels trenta anys si fa no fa, és a dir, bastant tard, aquest sentit es canvia en el que s'empra actualment. Pel que fa a la genealogia de la moral, em sembla que això constitueix un coneixement *essencial*. El fet que s'hagi descobert tan tard es deu a la influència repressiva que dins del món modern exerceix el prejudici democràtic sobre totes les qüestions que es refereixen a l'origen de les coses. Es tracta d'un prejudici que s'immisceix fins i tot en l'àmbit tan objectiu en aparença com el de les ciències naturals i de la fisiologia, que basta aquí com a exemple. Tanmateix, l'abús que pot causar aquest prejudici, un cop s'ha convertit d'una manera desbridada en odi, principalment tocant a la moral i a la història, es manifesta en el cas tristament famós de Buckle.* El *plebeisme* de l'esperit modern, que té un origen anglès, esclatà de bell nou en aquest cas a la seva terra pàtria amb la mateixa força d'un volcà enllacat i amb aquella eloqüència turbulenta, estentòria i vulgar amb què fins ara han parlat tots els volcans.

* Henry Th. Buckle (1821-1862), historiador anglès autor de la *Història de la civilització a Anglaterra*. Nega que els grans homes influeixin en els canvis històrics, i considera el medi natural com a determinant de les activitats humanes.

5

Tocant al *nostre* problema, que per bons motius pot anomenar-se un problema *íntim* i que s'adreça de forma delicada només a unes quantes oïdes, és ben interessant de constatar el fet que en aquells mots i en aquelles arrels que serveixen per a indicar allò que és «bo» encara es trasllueix de moltes maneres la relació cabdal per la qual els nobles es consideraven precisament com a persones de rang superior. Sens dubte, en els casos més corrents potser es posen un nom que es refereix simplement a la seva superioritat pel que fa al poder (es qualifiquen de «poderosos», «senyors», «dominadors») o bé al distintiu més patent d'aquesta superioritat, com és ara «els rics», «els propietaris» (aquest és el sentit d'*àrya*, com s'esdevé igualment a l'irànic i a l'eslau). Però també es posen un nom que es refereix a un *tirat típic del caràcter,* i aquest és el cas que aquí ens interessa. S'anomenen, per exemple, «els veraços», com ho féu primerament l'aristocràcia grega el portaveu de la qual fou Teognis, el poeta de Mègara. El mot encunyat en aquest sentit, ἐσθλός [noble, valent, aristocràtic], significa d'arrel un que *existeix*, que té realitat, que és real, que és veritable. Més tard, per un canvi subjectiu, l'ésser real es considera com a ésser veraç. En aquesta fase de la transformació del concepte, el mot es converteix en tòpic i nom distintiu de l'aristocràcia i passa a tenir per complet el sentit d'«aristocràtic», a fi d'assenyalar el límit respecte a la persona vulgar i mentidera, tal com la pren i la descriu Teognis. Finalment, després de la decadència de l'aristocràcia, el mot acaba essent un qualificatiu de la noblesa psíquica, fent-se alhora madur i dolç. En el mot κακός [dolent, ordinari, vulgar], com també en δειλός [vergonyós dolent, covard] (el plebeu en contraposició a ἀγαθός [bo, valent, noble]), es remarca la covardia. Això pot indicar tal vegada en quina direcció cal cercar l'origen etimològic del terme ἀγαθός, interpretable de diverses formes. En llatí el mot *malus* (al costat del qual poso el terme μέλας [negre]) pogué qualificar l'home vulgar com a persona de color fosc, sobretot com a persona de cabells negres *(«hic niger est»)*, com a ocupant preari de la terra italiana que es distingia pel color, com a signe més palès, de la raça conqueridora de color ros, d'aquella que s'havia convertit en dominadora, és a dir, la raça ària. Si més no, el gaèlic m'ha proporcionat el cas que correspon exactament a aquesta idea. *Finn* (com, per exemple, en el nom *Finn-Gal*) és el terme distintiu de l'aristocràcia, que al cap i a la fi significa el bo, el noble, el pur. Al principi, tanmateix, significava el cap ros, en contraposició als habitants primitius que eren de pell fosca i tenien els cabells negres. Els celtes, diguemho de passada, eren una raça perfectament rossa. Hom comet una injustícia quan aquelles faixes de població que tenia els cabells essencialment foscos, tal com pot constatar-se en certs mapes etnogràfics d'Alemanya acuradament traçats, es relacionen amb cert origen cèltic i amb una barreja sanguínia, com encara ho fa Wirchow.* Més aviat, en aquests llocs apareix la població *preària*. (El mateix fenomen pot constatar-se a gairebé tot Europa. En essència, la raça sotmesa s'ha imposat finalment altra vegada, amb el seu color, amb la curtària del seu crani, fins i tot probablement amb els seus instints socials i intel·lectuals. Qui ens assegura que la democràcia moderna, l'anarquisme encara més modern i particularment aquella inclinació per la «*commune*», que és la forma de societat més primitiva i amb la qual estan d'acord actualment tots els socialistes, no representen fonamentalment una *reacció* d'immenses proporcions? Qui ens assegura que la *raça dominadora* i conqueridora, la dels aris, no és sotmesa i abatuda fins i tot des del punt de vista psicològic...?) Crec que puc interpretar el mot llatí *bonus* com «aquell qui fa la guerra», en el pressupòsit que atribueixo amb raó el terme *bonus* a un de més antic que era *duonus* (compareu *bellum* [guerra] amb *duellum* i *duen-lum*, on em sembla que es conté aquell *duonus*). *Bo-*

* Rudolf Wirchow (1821-1902), metge i biòleg alemany. Creador de la patologia cel·lular.

nus, per tant, seria l'home del desacord, de la desunió (*duo*), l'home de la guerra. Hom veu allò que a la Roma antiga feia en un home la seva «bondat». Considerem el mateix mot alemany «*gut*»: No podria significar l'home «diví» («*göttlich*»), l'home «de raça divina»? No podria ser el mateix mot que el nom popular (originàriament aristocràtic) dels gots? Exposar els motius d'aquest pressupòsit no pertany a la finalitat d'aquesta exposició...

6 [Genealogia de bo i pervers]

Pel que fa a aquesta norma, referent al fet que el concepte de primacia política sempre es converteix en un concepte de primacia psíquica, no és pas de bell antuvi una excepció (per bé que dóna peu a les excepcions) que la casta suprema fos ensems la casta sacerdotal i que, consegüentment, preferís com a qualificació general de la seva casta un predicat que recordés la seva funció sacerdotal. Aquí s'enfronten per primera vegada, per exemple, els mots «pur» i «impur» com a signes distintius de l'estat o de la condició socials. Igualment, es desenvolupen aquí més tard un «bo» i un «dolent» en un sentit que ja no es refereix a l'estat o a la condició. A més a més, hom ha de prevenir-se contra el fet de prendre per endavant aquests conceptes de «pur» i «impur» d'una manera massa generosa, massa àmplia i completament simbòlica. Més aviat, tots els conceptes de la humanitat més antiga foren concebuts de bon començament, en una mesura que gairebé no podem imaginar-nos, d'una forma tosca, barroera, superficial, esquifida, concretament i especialment *contrària a qualsevol simbolisme*. El «pur» és de bell principi simplement un home que es renta, que s'absté de certs menjars que comporten algunes malalties de la pell, que no dorm amb les dones brutes del poble baix, que avorreix la sang. És això i res més, no gaire més. D'altra banda, per tota la mena d'una aristocràcia essencialment sacerdotal s'aclareix sens dubte perquè precisament en aquest punt pogueren aguditzar-se i fer-se íntimes d'una forma perillosa les contraposicions dels valors. De fet, a causa d'aquestes contraposicions s'obriren a l'últim avenc entre home i home que ni tan sols un Aquil·les del lliure pensament aconseguiria de superar sense esgarrifar-se. De bon començament hi hagué quelcom que *no era sa* en aquelles aristocràcies sacerdotals i en els costums que imperaven en el seu interior, costums apartats de l'acció, en part tramadors i en part explosius pel que fa al sentiment, la conseqüència dels quals és aquella neurastènia i aquella afecció intestinal que afecten gairebé d'una forma inevitable els sacerdots de totes les èpoques. Nogensmenys, pel que fa a allò que ells mateixos van descobrir com a remei contra aquesta afecció llur, no cal dir que en els seus efectes s'ha manifestat al capdavall cent vegades més perillós que la malaltia que havia de guarir? La mateixa humanitat encara pateix els efectes d'aquest tractament eixalavat dels sacerdots. Pensem, per exemple, en certes formes de dieta (prohibició de menjar carn), en el dejuni, en la continència sexual, en la fugida «al desert» (isolament practicat per Weir Mitchell,* per bé que certament sense la cura posterior d'engreixament i sobrealimentació en què es basa l'antídot més eficaç contra qualsevol histèria de l'ideal ascètic). A això s'afegeix tota la metafísica dels sacerdots, enemiga dels sentits, capaç de crear éssers refinats i corromputs, el seu poder d'hipnotitzar-se a l'estil del faquir i del braman —Brahma emprat com a botó de vidre i idea fixa— i el sadollament darrer que només es pot comprendre en conjunt en relació amb la seva cura radical, amb el *no-res* (o bé Déu, ja que el desig d'una *unio mystica* amb Déu és el mateix que el desig que tenen els budistes del no-res, del nirvana). Entre els sacerdots *tot* esdevé concretament més perillós, no solament la medicina i els remeis, sinó també l'orgull, la venjança, la sagacitat, el llibertinat-

* Silas Weir Mitchell (1829-1914). Neuròleg i escriptor nord-americà que aplicava un tractament per a les malalties nervioses a base de massatge, aïllament i repòs.

ge, l'amor, l'afany de poder, la virtut, la malaltia. Tanmateix, amb cert esperit de justícia podria afegir-se també que només en el camp d'aquesta forma existencial de l'home *essencialment perillosa*, la sacerdotal, l'home ha esdevingut en general *una bèstia interessant* i que només aquí l'ànima humana ha aconseguit una fondària en un sentit superior, fent-se *perversa*. Heus ací les dues formes fonamentals de la superioritat que ha tingut fins ara l'home sobre qualsevol altra bèstia...!

7 [La revolta dels esclaus]

Hom ja haurà endevinat amb quina facilitat la forma de valoració sacerdotal pot separar-se de la forma de valoració cavallerosa i aristocràtica, i convertir-se més tard en la seva contraposició. Això es fomenta especialment cada vegada que s'enfronten per gelosia la casta dels sacerdots i la casta dels guerrers, i no es volen posar d'acord pel que fa a l'honor i la glòria. Els judicis de valor dels cavallers i dels aristòcrates tenen com a pressupòsit una corporalitat plena de vigor, una salut florent, rica, fins i tot sobreïxent, juntament amb allò que requereix la seva conservació: la guerra, l'aventura, la caça, la dansa, els torneigs i, en general, tot allò que implica en ell mateix una acció vigorosa, lliure, vivaç i alegre. La forma de valoració de la noblesa sacerdotal té, com ja hem vist, uns pressupòsits diferents: quan es tracta de guerra, tot li va malament! Com ja se sap, els sacerdots són els enemics més perversos. Per quina raó? Perquè són els més impotents. A partir d'aquesta impotència, l'odi esdevé en ells una cosa monstruosa i inquietant, es converteix en la cosa més espectral i verinosa. Els personatges de la història universal que han odiat més han estat sempre sacerdots, incloent-hi aquells qui han odiat amb més enginy: al costat de l'esperit de venjança sacerdotal qualsevol altre esperit no té cap importància. La història de la humanitat seria una cosa completament estúpida sense l'esperit que li ha pervingut de part dels impotents. Considerem tot seguit l'exemple més rellevant. Tot el que s'ha fet a la terra contra «els nobles», «els poderosos», «els senyors», «els potentats» no val la pena de tractar en comparació amb allò que han fet contra ells els *jueus*: els jueus, aquell poble sacerdotal que en relació amb els seus enemics i subjugadors només sabé donar-se per ben satisfet al capdavall amb un capgirament radical de llurs valors, és a dir, amb un acte de *venjança del tipus més espiritual.* Això és l'única cosa que esqueia precisament a un poble sacerdotal, al poble que tenia la dèria més reaccionària de venjar-se sacerdotalment. Han estat els jueus aquells qui amb una conseqüència aterridora i amb els ullals de l'odi més abismal (l'odi de la impotència) han gosat d'establir i de mantenir la inversió de l'equivalència aristocràtica dels valors (bo = noble = poderós = bell = feliç = estimat per Déu), és a saber: «Els bons només són els desgraciats. Els bons només són els pobres, els febles, els humils. Els pietosos i els beneïts per Déu també són només els qui pateixen, els desposseïts, els malalts, els lletjos. Només ells obtindran la felicitat eterna. Al contrari, vosaltres que sou nobles i poderosos sereu per sempre els perversos, els cruels, els cobejosos, els insaciables, els ateus. Vosaltres sereu també eternament els dissortats, els maleïts i els condemnats...». Ja se sap qui ha heretat aquest sistema de capgirament jueu... Tocant a la iniciativa monstruosa i funesta fora de mida que prengueren els jueus amb aquesta declaració de guerra, que és la més fonamental de totes, recordo una frase a la qual vaig arribar en una altra avinentesa (a *Més enllà del bé i del mal*), referent al fet que amb els jueus comença *la revolta dels esclaus pel que fa a la moral,* aquella revolta que té al darrere una història de dos mil anys i que actualment hem perdut de vista per la simple raó que triomfà...

Però és que no ho enteneu? És que sou cecs i incapaços de veure una cosa que ha necessitat dos mil anys per a triomfar...? No hi ha cap motiu per a meravellar-se'n: totes les coses que *duren molt temps* són difícils de veure, són difícils d'albirar. Tanmateix, això és el que s'esdevingué: del tronc de l'arbre de la venjança i de l'odi, de l'odi jueu, de l'odi més pregon i sublim, és a dir, de l'odi que produeix ideals i destrueix valors, de l'odi que mai no ha tingut parió a la terra, brostà una cosa igualment incomparable, *un nou amor*, l'amor més pregon i més sublim de totes les menes d'amor. I de quin altre tronc podia haver brostat...? Que ningú no pensi, tanmateix, que brostà per exemple com la negació pròpia d'aquella set de venjança, com la contraposició de l'odi jueu! No. La veritat és la contrària! Aquest amor brostà d'ell com la seva corona, com la corona triomfant que s'eixamplava com més va més en la claredat més diàfana i a ple sol, un amor que en el reialme de la llum i de l'altura tendia amb el mateix deler als mateixos objectius d'aquell odi: a la victòria, a la depredació, a la seducció, amb el mateix afany amb què les arrels d'aquell odi s'endinsaven cada cop amb més penetració i cobejança en tot allò que tenia una fondària i era pervers. Aquell Jesús de Natzaret, com a evangeli vivent de l'amor, aquell «salvador» que portava la felicitat i la victòria als pobres, als malalts, als pecadors, no fou precisament la seducció en la seva forma més inquietant i irresistible, la seducció i la marrada devers aquells mateixos valors *jueus* i aquelles mateixes innovacions de l'ideal? No aconseguí Israel, precisament amb la marrada d'aquell «salvador», d'aquell qui aparentment contradigué i dissolgué Israel, el darrer objectiu del seu desig sublim de venjança? No pertany a la màgia negra i oculta d'una política veritablement *elevada* de la venjança, d'una venjança prèsbita, subterrània, que ho arrabassa tot lentament i que ho calcula tot per endavant, el fet que el mateix poble d'Israel hagués de negar i de clavar en creu davant de tothom, com si fos el seu enemic mortal, el mateix instrument de la seva venjança, per tal que «tothom», és a dir, tots els adversaris d'Israel, pogués picar a la insabuda aquest ham concret? D'altra banda, és possible d'imaginar-se en general, a partir de qualsevol refinament de l'esperit, un ham *més perillós*? És possible d'imaginar-se quelcom que sigui igual en força seductora, embriagadora, narcotitzadora, depravadora, a aquell símbol de la «creu sagrada», a aquella paradoxa escruixidora d'un «Déu clavat en creu», a aquell misteri d'una crueltat inimaginable en darrer terme, tan manifesta, i d'una autocrucifixió de Déu *destinada a la salvació de l'home...*? Si més no, és veritat que *sub hoc signo* Israel ha anat triomfant sempre fins ara, amb la seva venjança i amb la seva inversió de tots els valors, sobre tots els altres ideals, sobre tots els ideals *més nobles...*

9 [L'Església]

«—Però, per què parleu vós encara d'ideals *més nobles*? Acceptem els fets: ha vençut el poble —o "els esclaus", o "la plebs", o "el ramat", o com vulgueu anomenar-ho— i, si això s'ha esdevingut mitjançant els jueus, oidà!, aleshores és que dins la història universal cap poble mai no havia tingut una missió com aquesta. "Els senyors" han perdut. Ha guanyat la moral de l'home vulgar. Hom pot prendre alhora aquesta victòria com un enverinament de la sang (ja que ha barrejat i confós les races). No ho nego. Però, sens dubte, aquesta intoxicació *ha reeixit*. L'"alliberament" del gènere humà (és a dir, el seu alliberament pel que fa als "senyors") va per bon camí. Palesament tot esdevé jueu, o cristià, o plebeu (tant se val quin mot s'empri!). L'anadura d'aquest enverinament a través de tot el cos de la humanitat sembla impossible d'aturar. Des d'ara el seu ritme i la seva marxa poden ser fins i tot cada cop més lents, més subtils, més inoïbles, més prudents. Tenen molt de temps per endavant... En aquest sentit, correspon encara actualment a l'Església una tasca *necessària*? Té encara en general un dret a l'existència o bé hom en podria prescindir? *Quaeritur* [es pregunta]. Sembla que més aviat frena i impedeix aquella anadura, en lloc d'activar-la? Això, tanmateix, podria constituir precisament la seva utilitat... Sens dubte, a poc a poc es va tornant una cosa matussera i basta que repugna a una intel·ligència delicada, a un gust pròpiament modern. No hauria de refinar-se una mica, si més no...? Actualment, en lloc de seduir, aliena... Si l'Església no existís, qui de nosaltres seria de fet un lliure pensador? Allò que ens repugna és l'Església, *no pas* el seu verí... Deixant de banda l'Església, també nosaltres apreciem aquest verí...». Aquesta és la cloenda a les meves paraules per part d'un «lliure pensador», d'una bèstia honrada, tal com ho ha provat prou, d'un demòcrata a més a més. M'havia escoltat fins ara i no suportava sentir el meu silenci, ja que en aquest punt he de callar moltes coses.

10 **[El ressentiment creador]**

La revolta dels esclaus en la moral comença quan el mateix ressentiment esdevé creador i genera valors, el *ressentiment* d'aquells éssers privats de la veritable reacció, la de l'activitat, que només es consideren indemnitzats mitjançant una venjança imaginària. Mentre que qualsevol moral noble sorgeix d'una afirmació triomfant de la seva pròpia essència, la moral dels esclaus nega de bon començament qualsevol «exterioritat», qualsevol «alteritat», qualsevol «negació de la pròpia essència», i *aquest* fet de negar és el seu acte creador. Aquest capgirament de la visió que estableix valors —aquesta direcció *necessària* devers l'exterior, en lloc de dirigir-se devers la pròpia essència— pertany d'una manera concreta al ressentiment. Per tal de néixer la moral dels esclaus requereix sempre en primer lloc un món contrari i extern. Psicològicament parlant, requereix estímuls externs per tal d'actuar en general. Radicalment, la seva acció és una reacció. El cas contrari s'esdevé en la forma noble de valoració: actua i creix espontàniament, cerca la seva contraposició únicament per afirmar-se ella mateixa d'una manera encara més agraïda, encara més joiosa. La seva concepció negativa referent a allò que és «baix», «vulgar», «dolent», constitueix només una pàl·lida i tardana imatge de contrast en relació amb la seva positiva concepció fonamental, amarada per complet de vida i de passió: «Nosaltres, els nobles, els bons, els bells, els feliços!». Quan la forma noble de valoració atempta i peca contra la realitat, això s'esdevé en relació amb l'esfera que *no* coneix prou, que rebutja certament de conèixer veritablement: en certes circumstàncies no comprèn l'esfera que menysprea, la de l'home vulgar, del poble baix. D'altra banda, cal considerar que en tot cas el sentiment de menyspreu, de la mirada desdenyosa, de la mirada de superioritat, fins i tot suposant que *falsegi* la imatge d'allò que menysprea, restarà molt lluny d'aquella falsificació amb la qual l'odi reprimit, la venjança de l'impotent, maltracta el ser adversari *in effigie*, naturalment. De fet, en el menyspreu es barreja massa negligència, massa despreocupació, massa desatenció i impaciència, àdhuc massa autosatisfacció, perquè sigui capaç de transformar el seu objecte en una veritable caricatura i en un monstre. No poden vorejar-se, certament les *nuances* gairebé benvolents que l'aristocràcia grega, per exemple, posa en tots aquells mots amb els quals es distingeix ella mateixa del poble baix. És curiós de veure com s'endolceixen constantment els termes i com s'hi barreja una mena de compassió, de consideració, de tolerància, fins a l'extrem que quasi tots els mots que es refereixen a l'home vulgar han esdevingut a l'últim expressions equivalents d'«infeliç», «digne de compassió» (vegeu δειλός, δείλαιος, πονηρός, μοχθηρός);* d'aquests mots, els dos darrers qualifiquen pròpia-

* Els dos primers: vergonyós, dolent, covard; els dos últims: infeliç, dissortat, dolent.

ment l'home vulgar com a esclau que treballa i animal de càrrega). És curiós d'observar, d'altra banda, com els termes «dolent», «baix», «infeliç» mai no deixaren de sonar a l'oïda grega amb *un* to, amb una tonalitat, en què prepondera el sentit d'«infeliç». Això és una peça heretada de l'antiga forma de valoració aristocràtica més noble, que no tan sols en el menyspreu no es nega ella mateixa (els filòlegs han de recordar en quin sentit s'empren, ὀϊζυρός, ἄνολβος, τλήμων, δυστυχεῖν, ξυμφορά)* Els «ben nascuts» es *consideraven* precisament com els «feliços». No havien de construir artificiosament la seva felicitat tot mirant els seus enemics, no s'havien de creure de tant en tant que eren feliços, no havien de *dir-se una mentida* (com ho acostumen de fer totes les persones que tenen ressentiment). De la mateixa manera, com a homes opulents, carregats de força i, per tant, *necessàriament* actius, no sabien destriar l'acció de la felicitat —segons ells, el fet de ser actiu anava inclòs necessàriament en la felicitat (d'aquí ve l'expressió εὖ πράττειν [actuar bé, trobar-se bé de salut]). Tot això es contraposa en gran mesura a la «felicitat» concebuda en el grau dels impotents, dels oprimits, dels qui pateixen les úlceres produïdes per sentiments plens de verí i d'enemistat, segons els quals la felicitat es produeix essencialment com una narcosi, una anestèsia, una tranquil·litat, una pau, un «descans sabàtic», una distensió de les facultats anímiques i un estirament de tots els membres, en un mot, com una cosa *passiva*. Mentre que l'home noble viu davant seu amb una confiança i una sinceritat (el terme γενναῖος «aristòcrata de naixement», remarca la *nuance* «sincer» i fins i tot «ingenu»), l'home del ressentiment no és sincer, ni ingenu, ni honrat ni directe amb ell mateix. La seva ànima *mira amb cobejança*, el seu esperit estima els amagatalls, els camins secrets i les portes del darrere, és atret per tot allò que és ocult com si fos el seu món, la *seva*

* Els tres primers: infeliç. desgraciat; el penúltim: ser infeliç, tenir mala sort; l'últim: dissort, misèria.

seguretat, el *seu* alleujament. Sap de callar, de no oblidar, d'esperar, d'empetitir-se de tant en tant, d'humiliar-se. Una raça com aquesta, la dels homes del ressentiment, ha d'esdevenir necessàriament al capdavall *més intel·ligent* que qualsevol raça noble. Honora també la intel·ligència en una mesura completament diferent, és a dir, com una condició existencial de primera categoria. En canvi, en els homes nobles la intel·ligència té un lleu regust de luxe i de refinament en ella mateixa —aquí precisament no és pas ni de lluny tan fonamental com la perfecta seguretat pel que fa a la funció dels instints *inconscients* que ho regulen tot o bé fins i tot certa negació de la intel·ligència, com és ara el fet d'acarar valerosament i directa el perill, l'enemic, o aquella rauxa exaltada pel que fa a la còlera, a l'amor, a la veneració, a l'agraïment i a la venjança, per la qual han estat reconegudes les ànimes nobles en totes les èpoques. El mateix ressentiment de l'home noble, quan s'hi presenta, es duu a terme i s'exhaureix mitjançant una reacció immediata que, per tant, no *enverina*. D'altra banda, ni tan sols no es presenta en innombrables casos en què esdevé inevitable tocant a tots els febles i impotents. El fet de no poder prendre seriosament durant gaire temps els propis enemics, els propis tràngols, àdhuc els propis *crims*, constitueix el signe de naturaleses fortes i plenes en les quals hi ha un escreix d'energia plàstica que refà, que regenera, que fins i tot oblida (un bon exemple del món modern és Mirabeau, el qual no recordava els insults ni les infàmies que hom cometia amb la seva persona i que, per tant, no podia perdonar únicament perquè... ho oblidava tot). Un home d'aquesta mena es desempallega d'un sol cop de moltes bestioles que en altres individus s'amaguen dissimuladament. Només aquí és possible també, tot suposant que sigui possible en general a la terra, el veritable «amor als propis enemics». Que en té, de respecte, pels seus enemics un home noble! I aquest respecte constitueix ja un pont que emmena devers l'amor... L'home noble exigeix que l'enemic sigui una mena de distinció de la seva pròpia persona, no suporta cap altre enemic que aquell en el qual no hi ha res de menyspreable, sinó *moltes coses* respectables. Imaginem-nos, al contrari, «l'enemic» tal com el concep l'home del ressentiment. En això consisteix precisament el seu acte, la seva creació. Ell ha concebut «l'enemic pervers», «*el pervers*» per antonomàsia, i concretament com a concepte fonamental a partir del qual s'imagina fins i tot com a imatge invertida i contraposada un «home bo»... que és ell mateix!

11 [L'home mediocre / l'home superior]

En l'home noble s'esdevé exactament el contrari: concep la idea fonamental de «bo» d'una forma prèvia i espontània, és a dir, a partir de la seva pròpia persona i només a partir d'això es fa una idea d'allò que és «dolent». Aquest concepte de «dolent» d'origen noble i aquella idea de «pervers» sorgida de la perola de cervesa que és l'odi insaciable —el primer concepte és una creació posterior, una cosa secundària, un color complementari, mentre que el segon concepte és quelcom d'original, el començament, l'*acte* veritable dins la concepció d'una moral dels esclaus— són molt diferents, per bé que ambdós termes, «dolent» i «pervers» es contraposen en aparença a la mateixa idea de «bo». Tanmateix la idea de «bo» *no* és la mateixa. Basta que hom es pregunti qui és pròpiament «pervers» en el sentit de la moral del ressentiment. La resposta estricta és aquesta: precisament l'«home bo» de l'altra moral, precisament el noble, el poderós, el dominador, simplement acolorat, interpretat i vist de reüll per la mirada plena de verí del ressentiment. En aquest punt, no volem negar una cosa: aquell qui ha conegut els «homes bons» només com a enemics, no ha conegut res més que enemics *perversos*, i els mateixos homes que foren reprimits d'una forma tan dura, per la moralitat, per la veneració, pels costums, per l'agraïment i sobretot per la vigilància mútua, per la rivalitat *inter pares*, aquells homes que d'altra banda es manifestaren en llur capteniment mutu amb una tendència tan creadora pel que fa a la consideració envers els altres, a l'autodomini, a la delicadesa, a la fidelitat, a l'urc i a l'amistat, no són gaire millors cap enfora, allí on hi ha l'element aliè, allí on comença *la* naturalesa aliena, que bèsties de rapinya deixades en llibertat. Allí gaudeixen de la llibertat tocant a qualsevol obligació social, a la selva s'alliberen de la tensió que produeixen una reclusió i un tancament excessius en la pau de la comunitat, *tornen* a la innocència pròpia de la consciència de les bèsties de rapinya, com a monstres alegres i contents que retornen tal vegada d'un seguit horrible d'assassinats, d'incendis, de violacions, de tortures, amb una insolència i una serenitat anímica similars a les dels estudiants que només han fet una entremaliadura, convençuts que els poetes tindran altra vegada quelcom per a cantar i per a lloar durant molt temps. A la base de totes aquestes races nobles no es pot deixar de reconèixer la bèstia de rapinya, l'esplèndida bèstia rossa que vagareja cobejant despulles i victòries. De tant en tant cal que aquesta base oculta es descarregui. La bèstia ha de sortir fora altra vegada, ha de tornar de bell nou a la selva. En aquesta necessitat tots són iguals: l'aristocràcia romana, l'àrab, la germànica, la japonesa, els herois homèrics, els víkings escandinaus. Pertot arreu a on han anat, les races nobles han deixat el concepte «bàrbar» en tots els seus vestigis. Fins i tot en la seva cultura més enlairada es descobreix una consciència d'aquest fet i una autosatisfacció (per exemple, quan Pèricles diu als seus atenesos en aquella cèlebre oració fúnebre: «La nostra gosadia ha penetrat en totes les terres i en tots els mars, deixant pertot monuments perdurables tant pel que fa al bé *com pel que fa al mal*»). Aquesta «gosadia» de les races nobles, que es manifesta d'una forma esbojarrada, absurda, sobtada, el caràcter imprevisible i inversemblant de llurs empreses —Pèricles remarca amb orgull la ρᾳθυμ{α [despreocupació] dels atenesos—, llur indiferència i llur menyspreu pel que fa a la seguretat, al cos, a la vida, a la comoditat, la seva joia espantosa i la profunditat del plaer que senten en totes les seves destruccions, en totes les voluptuositats que experimenten en la Victòria i en la crueltat: tot això es resumí per part d'aquells qui ho patiren en la imatge del «bàrbar», de l'«enemic pervers», com és ara el «got», el «vàndal». La profunda i gèlida desconfiança que suscita l'alemany així que arriba al poder, com torna a passar ara, continua essent un residu d'aquell terror inextingible amb què Europa ha contemplat durant segles la fúria de la bèstia rossa germànica (per bé que entre els antics germànics i nosaltres, els alemanys, gairebé no hi ha cap parentesc ideològic, com tampoc cap parentesc sanguini). Una vegada vaig posar en relleu la perplexitat d'Hesíode quan reflexionava sobre el discurs de les èpoques culturals i intentava d'expressarles a base de l'or, de l'argent i del bronze. No sabé desfer la contradicció que li oferia el món d'Homer, tan magnífic, però també alhora tan horrorós i violent, sinó fent d'una sola època dues èpoques diferents que aleshores situa en relació correlativa: en primer lloc l'època dels herois i dels semidéus de Troia i de Tebes, tal com aquell món havia restat en la memòria de les generacions nobles que tenien en ell llurs avantpassats, i en segon lloc l'època de bronze, tal com aquell mateix món apareixia als ulls dels qui descendien dels humiliats, dels depredats, dels maltractats, dels exiliats, dels venuts com a esclaus, com una època de bronze, tal com hem dit, dura, freda, cruel, sense sentiment i sense consciència, que tot ho xemica i amara de sang. Encara que fos veritat allò que avui dia es considera en tot cas com una «veritat», és a saber, que el *sentit de qualsevol cultura* sigui precisament el d'extreure de l'animal de rapinya anomenat «home» un animal mansuet i civilitzat, un *animal domèstic*, indubtablement caldria considerar tots aquells instints de reacció i de ressentiment amb l'ajut dels quals foren humiliades i dominades al capdavall les generacions nobles, conjuntament amb els seus ideals, com els autèntics instruments de la cultura. Amb això, tanmateix, no s'hauria dit pas encara que els *portadors* d'aquells instints representin alhora personalment la cultura. El contrari no seria solament probable. No. Actualment és quelcom de *palès*! Aquests portadors dels instints que humilien i que cobegen un rescabalament, els descendents de tot esclavatge, europeu i no europeu, i especialment de qualsevol població preària, representen l'*endarreriment* de la humanitat! Aquests «instruments de la cultura» són un fet vergonyós de l'home i, en general, són més aviat una sospita, un argument contrari a la «cultura»! Hom pot sentir-se amb tot el dret de témer encara i capguardar-se de la bèstia rossa que es troba al fons de totes les races nobles. Això no obstant, qui no preferiria cent vegades més témer, si alhora pot meravellar-se, que no pas *deixar de* tenir por, però no poder alliberar-se mai més de la visió fastigosa dels descastats, dels éssers empetitits, atrofiats, enverinats? I no constitueix això *la nostra* fatalitat? Què produeix actualment la repugnància que nosaltres sentim envers «l'home»?

Perquè no hi ha cap dubte que nosaltres *patim* per l'home. *No* es tracta de por. Es tracta més aviat que ja no tenim res a témer en l'home, que el verm de l'«home» es troba i formigueja en primer terme, que l'«home mansuet», l'home irremissiblement mediocre i ensopit, hagi après a sentir-se com a objectiu i cimall, com a sentit de la història, com a «home superior», que tingui certament un dret de considerar-se d'aquesta manera, per tal com se sent lluny de la multitud de descastats, malalts, cansats, desgastats, a què actualment comença a pudir Europa, i per tant com una cosa si més no relativament encertada, si més no capaç encara de viure, si més no capaç de dir sí a la vida...

12 **[Nihilisme]**

No puc reprimir en aquest punt un sanglot ni malmetre una darrera esperança. Què és concretament allò que em resulta totalment insuportable? Què és allò que únicament no puc destruir, que m'ofega i em fa sedejar mortalment? Es tracta d'una atmosfera dolenta, d'una atmosfera dolenta! Es tracta del fet que una cosa descastada es trobi al meu costat, que hagi d'olorar les vísceres d'una ànima descastada...! D'altra banda, què no suporta hom pel que fa a necessitats, privacions, mal temps, malalties, cansaments, isolaments? Al capdavall hom s'acostuma a tot, des del moment que ha nascut per a una existència subterrània i combativa. Hom es revela cada cop de bell nou, experimentant contínuament la seva hora daurada de la Victòria. I aleshores hom es troba allí tal com ha nascut: irrompible, amb tibantor, disposat a assolir quelcom de nou, quelcom de més difícil encara, quelcom de més llunyà, igual com un arc que no fa res més que tibar-se amb més força quan experimenta qualsevol necessitat. De tant en tant, nogensmenys, concediu-me —suposant que hi hagi deesses celestials que concedeixin coses més enllà del bé i del mal— una sola visió. Concediu-me *una sola* visió tocant a quelcom perfecte, a quelcom definitivament acabat, feliç, poderós, victoriós, a quelcom que encara es pugui témer! Concediu-me la visió d'un home que justifiqui l'home, d'un home que circumstancialment i sortosa sigui un ésser complementari i salvífic a causa del qual hom pugui conservar *la fe en l'home*...! La situació, doncs, és aquesta: el fet d'empetitir i d'igualar l'home europeu oculta el perill més gran que *tenim,* ja que aquesta visió cansa... Actualment no albirem res que desitgi ser més gran. Sospitem que tot s'ensorra, que tot s'ensorra com més va més, fent-se més subtil, més bondadós, més intel·ligent, més agradable, més mediocre, més indiferent, més xinès, més cristià. No hi ha cap dubte que l'home cada cop és «millor»... Aquí rau precisament la fatalitat d'Europa. Juntament amb el temor envers l'home, hem perdut també l'amor envers ell, el respecte, l'esperança, el desig. Des d'ara la visió de l'home cansa. En què consisteix actualment el nihilisme, si no és concretament *això*...? Ens hem cansat *de l'home*...

13 [El feble que es disfressa de fort]

Però tornem al punt que havíem deixat. El problema de l'*altre* origen d'allò que és «bo», d'allò que és bo tal com s'ho imagina l'home del ressentiment, exigeix una conclusió final. No pot sorprendre el fet que els anyells siguin rancorosos envers les grans aus de rapinya. L'única cosa que no es pot fer raonablement és retreure a les grans aus de rapinya el fet que s'emportin uns quants anyells petits. I quan els anyells es diuen entre ells: «Aquestes aus de rapinya són perverses. Per tant, ¿no ha de ser bo un anyell, l'ésser que es diferencia més d'una au de rapinya i que és gairebé la seva antítesi?», no és possible d'objectar res a l'establiment d'aquest ideal, llevat que les aus de rapinya els esguardaran d'una forma sorneguera i tal vegada es diran entre elles: «*Nosaltres* no sentim cap rancor envers aquests anyells bons, sinó que fins i tot els estimem, car no hi ha res que sigui tan saborós com un anyell tendre». El fet d'exigir de la força que *no* es manifesti com a força, que no vulgui dominar, que no vulgui humiliar, que no vulgui manar, que no sedegi enemics, ni resistències, ni triomfs, és tan absurd com el fet d'exigir de la feblesa que es manifesti com a força. Una quantitat determinada de força és igual a una quantitat determinada de tendència, de voluntat i d'acció. De fet, no és res més que aquesta mateixa tendència, aquesta mateixa voluntat, aquesta mateixa acció, i només pot semblar una altra cosa a causa de la seducció exercida pel llenguatge (i pels errors fonamentals de la raó que s'hi petrifiquen), el qual entén i malentén que qualsevol acció es troba condicionada per un agent, per un «subjecte». És un fenomen semblant a com la gent separa el llamp de la seva llampada i considera la darrera com un acte, com l'acció d'un subjecte que s'anomena llamp. De la mateixa manera, la moral del poble separa també la força de les manifestacions de la força, com si darrere d'allò que és fort hi hagués un substrat indiferent, *capaç de decidir lliurement* si manifesta la seva força o si no la manifesta. Aquest substrat, tanmateix, no existeix. No hi ha cap «ésser» darrere del fet, de l'acció, de l'esdeveniment. «L'agent» ha estat afegit simplement a l'acció. L'acció ho és tot. La gent duplica en el fons l'acció: quan el llamp resplendeix, creu que es tracta de dos actes. El mateix esdeveniment l'estableix de primer com a causa i després també com el seu efecte. Els físics no procedeixen millor quan afirmen que «la força mou, la força causa» i frases similars. La nostra ciència en conjunt, malgrat tota la seva fredor, malgrat la seva llibertat pel que fa al sentiment, es troba encara sota l'influx de la seducció del llenguatge i no s'ha alliberat de les criatures falses que s'hi han ficat, no s'ha alliberat dels «subjectes» (l'àtom, per exemple, és una d'aquestes criatures falses, com també ho és «la cosa en si» de Kant). No ha d'estranyar-nos, doncs, el fet que els sentiments reprimits i abrivats ocultament de la venjança i de l'odi emprin aquesta fe en benefici propi ni que, al capdavall, no en mantinguin cap altra amb tanta fervor com la que sosté que *el fort és lliure* de ser feble i l'au de rapinya, lliure de ser anyell. D'aquesta manera, aconsegueixen el dret d'*allevar* a l'au de rapinya el fet de ser au de rapinya... Quan els oprimits, els humiliats, els violats parlen entre ells, moguts per l'astúcia venjativa de la impotència, i diuen: «Siguem diferents dels perversos, és a dir, bons! I bo és aquell qui no viola, qui no fa mal a ningú, qui no ataca, qui no es rescabala, qui atorga la venjança a Déu, qui s'amaga com nosaltres, qui s'aparta de qualsevol cosa perversa i no exigeix gaire a la vida, igual com nosaltres, els pacients, els humils, els justos», si s'escolten aquestes paraules d'una manera freda i sense cap animadversió, pròpiament no signifiquen res més que això: «Nosaltres, els febles, som veritablement febles. És bo, doncs, que no fem res *que sigui inadequat a les nostres forces*». Però aquesta acerba constatació de la realitat, aquesta intel·ligència de mínima categoria que fins i tot la tenen els insectes (els quals en un perill molt gran fan el mort, per tal de no fer «massa»), s'ha revestit gràcies al poder que té la impotència de falsificar-ho tot i de mentir-se amb el faust de la virtut que renuncia, que calla i que espera, com si la mateixa feblesa del feble —és a dir, la seva *essència*, la seva actuació, la seva única realitat sencera, inevitable, inextingible fos un mèrit voluntari, quelcom pretès, elegit, un *acte*, un *guany*. Aquesta mena d'home *necessita* la fe en el «subjecte» indiferent, capaç d'elegir lliurement, en virtut d'un instint d'autoconservació, d'autoafirmació, en el qual qualsevol mentida intenta santificar-se. El subjecte (o bé, per tal de parlar d'una forma més popular, l'ànima) ha estat potser per això el dogma millor que ha existit a la terra, ja que a la quantitat enorme dels mortals, als febles i als oprimits de tota mena, feia possible aquell sublim autoengany que consisteix a interpretar la mateixa feblesa com a llibertat i llur manera de ser concreta i determinada com un *mèrit* i un *guany*.

14 [Fàbrica d'ideals]

Vol algú mirar cap avall i contemplar el misteri de com es *fabriquen els ideals* a la terra? Qui té valor per a fer-ho...? Esplèndid! Aquí la mirada s'obre vers aquest obrador fosc. Espereu una mica, senyor Indiscret i Temerari. Els vostres ulls han d'acostumar-se primerament a aquesta llum falsa que s'irisa... Així! Prou! Ara parleu! Què s'esdevé allí al dessota? Expliqueu allò que veieu, vós que sou l'home de la curiositat més perillosa. Ara sóc jo el qui escolta.

—No veig res, però sento molt millor. Es tracta d'un murmuri i d'un xiuxiueig cauts, malignes, suaus, que provenen de tots els angles i de tots els racons. Em sembla que hom diu mentides. Una suavitat dolça s'enganxa a cada so. No hi ha dubte que la feblesa ha de convertir-se fal·laçment en *mèrit* i *guany*. És exactament tal com vós heu dit.

—Endavant!

—I la impotència que no es rescabala es converteix en «bondat», la baixesa plena de temença es converteix en «humilitat», la submissió a aquells qui s'odia es converteix en «obediència» (és a dir, obediència a un del qual diuen que mana i determina aquesta submissió, a un que anomenen Déu). Allò que és inofensiu en el feble, la mateixa covardia, que en té molta, la seva actitud d'esperar a la porta, la seva actitud d'haver d'esperar necessàriament, rep aquí un bon nom: el de «paciència», i s'anomena també *la* virtut. El fet de no poder venjar-se s'anomena no voler venjar-se i fins i tot potser perdó («com que *ells* no saben pas el que fan, només nosaltres sabem el que *ells* fan!»). Hom parla també de l'«amor als seus enemics» i, a més a més, sua.

—Endavant!

—No hi ha cap dubte que tota aquesta gent que murmura i ho falsifica tot és miserable, per bé que s'apleguen i s'escalfen mútuament. Em diuen, tanmateix, que la seva misèria és una elecció i una distinció de Déu, que hom pega als gossos que més estima. Diuen també que tal vegada aquesta misèria és una preparació, una prova, un ensenyament. Potser és més que tot això. Potser és quelcom que un dia serà compensat i pagat amb interessos enormes, no en or, sinó en felicitat. Això ho anomenen «la benaurança».

—Endavant!

—Ara em volen fer creure que ells no solament són millors que els poderosos, que els senyors de la terra, els gargalls dels quals han de llepar (*no* per por, certament, no per por, sinó perquè Déu ordena de respectar qualsevol superioritat), em volen fer creure que no solament són millors, sinó que també són més «feliços» o, si més no, que un dia seran més feliços. Prou, tanmateix, prou! No puc suportar-ho més. És una atmosfera dolenta. Una atmosfera dolenta! Em fa l'efecte que aquest obrador on es *fabriquen ideals* put a mentides manifestes.

—No! Espereu una mica! Encara no heu dit res de l'obra mestra d'aquests nigromàntics que produeixen blancor, llet i innocència a base de tot allò que és negre. No heu notat quina és la seva plenitud pel que fa al refinament? No heu notat quin és el seu tripijoc propi d'artistes, tan agosarat, tan fi, tan enginyós, tan mentider? Pareu esment! Aquestes bèsties de celler, plenes de venjança i d'odi, què en fan concretament, de la venjança i de l'odi? Heu sentit alguna vegada aquests mots? Si haguéssiu de refiarvos únicament de les seves paraules, sospitaríeu que us trobeu manifestament enmig dels homes del ressentiment?

—Ja ho entenc. He d'obrir de bell nou les meves oïdes (ai!, ai!, ai! i *tancar* el nas). Ara sento per primera vegada allò que ja deien tan sovint: «Nosaltres, els bons, *nosaltres som els justos*». Allò que exigeixen no ho anomenen rescabalament, sinó «el triomf de la *justícia*». Allò que odien no és el seu enemic, no. Ells odien la «injustícia», l'«ateisme». Allò que creuen i esperen no és l'esperança de la venjança, l'embriaguesa de la venjança dolça (Homer ja l'anomenava «més dolça que la mel»), sinó la victòria de Déu, la victòria del Déu *just* sobre els ateus. Allò que només poden estimar a la terra no són pas els seus germans en l'odi, sinó els seus «germans en l'amor», tal com ells diuen, tots els bons i justos que hi ha a la terra.

—I com anomenen allò que els serveix de consol enfront de tots els patiments de la vida, llur fantasmagoria tocant a la felicitat futura viscuda per endavant?

—Com l'anomenen? Ho he sentit bé? L'anomenen «el judici final», la vinguda del seu reialme, del «reialme de Déu». *Mentrestant*, tanmateix, viuen «en la fe», «en l'amor», «en l'esperança».

—Prou! Prou! Ja n'hi ha prou!

15 [Esperança d'un més enllà?]

En la fe en què? En l'amor envers què? En l'esperança de què? De tant en tant aquests febles volen ser també els forts i no hi ha dubte que algun dia ha d'arribar també el *seu* «reialme», anomenat entre ells simplement «el reialme de Déu», tal com hem dit. En tot són molt humils! Per tal d'experimentar això, cal viure molt temps, dellà la mort. Cal la vida eterna per tal de poder recompensar també eternament en el «reialme de Déu» aquella vida a la terra «en la fe», «en l'amor», «en l'esperança». Però, què ha de recompensar-se? Amb què ha de recompensar-se...? Em fa l'efecte que el Dant s'erra grollerament quan, amb una ingenuïtat que inspira horror, posa damunt la porta del seu infern aquella inscripció: «A mi també em creà l'amor etern». En tot cas, damunt la porta del paradís cristià i de la seva «benaurança eterna» hi escauria millor i amb més dret aquesta altra inscripció: «A mi també em creà l'*odi* etern». I això tot suposant que una veritat pugui col·locar-se damunt la porta que mena a una mentida! Perquè, en *què* consisteix la benaurança d'aquell paradís...? Potser nosaltres mateixos ja ho endevinaríem. Tanmateix, és millor que ens ho testimoniï expressament una autoritat que no pot menysprear-se pel que fa a aquestes qüestions: Tomàs d'Aquino, el gran mestre i sant. «*Beati in regno coelesti*», diu amb una dolcesa similar a la d'un anyell, «*videbunt poenas damnatorum, ut beatitudo illis magis complaceat*».* O voleu sentir-ho en un to més enèrgic, de llavis per exemple d'un victoriós pare de l'Església que dissuadia els seus cristians de participar en les voluptuositats cruels dels espectacles públics? Per què, concretament? «La fe ens ofereix, certament, molt més —diu a *De spectac. c. 29ss.*—, *quelcom molt més fort.* Gràcies a la redempció tenim, certament, al nostre abast uns gaudis totalment diferents. En lloc d'atletes, tenim els nostres màrtirs. Si volem sang, tenim de fet la sang de Crist... Però, quines coses úniques ens esperen el dia del seu retorn, el dia del seu triomf!». I continua dient aquell visionari enartat: «Però encara hi ha d'altres espectacles, aquell darrer i perpetu dia del judici, aquell dia inesperat per part de les nacions, aquell dia del qual es mofen, quan aquesta vetustat tan gran del món i tantes generacions seves es consumiran en un foc comú. Quin espectacle tan grandiós es veurà aleshores! Quantes coses admiraré! De quantes coses em burlaré! Allí gaudiré! Allí exultaré, tot contemplant com tants reis i tan grans, dels quals es deia

* Els benaventurats veuran al reialme celestial les penes dels condemnats, per tal que els satisfaci més llur benaventurança.

que havien estat rebuts al cel gemeguen en pregones tenebres amb el mateix Júpiter i amb els seus mateixos testimonis! Tot contemplant com els governadors de les províncies que perseguiren el nom del Senyor es fonen en flames més cruels que aquelles flames insultants amb les quals ells mateixos s'encrueliren contra els cristians! Tot contemplant a més a més com aquells savis filòsofs s'enrojolen davant dels seus deixebles que es cremen alhora, aquells filòsofs que els persuadien que res no pertany a Déu, que els asseguraven que les ànimes no existeixen o bé que no tornaran a llurs cossos primitius! Tot contemplant també com tremolen els poetes, no davant del tribunal de Radamant ni de Minos, sinó davant del tribunal de Crist que no esperaven! Aleshores escoltaré més els actors tràgics, és a dir, seran més eloqüents (com millor sigui la veu, més forts seran els crits) en llur pròpia dissort. Aleshores coneixeré els histrions, molt més àgils a causa del foc. Aleshores contemplaré l'auriga, completament vermell en el seu carro ple de flames. Aleshores contemplaré els atletes llançant la javelina, no pas al gimnàs, sinó enmig del foc, si és que llavors vulgui veure'ls vius i no prefereixi de dirigir una mirada insaciable vers aquells que s'encrueliren amb el Senyor. "Heus aquí aquell", diré, "qui era el fill del fuster o de la prostituta (a partir d'aquí Tertul·lià es dirigeix als jueus, com ho palesa tot el que ve a continuació de la mare de Jesús, coneguda pel Talmud), el destructor del dissabte, el samarità i el qui tenia un dimoni. Heus aquí aquell qui aconseguíreu de Judes. Heus aquí aquell qui fou colpejat amb una canya i amb bufetades, humiliat amb escopinades, sadollat amb fel i vinagre. Heus aquí aquell qui fou robat d'amagat pels seus deixebles per tal que es digués que havia ressuscitat o que el jardiner tragué a fi que la multitud de visitants no malmetés els seus enciams". Quin pretor, quin cònsol, quin qüestor, quin sacerdot podrà concedir-te amb tota la seva llarguesa que contemplis unes coses com aquestes, que exultis amb unes coses com aquestes?, i, tanmateix, en certa manera per la fe ja les tenim representades en l'esperit que les imagina. A més a més, quines són aquelles coses que ni l'ull ha vist, ni l'oïda ha sentit, ni han entrat en el cor de l'home? (1 Cor 2, 9). Crec que són més agradables que el circ (llotges i galliner, o bé, segons altres, representació còmica i representació tràgica), que les dues formes de teatre i que tots els estadis». Per *fidem*: així està escrit.

16 [Conclusió: bo i dolent / bo i pervers]

Arribem a la conclusió. «Bo i dolent», «bo i pervers»: ambdós valors contraposats han lliurat una batalla terrible a la terra que ha durat mil·lennis i, per bé que el segon valor ja s'ha imposat des de fa molt temps, encara hi ha llocs actualment on la batalla continua sense decidir-se. Hom podria dir fins i tot que la batalla s'ha dut més amunt encara en aquest temps intermedi i que, precisament per això, s'ha fet encara més pregona, més espiritual, de manera que avui dia potser no hi ha cap signe més decisiu de la «*naturalesa superior*» de la naturalesa espiritual, que el fet de trobar-se dividit en aquell sentit concret i de ser encara veritablement un lloc de combat per a aquells elements contraposats. El símbol d'aquest combat, escrit en un llibre que encara avui pot llegir-se malgrat que ha romàs durant tota la història de la humanitat, fa d'aquesta manera: «Roma contra Judea i Judea contra Roma». Fins ara no hi ha hagut un esdeveniment tan gran com *aquesta* batalla, com *aquest* plantejament, com *aquesta* oposició d'enemistat mortal. Roma trobava en el jueu una cosa semblant a la mateixa antinaturalesa, quelcom d'idèntic al seu monstre antipòdic. A Roma el jueu es considerava «convicte d'odi contra tot el gènere humà». I tenien raó, mentre hom té dret a unir intrínsecament la salvació i el futur del gènere humà amb el domini incondicional dels valors aristocràtics, dels valors romans. En canvi, què sentiren els romans contra Roma? S'endevina per innombrables indicis. N'hi ha prou, tanmateix, de recordar altra vegada l'Apocalipsi de Joan, el més irat de tots els rampells que s'han escrit i que té la venjança a la consciència. (No ha de menysprear-se, a més a més, la pregona conseqüència de l'instint cristià en el fet de posar a la capçalera d'aquest llibre de l'odi precisament el nom del deixeble de l'amor, d'aquell al qual atribuí igualment l'autoritat d'aquell evangeli ple d'enamorament i d'exaltació. En això hi ha una part de veritat, per bé que fos necessària una gran falsificació literària per a arribar a aquest objectiu.) Els romans foren certament els forts i els nobles, de manera que mai no han existit a la terra de tan forts i de tan nobles, ni tan sols en somnis. Qualsevol residu llur, qualsevol inscripció entusiasma, en el supòsit que s'endevini *què* hi ha escrit. Els jueus, al contrari, foren aquell poble sacerdotal del ressentiment *par excellence* que posseïa una genialitat única pel que fa a la moral popular. N'hi ha prou de comparar amb els jueus els pobles dotats de característiques similars, com per exemple els xinesos o els alemanys, per comprendre què és de primera categoria i què n'és de cinquena. Mentrestant, quin d'ells ha vençut: Roma o Judea? Sobre això, no hi ha cap dubte, no cal dir-ho. Pensem, en efecte, davant qui s'inclina actualment la gent a la mateixa Roma, com si fos la quinta essència de tots els valors suprems, i no solament a Roma, sinó gairebé a mig món, a tot arreu on l'home s'ha tornat mansuet o vol tornar-se mansuet. La gent s'inclina davant tres jueus, com sabem, i una jueva (Jesús de Natzaret, el pescador Pere, el fabricant de catifes Pau i la mare de Jesús, citat en primer lloc, anomenada Maria). Això cal remarcar-ho amb molta claredat: no hi ha cap dubte que Roma fou vençuda. Nogensmenys, es produí en el Renaixement una resurrecció magnífica i misteriosa de l'ideal clàssic, de la forma de valoració noble de totes les coses. Fins i tot Roma es mogué com un mort aparent que es deixondeix sota la pressió de la nova Roma, construïda sobre la Roma judaïtzada que oferia l'aspecte d'una sinagoga ecumènica i que s'anomenava «Església». Tot seguit, tanmateix, triomfa altra vegada Judea gràcies a aquell moviment fonamentalment plebeu (alemany i anglès) del ressentiment, que s'anomena la Reforma, afegint-hi allò que havia de sortir-ne necessàriament: la restauració de l'Església i també la restauració de l'antiga tranquil·litat sepulcral de la Roma clàssica. En un sentit fins i tot més pregon i més decisiu que el d'aleshores, Judea aconseguí altra vegada la victòria sobre l'ideal clàssic amb la Revolució francesa. La darrera noblesa política que existia a Europa, la dels segles disset i divuit *francesos*, caigué sota els instints populars del ressentiment. Mai no se sentí a la terra una gaubança tan gran, un entusiasme tan sorollós! Certament, enmig de tot això s'esdevingué el fenomen més enorme, el fenomen més inesperat: el mateix ideal antic aparegué als ulls i a la consciència de la humanitat altra vegada en vida i amb un faust extraordinari. Altra vegada, enfront de l'antic i mentider sant i senya del ressentiment tocant al *privilegi dels qui són majoria*, enfront de la voluntat d'humiliació, d'enviliment, d'equilibri, de davallada i crepuscle de l'home, ressona amb més força, amb més nitidesa, amb més penetració que mai, el sant i senya contrari, temible i encisador, tocant al *privilegi dels qui són minoria*! Com una darrera indicació de quin era l'*altre* camí, aparegué Napoleó, aquell home de singularitat extrema, l'home nascut més tardívolament de tots els que han existit mai, i en ell es féu carn el problema de l'*ideal noble en ell mateix*. Pensem bé de *quin* problema es tracta: Napoleó, aquella síntesi d'*ésser inhumà* i de *superhome*...

17 [Més enllà d'allò que és bo i d'allò que és dolent]

S'acaba tot amb això? Es lliurà *ad acta* per sempre aquella contraposició d'ideals, que fou la més gran de totes les contraposicions? O bé només s'ajornà, s'ajornà durant molt temps...? No hauria d'haver de produir-se alguna vegada una gran flamarada d'aquell antic incendi, encara més temible i preparada durant molt més temps? Més encara: no hauria de desitjar-se concretament això amb totes les forces? No hauria de voler-se fins i tot? No hauria àdhuc d'exigir-se...? Aquell qui, igual que els meus lectors, comenci a reflexionar, a continuar pensant, difícilment podrà amb això arribar aviat a la fi. Almenys per mi, tanmateix, hi ha un motiu suficient per a arribar a la fi, en el supòsit que des de fa temps ja ha quedat prou clar allò que vull, allò que vull concretament amb aquell sant i senya perillós que vaig escriure a la capçalera del meu darrer llibre: «*Més enllà del bé i del mal...*», la qual cosa *no* significa, si més no, «Més enllà d'allò que és bo i d'allò que és dolent».

[La tasca del filòsof]

Remarca: Aprofito l'avinentesa que em proporciona aquesta dissertació per a expressar públicament i formal un desig que fins ara només he manifestat en converses circumstancials amb alguns doctes i lletrats. Aquest desig és que alguna facultat de filologia volgués fer-se meritòria del foment d'estudis historicomorals mitjançant la convocatòria d'un seguit de premis acadèmics. Tal vegada aquest llibre servirà per a donar un fort impuls precisament en aquesta direcció. Pel que fa a una possibilitat d'aquesta mena, proposem aquí la qüestió següent que mereix tant l'atenció de filòlegs i historiadors com la dels qui són veritables doctes i lletrats professionals en filosofia. «*Quins indicis proporciona la ciència del llenguatge, especialment la investigació etimològica, tocant a la història del desenvolupament dels conceptes morals?*».

D'altra banda, també és necessari certament d'aconseguir la participació dels fisiòlegs i dels metges pel que fa a aquests problemes (referents als *valors* que tenen les valoracions fetes fins ara). En aquest punt, pot concedir-se també als filòsofs professionals la tasca de fer d'advocats i de mitjancers en aquests casos concrets, després d'haver aconseguit en conjunt que la relació originàriament tan trencadissa i tan desconfiada entre filosofia, fisiologia i medicina es converteixi en un intercanvi molt amistós i molt fructífer. De fet, totes les taules que estableixen allò que és bo, tots els imperatius expressats en la frase «has de» que coneix la història o bé la investigació etnològica, requereixen primer de tot una explicació i una interpretació de caràcter *fisiològic,* no pas psicològic. Tots ells esperen en la mateixa mesura una crítica per part de la ciència mèdica. La pregunta: «Quin *valor* té aquesta o aquella taula que estableix allò que és bo, aquesta o aquella "moral"?», ha de ser plantejada des de les perspectives més diverses. Concretament, la pregunta: «*Per a què* serveix aquest valor?», mai no serà esbrinada d'una forma prou acurada. Per exemple, una cosa que tingués un valor palès pel que fa a la duració extrema d'una raça (o bé a l'augment de les seves forces d'adaptació a un clima determinat, o bé al manteniment del nombre més gran d'individus) no tindria pas el mateix valor si es tractés, per exemple, de constituir un tipus més fort. El benefici de la majoria i el benefici de la minoria corresponen a punts de vista diferents i contraposats tocant als valors. El fet de sostenir ja *per ell mateix* que el primer benefici té un valor més enlairat, el deixarem a la ingenuïtat dels biòlegs anglesos... Des d'ara, *totes* les ciències han de preparar la tasca futura del filòsof, una tasca que cal concebre específicament en el sentit que el filòsof ha de solucionar el *problema dels valors*, en el sentit que ha de determinar la *jerarquia dels valors.*

FRIEDRICH NIETZSCHE, *La genealogia de la moral*, traducció de JOAN LEITA, edició a cura de Josep M. Calsamiglia. Llicència atorgada per Editorial Laia (ara al fons d'Edicions 62, S.A.), 1981. Primera dissertació, p. 43-84.

Sobre veritat i mentida en sentit extramoral

1

[Una faula]

En un remot racó d'aquest univers centellejant que s'expandeix en innombrables sistemes solars, hi havia una vegada un astre on animals intel·ligents inventaren el coneixement. Va ser el moment més pretensiós i mentider de la «història universal»: només va ser un moment. Al cap d'uns quants esbufecs de la natura, l'astre es glaçà i aquells animals intel·ligents moriren sense remei.

—Qualsevol podria haver inventat aquesta faula i tanmateix podria no haver il·lustrat prou bé l'aspecte lamentable, vague, inútil i arbitrari que pren dins la naturalesa l'enteniment humà. No hi ha hagut enteniment durant eternitats; i, quan desaparegui de nou, res no haurà passat. Perquè un enteniment no té cap missió per dur a terme que ultrapassi el límit de la vida humana. L'enteniment només és humà, i només qui en té un i l'ha generat se'l pren com si fos la cosa més important del món: com si els eixos de l'univers haguessin de girar al seu voltant. Si ens poguéssim comunicar amb un mosquit, ens adonaríem que també ell vola per l'aire amb aquests sentiments i es creu ser el centre volant del mateix món. Res no hi ha en la natura que sigui tan menyspreable i insignificant que no es pugui inflar de sobte com un globus per una breu alenada de la força del coneixement; i així com qualsevol traginer vol tenir el seu admirador incondicional, també el més superb dels homes, el filòsof, creu que de totes bandes els ulls de l'univers es troben telescòpicament orientats envers la seva manera de fer i de pensar.

[El coneixement, recurs del dèbil]

És estrany que aquest hagi de ser l'efecte de l'enteniment, perquè, en definitiva, només ha estat donat als éssers més dissortats, febles i efímers, per tal que puguin aferrar-se per un moment a l'existència, de la qual, si no hagués estat així, sense aquest do, haurien tingut tots els motius per fugir tan de pressa com el fill de Lessing.* Aquesta altivesa lligada al coneixement i el sentiment, escampa una boira encegadora sobre els ulls i els sentits dels homes mentre els menteix sobre el valor de l'existència perquè comporta en ella mateixa la més exagerada valoració del coneixement en si. El seu efecte més comú és l'engany —però també els seus efectes més particulars duen el senyal d'aquella mateixa altivesa.

[L'art de la disfressa]

L'enteniment, com a mitjà destinat a la conservació de l'individu, desplega les seves màximes energies en l'art de la disfressa: perquè aquest és el mitjà gràcies al qual es mantenen en peu els individus més dèbils i menys robusts, ja que els ha estat negada l'oportunitat de lluitar per la seva existència amb la cornamenta i l'esmolada mossegada de la fera salvatge. Aquest art de la disfressa arriba en el cas de l'home al màximum: aquí l'engany,

* En una coneguda carta a Johan Joachim Eschenburg (31 desembre 1778), Lessing conta la mort del seu fill, el qual «va entendre tan bé el món que el va abandonar a la primera oportunitat».

l'adulació, la mentida i la impostura, el xerrar a esquena d'altri, el fingir, el viure una falsa vida de luxe, l'emmascarament, l'acord encobridor, el fer comèdia davant els altres i davant d'un mateix, en una paraula, el continu giravoltar entorn d'*una* flama de fatuïtat és tan habitual i normal, que gairebé no hi ha res més inconcebible que imaginar que pugui fer acte de presència entre els homes l'impuls sincer i pur per la veritat. Estan pregonament immersos en il·lusions i imatges de somnis, la seva mirada llisca només per la superfície de les coses i solament hi veu «formes», el seu sentiment mai no els duu cap a la veritat, i en té prou de rebre estímuls i, com qui diu, de jugar un joc a les fosques d'esquena a les coses. Hi podem afegir que l'home es deixa enganyar de nit, al llarg de la vida, en somnis, sense que la seva consciència moral hagi mai intentat d'impedir-ho; en canvi, es diu que hi ha homes que només amb una voluntat decidida han aconseguit deixar de roncar.

Què sap l'home veritablement d'ell mateix! Què! És capaç, ni que sigui només un sol cop, de percebre's ell mateix com estès sobre una vitrina? Que potser no li amaga la naturalesa el que és més important de tot, àdhuc pel que fa al seu cos, per a recloure'l i enreixar-lo en una consciència orgullosa i impostora, lluny dels replecs dels seus intestins, del vivaç flux del corrent sanguini, de l'intricat estremiment de les seves fibres? La natura ha llençat la clau, i ai de la fatal curiositat que, a través d'una escletxa, volgués alguna vegada fitar dins l'habitacle de la consciència, cap a fora i cap endins, perquè aleshores endevinaria que l'home descansa en la despietat, la cobdícia, l'avidesa o la ferotgia i en el desinterès per la seva neciesa, com qui diu cavalcant en somnis sobre les espatlles d'un tigre. És que, en aquesta situació, pot sorgir en algun indret del món l'impuls envers la veritat?

[La veritat social]

Com que l'individu vol conservar-se, per sobre de qualsevol altre individu, en una situació natural de les coses utilitza l'enteniment gairebé només per a fingir: però com que l'home alhora, tant per necessitat com per avorriment, vol existir socialment, a guisa de ramat, li cal un acord de pau i, en conseqüència, s'esforça per fer desaparèixer del seu món almenys el *bellum omnium contra omnes* més exagerat. Aquest acord de pau implica quelcom que sembla el primer pas per a aconseguir aquell misteriós impuls envers la veritat. En aquest moment queda fixat el que d'ara endavant ha de ser «veritat», és a dir, s'inventa una denominació de les coses, uniformement vigent i obligatòria, i aquesta norma lingüística promulga les primeres lleis del que cal entendre com a «veritat»: perquè aquí sorgeix per primera vegada el contrast entre veritat i mentida. El mentider usa les denominacions vigents, les paraules, per a fer que sembli real allò que és irreal; per exemple, diu: «sóc ric», quan per la seva situació real la denominació correcta seria la de «pobre». Abusa de les convencions fixades amb canvis arbitraris i fins i tot amb capgiraments de noms. Si ho fa a benefici propi i amb la finalitat de danyar els altres, la societat ja no se'n fiarà més, d'ell, i el rebutjarà. En això els homes no rebutgen tant el fet de ser enganyats com el dany que els causa l'engany: en el fons, i en aquest estadi, no odien tant la falsedat com les conseqüències nefastes i hostils de determinats tipus de falsedat. L'home vol la veritat només en un sentit limitat semblant: li agraden les seqüeles de la veritat agradables i fonamentadores de vida, però es manté indiferent enfront d'un coneixement pur, aquell que no suposa cap conseqüència; fins i tot es mostra hostil enfront de veritats que són nocives i pertorbadores. Però, què podem dir d'aquestes convencions lingüístiques? Són fruit del coneixement o de l'amor a la veritat? Coincideixen les denominacions i les coses? És el llenguatge expressió adequada de totes les realitats?

Només per la capacitat d'oblit pot l'home arribar a imaginar que posseeix una «veritat» en el sentit ara indicat. Si no s'acontenta amb la veritat en forma de tautologia, és a dir, amb clofolles buides, sempre se les haurà de veure amb il·lusions de veritats. Què és una paraula? La imatge d'un estímul nerviós en forma de so. Però passar d'un estímul nerviós a una causa exterior ja és resultat d'una aplicació errònia i gratuïta del principi de raó suficient. Com podríem dir, si la veritat hagués estat, en la gènesi del llenguatge, l'únic criteri de certesa per a les denominacions, com ens atreviríem encara a dir «la pedra és dura», com si «dur» fos quelcom conegut veritablement i no fos, en realitat, més que un estímul merament subjectiu! Dividim les coses segons el gènere, i designem «arbre» com a masculí i «planta» com a femení: quines assignacions més arbitràries! Que lluny que estem del criteri de certesa! Diem «serp», i la designació no fa més referència que al fet d'arrossegar-se,* cosa que també fa el cuc. Quines diferenciacions tan arbitràries, quin favoritisme tan parcial, ara en pro d'una propietat ara en pro d'una altra! Les diferents llengües, posades juntes, mostren que amb paraules mai no s'arriba ni a la veritat ni a l'expressió adequada; altrament no hi hauria tantes llengües. La «cosa-en-si» (que equivaldria pròpiament a la veritat pura, sense conseqüències) resulta per a l'artífex del llenguatge absolutament inintel·ligible i gens desitjable. Ell només designa les relacions entre la cosa i l'home i, per a expressar-les, recorre a les metàfores més agosarades. Un estímul nerviós es tradueix primer en una imatge! Primera metàfora. La imatge es transforma al seu torn en un so. Segona metàfora. Cada cop un salt complet d'esfera, justament enmig d'una altra absolutament diferent i nova. Imaginem-nos algú totalment sord que no hagi tingut mai cap sensació sonora o musical: el que li passa a aques-

* «Serp» ve de *serpere*, arrossegar-se.

ta persona, que, potser atònita davant les figures acústiques de Chladni* en la sorra, troba la seva causa en les vibracions de la corda i només per això jura que ara ja sap què és «un to», ens passa a tots nosaltres amb el llenguatge. Ens creiem saber quelcom de les coses mateixes, quan parlem d'arbres i de colors, de neu i de flors, però no posseïm res més que metàfores de les coses, que de cap manera corresponen a les entitats originàries. Igual com el to apareix com una figura de sorra, també l'enigmàtic «X» de la cosa en si es presenta primerament com un estímul nerviós, després com una imatge i finalment com un so articulat. El cas és que, per tant, no hi ha cap lògica en la gènesi del llenguatge i tot el material en què i amb què l'home de la veritat, a saber, el científic o el filòsof, després treballa i construeix, si no cau del cel, no procedeix tampoc en cap cas de l'entitat de les coses.

[... i d'on vénen els conceptes]

Considerem ara, d'una manera especial, la formació dels conceptes. Una paraula es torna tot seguit concepte perquè no ha de servir merament de record d'una experiència anterior absolutament individualitzada, a la qual deu el seu origen, sinó que ha de servir simultàniament per a innumerables experiències, més o menys semblants, més ben dit, mai iguals estrictament parlant, i en conseqüència ha de convenir a casos summament desiguals. Tot concepte sorgeix d'igualar coses no iguals. Així com una fulla mai no és exactament igual a una altra fulla, així també el concepte de *fulla* es configura gràcies a la voluntat deliberada de

* Ernst Florens Friedrich Chladni (1756-1827), físic alemany i una autoritat en estudis d'acústica. Va estudiar la transmissió del so sobre plaques recobertes de sorra fetes vibrar amb un arc de violí; les diferents tonalitats i oscillacions originaven diferents figures en la sorra de les plaques, anomenades figures de Chladni o figures acústiques.

prescindir de les diferències individuals, oblidant les característiques particulars, i d'aquesta manera sorgeix la idea que en la naturalesa, a més de fulles, hi ha quelcom més que és «la fulla»: una certa forma originària d'acord amb la qual totes les fulles haurien estat estructurades, dibuixades, mesurades, acolorides, ondulades o pigmentades, però per una mà poc destra de tal manera que cap exemplar aconsegueix ser una còpia correcta i fiable de la forma originària. Diem que una persona és «honesta». I ens preguntem: per què ha actuat avui tan honestament? I la nostra resposta sol ser: per causa de la seva honestedat. L'honestedat! Com si diguéssim de nou: la fulla és la causa de les fulles. En definitiva, no en sabem res d'una qualitat essencial que es pugui anomenar «l'honestedat»; només tenim coneixement de moltes accions individualitzades, diferents, per tant, que fem que s'assemblin perquè deixem de banda el que és desigual, i ara les anomenem actuacions honestes. En últim terme, destillem a partir d'elles una *qualitas occulta*, que anomenem «honestedat». El fet de deixar de banda el que és individual i real ens proporciona el concepte igual com ens dóna la forma; mentre que la naturalesa no coneix ni formes ni conceptes, per tant, tampoc gèneres; només coneix una «X» que ens és inaccessible i indefinible. Perquè també l'antagonisme que posem entre individu i gènere és antropomòrfic i no prové de l'entitat de les coses, tot i que no ens atrevim a dir que no hi correspon: seria aquesta una afirmació dogmàtica i, com a tal, tan indemostrable com la seva contrària.

[La veritat, una construcció social de l'enteniment]

Aleshores, què és la veritat? Una munió inconstant de metàfores, metonímies, antropomorfismes, en resum, un conjunt de relacions humanes poèticament i retòricament forçades, transmeses i embellides, i que després d'haver estat usades durant molt de temps, a un poble li semblen fixes, canòniques i obligatòries: les veritats són il·lusions que hem oblidat que ho són, metàfores gastades i sense cap referència al món sensible, monedes que han perdut la seva imatge gravada i que, ara, ja no són monedes sinó simplement metall.

Encara no sabem d'on prové l'impuls envers la veritat, perquè, fins ara, només hem sentit parlar de l'obligació que imposa la societat per a fer-la existir: cal ser veraç, és a dir, cal utilitzar les metàfores usuals —o expressant-ho en termes de moral: hem sentit parlar del deure de mentir segons una convenció consolidada, mentir com a membres d'un ramat amb un estil obligatori per a tothom. Ara bé, l'home en efecte oblida que les coses hagin anat d'aquesta manera; menteix tal com hem dit inconscientment i segons costums centenaris; i precisament per aquesta inconsciència, a través justament d'aquest oblit, arriba al sentiment de la veritat. A partir del sentiment d'estar obligat a designar una cosa com a «vermella», una altra com a «freda» i una tercera com a «silenciosa», es desvetlla un impuls moral envers la veritat: per contraposició amb el mentider, en qui no confia ningú i de qui tothom s'aparta, l'home es convenç de l'honorabilitat, fiabilitat i profit de la veritat. Com a ser *racional*, ara situa la seva acció sota el domini de les abstraccions, ja no tolera deixar-se arrossegar per impressions arrauxades o per intuïcions; ara és quan generalitza totes aquestes impressions en conceptes més aviat descolorits i freds, per amarrar en ells el vaixell de la pròpia vida i la seva acció. Tot el que eleva l'home per damunt de l'animal depèn d'aquesta capacitat de volatilitzar les metàfores perceptives en un esquema, i dissoldre així una imatge en un concepte. Alguna cosa és possible en l'àmbit d'aquests esquemes que mai no podria aconseguir-se per mitjà de les primeres impressions perceptives: la construcció d'un ordre piramidal segons castes i graus, la creació d'un nou món de lleis, privilegis, subordinacions i delimitacions, que d'ara endavant es contraposa al món intuïtiu de les primeres impressions; un món més fix, més general, més conegut, més humà i, per tant, un món que regula i s'imposa normativament. Mentre que una metàfora perceptiva és individual i no té parió i, per tant, pot evitar sempre qualsevol classificació, la gran construcció dels conceptes desplega la rígida regularitat d'un columbari romà i transpira lògicament la rigidesa i la fredor que cal atribuir a la matemàtica. Qui rebi l'alenada de la fredor d'aquesta lògica amb prou feines podrà creure que també el concepte, descarnat i octagonal com un dau i tan desplaçable com aquest, no és més que el residu d'una metàfora i que la il·lusió que implica la traducció artística d'una excitació nerviosa en imatges, si no és la mare de cada concepte, n'és almenys l'àvia. En aquest joc d'atzar dels conceptes, s'anomena «veritat» el fet d'utilitzar cada dau tal com toca, comptant exactament els seus punts, formant classificacions correctes i no infringint mai l'ordre de les castes i la sèrie de les classes ordenades. Just com els romans i els etruscs dividien en trossos el cel amb rígides línies matemàtiques i, en cadascun d'aquests espais, hi emplaçaven com un temple un déu, també cada poble ha desplegat damunt seu aquest cel de conceptes matemàticament dividit i entén aleshores, mogut per l'exigència de la veritat, que a cada déu conceptual només se l'ha de buscar en la *seva pròpia* esfera. Podríem ara certament admirar l'home com un geni poderós de la construcció, capaç d'alçar una catedral de conceptes infinitament complicada sobre fonaments inestables, com qui diu sobre aigua corrent: veritablement, per a construir amb consistència sobre aquests fonaments, cal que la construcció sigui com feta de tela d'aranya, tan lleugera que pugui sostenir-se sobre les aigües, tan sòlida que cap ventada la destrueixi amb una bufada. Com a geni de la construcció, l'home és molt superior a l'abella: aquesta treballa amb la cera que recull de la naturalesa; aquell, amb la matèria molt més fràgil dels conceptes, que primer ha de fabricar en el seu interior. En això és molt admirable l'home, però no només pel seu impuls envers la veritat, al pur coneixement de les coses. Quan hom amaga quelcom darrere un arbust i busca en el lloc on va posar-lo i el troba, no hi ha gran cosa a lloar en aquest buscar i trobar: però això és el que passa quan es busca i es troba la «veritat» dins de l'àmbit de la raó. Si construeixo la definició de mamífer i dic, després d'observar un camell: «mira, un mamífer», certament faig sortir a la llum una veritat, però d'un valor molt limitat, vull dir que és cent per cent antropomòrfica, i que no conté ni un sol element que sigui «veritat en si», o bé real i universalment vàlida, si prescindim de l'home. En el fons, el que busca l'investigador amb aquests tipus de veritats no és més que la metamorfosi del món en l'home; pretén entendre el món com una cosa de caràcter humà i, en el millor dels casos, aconsegueix sentir que tots dos s'assemblen. Igual com l'astròleg que, observant els astres, creia que existien per a utilitat dels homes i que tenien relació amb la seva felicitat o desgràcia, també aquest investigador contempla l'univers sencer posant-lo en relació amb l'home: com si fos l'eco infinitament repetit d'un so primordial, que és l'home, la reproducció d'una imatge primordial, que és l'home. El seu mètode no és altre que prendre l'home com a mesura de totes les coses: però, en fer-ho, parteix de l'error de creure que té aquestes coses davant seu d'una manera immediata, com si fossin objectes purs; oblida, per tant, que les metàfores perceptives originals són metàfores i les pren com si fossin les coses mateixes.

[El món percebut]

Només oblidant aquest món primitiu de metàfores, només per la petrificació i encarcarament d'allò que originàriament era una massa d'imatges que brollava amb impetuosa fluïdesa de la capacitat original d'imaginació humana, només per la creença invencible que *aquest* Sol, *aquesta* finestra, *aquesta* taula són una veritat en si; en resum, només perquè s'oblida d'ell mateix com a subjecte, a saber, com a subjecte *que crea artísticament*, pot viure l'home amb certa tranquil·litat, seguretat i coherència: si per un instant pogués escapar-se d'aquests murs de creença que l'empresonen, la seva «autoconsciència quedaria immediatament destruïda». Prou li costa de reconèixer que l'insecte o l'ocell perceben un altre món totalment diferent del que ell percep, i que la pregunta quina d'aquestes dues percepcions del món és la correcta no té cap sentit, perquè, per a contestar-la, hauríem d'aplicar el criteri de la *percepció correcta*, és a dir, un criteri que *no es troba al nostre abast*. Però, en principi, a mi em sembla que la *percepció* correcta —això voldria dir: l'expressió adequada d'un objecte en el subjecte— és una impossibilitat contradictòria. Perquè entre dues esferes absolutament diferents, com el subjecte i l'objecte, no hi ha ni causalitat, conformitat o expressió; només hi ha, com a màxim, una relació *estètica*, vull dir una transposició aclaridora, una traducció balbucient en una llengua totalment estranya: però, per a això, caldrien en tot cas una esfera i una força mitjanceres capaces d'inventar i imaginar lliurement. La paraula «aparença» [fenomen = *Erscheinung*] conté moltes temptacions, raó per la qual l'evito tant com puc: perquè no és veritat que l'essència de les coses apareix en el món empíric. Un pintor a qui li faltessin les mans i que volgués expressar a través del cant una imatge d'allò que té clarament present a la ment revelaria molt més, amb aquesta substitució d'àmbits, que el que revela el món empíric de l'essència de les coses. Tampoc la relació entre una estimulació nerviosa i la imatge produïda és en si una relació necessària: però quan una mateixa imatge es produeix un milió de vegades i és heretada per moltes generacions de persones i apareix finalment en tota la humanitat cada vegada com a conseqüència de la mateixa situació, acaba adquirint definitivament per als homes aquell mateix significat que tindria si hagués estat l'única imatge necessària i si aquella relació entre l'estimulació nerviosa originària i la imatge produïda hagués estat una relació d'estricta causalitat; també un somni eternament repetit seria sentit i jutjat categòricament com l'autèntica realitat. Però la petrificació i l'encarcarament d'una metàfora no garanteix per a res la necessitat i la justificació exclusiva d'aquesta mateixa metàfora.

[Perspectivisme]

Tota persona que s'hagi familiaritzat amb aquestes consideracions haurà sentit certament una profunda desconfiança per qualsevol idealisme d'aquest tipus, sempre que s'hagi convençut abans clarament de l'eterna conseqüència, omnipresència i infal·libilitat de les lleis de la naturalesa; i haurà tret la següent conclusió: tot, en la mesura que ho podem entendre, des d'altures telescòpiques a fondàries microscòpiques, és summament segur, ben construït, infinit, regulat per lleis i sense llacunes; la ciència sempre podrà excavar amb èxit en aquests pous sense fons, i tot allò que hi trobem concordarà conjuntament i res no es contradirà. Que poc s'assembla això a un producte de la imaginació! Perquè, si ho fos, podríem albirar per alguna banda l'aparença i la irrealitat. En canvi, hem de dir el següent: si cadascú pel seu compte tingués una sensació de diferent naturalesa —si poguéssim percebre ara com un ocell, ara com un cuc, ara com una planta, o si un veiés un estímul com de color vermell, l'altre el veiés blau i un tercer el percebés com si fos un to—, ningú no parlaria d'una naturalesa sotmesa a lleis, sinó que, més aviat, la concebríem com una configuració summament subjectiva. I a més: què entenem en principi per llei de la naturalesa? No coneixem una llei en si, només la coneixem en els seus efectes, és a dir, en les seves relacions amb altres lleis de la naturalesa, que coneixem, al seu torn, només com una suma de relacions. Aleshores, totes aquestes relacions no fan altra cosa que remetre's sempre de nou les unes a les altres, mentre ignorem del tot la seva essència; només ens és realment conegut allò que nosaltres mateixos hi posem, el temps, l'espai, i per tant les relacions de successió i el nombre. Però tot el que és meravellós i que admirem justament en les lleis de la naturalesa, que estimula la nostra explicació i ens pot portar a malfiar-nos de l'idealisme rau només, d'una manera absoluta i total, en el rigor matemàtic i el caràcter inviolable de les representacions d'espai i temps. Però som nosaltres qui les produïm, a partir de nosaltres mateixos i amb la mateixa necessitat amb què l'aranya teixeix la seva teranyina. Si estem obligats a pensar totes les coses només a través d'aquestes formes, no hem de meravellar-nos si en tot justament només coneixem aquestes formes: perquè totes les coses han de contenir la llei del nombre, i el nombre és precisament el que hi ha de més sorprenent en les coses. Tota aquesta adequació a la llei, que tant ens impressiona en el moviment dels astres i en el procés químic, coincideix en el fons amb aquelles propietats que nosaltres mateixos transferim a les coses, de manera que som nosaltres mateixos els qui, en definitiva, ens impressionem. De la qual cosa es dedueix que aquella capacitat artística de confegir metàfores amb la qual comença tota sensació ja pressuposa aquelles formes, i es desplega en elles; només per la constant persistència d'aquestes formes originàries s'explica la possibilitat segons la qual, posteriorment, a partir de les mateixes metàfores, es pot construir l'edifici conceptual. Aquesta construcció conceptual no és més que una còpia de les relacions de temps, espai i nombre sobre el terra de les metàfores.

2

[La ciència construeix un món de conceptes]

En la construcció dels conceptes hi col·labora, tal com vàrem veure, el *llenguatge*, i en els últims temps la *ciència*. Tal com l'abella construeix simultàniament les cel·les i les omple amb la mel, també la ciència treballa incansable d'una manera semblant en l'enorme columbari dels conceptes, aquells habitacles funeraris de les intuïcions: construeix constantment pisos nous i més alts, apuntala, neteja, renova les cel·les antigues i esmerça sobretot esforços per a omplir amb pisos l'enorme estructura alçada, posant-hi a dins tot el món empíric, és a dir, el món entès de manera antropomòrfica. Així com l'home d'acció lliga la seva vida a la raó i als seus conceptes, a fi de no deixar-se endur pel corrent i no perdre's a si mateix, així l'investigador edifica la seva cabana vora la torre en construcció de la ciència per ajudar a construir-la i fins i tot trobar protecció sota el seu baluard. La protecció la necessita, perquè hi ha forces temibles que exerceixen pressió contínua damunt d'ell, les quals, a la «veritat» científica, contraposen «veritats» d'un gènere totalment diferent, etiquetades de la manera més heterogènia.

[L'home, constructor de metàfores]

Aquella pulsió a construir metàfores, aquella pulsió fonamental en l'home, de la qual no ens podem alliberar ni per un instant, perquè fent-ho deixaríem de comptar com a homes, no està en realitat sotmesa, sinó simplement reprimida, perquè amb els seus efímers productes, els conceptes, es construeix per a si mateix un nou món regular i rígid que li serveix de plaça forta.

L'home busca un nou terreny per a la seva acció i una altra llera per on anar i els troba en el *mite* i en principi en l'art. Aquell impuls confon contínuament les classificacions i les cel·les dels conceptes, perquè institueix noves transcripcions, metàfores i metonímies; mostra persistentment el desig de configurar d'una manera atractiva i sempre nova, com si fos un món de somnis, el món actual de l'home despert, tan vivament irregular i incoherent. De fet, només per aquesta xarxa rígida i regular de conceptes s'adona l'home despert d'estar despert, i arriba algun cop per això a creure que somia quan aquesta xarxa de conceptes s'esquinça de sobte per causa de l'art. Pascal tenia raó quan sostenia que si totes les nits somiéssim el mateix somni ens preocuparia tant com les coses que veiem cada dia: «si un manobre tingués la seguretat de somiar cada nit, dotze hores senceres, que feia de rei, penso —diu Pascal— que seria tan feliç com un rei que totes les nits, durant dotze hores, somiés que feia de manobre». De fet, perquè el miracle actua contínuament, tal com el mite admet, un dia de vetlla d'un poble que creu en els mites, per exemple els antics grecs, s'assembla més en realitat al somni que a la vigília del pensador moderat per la ciència. Quan un arbre pot parlar de sobte com una nimfa o bé, quan un déu sota l'aparença d'un toro pot raptar donzelles, quan la deessa Atena en persona es deixa veure de sobte conduint un bell carruatge en companyia de Pisístrate, pel mercat d'Atenes —això és el que creien els atenesos honestos—, aleshores en qualsevol moment, igual com en els somnis, tot és possible, i la naturalesa sencera festeja l'home com si ella no fos sinó la farsa dels déus, que no volen fer altra cosa que enganyar els homes de qualsevol manera possible.

[L'enteniment alliberat]

Però li escau de per si a l'home la dèria invencible a deixar-se enganyar i es mostra plenament feliç quan el rapsode li explica contes èpics com si fossin veritats o l'actor de teatre fa de rei en l'escenari amb més reialesa que un rei de veritat. L'enteniment, aquest mestre de la disfressa, mentre pot enganyar sense *fer mal*, se sent lliure i alliberat d'altres treballs esclaus i celebra les seves saturnals. Mai no sent més pletòric, ric, orgullós, més astut o temerari: amb complaença creadora llança metàfores a tort i a dret, i desplaça les fites de les abstraccions de manera que, per exemple, qualifica un corrent d'aigua com «un camí en moviment que duu allà on ell, de totes maneres, ja hi aniria». Ara l'enteniment s'ha tret de sobre el signe de la subjecció: abans s'ocupava normalment en activitats més aviat melangioses de mostrar el camí i els mitjans a un pobre individu que sentia el desig d'existir, i, com fan els criats, anava a la cerca i captura de la presa i el botí pel bé del seu amo; ara s'ha transformat en senyor i pot esborrar del seu rostre l'expressió de la indigència. Tot el que ara fa, en comparació amb la seva manera anterior de fer, porta l'empremta de la disfressa tal com abans duia la de la deformació. L'enteniment lliure imita la vida humana, la pren per una cosa bona i sembla que en queda satisfet. Aquella colossal estructura i aquell empostissat de conceptes, on l'home indigent es penja per salvar-se són, per a l'enteniment alliberat, una simple bastida i una joguina per a les seves mostres d'habilitat més agosarades: i quan fa miques aquesta estructura i l'enderroca, quan amb ironia la recompon de nou, aparellant les coses més estranyes i separant les més properes, no fa més que expressar que ja no necessita el recurs provisional d'indigència i que ara ja no es guia pels conceptes, sinó per les intuïcions. D'aquestes intuïcions no en surt un camí reglamentari cap al país dels esquemes fantasmagòrics, el país de les abstraccions: no hi ha paraules que expressin aquestes intuïcions, l'home emmudeix quan les contempla, o bé en parla només amb metàfores prohibides o en construccions inaudites de conceptes; ho fa per a correspondre creativament, almenys mitjançant la destrucció i la mofa de les antigues barreres dels conceptes, a la impressió de la potent intuïció actual.

[L'home racional i l'home intuïtiu]

Hi ha èpoques en les quals l'home racional i l'home intuïtiu es fan costat l'un a l'altre, un perquè tem la intuïció; l'altre perquè menysprea l'abstracció; aquest últim gairebé tan irracional com el primer insensible a l'art. Ambdós desitgen dominar la vida: el primer, com un que sap fer front a les necessitats més importants mitjançant la previsió, la prudència o l'acceptació de la norma; el segon, com a «heroi supersatisfet», que no s'adona d'aquelles necessitats i que només pren com a real aquell tipus de vida que s'ajusta a l'aparença i a la bellesa. Allí on, com passava en l'antiga Grècia, l'home intuïtiu maneja les armes amb més força i amb més èxit que el seu adversari, si les circumstàncies ho permeten, pot configurar-se una cultura i arrelar el domini de l'art sobre la vida: aquell art de la disfressa, aquella negació de la indigència, aquella esplendor de les intuïcions metafòriques i, sobretot, la immediatesa de l'engany són els companys de les manifestacions d'una vida d'aquesta mena. Ni la casa, ni la manera de caminar, ni la roba, ni la gerra de terrissa revelen que són fruit de la necessitat: sembla que tot això hagués d'expressar una felicitat sublim, una serenitat olímpica i, com qui diu, un manera de joguinejar amb coses serioses. Mentre que l'home que es deixa conduir pels conceptes i les abstraccions només allunya amb aquests mitjans la infelicitat, sense aconseguir emperò la felicitat amb l'ajut de les abstraccions, i aspira en el millor dels casos a alliberar-se del dolor, l'home intuïtiu, posat enmig d'una cultura, recull constantment de les seves intuïcions, a més del rebuig dels mals, aclariment, encoratjament i alliberament a doll. Certament, si pateix, ho fa amb més violència: pateix fins i tot amb més freqüència, perquè no entén que s'ha d'aprendre de l'experiència i ensopega contínuament amb la mateixa pedra. A més, és tan irracional en el dolor com ho és en la felicitat, crida alt i ningú el consola. Que diferent actua en idèntica adversitat, alliçonat per l'experiència, l'home estoic, que sap dominar-se mitjançant conceptes! Aquest home, que d'altra banda només cerca sinceritat, veritat, alliberar-se de l'engany i protecció contra les escomeses seductores, duu a terme ara, en l'infortuni, l'obra mestra de la disfressa, tal com l'altre ho fa en la felicitat; no ofereix un rostre crispat i marcat per les emocions, sinó més aviat una màscara amb una harmònica proporció de les línies facials; no brama i no canvia mai el to de veu i, si un núvol de tempesta li llança damunt un xàfec, es cobreix amb el seu mantell i avança amb passos lents sota la pluja.

FRIEDRICH NIETZSCHE, *Sobre veritat i mentida en sentit extramoral*, traducció d'ANTONI MARTÍNEZ-RIU, a partir de FRIEDRICH WILHELM NIETZSCHE, «Über Wahrheit und Lüge im Aussermoralischen Sinn (1873)», en K. SCHLECHTA (ed.), *Werke in Drei Bänden*, vol. 3, Munic, Hanser, 1965.

Annexos

PAU: ESTRUCTURA DE L'EXERCICI D'HISTÒRIA DE LA FILOSOFIA CURS 2015-2016

La prova parteix d'un text d'un filòsof i demana que l'estudiant respongui a una sèrie de preguntes relacionades amb el text. Pretén avaluar la maduresa intel·lectual de l'alumne, la seva capacitat d'anàlisi i la seva capacitat de raonament crític, així com també la seva comprensió de les principals teories i conceptes filosòfics estudiats en l'assignatura d'Història de la Filosofia.

La prova inclou dues opcions, cadascuna amb un text i cinc preguntes associades. L'alumne haurà de triar una opció i respondre les preguntes corresponents. Poden aparèixer referències a activitats pròpies de tots els dominis procedimentals de l'assignatura (definició de conceptes i caracterització històrica de teories; anàlisi de termes, enunciats i argumentacions, identificació de la tesi i de les idees centrals d'un text; redacció de comentaris; expressió i argumentació d'idees i opinions pròpies o alienes).

Cadascun dels textos serà d'un dels autors i materials seleccionats (que s'indiquen més endavant).

Les preguntes de la prova tindran les característiques següents:

1. **Explicar breument les idees principals del text, i com hi estan relacionades. (2 punts)**
2. **Explicar breument el significat d'algunes expressions del text. (1 punt)**
3. **Explicar les raons de l'autor a favor d'una tesi bàsica del text: per explicar aquestes raons, s'haurà de fer referència als aspectes pertinents del pensament de l'autor, encara que no siguin explícitament expressats en el text. (3 punts)**
4. **Comparar un concepte important en el pensament de l'autor (vinculat amb les idees del text) amb un altre, que pot ser d'un autor diferent. (2 punts)**
5. **Fer una avaluació raonada i personal d'una tesi filosòfica directament relacionada amb el contingut del text. (2 punts)**

Autors seleccionats a partir del currículum per a les PAU de 2016:

- De l'època antiga i medieval: PLATÓ.
- De l'època moderna: DESCARTES i LOCKE.
- De l'època contemporània: MILL i NIETZSCHE.

Materials dels quals se seleccionaran els textos de les PAU de 2016.

Òbviament, aquesta selecció només implica que els textos que sortiran a la prova de les PAU de 2016 seran dels capítols que es mencionen. Per tant, no implica que els alumnes hagin d'estudiar només aquests textos. Tal com mostra l'estructura de la prova, es manté el supòsit que l'alumne haurà de demostrar el coneixement general del pensament dels autors seleccionats. Així mateix, la prova exigeix demostrar una certa maduresa en la comprensió de conceptes filosòfics que requereix que l'alumne hagi estat exposat als aspectes més bàsics del pensament de, si més no, una part dels autors principals de la tradició filosòfica occidental.

Grup A
Plató: *La república.*
Llibre II: les seccions compreses entre 368c-376c.
Llibre IV: les seccions compreses entre 427c-445e.
Llibre VII: les seccions compreses entre 514a-520a, i entre 532b-535a.

Grup B
B1. Descartes:
Meditacions metafísiques, meditacions I, II, V i VI.
B2. Locke:
Assaig sobre l'enteniment humà, Llibre I, capítol II, seccions 1-5; Llibre II, capítol VIII, seccions 1-26; Llibre IV, capítol II, secció 14; Llibre IV, capítol IV, seccions 1-12, i *Segon assaig sobre el govern civil*, capítols I, II i III (seccions 1-21); capítol VIII (seccions 95-122); i capítol XIX (només seccions compreses entre 211-229).

Grup C
C1. Mill:
Capítol IV de *Sobre la llibertat*, i capítols II i IV de *L'utilitarisme.*
C2. Nietzsche:
Genealogia de la moral (1a dissertació) i *Sobre veritat i mentida en sentit extramoral.*

Criteris generals d'avaluació

Primera pregunta
Explicar breument el contingut del text (2 punts)
L'objectiu de la pregunta és detectar el grau de comprensió del text. La resposta no cal que demostri que l'alumne coneix els detalls de la filosofia de l'autor. És important, però, que l'alumne no es limiti a enunciar idees sinó que mostri una mínima comprensió de l'estructura argumentativa del text.

Segona pregunta
Explicar el significat, en el text, de termes o expressions (1 punt)
El que es demana no és donar definicions exactes o precises que hagin de ser vàlides per a qualsevol context d'ús de les expressions, ni tampoc que l'alumne utilitzi un vocabulari tècnic. Que l'alumne utilitzi un llenguatge sense cap tecnicisme, si no té incorreccions, no haurà de comptar en contra seva.

Tercera pregunta
Explicar les raons de l'autor a favor d'una tesi (3 punts)
Aquesta pregunta busca avaluar si l'alumne entén suficientment cert aspecte important del pensament de l'autor. Per fer això es requereix que l'alumne sigui capaç d'explicar com certa afirmació es justifica dins del marc de les propostes filosòfiques de l'autor. Encara que l'enunciat indiqui que cal referir-se al pensament de

l'autor, s'haurà de tenir present que el que es demana no és una exposició general del seu pensament. Només es tindran en compte les idees que siguin pertinents per a l'afirmació que es vol explicar i les raons per les quals aquestes idees expliquen l'afirmació.

Aquesta pregunta **no** busca avaluar si l'alumne és capaç de repetir una descripció general sobre certs aspectes del pensament de l'autor (que l'alumne pot simplement haver après de memòria), sinó que busca avaluar si l'alumne ha **entès** aquests aspectes del pensament de l'autor. Un bon examen serà aquell que trobi el paper que l'afirmació particular juga en el conjunt del pensament del filòsof. Una exposició general i correcta del pensament de l'autor pot no respondre el que es demana si no explica com el pensament general de l'autor justifica la tesi particular que és objecte de la pregunta. És absolutament imprescindible, doncs, que en la resposta a aquesta pregunta l'estudiant faci referència a l'afirmació de l'autor que és objecte de la pregunta: la resposta a aquesta pregunta ha d'explicar com aquesta afirmació particular encaixa i es justifica dins del pensament general de l'autor.

Quarta pregunta
Comparar o relacionar un concepte o idea del text amb un altre (2 punts)
S'ha de tenir en compte:

a. La identificació adequada i precisa dels dos termes (dues concepcions d'un problema o dos conceptes diferents) de la comparació demanada.

b. El contrast pertinent dels dos termes de la comparació que es demana.

En qualsevol cas: l'alumne és lliure de triar fer una caracterització de les dues concepcions o idees de manera prèvia i independentment a la comparació, o fer-ne la caracterització implícita en termes de les diferències mútues. També pot escollir fer una caracterització prèvia d'una de les dues concepcions —qualsevol d'elles— i descriure l'altra per contrast. L'estratègia escollida no pot afectar l'avaluació. Per tant, l'enunciat exacte de la pregunta s'ha d'entendre que no posa restriccions a aquesta llibertat en la resposta.

Cinquena pregunta
Consideració raonada de l'estudiant a favor o en contra d'una tesi (2 punts)
Es tracta d'avaluar una tesi que estarà relacionada amb la temàtica que es discuteix en el text. L'estudiant ha d'intentar justificar la seva postura a favor o en contra de la tesi tot fent-ne una valoració personal (la resposta de l'estudiant pot també, és clar, consistir a explicar, de forma raonada, per què de fet no està ni a favor ni en contra de la tesi).

No es demana, doncs, que l'estudiant expliqui què és el que ell creu que pensaria l'autor del text sobre aquesta tesi, sinó que es tracta que l'estudiant faci l'esforç d'argumentar d'una forma personal i coherent a favor o en contra de la tesi. S'haurà de valorar només:

a. El grau de comprensió que es demostri sobre la tesi a discutir i la coherència de les raons per les quals podria ser versemblant, i

b. la coherència i pertinència de les possibles raons que es puguin donar contra la tesi.

Si l'alumne decideix raonar a favor de la tesi, no cal que insisteixi explícitament en raons contràries: això implica que no es poden avaluar separadament els aspectes (a) i (b). Es pot donar la màxima qualificació, doncs, si una resposta defensa la tesi, tot mencionant coherentment raons que siguin pertinents. D'altra banda, l'acord del corrector amb la tesi defensada no pot tenir-se en compte, ni tampoc el fet que l'alumne ignori fets o arguments històricament importants.

Exemples d'exercicis

1

Tota aquesta imatge, estimat Glaucó —vaig dir-li—, cal que l'enllacis amb el que hem dit abans: la regió que ens és revelada per la vista, l'has de comparar amb l'estança de la presó, la llum del foc que hi ha en ella amb la força del sol, i si ara poses la pujada i la contemplació de les coses de dalt com l'impuls de l'ànima cap a la regió de l'intel·ligible, no erraràs certament la meva expectació, ja que és aquesta la que vols sentir. El déu sap, com sigui, si eventualment respondrà a la veritat. El que, si més no jo, veig, ho veig així: al cim de tot el cognoscible, i encara amb un gran esforç, s'hi veu la idea del bé. Ara, quan ha estat vista, se la reconeix a l'acte com a causa de tot el que és bell i recte, per tal com genera en el visible la llum i el sol, del qual ella depèn, i en l'intel·ligible, per tal com crea ella sola com a senyora, la veritat i l'enteniment. I comprenc que el qui ha d'actuar assenyadament en privat o en públic, cal absolutament que contempli aquesta idea.

PLATÓ, *La república*, VII, 517 b-c

1. Expliqueu breument —entre cinquanta i vuitanta paraules— les idees principals del text i com hi apareixen relacionades. (2 punts)

2. Expliqueu breument —entre cinc i quinze paraules en cada cas— el significat que tenen en el text els mots o expressions següents: (1 punt)

a) «l'impuls de l'ànima cap a la regió de l'intel·ligible»

b) «idea del bé»

3. Expliqueu per què Plató diu que «al cim de tot el cognoscible, i encara amb un gran esforç, s'hi veu la idea del bé» i que aquesta idea és «causa de tot el que és bell i recte». (En la resposta, heu de referir-vos als aspectes del pensament de Plató que siguin pertinents, encara que no apareguin explícitament en el text.) (3 punts)

4. Compareu la teoria de Plató sobre el coneixement a través de les idees amb alguna altra teoria del coneixement semblant o diferent de qualsevol autor de la història del pensament occidental. (2 punts)

5. Expliqueu si esteu d'acord o en desacord amb les característiques que han de tenir els governants segons Plató. Raoneu la resposta. (2 punts)

2

La naturalesa m'ensenya també per aquests sentiments de dolor, fam, set, etc., que no només em trobo allotjat en el meu cos com un pilot en el seu vaixell, sinó que a més hi estic tan estretament unit i tan confós i barrejat que componem un sol tot. Si no fos així, quan el meu cos està ferit no sentiria dolor jo, que no sóc sinó una cosa que pensa, i percebria aquesta ferida només per l'enteniment, com un pilot percep per la vista si alguna cosa es trenca en el seu vaixell; i quan el meu cos té necessitat de beure o de menjar, ho entendria de cop, sense ser-ne advertit pels sentiments confusos de fam i de set. En efecte, tots aquests sentiments de fam, de set, de dolor, etc., no són més que certes maneres confuses de pensar, que provenen i depenen de la unió i d'una certa barreja de l'esperit amb el cos.

René DESCARTES, *Meditacions metafísiques*, VI

1. Expliqueu breument —entre cinquanta i vuitanta paraules— les idees principals del text i com hi apareixen relacionades. (2 punts)

2. Expliqueu breument —entre cinc i quinze paraules en cada cas— el significat que tenen en el text els mots o expressions següents: (1 punt)

a) «un sol tot»

b) «maneres confuses de pensar»

3. Expliqueu la manera com entén Descartes la unió entre el cos i l'ànima. (En la resposta, heu de referir-vos als aspectes del pensament de Descartes que siguin pertinents, encara que no apareguin explícitament en el text.) (3 punts)

4. Compareu la teoria de Descartes sobre la relació entre ànima i cos amb la de qualsevol altre autor al llarg de la història del pensament occidental. (2 punts)

5. Expliqueu si esteu d'acord o en desacord amb l'afirmació dualista de Descartes segons la qual som —o tenim— una ànima i un cos. Raoneu la resposta. (2 punts)

3

Del fet que no puc concebre una muntanya sense la vall no se'n segueix que existeixi cap muntanya o cap vall, sinó només que la muntanya i la vall, tant si existeixen com si no, no es poden separar en absolut l'una de l'altra; mentre que del fet que no puc concebre Déu sense existència se'n segueix que l'existència és inseparable de Déu, i per tant que ell existeix veritablement: i no és que el meu pensament en pugui ser la causa o que imposi necessitat a les coses; al contrari, és la necessitat de la cosa en si mateixa, és a dir, la necessitat de l'existència de Déu allò que determina el meu pensament a concebre'l d'aquesta manera. No sóc lliure de concebre un Déu sense existència (és a dir, un ser sobiranament perfecte), però sóc lliure en canvi d'imaginar-me un cavall amb ales o sense.

René DESCARTES, *Meditacions metafísiques*, V

1. Expliqueu breument —entre cinquanta i vuitanta paraules— les idees principals del text i com hi apareixen relacionades. (2 punts)

2. Expliqueu breument —entre cinc i quinze paraules en cada cas— el significat que tenen en el text els mots o expressions següents: (1 punt)

a) «essència»

b) «un ser sobiranament perfecte»

3. Expliqueu la comparació que estableix Descartes entre la muntanya i la vall i l'essència i l'existència de Déu. (En la resposta, heu de referir-vos als aspectes del pensament de Descartes que siguin pertinents, encara que no apareguin explícitament en el text.) (3 punts)

4. Compareu l'argumentació de Descartes sobre l'existència de Déu amb el que, sobre aquest tema, pensa qualsevol autor de la història del pensament occidental. (2 punts)

5. Expliqueu si esteu d'acord o en desacord amb la possibilitat de demostrar l'existència de Déu amb arguments de tipus racional. Raoneu la resposta. (2 punts)

4

És fàcil, em penso, deduir de tot això l'observació següent: que les idees de les qualitats primàries dels cossos són semblances d'aquestes mateixes qualitats, i que els seus arquetipus existeixen realment en els objectes: però que les idees produïdes en nosaltres per les qualitats secundàries no s'assemblen gens a aquestes qualitats: no hi ha res present en els objectes que s'assembli a les seves idees. En els objectes a què ens referim, a partir de les idees, només hi ha el poder de produir aquelles sensacions en nosaltres: i el que és dolç, blau o calent segons la idea no és res més que certa massa, forma i moviment de les parts insensibles en els cossos mateixos, als quals apliquem aquells noms.

John LOCKE, *Assaig sobre l'enteniment humà*,
Llibre II, cap. VIII, § 15

1. Expliqueu breument —entre cinquanta i vuitanta paraules— les idees principals del text i com hi apareixen relacionades. (2 punts)

2. Expliqueu breument —entre cinc i quinze paraules en cada cas— el significat que tenen en el text els mots següents: (1 punt)

a) «arquetipus»

b) «sensacions»

3. Expliqueu per què diu Locke que «en els objectes a què ens referim, a partir de les idees, només hi ha el poder de produir aquelles sensacions en nosaltres». (En la resposta, heu de referir-vos als aspectes del pensament de Locke que siguin pertinents, encara que no apareguin explícitament en el text.) (3 punts)

4. Compara el que pensa Locke sobre l'origen de les idees amb el que pensi qualsevol altre autor de la història del pensament. (2 punts)

5. Expliqueu si esteu d'acord o en desacord amb la distinció que fa Locke entre qualitats primàries i qualitats secundàries. Raoneu la resposta. (2 punts)

5

Tots els homes són, com hem dit, lliures iguals i independents per naturalesa, i ningú no pot, doncs, ésser privat d'aquesta condició ni ésser sotmès al poder polític de ningú sense el seu propi consentiment. L'únic cas en què algú es desprèn de la seva llibertat natural és quan, acordant amb altres homes d'unir-se en comunitat, estableix els límits de la societat civil, per conviure amb benestar, pau i seguretat, gaudir tranquil·lament de les seves propietats i protegir-se més fermament d'aquells qui no formin part d'aquesta societat. Això ho pot fer un nombre indeterminat de persones, ja que no perjudica en absolut la llibertat dels altres: aquests romanen tal com estaven, en la llibertat de l'estat de naturalesa. Quan un nombre indeterminat de persones s'avenen a formar una comunitat o govern, passen tot seguit a constituir un sol cos polític, on la majoria és qui té el dret d'actuar i de decidir damunt la resta.

John LOCKE, *Segon assaig sobre el govern civil,*
cap. VIII, n. 95

1. Expliqueu breument —entre cinquanta i vuitanta paraules— les idees principals del text i com hi apareixen relacionades. (2 punts)

2. Expliqueu breument —entre cinc i quinze paraules en cada cas— el significat que tenen en el text els mots o expressions següents: (1 punt)

a) «consentiment»

b) «estat de naturalesa»

3. Expliqueu per què diu Locke que «quan un nombre indeterminat de persones s'avenen a formar una comunitat o govern,

passen tot seguit a constituir un sol cos polític, on la majoria és qui té el dret d'actuar i de decidir damunt la resta». (En la resposta, heu de referir-vos als aspectes del pensament de Locke que siguin pertinents, encara que no apareguin explícitament en el text.) (3 punts)

4. Compareu la teoria de Locke sobre l'origen i objectius de la societat política amb la de qualsevol autor de la història del pensament occidental. (2 punts)

5. Expliqueu si esteu d'acord o en desacord amb les consideracions que fa Locke sobre que els éssers humans s'uneixen en una comunitat, entre altres raons, per «gaudir tranquil·lament de les seves propietats». Raoneu la resposta. (2 punts)

6

El credo que posa com a fonament de la moral la Utilitat o el Principi de la Major Felicitat Possible sosté que tota acció és bona en proporció a la seva tendència a promoure la felicitat, i dolenta en proporció a la seva tendència a produir el contrari de la felicitat. Per felicitat s'entén plaer i absència de dolor; per infelicitat, dolor i privació de plaer. Per tenir una visió clara de l'estàndard moral establert per la teoria, s'haurien de dir moltes coses més; en particular, què s'inclou en les idees de dolor i plaer, i en quina mesura es pot deixar això com una qüestió oberta. Però aquestes explicacions suplementàries no afecten la teoria de la vida en què es basa aquesta teoria de la moralitat —a saber, que el plaer i l'absència de dolor són les úniques coses desitjables com a fins.

John Stuart MILL, *L'utilitarisme*, II

1. Expliqueu breument —entre cinquanta i vuitanta paraules— les idees principals del text i com hi apareixen relacionades. (2 punts)

2. Expliqueu breument —entre cinc i quinze paraules en cada cas— el significat que tenen en el text els mots o expressions següents: (1 punt)

a) «Principi de la Major Felicitat»

b) «moral»

3. Expliqueu les raons amb les quals Mill sosté que «tota acció és bona en proporció a la seva tendència a promoure la felicitat, i dolenta en proporció a la seva tendència a produir el contrari de la felicitat». (En la resposta, heu de referir-vos als aspectes del pensament de Mill que siguin pertinents, encara que no apareguin explícitament en el text.) (3 punts)

4. Compareu el concepte d'*ètica* de Mill amb el de qualsevol altre autor de la història del pensament occidental. Raoneu la resposta. (2 punts)

5. Expliqueu si esteu d'acord o en desacord amb Mill, el qual posa com a fonament de la moral la Utilitat o el Principi de la Major Felicitat Possible. Raoneu la resposta. (2 punts)

7

L'única prova que es pot donar que un objecte és visible és que la gent realment el vegi. L'única prova que es pot oferir que un so és audible és que la gent el senti: i així pel que fa a les altres fonts de l'experiència. De manera semblant, entenc que l'única evidència que és possible aportar que una cosa és desitjable és que la gent realment la desitgi. Si el fi que la doctrina utilitarista es proposa no és reconegut com un fi, en teoria i a la pràctica res no podrà convèncer cap persona que és un fi. No es pot donar cap altra prova que la felicitat general és desitjable, llevat del fet que tota persona desitja la pròpia felicitat en la mesura que creu que la pot assolir. Doncs bé, com que això és un fet, no solament tenim la prova que demanàvem, sinó tot allò que es pot exigir, és a dir, que la felicitat és un bé: que la felicitat de cada persona és un bé per a aquesta persona, i que la felicitat general, doncs, és un bé per a la suma de totes les persones. Amb això la felicitat adquireix un títol legítim a ser *un* dels fins de la conducta, i conseqüentment un dels criteris de la moralitat.

John Stuart MILL, *L'utilitarisme*, IV

1. Expliqueu breument —entre cinquanta i vuitanta paraules— les idees principals del text i com hi apareixen relacionades. (2 punts)

2. Expliqueu breument —entre cinc i quinze paraules en cada cas— el significat que tenen en el text els mots o expressions següents: (1 punt)

a) «felicitat general»

b) «moralitat»

3. Expliqueu per què Mill diu el següent: «L'única evidència que és possible aportar que una cosa és desitjable és que la gent realment la desitgi». (En la resposta, heu de referir-vos als aspectes del pensament de Mill que siguin pertinents, encara que no apareguin explícitament en el text.) (3 punts)

4. Compareu el que pensa Mill sobre la felicitat, com a *un* dels criteris de moralitat, amb el que, sobre aquest tema, pensa qualsevol altre autor de la història del pensament occidental. (2 punts)

5. Expliqueu si esteu d'acord o en desacord amb Mill, que posa com a fonament de la moral la Utilitat o el Principi de la Major Felicitat Possible. Raoneu la resposta. (2 punts)

8

La situació, doncs, és aquesta: el fet d'empetitir i d'igualar l'home europeu oculta el perill més gran que tenim, ja que aquesta visió cansa... Actualment no albirem res que desitgi ser més gran. Sospitem que tot s'ensorra com més va més, fent-se més subtil, més bondadós, més intel·ligent, més agradable, més mediocre, més indiferent, més xinès, més cristià. No hi ha cap dubte que l'home cada cop és «millor». Aquí rau precisament la fatalitat d'Europa. Juntament amb el temor envers l'home, hem perdut també l'amor envers ell, el respecte, l'esperança, el desig. Des d'ara la visió de l'home cansa. En què consisteix actualment el nihilisme, si no és concretament això? Ens hem cansat de l'home...?

Friedrich NIETZSCHE, *La genealogia de la moral*, I

1. Expliqueu breument —entre cinquanta i vuitanta paraules— les idees principals del text i com hi apareixen relacionades. (2 punts)

2. Expliqueu breument —entre cinc i quinze paraules en cada cas— el significat que tenen en el text els mots o expressions següents: (1 punt)

a) «nihilisme»

b) «temor envers l'home»

3. Expliqueu per què Nietzsche diu que «la visió de l'home cansa». (En la resposta, heu de referir-vos als aspectes del pensament de Nietzsche que siguin pertinents, encara que no apareguin explícitament en el text.) (3 punts)

4. Compareu el que pensa Nietzsche sobre la influència de la moral en la caracterització de l'home amb el que sobre aquest tema pensa qualsevol altre autor de la història del pensament occidental. (2 punts)

5. Expliqueu si esteu d'acord o en desacord amb les consideracions de Nietzsche sobre el nihilisme de l'època contemporània. Raoneu la resposta. (2 punts)

9

Només mitjançant l'oblit d'aqueix primitiu món de metàfores, només per mitjà de l'enduriment i la petrificació d'una massa d'imatges que originàriament brolla com un fluid candent de la facultat primordial de la fantasia humana, només mitjançat la creença invencible que aquest sol, aquesta finestra, aquesta taula són una veritat en si, en poques paraules, només perquè l'ésser humà s'oblida com a subjecte i, en efecte, com a subjecte artísticament creador, viu amb una certa pau, seguretat i coherència; si pogués trobar-se sols un instant fora dels murs de la consciència d'aquesta creença, aleshores s'hauria acabat de seguida la seva «autoconsciència».

Friedrich NIETZSCHE, *Sobre veritat i mentida en sentit extramoral*

1. Expliqueu breument —entre cinquanta i vuitanta paraules— les idees principals del text i com hi apareixen relacionades. (2 punts)

2. Expliqueu breument —entre cinc i quinze paraules en cada cas— el significat que tenen en el text els mots o expressions següents: (1 punt)

a) «autoconsciència»

b) «moralitat»

3. Expliqueu per què diu Nietzsche que la creença en «veritats en si» és creació de la fantasia humana. (En la resposta, heu de referir-vos als aspectes del pensament de Nietzsche que siguin pertinents, encara que no apareguin explícitament en el text.) (3 punts)

4. Compareu el pensament de Nietzsche sobre la veritat i el coneixement amb el de qualsevol altre autor de la història del pensament occidental. (2 punts)

5. Expliqueu si esteu d'acord o en desacord amb l'afirmació de Nietzsche segons la qual «tota veritat és una ficció», i que «el que cal és saber des de quina perspectiva s'ha elaborat». Raoneu la resposta. (2 punts)

MIGUEL MARTÍNEZ LLANAS

PAU. CURS 2014-2015, JUNY

Escolliu UNA de les dues opcions (A o B).

Opció A

Ara acabem la investigació que hem començat en la creença que si provàvem de veure la justícia en qualsevol cosa més gran que la tingui en si, aleshores veurem més fàcilment què és en un individu concret. I aquesta cosa més gran ens semblà que era la ciutat, i vet aquí que l'hem edificada amb la màxima excel·lència possible, perquè sabem bé que la justícia es troba en una ciutat bona. Doncs, el que allà hem vist, traslladem-ho a l'individu. [...]

—Ara bé —vaig fer—, quan d'una cosa en prediquem que és el mateix que una altra, tant se val que sigui més gran o més petita, entenem que li és semblant o que li és dissemblant en allò en què tal cosa es predica?

—Semblant —va dir ell.

—Doncs l'home just no diferirà en res de la ciutat justa en allò que és la forma essencial de la justícia, sinó que li serà igual.

—Igual —va dir ell.

—I tanmateix la ciutat ens sembla certament justa perquè dins d'aquesta hi havia tres llinatges de naturaleses que feien cadascuna la seva comesa: i ens semblà temperada, coratjosa i prudent per altres determinades condicions i qualitats d'aquests mateixos llinatges.

—És veritat —va dir.

—Doncs, bon amic, considerarem que l'individu que tingui aquests mateixos elements a la seva ànima es mereixerà amb raó els mateixos qualificatius que la ciutat quan aquests elements tinguin les mateixes condicions que les d'aquella.

—És totalment indiscutible —va dir.

PLATÓ. *La República*, llibre IV

1. Expliqueu breument (entre seixanta i cent paraules) les idees principals del text i com hi apareixen relacionades. [2 punts]

2. Expliqueu breument (entre cinc i quinze paraules en cada cas) el significat que tenen en el text els mots següents: [1 punt]

a) «llinatges»
b) «temperada»

3. Expliqueu el sentit i la justificació, segons Plató, de la frase següent del text: «l'home just no diferirà en res de la ciutat justa en allò que és la forma essencial de la justícia, sinó que li serà igual». (En la resposta, us heu de referir als aspectes del pensament de Plató que siguin pertinents, encara que no apareguin explícitament en el text.) [3 punts]

4. Compareu la concepció de Plató sobre el paper de la raó en el coneixement amb la concepció sobre aquesta mateixa qüestió d'un altre autor/a destacat de la història de la filosofia occidental. [2 punts]

5. Expliqueu si esteu d'acord o en desacord amb l'afirmació següent: «És més important que una societat garanteixi la seguretat i els béns materials que calen per a sobreviure a cadascun dels seus membres, que no pas que els garanteixi la llibertat». Responeu d'una manera raonada. [2 punts]

Opció B

Just com els romans i els etruscs dividien en trossos el cel amb rígides línies matemàtiques i, en cadascun d'aquests espais, hi emplaçaven un déu, com en un temple, també cada poble ha desplegat damunt seu aquest cel de conceptes matemàticament dividit i entén aleshores, mogut per l'exigència de la veritat, que a cada déu conceptual només se l'ha de buscar en la seva pròpia esfera. Podríem ara certament admirar l'home com un geni poderós de la construcció, capaç d'alçar una catedral de conceptes infinitament complicada sobre fonaments inestables i, com qui diu, sobre aigua corrent: veritablement, per a construir amb consistència sobre aquests fonaments, cal que la construcció sigui com feta de tela d'aranya, tan lleugera que pugui sostenir-se sobre les aigües, tan sòlida que no es destrueixi quan bufa el vent. Com a geni constructor, l'home és molt superior a l'abella; aquesta construeix amb cera que recull de la naturalesa, ell, amb la molt més delicada matèria dels conceptes, que ha de fabricar només a partir de si mateix. En això se l'ha d'admirar molt, però certament no per la seva inclinació cap a la veritat, cap al coneixement pur de les coses. Si algú amaga una cosa darrere d'una mata, la busca un altre cop ben bé allà mateix i la troba, no es pot fer cap gran elogi d'aquest buscar i trobar: això és, però, el que passa quan es busca i es troba la «veritat» a l'interior del recinte de la raó. Si faig la definició de mamífer i llavors, després d'inspeccionar un camell, declaro: «Mira, un mamífer», amb això, certament, s'ha tret a la llum una veritat, però aquesta és de valor limitat, em sembla, és antropomòrfica de cap a peus i no conté ni un sol punt que sigui «verdader en si», real i amb validesa general, prescindint dels homes. En el fons, el que busca l'investigador amb aquests tipus de veritats no és més que la metamorfosi del món en l'home.

Friedrich Wilhelm NIETZSCHE.
Sobre veritat i mentida en sentit extramoral

1. Expliqueu breument (entre seixanta i cent paraules) les idees principals del text i com hi apareixen relacionades. [2 punts]

2. Expliqueu breument (entre cinc i quinze paraules en cada cas) el significat que tenen en el text els mots següents: [1 punt]

a) «antropomòrfica»
b) «metamorfosi»

3. Expliqueu el sentit de la frase següent del text i les raons de Friedrich Wilhelm Nietzsche per a afirmar-la: «[L'home és] capaç d'alçar una catedral de conceptes infinitament complicada sobre fonaments inestables i, com qui diu, sobre aigua corrent». (En la resposta, us heu de referir als aspectes del pensament de Nietzsche que siguin pertinents, encara que no apareguin explícitament en el text.) [3 punts]

4. Compareu la concepció de Nietzsche sobre la moralitat amb la concepció sobre la moralitat d'un altre autor/a destacat de la història de la filosofia occidental. [2 punts]

5. Expliqueu si esteu d'acord o en desacord amb l'afirmació següent: «La biologia, la geologia i les altres ciències naturals no descriuen realment com és el món que ens envolta». Responeu d'una manera raonada. [2 punts]